贯彻落实教育规划纲要，推进教育体制改革

国际教育政策与发展趋势年度报告2014

北京师范大学国际与比较教育研究院　组编

北京师范大学出版集团
BEIJING NORMAL UNIVERSITY PUBLISHING GROUP
北京师范大学出版社

前　言

《国家中长期教育改革和发展规划纲要(2010—2020 年)》指出:"当今世界正处在大发展大变革大调整时期。世界多极化、经济全球化深入发展,科技进步日新月异,人才竞争日趋激烈。"为了在国际竞争中处于战略主动地位,世界各国都把教育作为提高国际竞争力的重要途径,都把教育放在优先发展的战略地位,积极推进教育改革。新一轮的世界教育改革发轫于 20 世纪 80 年代初,迄今已有 30 年的时间,仍然呈如火如荼、不断深入之势。如此时间长、规模大、范围广的教育改革,在教育发展史上是绝无仅有的。

改革开放 30 多年来,我国的社会主义现代化建设取得了巨大成就,教育事业蓬勃发展,建成了世界最大规模的教育体系,为提高全民族素质,推进科技创新、经济发展、文化繁荣、社会进步和民生改善做出了不可替代的重大贡献。现在,我国正处在改革发展的关键阶段,经济建设、政治建设、文化建设、社会建设以及生态文明建设全面推进,工业化、信息化、城镇化、市场化、国际化深入发展,人口、资源、环境压力日益加大,经济发展方式加快转变,这些都迫切需要打造具有中国特色、世界水平的现代教育,通过教育大力提高国民素质,努力造就数以亿计的高素质劳动者、数以千万计的专门人才和一大批拔尖创新人才。为此,我们不仅要及时总结我国教育改革与发展的经验教训,而且要关注国际教育改革动向,了解国际教育政策及其发展趋势。

北京师范大学国际与比较教育研究院创立于 1961 年,是中国成立最早、规模最大的比较教育研究机构,是比较教育学科全国唯一的国家级重点学科和唯一的教育部普通高等学校人文社会科学重点研究基地依托单位,同时也是教育部区域和国别研究培育基地。北京师范大学国际教育研究中心长期以来一直关注世界主要国家和地区、国际组织的教育政策和教育改革,研究领域涵盖宏观教育决策理论、学前教育政策、义务教育政策、高中教育政策、高等教育政策、职业技术教育政策、继续教育政策、教师教育政策、学位与研究生教育政策等领域,出版了一大批高水平的论文著作和政策咨询报告,不但有力地推进了比较教育学科的发展,而且为政府教育决策和区域教育改革提供了高质量的咨询服务。从 2009 年起,北京师范大学国际与比较教育研究院开始承担北京师范大学设立的社会科学数据平台与政策咨询项目"国际教育政策与发展趋势报告"。2011 年，该院申报的"国际教育政策与发展趋势年度报告"获教育部社会科学司"教育部哲学社会科学发展报告"培育项目立项。

为了做好"国际教育政策与发展趋势年度报告"，北京师范大学国际与比较教育研究院组织校内外专家对编写要求、编写原则、内容框架和研究团队等进行了讨论。大家一致认为，"国际教育政策与发展趋势年度报告"要认真贯彻《关于规范"教育部哲学社会科学发展报告"书稿编写工作的通知》的总体要求，即以服务国家战略、满足社会需求为导向，以数据库建设为支撑，以推进协同创新为手段，通过组建跨学科研究团队，与政府实务部门、校内外科研机构、重要行业企业组织等建立战略联盟，围绕改革开放和社会主义现代化建设的重点领域和重大问题开展长期跟踪研究，努力推出一批对转变经济发展方式、引领社会思潮、发展先进文化和服务政府决策具有重要作用的对策性、前瞻性研究成果。在编写原则上，报告的编写要体现方向性、学术性、权威性、安全性、规范性原则。在内容框架上，采取"总—分"式结构，在"总论篇"全景式分析国际教育面临的挑战、存在的问题、政策走向，在"国别区域篇"对世界主要国家和地区以及国际组织最新的教育政策进行介绍和分析。在研究团队上，以北京师范大学国际与比较教育研究院学术团队为基础，邀请国内外相关领域的专家学者共同参与，打造一支跨学校、跨部门协同创新、素质优良、结构合理、合作稳定的工作团队。

2015 年，我们出版了《国际教育政策与发展趋势年度报告 2013》，受到广大读者的欢迎和好评。现在呈献给大家的是《国际教育政策与发展趋势年度报告2014》，主要介绍和分析 2012 年 7 月至 2013 年 6 月世界主要国家和地区在教育领域颁布的重要法律法规、研究报告、教育规划以及国际会议的宣言、决议、行动计划等。以后各年度报告依此类推，介绍前一年 7 月份至次年 6 月份一年间所颁布的最新政策。每个国家或地区有多个政策，在编写时做到重大政策不漏过，反映要及时，对于重大政策要分析其政策背景、政策内容、政策实施等。在政策的选择上，以国家层面为主，分权国家兼顾地方。

《国际教育政策与发展趋势年度报告 2014》由王英杰教授主编，是团队合作的结晶。具体分工如下。

第一章，国际教育政策与发展趋势综述：刘宝存（北京师范大学）、张梦琦（北京师范大学）；第二章，美国教育政策与发展趋势：谷小燕（重庆师范大学）、孙琪（北京语言大学)、李函颖(华中科技大学)、桂敏(北京教育科学研究院)、谷贤林(北京师范大学);第三章,英国教育政策与发展趋势:王璐(北京师范大学)、王雪双(北京师范大学);第四章,法国教育政策与发展趋势:王晓辉(北京师范大学)、刘敏(北京师范大学);第五章,德国教育政策与发展趋势:杨柳(北京师范大学)、孙进(北京师范大学);第六章,俄罗斯教育政策与发展趋势:肖甦(北京师范大学)、赵伟(佳木斯大学)、李晓萌(中央马列著作编译局)、曹蕾(学而思教育集团);第七章,日本教育政策与发展趋势:张其炜(北京师范大学)、孙晋露(北京师范大学)、蔡美辉(北京师范大学);第八章,韩国教育政策与发展趋势:姜英敏(北京师范大学);第九章,印度教育政策与发展趋势:杨明全(北京师范大学);第十章,东南亚教育政策与发展趋势:马早明(北京师范大学);第十一章,拉丁美洲教育政策与发展趋势:夏培源(北京师范大学)、何泠樾(北京师范大学);第十二章,大洋洲教育政策与发展趋势:马健生(北京师范大学)、李洋(北京师范大学)、连锦(北京市师达中学);第十三章,非洲教育政策与发展趋势:万秀兰(浙江师范大学)、牛长松(浙江师范大学)、於荣(浙江师范大学)、陈明昆(浙江师范大学)、梁帅(浙江师范大学)、徐倩(浙江师范大学);第十四章,国际组织教育政策与发展趋势:滕珺(北京师范大学)、沈蕾娜(首都师范大学)、乔鹤(首都师范大学)。

　　编辑出版一份高水平的国际教育政策与发展趋势年度报告,为国家宏观决策和教育改革实践服务,是我们的理想追求,对我们来讲也是一个挑战。《国际教育政策与发展趋势年度报告 2014》的编写只是一个尝试,我们将在今后虚心听取各方面的意见,不断改进年度报告的质量和水平。由于时间紧、任务重,加之编者水平有限,错误和不当之处在所难免,恳请广大读者批评指正。

“国际教育政策与发展趋势年度报告”项目组

2016 年 3 月

目　录

总 论 篇

第一章 国际教育政策与发展趋势综述

当今世界正处在大发展大变革大调整时期。世界多极化、经济全球化深入发展，科技进步日新月异，知识经济方兴未艾，综合国力竞争日趋激烈。当今和未来的国际竞争，说到底是人才的竞争。而人才的竞争离不开一个国家的教育发展。因此，世界各主要国家和地区都把教育作为实现国家战略目标、增强国际竞争力的主要途径，不断推进教育改革。

>> 第一节 世界各国及主要国际组织教育面临的挑战与问题 <<

当前，世界各国在发展教育的道路上仍面临着诸多挑战与问题。纵观各级各类教育，近一两年间，世界各国面临的最主要的教育问题集中表现在教育公平仍任重道远、教育经费投入不足、教师发展面临严峻挑战、人才培养难以满足社会需求四个方面。

一、教育公平仍任重道远

教育公平问题从来不是简单的教育问题，世界各国追求教育公平的步伐也从未放缓。近年来，各国所关注的教育公平主要基于两个出发点：其一是入学机会公平，即起点的公平；其二是教育过程公平，即机会的公平。

发达国家致力于兑现"准入平等""机会平等"的承诺。尽管各国在消除不公平现象方面取得了一定成就，但在政策的实施过程中仍难以实现完全的公平。从地域来看，美国的农村地区，或土著美国人、阿拉斯加原住民和夏威夷原住民聚居区的教育状况仍需改进。在英国，条件相当的学校之间经费有很大差异，政府的拨款存在地区和学校之间的差异。从社会群体看，由于美国高等教育需求激增，使得高等教育成本日益增长，很多经济不富裕的家庭难以承担子女的学费。在德国，也有近 400 万 18 周岁以下的青少年因出身于社会下层群体、经济条件不够好或家庭缺乏文化氛围而损失了许多接受教育的机会。调查显示，这样的青少年在同龄人中所占的比例超过了 1/4。因此，保证青少年都能获得质量优良的教育是政府教育改革的重点问题。

发展中国家和第三世界国家受经济发展水平和民族宗教文化等因素的限制，国民的受教育权有待进一步保障，教育起点的公平更受关注。例如，撒哈拉以南的非洲国家或地区的成人与青年识字率仍然很低，成人文盲人口基数大，新增文盲有增多趋势。同时，女性识字率偏低、就业难、性别不平等问题突出。再如，摩洛哥农村地区不仅经济落后，交通不便，而且教学资源不足，教育质量低下，文盲众多，儿童失学尤其女童失学问题严重。农村地区成为摩洛哥实现全民教育目标的难点。又如，印度尼西亚目前仍有许多贫困学生难以负担往返学校的交通费用、所需的制服和学习文具等。作为一个多民族国家，印度尼西亚在宗教、爱国主义教育方面的极端改革难以服众，导致宗教暴力事件经常发生，严重时影响部分学生的正常学习，给少数民族群体接受正规的教育带来了更大的困扰。而在印度，由于种姓复杂、宗教信仰不统一，也使得其高等教育领域的不公平问题比较突出，教育歧视行为严重。

二、教育经费投入不足

受 2008 年以来美国金融危机和一系列国家或地区债务危机的影响，各国政府对教育的投入均有不同程度的下降。

基础教育方面，在美国，一些州和地方政府承担了绝大部分的中小学教育公共支出，而联邦政府只负责其中极小的一部分。但州政府和地方政府对中小学教育的支出在 2009 年和 2010 年都呈下滑趋势，财政状况较为严峻，从而对中小学教育经费产生了严重的负面影响。

发展中国家或第三世界国家和地区在基础教育方面更是存在投入不足的问题。世界银行出台的《中国的儿童早期发展：打破贫困的代际传递与提升未来竞争力》(*Early Child Development in China：Breaking the Cycle of Poverty and Improving Future Competitiveness*)报告中指出，中国的扶贫计划应考虑为极端贫困人口提供儿童早期发展和教育服务，在贫困监测中应涵盖对儿童早期发展成果的监测，更加重视儿童早期发展和教育。① 肯尼亚在其《教育部门报告》(*Education Sector Report：2013/14—2015/16 Medium Term Expenditure Framework*)中指出，由于教育经费投入不足，不能为正常学习者及具有特殊需求的学生提供基本学习设施，特别是在过去的三年里，政府对幼儿早期发展与教育的资金投入严重不足(共计 87 977 万肯尼亚先令，约合 6 000 多万元人民币)，且2011—2012 年度的支出还呈下降趋势。撒哈拉以南的非洲国家或地区更是由于政局动荡，部族争端频发，天灾疾病缠绕，对教育基础经费投入严重不足，教学

---

① Wu, Young, Cai. Early Child Development in China：Breaking the Cycle of Poverty and Improving Future Competitiveness [EB/OL]. http：//documents. worldbank. org/curated/en/2012/07/16499167/early-child-development-china-breaking-cycle-poverty-improving-future-competitiveness, 2014-11-19.

资源匮乏，使得其发展教育的蓝图时常落空。[①]

高等教育方面，发达国家对教育经费的投入近年来有所放缓。英格兰高等教育基金委员会核定的 2013—2014 学年度补助中，英格兰境内所有大学的总经费为 40.47 亿英镑，这笔款项少于 2012—2013 学年的补助经费。美国的州政府对地方高等教育投入也大大削减。[②] 2004—2005 学年以来，州政府对公立研究型大学的经费资助平均下降了 25%，使得大学不得不寻求其他的经费来源途径，以保证高等教育的发展。[③] 日本政府在国立大学财政投入中的地位、作用不断下降，20 世纪 70 年代下降到 70% 左右，90 年代又下降到 50% 左右。相反，学生交纳的学杂费等学校自筹资金迅速提高，由 20% 上升至 50%，几乎接近政府教育财政拨款部分。[④] 由于近年来民间对高等教育研究资金不断减少，研究设备得不到及时更新，日本的科学研究能力也受到了影响。在韩国，私人投入教育费（课外补习费）和大学学费过高，而政府承担有限，导致学生及其家庭经济负担过重。从上述问题中可以看出，各国的教育投入都在政府资助和其他经费来源之间寻求最佳平衡点。

三、教师发展面临严峻挑战

教师是保证教育质量优良的重要一环。但近年来，由于经济的衰退，许多国家试图通过减少教师数及教育工作岗位来应对政府的预算困难问题，影响到了教育生态的正常发展。而且教师政策不到位，教师缺乏良好的工作环境，身份地位遭到质疑等现象，更敦促各国正视教师所面临的问题。

首先，教师数量有待增加，教师工资待遇亟须提高。以发达国家为例，美国中小学及学前教育中缺乏教师现象严重，美国总统行政办公室在 2012 年的《投资未来：让教师回到课堂》报告中指出，教师裁员与预算削减，班级规模的扩大，对儿童的短期与长期学业成就产生了严重负面影响。法国在萨科齐政府期间大幅减少教师岗位，师生比例下降，法国学生的学业失败问题也开始显现。因此，奥朗德政府在继任之初，便承诺要在全法增设 6 万个教职岗位，以更好地推行小班化教学。

其次，教师资格认证和准入制度需进一步完善。目前，较多国家教师的资格

① The Republic of Kenya. Education Sector Report：2013/14—2015/16 Medium Term Expenditure Framework [R]. 2012-10.

② HEFCE. Funding for Higher Education 2013-2014[EB/OL]. http：//www.hefce.ac.uk/news/newsarchive/2013/Name，93893，en.html，2014-11-19.

③ 陈萦，史秋衡. 美国公立高校经费来源结构变化分析[J]. 教育发展研究，2009(3)：73-77.

④ 马陆亭. 教育投入政策的国际比较与我国改革重点[J]. 国家教育行政学院学报，2007(12)：44-55.

认证制度还未正式形成或不完善，认证标准较低，准入机制不明确，导致教师质量参差不齐。特别是在学前教育领域，教师的聘任标准需要更明确的规定，以保证学龄前儿童接受更好的教育。

再次，教师职业的可持续性发展体系尚未建立。教师的职前教育和职后培训、教职发展的规划等仍然是众多国家需要重视的问题。一是师范教育与相同学科的普通高等教育同质性过强。二是各国的教师培养未能将课程教学与学校教学实践有效地衔接起来。三是教师的教学专业知识有限，跨学科知识较欠缺。四是各国教师普遍渴望专业发展更持续，因而对专业发展的合作性学习和协同教学实践需求也十分明显。

最后，评价制度仍需改善，教师权威需加强。经济合作与发展组织在其《关注教学》(*Teaching in Focus*)系列简讯中指出，将近一半的受访教师表示，教师评价和反馈主要是应管理者的要求而实施的，许多教师并没有收到任何反馈，告知他们应该如何改善他们的教学或进行教学创新。发达国家的教师对自身的工作环境和工资待遇也时常表示不满，在学生和家长间的威信降低，甚至出现了身份危机。可见，关注教师的教学质量，开发新的教师评价制度，以使所有专心从教的教师都得到优厚待遇，对其工作重树信心已是势在必行。

四、人才培养难以满足社会需求

在知识经济时代，人才资源作为国家战略性资源和竞争力的核心要素的特征愈加明显。学术型人才、应用型人才、技能型人才都是经济社会发展不可缺少的动力。但不少国家受经济基础和社会观念所限，对学术型人才培养不足，对应用型人才、技能型人才培养重视不够。同时，随着人才的全球化流动不断增强，许多国家，特别是欠发达国家的人才流失状况严重，也成为政府不可忽视的问题。

一方面，高层次学术型人才培养不足。发达国家的高等学校在学术型人才的培养方面已获得了明显的成效，但发展中国家的学术型人才培养机制较为欠缺，高精尖人才的开发环境需要更好地维护。尽管许多国家都开始在研究型大学中建立科研创新基地或中心，但各国，尤其是发展中国家的创新机构在数量和质量上都有待提高。此外，如何吸引、留住人才也成为各国关注的重点。例如，俄罗斯就因 20 世纪 90 年代以来缺乏对科学的支持而造成科学人才断代、青年科学人才流失严重等现象。于是近年来，俄罗斯政府大力加强以博士和博士后为主的科研人才的培养，以形成有竞争力的高等教育。

另一方面，应用型人才、技能型人才培养环境有待改善。长期以来，人们受传统思想观念的影响，对职业教育的关注明显低于普通高等教育。殊不知，应用型、技能型人才也是一国提升创新能力的重要保证。发展中国家在高新技术产业、先进制造业和现代服务业领域的人才稀缺，使得国家的人才结构难以适应产业结构的优化升级和不同地区经济的均衡发展。部分发达国家尽管职业教育发展较成熟，但也面临不小的挑战。在法国，职业教育常被冠以"一种落后和失败的教育选择之路"的帽子，这种负面形象使得政府正努力为法国的职业教育贴上一个更现代、更充满活力的标签。而美国职业院校的人才培养被认为不能与学生的生活紧密联系，因此，学生的辍学率仍然很高。近年来，美国政府致力于将职业院校的职业技术课程与大学准备课程结合在一起，为学生接受中等后教育和适应劳动力市场需求做好充足准备。在依赖劳务移民发展本国经济的德国，有职业技能的移民极少能在德国获得证书认证，这无形中提高了技能型人才进入德国劳动力市场的难度。因此，德国技能型人才供给也出现了一定的问题。

>> 第二节　世界各国及主要国际组织教育改革与发展的政策措施 <<

2012—2013 年，世界主要国家根据自身需求继续出台相关的教育政策，并寻求卓有成效的教育政策以提升教育质量，提高国家竞争力。但教育改革从来都不是一蹴而就的，改革需要时间，更需要连贯的实施与长效的保障机制。本节将按照教育政策综合规划、学前教育、初中等教育、高等教育、职业教育、特殊教育和终身教育七个方面的政策措施，对世界各主要国家与地区的教育政策进行分类概述。

一、教育政策措施的综合性规划

针对各自面临的教育挑战与问题，世界各国在进入 21 世纪第二个十年的发展中期，开始加紧推进此前提出的到 2020 年要实现的教育规划，还有不少国家制定了新的教育发展规划，希望改善教育发展的最薄弱环节。

一些国家致力于完善本国的教育体系。例如，俄罗斯在《俄罗斯联邦 2013—2020 年国家教育发展纲要》中明确了未来教育发展的两大目标和五项任务。两大目标：一是根据俄罗斯社会经济发展未来任务和不断变化的人口需求，保障高质量的俄罗斯教育；二是为实现国家的创新型社会的定向发展而提高青年政策的实施效率。五项任务包括：①形成灵活的、对社会负责的、发展人的潜能的、保障当下和未来俄罗斯联邦社会经济发展需求的不间断教育体系。②发展基础设施和组织经济的机制，保障学前教育、普通教育和儿童补充教育服务的公平。③促进学前教育、普通教育和儿童补充教育大纲的现代化，以促进儿童全面发展，达到现代教育质量和社会化成果。④在公开、客观、透明、社会专业参与的基础上建立现代教育评价体系。⑤保障青年社会化和自我实现的高效体系，发展青年潜能。①

　　泰国在《国民教育计划（2002—2016 年）》（*National Education Plan 2002—2016*）的总体精神指导下，出台了《泰国教育部教育发展战略（2012—2015 年）》（*Education Development Strategy of Thailand Ministry of Education 2012—2015*），31 项教育政策涉及各个领域，包括：提高国民的英语能力；改善文盲问题；加强与东盟共同体的教育整合；保障东盟自由投资及私人办校之权利；建立东盟高等教育学分抵免制度；设立东盟地区学习中心；提高职业教育品质，以促进劳动力在东盟的就业；基础教育课程的标准化等。② 同时，泰国教育部围绕改善与东盟共同体的整合，在纲领、政策的指导下，加快落实相关措施，以期切合东盟高品质教育的需求，成为东盟教育的领跑者。

　　一些国家则在努力摆脱经济衰退的同时，致力于形成长效的教育发展政策。例如，新加坡政府为应对当前的经济挑战，提出了"包容性增长"的教育改革政策。为此，新加坡政府充分肯定社会流动的积极价值，为社会底层提供更多自我提升的机会，强化各个阶层教育的价值，以包容性增长促进社会和谐。新西兰政府也提出要"实现教育对经济的最大贡献"。新西兰政府认为，教育对经济增长与发展有着极其重要的作用，要最大限度地发挥教育促进经济增长的功能，就需要所有儿童和青年人都能掌握一定的知识和技能，从而使他们充分发挥自己的潜能，为新西兰的经济和社会发展做出贡献。为此，新西兰教育部还联合其他机构共同开展了一系列活动，以加强高等教育、研究、知识转换及国际教育部门的业绩，从而为实现政府制定的经济增长目标做出贡献。越南推出《2013—2020 年越南教育发展战略之行动专案》（*Action Project of Vietnam Education Development Strategy 2013—2020*），将提升教学品质、克服当前教育培训所存在的问题和困难作为教育发展策略的重要目标。此专案的实施分为两个阶段，第一阶段为2013—2015 年，其重要任务为革新教育培训，提高人力资源质量，发展教育管理及讲师干部队伍，革新教科书，革新教学、考试方法，革新教育财政机制，拓展教育投资资源，加强贫穷人口、少数民族地区教育，发展科学技术，提高国际教育培训的合作效果。第二阶段为2016—2020 年，该阶段将继续革新培训教育，

---

① Министерства образования и науки Российской Федерации. Государственная Программа Российской Федерации "Развитие образования" на 2013—2020 годы［EB/OL］. минобрнауки. рф/документы/3409/файл/2228/13. 05. 15-Госпрограмма-Развитие _ образования _ 2013—2020. pdf, 2013-05-15.

② Ministry of Education. Education Development Strategy of Thailand Ministry of Education (2012—2015)［EB/OL］. http：//www. en. moe. go. th/index. php? option＝com _ content&view＝article&id＝763：the-asean-community-and-skill-development-for-the-21st-century&catid＝1：news&Itemid＝42, 2013-10-12.

落实普通教育课程，继续革新职业教育和大学教育，集中巩固及提高教育品质。此外，在国民教育系统继续提高外语教学及资讯品质。[①]

还有一些国家继续重视弱势群体的教育问题。例如，南非基础教育部于2013年4月推出的《关于教育区的组织结构、角色及职责的政策》(*Policy on the Organization，Roles and Responsibilities of Education Districts*)报告，要求为提高教育区内的学校教学质量，在资源上提供倾斜政策。[②] 再如，新西兰推出的优先行动之一便是要保障毛利学生、太平洋岛屿族裔学生、有特殊教育需求学生群体的教育权利。新西兰的教育系统必须满足这部分学生的需求，并以能够反映和体现他们的身份、语言及文化的方式来开展教育活动，通过改善弱势群体的学习成绩提升新西兰整个教育系统的水平。

国际组织也开展了有关2015年后全民教育框架的讨论。2013年9月，由联合国教科文组织与联合国儿童基金会联合发布的《将教育纳入2015年发展议程的重点》(*Making Education a Priority in the Post—2015 Development Agenda*)报告明确指出，全民教育目标与千年发展目标是相辅相成、不可分割的关系。报告提出2015年后教育发展议程需关注的优先项目包括：①继续推进教育议程中未完成的目标。②呼吁增加初等教育机会之后的中等教育和终身学习的机会。③强调优质教育，关注教育质量，实现男女学业平等，重视学习、教师、工作技能、性与生殖健康教育、全球公民教育、可持续发展教育、学习环境等问题。④关注跨领域问题，包括性别平等及社会包容等方面的问题。[③]联合国教科文组织第37届大会的主题为"联合国教科文组织动员教育、科学、文化和传播与信息力量，促进2015年后议程"，该议程要求重点实现的教育目标包括：①加强对女童与妇女教育问题的关注。②通过在技能发展和职业技术教育领域，以及科学、技术和创新领域采取专门干预措施，解决青年失业、缺少发展机会和无法参与影响其生活的决策问题。③关注弱势群体与边缘群体的教育问题，持续重点关注妇女和女童的受教育状况，同时也必须考虑男子和男孩的教育质量，保证公平获得优质教育。④加强青年和成人扫盲教育，除了扫除传统意义上的文盲之外，还要扫除新技术领域正在出现的一些新型文盲。⑤扩大教师队伍的数量，提高教师队伍的质

---

① 越南教育培训部. 越南 2013—2020 教育发展策略目标：提升教学品质[N]. 西贡解放日报，2013-04-08.

② Department of Basic Education(South Africa). Policy on the Organization，Roles and Responsibilities of Education Districts[R]. Department of Basic Education，2013.

③ UNESCO, UNICEF. Making Education a Priority in the Post—2015 Development Agenda [EB/OL]. http：//en. unesco. org/post2015/sites/post2015/files/Making _ Education _ a _ Priority _ in _ the _ Post—2015 _ Development _ Agenda. pdf，2013-11-25.

量，从而提高教育质量。⑥在教育系统进一步挖掘信息技术与开放教育资源的潜能。①

世界银行则通过"全球教育伙伴"（Global Partnership for Education，GPE）的《战略计划（2012—2015 年）》（*Strategic Plan 2012—2015*），提倡在全球和国家层面开展教育资源的密切合作。②为此，世界银行从 2002 年起，为帮助低收入国家实现教育千年发展目标（MDGS）和全民教育目标（EFA），与发展伙伴一起推出了"全球教育伙伴"。全球教育伙伴是一个在全球和国家层面开展合作的平台，通过签订协议，发展中国家承诺规划和实施良好的教育计划，同时援助方承诺统一并协调解决这些计划的额外资助。目前，全球教育伙伴包括了 52 个发展中国家和 25 个以上的多边、双边、地区性援助机构和组织。

此外，经济合作与发展组织发布首批《教育政策展望》的国别报告，为各国决策者提供教育政策及改革的前瞻性比较分析。同时发布《教育概览 2012》《教育概览 2013》，继续为全球教育发展提供监测和比较数据。

二、学前教育政策措施

在世界主要国家中，发达国家对学前教育问题的关注更为密切。

美国推出"力争上游基金"（Race to the Top Fund），利用竞争性经费来鼓励美国各州和地方积极进行教育改革，提升学生成绩，缩小学生之间的差距。2011 年，联邦政府追加了 7 亿美元的竞争性经费，其中 5 亿美元用于鼓励新的学前教育改革计划。

英国在学前教育方面的改革主要涉及学前教师的准入和行为标准。新的《学前教育教师标准》包括教师的"个人品行与职业操守"标准及"教学标准"，此外，还对教师的法律地位、专业发展等内容进行了规定。英国教育部还于 2012 年 3 月发布《早期基础教育阶段法定框架：0～5 岁儿童学习、发展、护理标准》，对儿童的学习发展、评估、安全福利三方面问题进行了详细的规定。

俄罗斯在《俄罗斯联邦 2013—2020 年国家教育发展纲要》中提出要逐步实现国家与学前教育教师签订有效合同；实施学前教育和基础普通教育联邦国家教育标准，尽管学前教育标准不包含对学前教育项目成绩的要求，只是针对这些教育项目制定监督体系。联邦政府还推出关于《学前教育联邦国家教育标准》草案，规定：国家保障每个儿童获得高质量学前教育的机会均等；在实施基础教育大纲条

---

① 联合国教科文组织. 教科文组织动员教育，科学，文化和传播与信息力量，促进 2015 后议程[EB/OL]. http：//unesdoc. unesco. org/images/0022/002246/224645c. pdf，2013-11-25.

② Global Partnership for Education. Strategic Plan 2012—2015 [R/OL]. http：//www. globalpartnership. org/content/strategic-plan—2012—2015，2013-07-27.

件、结构和掌握结果的统一教育要求基础上,保障学前教育水平和质量;保持和维护俄罗斯联邦学前教育相应水平上的统一教育空间。为此,政府对学前教育、普通教育及儿童补充教育发展提供高达 9 367 121.645 万俄罗斯卢布的专项经费。①

澳大利亚教育、就业和工作关系部于 2013 年 11 月发布了《2012—2013 年度报告》(Annual Report 2012—2013)。在教育方面,该报告主要聚焦于早期儿童教育和基础教育两个领域。其中,早期儿童教育主要围绕儿童保育体系、儿童保育费用援助和早期儿童教育三个方面开展工作。②

日本颁布了 3 项与儿童、育儿相关的法律:《儿童、育儿支援法》《关于全面开展学前儿童教育、保育等的促进法部分条文修正法》《与〈儿童、育儿支援法〉和〈关于全面开展学前儿童教育、保育等的促进法部分条文修正法〉施行相关的法律》。此三项法律的制定,旨在确立监护人对育儿负有首要责任的基本认识下,全面促进学前儿童学校教育和保育的开展,加强对地区儿童教育和保育的援助。具体措施包括:创设通过认定孩童园、幼儿园、保育所进行统一给付("设施型给付")及小规模保育所的给付("地区性保育给付");改善认定孩童园制度;根据地方实际充实儿童、育儿援助;实施主体为市町村;社会整体分担费用;政府负责推进实施;设立儿童、育儿会议七项内容。

韩国提出"通过促进体育文化艺术教育,使学生放飞梦想、发挥潜能"的教育目标,致力于实现 0~5 岁儿童保教国家完全责任制。作为对 2010 年创建欧洲文化中心城市项目的延伸,德国的北莱茵—威斯特法伦州推出了"小小音乐家"项目。该项目为儿童提供更加个性化的服务,通过音乐课程培养儿童的情感和认知能力。

世界银行也继续重视儿童的早期发展,进一步开发评估分析工具,并给予资金支持和政策建议。具体来看,世界银行支持为儿童及其家庭提供基本的健康和营养服务;支持建立高质量儿童早期发展中心项目,为儿童的入学做好准备;支持针对家长的专门计划,以促进家长在子女健康、营养和养育行为上发生积极转变。2011 年,世界银行启动了《世界银行 2020 年教育战略——全民学习》(World Bank Education Strategy 2020:Learning for All)。世界银行认为,儿童和青少年通过学习所获得的知识和技能能帮助他们摆脱贫穷,并促进其发展。因此,该

① Министерстваобразования и науки Российской Федерации. Государственная Программа Российской Федерации "Развитие образования" на 2013—2020 годы[EB/OL]. минобрнауки. рф/документы/ 3409/файл/2228/13. 05. 15-Госпрограмма-Развитие _ образования _ 2013—2020. pdf,2013-05-15.

② Department of Education,Employment and Workplace Relations. Annual Report 2012—2013[EB/OL]. https：//docs. education. gov. au/system/files/doc/other/deewr _ annual _ report _ 2012—13. pdf,2013-11-25.

战略鼓励世界各国：①"尽早投资"，因为儿童的早期发展将有助于终身学习。②"明智投资"，要求各国重点关注提升学习结果。③"全民投资"，要求关注所有学生而不仅仅是特权阶层。为了支持这一核心战略，世界银行在2012年开发了新的知识平台——"导向更好教育结果的系统办法"，帮助改革，评估自己的教育政策并确认优先行动来帮助全民学习的目标达成。①

三、初、中等教育政策措施

世界各国主要围绕教育均衡化和保障教育质量等方面，颁布了初、中等教育阶段的教育政策。

英国在2012年出台了名为《学校拨款改革：迈向更加公平的系统》(*School Funding Reform：Next Steps Towards A Fairer System*)的教育拨款政策。该政策围绕学校经费拨款制度进行改革，提出了"高需求学校"这一概念，并对这类学校在拨款上给予倾斜。确定高需求学校的主要标准是一个学校高需求学生的类型和数量，以及其他因素。为此，中央政府制定了详细的标准和拨款公式，同时，地方当局对于拨款也有一定的决定权。新的拨款政策强调：要确保中小学获得尽可能多的资金；维持和提高中小学和高等学校之间等效和连续的拨款安排；使所有学校都了解他们获得的资金基础；支持学生的所有需求；对于学生数量和家长需求做出反应。②

德国推出"MINT专业促进计划"，通过不同主题的竞赛活动，激发青少年对研究的热情和对科学的渴望。同时，政府还设立了"小小研究员之家"基金会。该基金会组织青少年研究世界和日常生活中的一切，在全国范围内为他们提供自然科学、数学和技术方面的教育。③

法国在2012年推出"重建共和国学校"计划，改革涉及四大主题："保障所有人的学习成功""把学生置于学校重建的中心""培养有教养与有声誉的人""建立公

---

① World Bank. World Bank Education Strategy 2020：Learning for All [EB/OL]. http://web. worldbank. org/WBSITE/EXTERNAL/TOPICS/EXTEDUCATION/0,contentMDK：22474207 ~ menuPK：282402 ~ pagePK：210058 ~ piPK：210062 ~ theSitePK：282386,00. html,2013-07-22.

② Department for Education. School Funding Reform：Next Steps Towards A Fairer System [EB/OL]. https：//www. gov. uk/government/publications/school-funding-reform-next-steps-towards-a-fairer-system，2014-03-13.

③ BMBF. Perspektive MINT. Wegweiser für MINT-Förderung und Karrieren in Mathematik，Informatik，Naturwissenschaften und Technik[R]. Berlin：BMBF，2012：52.

正与有效的系统"①。2013年法国通过《重建共和国学校的方向与规划法》,其基本目标是建设公正的、高水平的和包容性的学校,提高所有学生的水平和减少不平等。其中,政府重点进行了小学的课时改革,以便更好地顺应青少年的成长和学习规律。②

俄罗斯颁布的《发现与发展天才青年全国体系纲要》指出,现代经济有赖于掌握知识、有能力创新的专家,因此,建立在优良传统和现代成功模式上的发现与发展天才青年的工作,是俄罗斯经济现代化的必要元素。要从基础教育阶段开始注重挖掘天才儿童,并满足其相应的教育需求,以促进每个青少年的健康发展。③

韩国教育部在其2013年教育工作报告《幸福教育,创造性人才培养——2013年国家课题实施计划》中提出,要彻底改革应试教育,建设能够忠实反映教育本质的教育课程;设置学生本位的课程体系,建设适合每个学习者需要的生涯教育体系,最终实现能够发挥每个学生潜能的教育;杜绝学校暴力,建设零危险教育环境,建设学生得以安全成长的教育环境;减少班级平均人数,使教师在工作过程中能够关注到每个学生,帮助学生建立个性化的生涯规划;通过生涯规划咨询、体验活动等帮助学生自主规划自己的未来;丰富和完善学校体育,培养全面发展的人;创建教师专心从教的环境。④

澳大利亚在基础教育领域致力于确保每名学生都能够获得高质量的教育,充分掌握所需的技能,培养自己的自信心和创新意识,并能够最大限度地发挥自己的潜能。2012—2013年,澳大利亚联邦政府继续与各个州和领地展开中小学生教育合作,开展多个计划和项目,进一步提高所有学生的学业表现。

菲律宾推行了"K—12基础教育体制",其实施内容主要包括:制定基础教育发展目标;调整基础教育组织结构;聚焦基础教育课程发展;深化各级基础教育改革;构建基础教育评价制度;完善基础教育保障机制。这项改革的目的在于培

① A. Dulot, F. Bonneau, M. F. Colombani, et al. Refondons l'École de la République—Rapport de la concertation(Ministère de l'Education Nationale)[EB/OL]. http://www. education. gouv. fr/archives/2012/refondonslecole/wp-content/uploads/2012/10/refondons _ l _ ecole _ de _ la _ republique _ rapport _ de _ la _ concertation1. pdf,2012-11-15.

② La loi d'orientation et de programmation pour la refondation de l'école de la République[EB/OL]. http://www. legifrance. gouv. fr/affichTexte. do;jsessionid = BDA830B8E277B983BA57BB3999DE9E7E. tpdila07v _ 2? cidTexte=JORFTEXT000027677984 & categorieLien=id,2013-10-10.

③ Министерстваобразования и науки Российской Федерации. Концепцияобщенациональнойси-стемывыявленияиразвитиямолодыхталантов [EB/OL] . минобрнауки. рф/документы/3451/файл/2296/12. 04. 03-Пр-827. pdf,2012-04-03.

④ 韩国教育部. 幸福教育,创造性人才培养——2013年国家课题实施计划[EB/OL]. http://www. moe. go. kr/2015happymoe/2015happymoe07-1. html,2013-01-31.

养具有 21 世纪技能的学生，并为他们进入大学或就业做充分的准备。

还有一些国家的改革涉及延长义务教育年限的问题。例如，马来西亚计划从 2015 年开始规定，年满 5 周岁的儿童必须入学就读小学一年级。目前马来西亚小学生的入学年龄为年满 6 周岁。此外，马来西亚也计划将国民义务教育的年限，从目前的 6 年延长至 9 年。印度尼西亚首都雅加达则可能推行 12 年义务教育政策。为了提高教育质量，雅加达政府已经正式宣布首都的学生将被要求接受 12 年的学校教育。

联合国教科文组织发布《向普及学习迈进：每个孩子应该学什么》(*Towards Universal Learning：What Every Child Should Learn*)，关注基础教育阶段学生应该达成的学习目标。学习目标主要包括身体健康、社会情绪、文化艺术、文字沟通、学习方法与认知、数字与数学、科学与技术七个维度。[①] 经济合作与发展组织则为应对日益严重的青年失业问题，在部长级会议上签署了"OECD 青年行动计划"(Youth Action Plan)，以期更好地解决青年人的就业问题。[②]

四、高等教育政策措施

高等教育兼具人才培养、科学研究和社会服务多重功能，往往是各国政府教育改革的重中之重。

创新是美国高等教育改革的主要基调。联邦政府推出 STEM(科学、技术、工程、数学)教育，希望推动计算机科学、数学、工程学、生命和物理科学领域的专业和技术人才的培养。奥巴马政府为推进该项改革，加大了教育经费的投入，以期改善大学的财政状况，并提升教育投入的质量，为美国培养更多的创新人才。

英国高等教育改革的焦点是评估问题。从 2012 年起，英国高等教育基金委员会(HEFCE)就责成高等教育质量保障署(QAA)对院校评估(institutional review)的内容和形式进行改革，提出了名为"高等教育评估"(higher education review)的新办法，将院校评估整合起来，采用"基于风险"的质量保障理念来确定评估的频率和强度。在广泛征求意见的基础上，2012 年 10 月，高等教育基金委员会发布了《基于风险的质量保障办法》(*A Risk-Based Approach to Quality Assurance*)，高等教育质量保障署也于 2013 年 6 月发布了《高等教育评估：提供者手册》(*Higher Education Review：A Handbook for Higher Education Providers*)。

---

① UIS and CUE. Towards Universal Learning：What Every Child Should Learn [R]. Paris：United Nations Educational，Scientific and Cultural Organization，2013：12.

② OECD. Youth Action Plan [EB/OL]. http：//www. oecd. org/els/emp/Youth-Action-Plan. pdf，2013-08-20.

　　法国在 2013 年 7 月讨论并通过了《高等教育与研究法》。这是半个世纪以来法国颁布的第七部关于高等教育和科学研究的法律，但将高等教育和科学研究问题列入同一法律文件却是首次。该法主要包括四个方面的内容：①为所有大学生提供更好的成功机遇，改善其学业定向和就业状况。②赋予科学研究新的动力，使科学研究系统更加透明。③加强大学与科研机构中人员的合作，促进大学中的学院式治理，迈向共同卓越。④扩大法国科学研究在欧洲科研项目中的份额，鼓励大学生、教师与研究人员以及行政管理人员的国际流动，增强法国学术机构的吸引力。[①]

　　俄罗斯推出了《2014—2020 年"创新俄罗斯科学和科教人才"联邦目标纲要》，旨在"有效培养科学和科教人才，在科学、教育、高技术领域留住青年人才，并为保持代际传承创造条件"。政府希望纲要能在人才的培养与吸引、科研项目的开展、科研国际化的实现和教学科研成果量化等方面取得成效。同时，为满足俄罗斯经济、社会发展对高水平人才的需求，从进入 21 世纪第二个十年起，俄联邦政府开始重点支持一批一流大学，以期达到推进俄罗斯教育现代化、提高俄罗斯高等教育质量、复兴研究生教育、发展科学、防止高层次人才外流等目的。[②]政府新近提出的《发展一流大学，提高其在世界一流科教中心中的竞争力措施计划》就是支持俄罗斯一流高校跻身国际一流科学、教育中心的重要举措。[③]

　　日本在 2012 年提出要改革国立大学。改革的基本方针为：重新定义教师培养、医学、工学的任务；促进体制改革，包括大学预算的重点支持、大学间合作、促进组织的改革等具体措施。在制度层面，日本支持国立大学的国际化战略，鼓励日本大学与国外大学的多样化合作，通过互派教师、提供教材和课程、建立共同的研究科等方式实现真正的合作。此外，日本还设立由国立、公立、私立大学等共同组成的教育研究组织，以促进教育研究的多样化。

　　韩国教育部在 2013 年教育工作报告——《幸福教育，创造性人才培养——2013 年国家课题实施计划》第二章"建构能力中心的社会基础，面向未来培养人才"中提出，通过特色大学建设计划，建设一批各具特色、具有全球竞争力的大

---

　　① Loi n°2013-660 du 22 juillet 2013 relative à l'enseignement supérieur et à la recherche［EB/OL］. http：//www. legifrance. gouv. fr/affichTexte. do? cidTexte＝JORFTEXT000027735009，2013-11-20.

　　② Министерстваобразования и науки Российской Федерации. Концепцияфедеральнойцелевойпрограммы "Научныеинаучно-педагогическиекадрыинновационнойРоссии" на 2014-2020 годы［EB/OL］. минобрнауки. рф/документы/3375/файл/2199/13. 05. 08-Распоряжение＿760р. pdf，2013-05-08.

　　③ Министерства образования и науки Российской Федерации. План мероприятий по развитию ведущих университетов, предусматривающих повышение их конкурентоспособности среди ведущих мировых научно-образовательных центров［EB/OL］. минобрнауки. рф/документы/2945/файл/1885/12. 10. 29-Распоряжение＿2006р. pdf，2012-10-29.

学。具体的政策措施包括：由官方和民间专家共同组成"大学发展规划小组"，制定宏观的高等教育发展战略和高等教育财政支援方案；考虑各大学的优势专业、企业界的需求等因素，在各学科领域集中建设特色大学，同时促使大学进行内部办学模式改革，集中资源，重点建设优势学科；增加高等教育经费投入，使其达到 GDP 的 1％；以"支持地方大学、大专发展""增加国家奖学金规模""培养创造型人才"为主线，重新调整高等教育财政投入结构，为实现创造型经济培养多种人才。此外，该报告还要求增加大学财政、审计制度的透明度，确保国民对大学的信任和支持。[①]

印度大学拨款委员会颁布了《促进高等教育机构公平发展的规定》（*Promotion of Equity in Higher Educational Institutions Regulations*），为印度高等教育机构切实做到反对歧视和偏见，提升公平和公正提供了重要的依据。[②] 该规定是印度政府为规范高等教育机构、提高高等教育公平性而颁布的，对于指导印度高等教育的发展具有重要意义。

新加坡则提出了"环球大学校园"举措，吸引多所拥有雄厚教育资源的世界著名高等学府在新加坡设立分校，将狮城打造成一个巨大的环球校园，为希望拥有欧美教育经历又不愿到太远的国度深造的人们营造一个"留学不出国"的环境，使新加坡学生在较熟悉的亚洲文化环境中就可以接受英文教育，学习世界各地名牌大学的课程，并获得高含金量文凭。学生不仅可以在新加坡国内接受全球化的教育，还可以参与全球学生交流计划，到世界各地顶级高等学府交流学习，拓宽视野，获取国际经验，从而在日益激烈的竞争环境中处于优势地位。

其他东南亚国家也在高等教育领域推出了自己的改革计划。越南决定减缓高等教育扩张速度。2007 年，政府制定的目标是要在 2020 年使越南大学生数量达到 450 万，约占总人口的 4.5％。新政策调整了目标，计划到 2020 年，使越南的大学生数量达到 220 万左右，约占总人口的 2.56％。[③] 马来西亚为提升国家研究与创新能力，提出减免研究生以上教育的学费。印度尼西亚政府发布了高等教育人才培养改革政策，要求全国范围内的大学本科生和研究生必须在相应的学术期刊上发表论文。尽管该政策颇具争议，但其规定类似于海外的许多顶尖高校的规定，显然是印度尼西亚政府为与国外高校的人才培养方式接轨而推行的改革。

---

① 韩国教育部. 幸福教育，创造性人才培养——2013 年国家课题实施计划［EB/OL］. http://www. moe. go. kr/2015happymoe/2015happymoe07-1. html，2013-01-31.

② Ministry of Human Resource Development. Promotion of Equity in Higher Educational Institutions Regulations［EB/OL］. http：//mhrd. gov. in，2013-04-21.

③ 邓莉. 越南减缓高等教育扩张速度［EB/OL］. http：//www. wei. moe. cn/zh/? p＝2293，2013-11-20.

在国际组织方面，联合国教科文组织发布《高等教育排名与问责：善用与滥用》报告，关注高等教育排名的使用问题。该报告旨在引导人们更加合理、"负责任"地开发与应用排名，从而使相关人士能够正确使用和传播这一信息工具。欧盟发布了《世界中的欧洲高等教育》（*European Higher Education in the World*），推进欧盟高等教育的国际化进程。[①] 此外，欧盟还推出《伊拉斯谟高等教育特许证（2014—2020 年）》（*Erasmus Charter for Higher Education 2014—2020*），以更好地推进欧盟高等教育一体化发展。[②]

五、职业教育与就业教育政策措施

从各国的政策报告不难发现，职业教育逐渐受到政府的重视。

美国推出《为美国未来投资：职业技术教育转变的蓝图》（*Investing in America's Future：A Blueprint for Transforming Career and Technical Education*）研究报告，要求对其既有的《铂金斯法案》（*Carl D. Perkins Career and Technical Education Act of 2006*）进行重大修订。该报告主要涉及当前美国职业技术教育改革的背景、原则、具体内容等，提出：保持职业技术教育与劳动力市场需求的高度一致性；建立强大的合作和伙伴关系；建立基于清晰标准之上的问责制和激励制度；为地方职业技术教育的实施和创新提供支持。这些提议集中体现了美国对职业技术教育转型的期待，反映了美国经济发展对职业技术教育的要求，同时也体现了美国对教育公平及教育质量价值取向的追求。[③]

德国的职业教育一直以来受到国际社会认可和关注。近年来，联邦政府主要对在德移民劳工的职业能力官方认证进行了改革，颁布了《境外职业技能证书评估认证促进法》，放宽了对在国外取得的职业技能证书认证的限制。[④]

俄罗斯则提出关于《对联邦国立高等职业教育机构活动进行监察的决定》，具体包括三方面内容：坚持对监察项目考量的标准化；所实施的监察项目应该内容全面、规定详细；重视对高等教育机构创新及科研方面内容的监察。该政策还特意将高校的科研创新活动单独列为一项，具体涉及教育机构研究活动六个方面的

① European Commission. European Higher Education in the World [EB/OL]. http：//ec. europa. eu/education/news/20130711 _ en. htm，2013-07-11.

② EU. Erasmus Charter for Higher Education 2014-2020[R/OL]. http：//eacea. ec. europa. eu/erasmus-plus/funding/erasmus-charter-for-higher-education-2014-2020-2014-0 _ en，2013-05-15.

③ United States Department of Education Office of Vocational and Adult Education. Investing in America's Future：A Blueprint for Transforming Career and Technical Education [EB/OL]. http：//www2. ed. gov/about/offices/list/ovae/pi/cte/transforming-career-technical-education. pdf，2013-04-08.

④ BMBF. Anerkennung ausländischer Berufsqualifikationen[EB/OL]. http：//www. bmbf. de/de/15644. php，2013-09-29.

内容：工作范畴；科学、技术、工艺优先发展方向的研究；科学研究支出的内部财政来源；科研、科学—技术和创新活动的成果；专利活动；技术商业化。①

澳大利亚政府认识到掌握高技能的劳动力将直接决定国家经济发展的水平和国际竞争力，在职业教育和培训领域紧紧抓住技能这个连接教育与经济的核心纽带。2012 年，以吉拉德为首的澳大利亚联邦政府发布名为"面向所有澳大利亚人的技能"（Skills for All Australians）的改革计划，旨在全国推行职业教育与培训改革，提高国民技能水平，发展更有活力和竞争力的经济。

印度按照终身教育的理念，借鉴很多国家在社区学院方面成功的经验，启动了"社区学院"建设项目，被认为实现了印度职业教育的"范式转变"。有关人士也呼吁在高等职业教育阶段建立更加富有弹性和开放性的课程体系，以方便毕业生在就业之后还可重返高校，进一步提升自我和学习新的技能。政府还推出了《国家职业教育质量框架》（National Vocational Education Qualifications Framework），对职业教育的国家原则，职业教育多元的入学和毕业途径，职业教育内部的教育和培训，职业教育与企业、雇主合作等几方面提出了总体性的指导意见。②

泰国也开始加快技职教育的发展速度。为应对未来东盟的市场发展，泰国希望培养足够数量的技术人员，以满足市场需要。因此，技职学校的改革成为泰国迎接东盟整合的重要驱动力量。泰国大大加快了技职教育发展的步伐，确立了在 2016 年以前，使接受技职教育学生与接受普通教育学生达到 1∶1 的目标，同时使学生能够选择继续就读学士课程并取得学士文凭。为此，泰国教育部希望把技职学校转型成为大学。

南非的高等教育与培训部于 2013 年推出《关于技术与职业教育及培训讲师专业资格政策》（Policy on Professional Qualifications for Lecturers in Technical and Vocational Education and Training）。这是南非历史上第一个专门为技术与职业教育及培训讲师设计的专业资格。新政策制定了一套适合技术与职业教育及培训讲师的任职和在职资格，旨在增强技术与职业教育及培训机构的有效性，促进职业教育领域师资质量的提高。③

---

① Министерства образования и науки Российской Федерации. О проведении мониторин гадея-тельности федеральных государственных образовательных учрежден［EB/OL］. http：//www.edu.ru/db-minobr/mo/Data/d _ 12/m583. pdf, 2012-08-03.

② Ministry of Human Resource Development. National Vocational Education Qualifications Framework[EB/OL]. http：//mhrd. gov. in，2013-03-25.

③ Department of Higher Education and Training(South Africa). Policy on Professional Qualifications for Lecturers in Technical and Vocational Education and Training[R]. Department of Higher Education and Training，2013.

欧盟七国成立职业教育联盟。2012 年 12 月，德国联邦教育与科学部和西班牙、希腊、葡萄牙、意大利、斯洛伐克和拉脱维亚六个国家基于在职业教育领域合作的需要，成立了职业教育联盟。这些国家签署了一份备忘录，希望以德国为楷模来推进职业教育的改革，目标是要在 2020 年以前，让各国 25 岁以下人口的就业率达到 80%。

六、特殊教育政策措施

美国开始修订《初等和中等教育法》(*Elementary and Secondary Education Act*)，并承诺教育改革要涉及所有残疾学生。联邦政府还努力提高残疾人在国家公共劳动力系统中的参与率，包括建立激励机制，让州政府创造新的服务模式，提高残疾人的就业率。[1] 奥巴马总统在其 2013 财政年度预算计划中增加了对残疾学生的教育投入。美国国会修订了《残疾人教育法案》(*Individuals with Disabilities Education Act*)，规定联邦政府对各州拨款 116 亿美元，主要用于支持各州和学区为残疾学生提供特殊教育和相关的服务。[2]

日本致力于推进共生社会的形成，以便至今未能充分参与社会的残障人士等能够积极参与到社会中来，并能够为之做出贡献。日本近年来相继成立"特殊教育特别委员会"，推出或改进与残障人士相关的基本法，改善全纳教育体系下特殊教育的发展。

新加坡的社会服务学院开发新课程，针对残疾人的特殊需要提供概念化的实践和不同的服务执行技能。这成为新加坡国家社会服务理事会的一项最新的战略发展举措。

联合国儿童基金会发布了名为《2013 年世界儿童状况》(*The State of the World's Children 2013*)的报告，呼吁关注全纳教育。报告指出了全社会包容残疾儿童的重要性，认为如果残疾儿童能够全面地参与各项社会活动，这将有利于每一个人。就教育而言，全纳教育不仅为残疾儿童提供了实现梦想的机会，也拓宽了所有儿童的视野。全纳教育意味着要为所有儿童提供进入正规学校教育系统的机会，主张残疾学生和正常学生在同样的教学环境中接受教育，必要时为有特殊需要的学生提供帮助和支持，例如，可供轮椅通过的通道等。[3]

---

① Executive Office of the President of the United States. Budget of Department of Education, Fiscal Year 2013[R]. U. S . Government Printing Office，2012.

② Executive Office of the President of the United States. Budget of Department of Education, Fiscal Year 2013[R]. U. S . Government Printing Office，2012.

③ UNICEF. The State of the World's Children 2013[R/OL]. http：//www. unicef. org/guyana/SOWC _ Report _ 2013. pdf，2013-05.

世界银行的"全球教育伙伴"《2012—2015 战略计划》（*Strategic Plan 2012—2015*）提出四大教育愿景，其中，"拥抱每一个儿童"要求将资源集中在最边缘化的儿童和生活在脆弱与受冲突影响的国家中的儿童，特别要对残疾群体的教育问题予以重视。[①]

欧盟也发布报告，呼吁关注儿童及其他处境不利群体的教育。目前，尽管欧盟各成员国承诺推动全纳教育，但需要特殊教育的儿童和残疾成年人仍受着不公正的待遇。他们中的许多人被安置在隔离的学校里，无法享受主流教育。该报告呼吁成员国更加努力地发展全纳教育体系，消除处境不利群体在接受教育、培训以及就业方面所面临的障碍。

七、成人教育与终身教育政策措施

终身教育作为一种教育理念，受到世界各国的广泛推崇。正如联合国教科文组织终身教育部部长 E. 捷尔比所言："终身教育应该是学校教育和学校毕业以后教育及训练的统合。它不仅是正规教育和非正规教育之间关系的发展，而且是个人（包括儿童、青年、成人）通过社区生活实现其文化及教育方面的最高目标而构成的以教育政策为中心的要素。"

德国推出了促进就业的"扫盲运动与成人基础教育"项目。该项目受到德国联邦教育与科研部的资助，旨在逐步降低德国文盲率。该项目主要包括三个方面的内容：制订项目设计方案和具体实施措施；向在工作和日常生活中存在问题的文盲提供咨询和教育服务；支持对从事该方向教育的教师和其他培训人员的继续教育。

日本提出构建"幸福老龄社会"，即针对日本老龄化、少子化问题，提出彻底摆脱"高龄社会"，从国家层面构建终身学习的教育理念。

韩国教育部在其 2013 年教育工作报告——《幸福教育，创造性人才培养——2013 年国家课题实施计划》中，提出了"迎接百岁时代，建立国际终身学习体系"的口号。政府希望通过建构在线、非在线的终身学习综合传递系统，根据人生不同阶段、社会阶层等因素，为居民提供个性化的终身学习支援体系。同时，为青年一代建设一部分"面向成人型大学"，加强职业教育，以满足在职工作者的继续教育需求。[②]

印度则通过推出的《社区学院计划：概念与框架》（*Concept and Framework*

---

① Global Partnership for Education. Strategic Plan 2012-2015［R/OL］. http：//www. global-partnership. org/content/strategic-plan-2012-2015，2013-07-27.

② 韩国教育部. 幸福教育，创造性人才培养——2013 年国家课题实施计划［EB/OL］. http：//www. moe. go. kr/2015happymoe/2015happymoe07-1. html，2013-01-31.

of the Community College Scheme）推进终身学习。文件指出，新成立的社区学院强调技能的培训，关注当地经济和社区的需求，帮助受教育者获得职业，并促进社会流动。为满足国民终身学习的需求，社区学院所提供的教育也是弹性的，没有年龄限制；且社区学院致力于成人教育，帮助学术能力欠缺的学生获得适合自身的发展。①

联合国教科文组织第 37 届大会把主题定为"联合国教科文组织动员教育、科学、文化和传播与信息力量，促进 2015 年后议程"，建议把"公平的全民良好教育和终身学习"作为目标，并把青年和成人扫盲、生活与工作技能、教师、幼儿保育和教育、可持续发展教育及全球公民意识教育作为专题优先项目的具体指标。欧盟委员会 2013 年初公布的《欧洲教育经费：经济危机的影响》（*Funding of Education in Europe：The Impact of the Economic Crisis*）报告指出，欧洲各国要为成人教育提供多种形式的支持，特别是增加对长期失业、没有高中学历的成年人等特定人群的支持。② 还有一些国家通过建立新的资金支持机制或通过欧洲社会基金（ESF）来获得额外支持，从而推进成人教育的发展。

>> 第三节　世界各国及主要国际组织教育政策的趋势及特点 <<

纵观 2012—2013 年度世界主要国家和国际组织的教育政策和改革，尽管金融危机对各国教育造成的影响仍未褪去，但各国都将发展教育作为恢复经济的重要途径之一。欧美国家试图通过扩大对高等教育与研究的经费投入，增强本国的科研实力和创新能力，以保持国家的竞争力；亚洲国家努力完善人才培养机制，确立具有本国特色的教育目标，为人才的引进和应对国际化挑战做好准备；第三世界国家在奋力摆脱教育落后面貌的同时，借助国际组织和发达国家的资助，大力推进适合本国的教育行动……但不论各国如何制定教育政策，追求教育公平、保证教育质量始终是政府教育改革与发展的根本出发点。

一、保护处境不利群体，推进教育公平

教育公平问题始终受到各国和地区以及国际组织的密切关注。各方关注的重点集中于三方面：一是关注各级各类人群，特别是处境不利群体的受教育权；二

---

① Ministry of Human Resource Development. Concept and Framework of the Community College Scheme[EB/OL]. http：//mhrd. gov. in，2013-03-10.

② European Commission. Funding of Education in Europe：The Impact of the Economic Crisis [EB/OL]. http：//ec. europa. eu/education/news/20130321 _ en. htm，2013-03-21.

是强调不同性别的人有权接受同等教育；三是每个人有权在享受教育权的过程中受到公平的对待。

美国联邦政府通过对佩尔助学金的大力支持，实施更宽松的税收抵免和多种贷款选项，使得更多的美国人实现接受高等教育的愿望，并且延缓了学生和家庭所支付的高等教育成本的增长。联邦政府还将发展美国土著族群的教育作为政府工作优先考虑的事项，拨付 1.059 亿美元用于解决印第安学生独特的教育和文化问题，通过放学后项目、家教、防止辍学等方式满足印第安学生的教育需要。奥巴马总统 2013 财政年度的预算计划，要求支持土著美国人的语言、文化教育，增加土著美国人参与教育的机会，更好地实现教育公平。

澳大利亚联邦政府发布《面向所有澳大利亚人的技能》报告，要求提高处境不利群体的劳动力市场参与率。政府通过财政激励，对各州和领地提出专项完成的目标。例如，提高土著居民和托雷斯海峡岛民的教育参与率和完成率，提高残疾人、偏远地区居民、长期失业者、过早辍学者、单亲或年轻父母、年老工人的学习技能表现等。同时，为促进处境不利群体的技能发展，允许地方政府制定相应的政策，增加处境不利学生的就业机会。

泰国的女童教育、残障人教育、泰南地区的教育受到政府的密切关注。泰国政府制订的妇女群体的语言教育和残障人教育的五年计划，以及针对泰南地区学生的教育计划，为这些处境不利群体接受正规教育提供了良好的机会。为使高中和技专校院毕业、家境清寒无法支付学费的学生能继续就读大学，泰国教育部设立了奖学金计划，每年提供每人 5 000 泰铢的奖学金。

在印度，宗教和民族问题阻碍了少数民族的教育发展。政府为此发布《国家监督委员会关于少数民族教育的报告》(*Report of the Standing Committee of the National Monitoring Committee for Minorities' Education*)，呼吁各界关注少数民族教育方面存在的问题，并为促进少数民族地区学校的发展、提升少数民族儿童的科学文化素养提出了政策建议。①

摩洛哥出台《2013—2016 年教育行动计划》(*Education Action Plan 2013—2016*)，旨在实现落后地区基础教育普及的目标。这一改革计划不仅是对此前教育改革的延续，而且更加具有针对性，反映了摩洛哥在基础教育领域的改革新动向。摩洛哥教育部把农村地区的教育问题作为摩洛哥教育改革优先考虑的事项，

① Ministry of Human Resource Development Government of India. Report of the Standing Committee of the National Monitoring Committee for Minorities' Education [EB/OL]. http：// www. dise. in/Downloads/Use％ 20of％ 20Dise％ 20Data/Report％ 20of％ 20the％ 20Standing％ 20committee％20of％20NMCME％20. pdf，2014-06-09.

反映出政府的教育改革具有更强的针对性。①

　　国际组织在保证全球教育公平上也做出了巨大努力，主要体现在基础教育阶段。联合国教科文组织一直致力于"全民教育"项目。该项目为发展中国家，尤其是撒哈拉以南的非洲儿童接受教育提供机会。成人和青年的识字率及文盲人数变动情况一直是联合国教科文组织监测"全民教育"目标变化的一项重要指标。联合国教科文组织还制定了"全民教育"项目的 2015 年目标，提高世界贫困国家小学学龄儿童入学率，改善目前存在的严重的性别不平衡现象。

二、关注教师发展，完善培养机制

　　良好的师资队伍是高质量教育的重要保障，保证教师教育的质量便成为各国教育发展的重要任务。2012—2013 年度，世界各国制定相应的教师资格准入标准，完善教师的培养和发展制度，关注教师的职业发展机会，并努力提升教师地位，增加教师收入，从而更好地保障教师队伍的质量。

　　英国推出《学前教师（三级）资格准则》[*Early Years Educator（Level 3）：Qualifications Criteria*]，该准则为学前教师提出了应该达到的六条最低标准，并解释了三级学前教师的认证问题，同时详细论述了六条标准的具体内容。该准则的颁布将促使英国学前教师的标准统一化，标准明确而细致，内容全面，并将标准与评价相结合，提倡多主体参与学前教育，最终实现相关教育阶段间的有序衔接。②

　　法国是世界上最早建立教师教育机构的国家，有着良好的教师教育传统。从最初的巴黎高等师范学校到教师培训的摇篮——教师培训学院，再到如今新成立的教师与教育高等学校，教师和教师教育从来没有离开过法国教育界的视线。目前，法国已形成了严格而统一的教师从业资格证书制度，也在操作层面更关注对教师的培养及其工作条件的保障。教师的一体化、硕士化培养，教学和课程方面的改革，对知识掌握和专业素质能力的要求，为法国的教师教育发展创造了更广阔的空间。政府对教师岗位、工资、流动的投入，学校、地方和国家的制度配合，为保障教师的身份认同和专业发展起到了重要作用。

　　韩国开发出新的教师评价制度，改善教师评价指标，探讨将教师的能力开发

　　① International Bank for Reconstruction and Development. Education Action Plan 2013—2016：A Program Document for a Proposed Loan to the Kingdom of Morocco[EB/OL]. http：//www. wds. worldbank. org/external/default，2014-08-10.

　　② Department for Education. Early Years Educator（Level 3）：Qualifications Criteria[EB/OL]. https：//www. gov. uk/government/publications/early-years-educator-level-3-qualifications-criteria，2014-12-03.

评价、业务成绩评价、其他成果评价等各种教师评价统一为一个评价系统的可能性，力求使所有专心从教的教师都能得到优厚待遇。

印度主要关注高等学校教师方面的改革。印度大学拨款委员会出台了《大学和学院教师及其他学术人员准入最低标准》(On Minimum Qualifications for Appointment of Teachers and Other Academic Staff in Universities and Colleges)，其出发点就是为评价准备进入高校的候选人所具有的知识、能力和品质而提供一个基本的参照框架。为此，印度大学拨款委员会研制了"学术成就指标"(Academic Performance Indicators)体系，运用该指标体系去考核和选拔候选人。该指标体系分为五部分，各部分及其比例是：①科研论文和报告等，占 30%。②科研专著等书籍，占 25%。③科研项目，占 20%。④科研指导，占 10%。⑤课程及学术会议，占 15%。①

南非高等教育与培训部在 2013 年颁布《技术与职业教育及培训讲师专业资格政策》，为技术与职业教育及培训讲师设定了专业资格标准。该政策完善了技术与职业教育及培训讲师的任职和在职资格，有助于增强技术与职业教育及培训机构的有效性，促进职业教育领域师资质量的提高。

除政策措施外，一些国家还建立了教师管理中心，落实教师的管理和发展工作。例如，肯尼亚设立教师服务委员会，负责推进教师改革计划，其职责主要包括一般管理、教师管理和质量标准与保证三个方面。该委员会的预算主要由经常性支出组成，其中 97.5% 的经常性支出是教师工资。资金分配集中在教师管理服务上，包括教师的注册、招聘、调度、晋升和纪律。在质量保证与标准计划中，教师服务委员会的主要作用是参与教师的专业发展，监督教师的教学成果。

经济合作与发展组织发布的《关注教学》系列简讯也重点关注教师问题。简讯涉及主题包括教师是否获得应有的认可，如何支持新教师，如何用教师反馈来改善课堂纪律氛围，如何促进教师之间的学习。经济合作与发展组织的报告为各国出台相关政策提供了有益的参考。此外，经济合作与发展组织在发布的《超越学校的技能》(Skills beyond School)报告中，对教师必备的技能做出明确说明，并指出，教师和培训者是质量保证的关键，因此，需要开发一个具有教学技能、学术知识和最新行业经验的综合职业素质结构。②

---

① Ministry of Human Resource Development. On Minimum Qualifications for Appointment of Teachers and Other Academic Staff in Universities and Colleges[EB/OL]. http：//mhrd. gov. in，2014-10-20.

② OECD. Skills beyond School：The OECD Review of Postsecondary Vocational Education and Training[EB/OL]. http：//www. oecd. org/edu/innovation-education/skillsbeyondschool. htm，2013-07-12.

三、革新技术手段，建设数字化校园

当今时代，信息化和数字化已经悄悄地改变人们的思维方式、学习方式、工作方式、行为习惯和社会关系，也影响着学校和教育。技术是教育领域一种最大的等待开发利用的资源。计算机、学习软件、互联网、移动电话等都可以重塑教师的教学方式和地点、学生的学习方式和地点。数字化也使得教育活动更具吸引力，更富于创新，也更加有效率。

美国总统奥巴马在《教育部 2013 财政年度预算报告》(*Budget of Department of Education，Fiscal Year 2013*)中提出，要重视通过各种方式开发、利用技术为教育项目服务，通过创新的、有效的、可观的方式，推进教育技术在学校、教室、家庭中的运用，提高所有学生学习的潜力。联邦政府投入 4.27 亿美元，以支持各州和学区研究数字教育如何能更好地满足学生和教师的需求，其中包括教育技术在教学和学习领域的开发、实施和评估。另投入 25 亿美元，用于支持各州、学区和学校运用技术转换教学和学习方式，帮助学生提高学业成绩，为他们成功进入大学和未来的职业领域做好充分的准备等。[①]

法国在其《重建共和国学校的方向与规划法》《重建学校法》中明确提出，要让数字化进入校园。事实上，数字化教育这一举措有助于减少社会、地区的数字化不平等，促进个别化教学的实施，增强学生学习兴趣，同时使学生能够更有效地以公民资格进入社会和职业生活，也有利于家长介入子女学习。法国政府拟采取 11 项新措施，落实学校的数字化发展。为落实这些政策，法国还准备拨款 1 000 万欧元，用于数字学校的研究与创新，并允许私人参与此类计划。

印度推出《技术支撑下的学习标准：远程传播技术观察报告》(*Standards for Technology-enabled Learning：Telecommunication Technology Watch Report*)。报告包括五部分内容：①技术促进教育的普及、平等和质量，基于技术的学习。②移动技术、平板电脑和便携式电脑。③人人可以自由学习。④教师的教学和课堂管理。⑤教育信息技术的发展趋势。报告指出，学习领域中的信息传播技术包括硬件、软件、服务和媒体研发，学习资源的使用者和提供者需要对远程学习标准进行不断升级和更新。只有借助精良的标准、政策和措施，一个国家的教育体系才能成功地运用信息传播技术。[②]

欧盟委员会于 2013 年推出"数字工作大联盟"，呼吁欧洲数字企业、政府、

---

① Executive Office of The President of The United States. Budget of Department of Education，Fiscal Year 2013[R]. U. S. Government Printing Office，2012.

② Ministry of Human Resource Develop. Standards for Technology-enabled Learning：Telecommunication Technology Watch Report[EB/OL]. http：//mhrd. gov. in，2014-09-10.

教育和培训部门加入该联盟，以解决数字化行业就业不足问题。欧盟委员会还要求签约机构在培训数字工作者、专业人员的流动，能力认证，提高民众对数字化的认识，创新教学等关键领域做出承诺，从而确保"数字工作大联盟"产生实质效果。另外，欧盟推出"eTwinningPlus"虚拟网络教室，加强与东欧合作伙伴的对话及联系，让学生和教师可以了解更多关于其同行的情况，更好地参与以学习语言和数学为重点的一些互动项目。

四、转变教育观念，促进人才培养多元化

现代职业教育作为一种教育类型，需要搭建促进全体劳动者职业可持续发展的立交桥，让每个人都有机会通过教育来改变自身的命运。因此，许多国家在2012—2013年度教育政策报告中提到要转变传统观念，加强职业教育的新措施，从而促进人才的多样化发展。

法国于2013年通过的《高等教育与研究法》中提到，为提升职业高中和技术高中学生的成功率，高级技术员证书班（STS）和大学技术学院（IUT）应分别优先录取职业高中及技术高中毕业生，录取比例由各学区根据专业发展需要和学生技能来确定。同时，高中可与高校签订协议书。设有高级技术员证书班或大学校预科班（CPGE）的高中，与学区内一所或多所公立高校签订协议，以密切双方的教学与研究关系，充分利用资源，从而提高学生的培养质量。[①]

印度在努力弥合劳动力供需之间的差距这一大背景下，出台了《国家职业教育质量标准框架》（*National Vocational Education Qualifications Framework*）。这一政策的出台，对于提升印度青年人对职业教育的认同，激发企业界参与职业教育活动具有积极的意义。[②] 但由于印度各地的普通教育和职业教育的水平差异很大，长期以来也缺少一个统一的质量标准体系，再加上印度无论是国家层面还是邦层面对职业教育的投入都十分有限，因此，该质量标准框架的落实也必然会遭遇一系列的障碍，能否真正发挥应有的引领作用，还需要其他相关配套措施的支持。

联合国教科文组织发布的《2012年全民教育全球监测报告》（*EFA Global Monitoring Report 2012*），其主题为"青年与技能：拉近教育和工作世界的距离"（Youth and Skill：Putting Education to Work）。报告指出，目前各国的失业情况

---

① Loi n°2013-660 du 22 juillet 2013 relative à l'enseignement supérieur et à la recherche［EB/OL］. http：//www.legifrance.gouv.fr/affichTexte.do? cidTexte ＝ JORFTEXT000027735009，2013-11-20.

② Ministry of Human Resource Development. National Vocational Education Qualifications Framework［EB/OL］. http：//mhrd.gov.in，2013-03-25.

受到了全球经济衰退的影响，技能培养对于减少失业、不平等和贫困现象以及促进发展至关重要，而获得技能机会的不平等使得贫困人口、女性或边缘化社会群体的不利处境长期存在并进一步恶化。报告强调，要让处境不利的年轻人获得技能培训的机会，以使他们找到更好的工作并摆脱贫困。报告确定了年轻人都需要具备的三类主要技能，包括基本技能、可转移技能、技术和职业能力，对未来世界所需人才应掌握的技能做了基本阐释。[1]

欧盟于 2013 年发起旨在解决欧洲青年人失业问题的"欧洲学徒制联盟"(The European Alliance for Apprenticeships)，并发布了《欧盟学徒制联盟宣言》(*European Alliance for Apprenticeships*)。宣言指出："高质量学徒计划通过技能学习，确保从教育与培训系统顺利过渡到劳动力市场，对战胜青年人失业产生积极作用。"[2] 该宣言还强调："不仅要习得某一类工作的职业技能，还需要掌握更加广泛的横向和可迁移技能，以保证参与者在完成学业之后适应社会变化。"[3]

五、改进评估模式，保证教育质量

世界各国越发重视对本国的教育质量进行评估与问责。从幼儿教育到高等教育，各级各类教育及其评价问题不仅考验着一国的教育质量，更成为各国融入全球教育的重要参考标准。各国政府颁布相关政策，推动质量评估与问责的顺利开展和改进，也为各国参与国际组织的各种调查和测试提供对照依据，从而有助于一国在全球教育中实现准确定位，同时有助于提升该国人才的国际竞争力。

俄罗斯联邦政府在《俄罗斯联邦 2013—2020 年国家教育发展纲要》中，要求在第二阶段(2016—2018 年)发展规划中提出保证教育质量和完善教育服务所需的评估体系。其具体包括两点：形成整体性国家教育质量评价体系的主体组成部分，作为教育体系和独立研究机构自律的基础；形成有社会参与的、独立的教育机构工作质量评价体系，包括进行公开排名。

法国曾在 2005 年颁布《学校未来的导向与纲要法》，指出掌握共同基础对于学校成功、后续培训、构建个人和职业未来以及社会生活的成功都是必不可少的，并对"必不可少的共同基础"的内涵进行了界定。自 2012 年起，政府决定将对学生成绩的评估调整为小学二年级与五年级两个阶段，且评估结果不再上报，

---

① UNESCO. EFA Global Monitoring Report 2012 Youth and Skill: Putting Education to Work[R/OL]. http://unesdoc. unesco. org/images/0021/002180/218003e. pdf，2013-03-20.

② Council of the European Union. European Alliance for Apprenticeships[EB/OL]. http://www. consilium. europa. eu/uedocs/cms _ data/docs/pressdata/en/lsa/139011. pdf，2014-05-03.

③ Council of the European Union. European Alliance for Apprenticeships[EB/OL]. http://www. consilium. europa. eu/uedocs/cms _ data/docs/pressdata/en/lsa/139011. pdf，2014-05-03.

而主要是用于帮助教师改善教学，发现学生学习方面的不足，提高学生的能力水平，也用于与家长交流信息。评估模式则采用"学生能力手册"。在高等教育方面，法国为指导与评估国家科学研究战略的实施情况，组建了新的"科研战略委员会"，替代原先的"科学与技术高级委员会"。与此同时，新设立的"研究与高等教育评估高级委员会"取代了原来的"研究与高等教育评估署"。这一新的高等教育评估委员会作为独立的管理机构，将按照学术评鉴原则和国际上公认的伦理运行，以完成对法国高等教育领域更有效的评估工作。①

日本提出对特定教育研究活动进行评价，开发客观评价指标体系，重视学习成绩评价。针对大学评价中存在的复杂多样、制度不清晰等问题，日本要求根据大学实际情况简化评价类型，将认证评价与国立大学法人评价相结合，实行一体化评价，并鼓励社会各界的参与。

世界银行新近发布了一系列研究报告，例如，《变革世界中的教育：灵活性、技能和可雇用性》(*Education in a Changing World：Flexibility，Skills，and Employability*)②，《21 世纪拉丁美洲和加勒比地区所需的技能》(*Skills for the 21st Century in Latin America and the Caribbean*)③，《技术，而不仅仅是文凭：为了在东欧和中亚地区取得更好的结果而管理教育》(*Skills，Not Just Diplomas：Managing Education for Results in Eastern Europe and Central Asia*)④，《南亚更多更好的工作》(*More and Better Jobs in South Asia*)⑤ 等，均强调学生技能的重要性，要求关注教育质量和学习结果的系统测量，同时开发新的评估工具，以支持国家开展技能培训。

经济合作与发展组织出版了《发挥协同作用，提高学习效率：评价和评估的国际视角》(*Synergies for Better Learning：An International Perspective on Evaluation and Assessment*)报告，为各国改善评价和评估框架提供指导。目前，各国

---

① LOI n° 2005-380 du 23 avril 2005 d'orientation et de programme pour l'avenir de l'école, J. O n° 96 du 24 avril 2005 [EB/OL]. http：//www. legifrance. gouv. fr/affichTexte. do？cidTexte＝JORFTEXT000000259787＆dateTexte＝＆categorieLien＝id，2008-08-09.

② World Bank. Education in a Changing World：Flexibility，Skills，and Employablility[R/OL]. http：//documents. worldbank. org/curated/en/2012/01/16280492/education-changing-world-flexibility-skills-employability，2013-07-10.

③ World Bank. Skills for the 21st Century in Latin America and the Caribbean[R/OL]. http：//documents. worldbank. org/curated/en/2012/01/15739933/skills-21st-century-latin-america-caribbean，2013-07-12.

④ World Bank. Skills，Not Just Diplomas：Managing Education for Results in Eastern Europe and Central Asia[R/OL]. http：//documents. worldbank. org/curated/en/2011/01/15464929/skills-not-just-diplomas-managing-education-results-eastern-europe-central-asia，2013-07-12.

⑤ World Bank. More and Better Jobs in South Asia [R/OL]. http：//documents. worldbank. org/curated/en/2012/01/15615173/more-better-jobs-south-asia，2013-07-12.

政府和教育政策制定者越来越重视对学生、教师、学校领导、学校和教育系统进行评价和评估。通过评价和评估这些工具，各国政府和教育政策制定者可以更好地了解学生的学习情况，并向家长和全社会提供有关教育成果的信息，以及改善学校、学校领导和教学方面的做法。①

六、增强科研创新力，教育面向国际化

从世界主要国家和国际组织的教育政策报告中不难发现，各国政府均依托自身战略定位，制定和实施相应的人才战略，以提升国家的竞争实力和国际地位。无论是在美国、英国、德国等发达国家，还是新加坡、韩国等新兴工业化国家，或俄罗斯等转型国家，抑或是印度等发展中国家，各国人才资源在数量、知识、能力等方面都需要不断适应经济社会快速发展的需要。而提升国家的科研实力，培养适应全球化发展的人才，更是各国教育政策的重点。

俄罗斯将人才资源作为国家战略性资源和竞争力的核心要素。《2014—2020年"创新俄罗斯科学和科教人才"联邦目标纲要》规定：联邦政府在科研项目方面投资 139 亿卢布支持 1 300 个科教中心的 1 781 个研究项目；投资 3.212 5 亿卢布支持参加欧盟在技术和自然科学领域的技术发展和科学研究的 7 个框架大纲下的 35 个研究项目；拨款 4 220 万卢布支持与德国科学组织合作的在系统生物学、生物信息和工业生物技术领域的 5 个科研项目，以及拨款 2.175 6 亿卢布支持科教中心与小型创新企业合作承担的 24 个研究项目。②

法国 2013 年推出的《高等教育与研究法》确立了法国发展高等教育与科学研究的四大目标，重点关注高等教育的科研创新问题，呼吁加强大学与科研机构中人员的合作，同时扩大法国科学研究在欧洲科研项目中的份额，并向国际展示法国的大学和学校及实验室。此外，《高等教育与研究法》还提出要加快发展高等教育规模，即在 2020 年将大学生数量翻一番。该法案还制定了与欧洲 2020 年科学发展计划相协调的科研战略日程，设置了 8 项重点研究领域和人文社会科学与技术领域的横向专题。③

日本在高等教育国际化方面出台了一系列改革措施。从 2012 年开始，日本

---

① OECD. Synergies for Better Learning：An International Perspective on Evaluation and Assessment [R/OL]. http：//www. oecd. org/education/synergies-for-better-learning. htm，2013-08-29.

② Министерстваобразования и науки Российской Федерации. Концепцияфедеральнойцелевойп рограммы "Научныеинаучно-педагогическиекадрыинновационнойРоссии" на 2014—2020 годы［ЕВ/OL］. минобрнауки. рф/документы/3375/файл/2199/13. 05. 08-Распоряжение _ 760p. pdf，2013-05-08.

③ Loi n°2013-660 du 22 juillet 2013 relative à l'enseignement supérieur et à la recherche［ЕВ/OL］. http：//www. legifrance. gouv. fr/affichTexte. do？cidTexte ＝ JORFTEXT000027735009，2013-11-20.

开始强化大学作为国际性的研究基地的作用。一方面，通过优厚的奖学金吸引国外的学生到日本大学学习和研究；另一方面，给予日本学生奖学金，支持他们到海外交流和留学。在产学合作培养人才方面，日本提出培养"能够活跃于国际舞台、引领世界的国际化人才"作为高层次人才培养目标，并具体通过"博士课程项目卓越领先项目"、建立"卓越研究生院"、召开产学官"圆桌会议"等方式，共同探讨和支援国际化创新人才培养。另外，为了应对人才培养全球化的需要，日本还要求改进外语教学，强化教师的国际化教学能力，扩大外国教师的招聘，并实行入学和毕业的弹性化。

为了加强本国高层次人才培养，俄罗斯制定了《2014—2020 年"创新俄罗斯科学和科教人才"联邦目标纲要》，要求进一步完善硕士生和博士生的培养措施，促使俄罗斯青年留在本国的科学、教育和高新技术领域。为了促进科研的国际化，俄罗斯联邦政府邀请来自美国、德国、英国、法国、以色列、加拿大和瑞典等世界众多国家的研究者主持科学项目，支持本国青年研究者的国际流动，以提高他们的学术水平，积累学术经验。

法国同样致力于向欧洲与国际开放，采取的政策，简言之就是走出去、请进来。政府除鼓励大学生、教师与研究人员以及行政管理人员参与国际流动外，也鼓励更多的法国学生和教师到外国学习和了解外国语言和文化，甚至提倡在大学课堂使用外语授课，以吸引更多的留学生来法国学习。

发展中国家也不甘示弱。例如，泰国为迎接加入东盟，其教育部从语言、资历架构、法规、学制等多方面着手改革，以使泰国教育贴近东盟国家教育需求，营造国际化、自由化的教育市场。

在国际组织方面，欧盟于 2013 年发布《世界中的欧洲高等教育》，致力于促进《欧洲 2020：智慧、可持续和包容性发展战略》(*Europe 2020：A Strategy for Smart，Sustainable and Inclusive Growth*)的实现，通过帮助成员国高等教育机构建立战略合作伙伴关系，使欧洲大学能更有效地应对经济全球化的挑战，确保欧洲毕业生获得在全球任何地方工作所需的国际化技能，同时确保欧洲大学在吸引国际生源方面的吸引力。欧盟在高等教育国际化中的战略主要包含三个方面：促进学生和教职人员的国际流动；提供一流的国际化课程和数字化教学；在不同机构、部门间建立起战略合作伙伴关系，提升其国际化能力。[①] 此外，"伊拉斯

---

① European Commission. European Higher Education in the World ［EB/OL］. http：//ec. europa. eu/education/news/20130711 _ en. htm，2013-07-11.

谟⁺"计划(Erasmus＋)^①、"2020 地平线"项目(Horizon 2020)^②、《欧洲 2020：智慧、可持续和包容性发展战略》(*Europe 2020：A Strategy for Smart，Sustainable and Inclusive Growth*)^③、欧盟《2012 年度教育与培训监测报告》^④ 等的推出，不仅促进了欧洲高等教育一体化的形成，更对全球高等教育的发展起到了推动作用。

_____

① EU. Erasmus＋[EB/OL]. http：//ec. europa. eu/erasmus-plus，2013-03-20.

② EU. What is Horizon 2020? [EB/OL]. http：//ec. europa. eu/programmes/horizon2020/en/what-horizon—2020，2014-03-20.

③ European Commission. Europe 2020：A Strategy for Smart，Sustainable and Inclusive Growth[R/OL]. http：//eur-lex. europa. eu/LexUriServ/LexUriServ. do? uri＝COM：2010：2020：FIN：EN：PDF，2014-03-20.

④ European Commission. The 2012 Education and Training Monitor[R/OL]. http：//ec. europa. eu/education/library/publications/monitor12 _ en. pdf，2014-03-20.

国别区域篇

第二章　美国教育政策与发展趋势

2011 年，美国联邦政府教育部先后发布了《2011—2014 财年战略规划》以及《不让一个孩子掉队法》豁免条款后，在 2012—2013 年度，美国联邦政府与民间机构发布的政策、报告呈现出了向高等教育、教师教育和职业教育偏移的特征。尽管也有一些关于基础教育的研究报告，但从产生的影响来看，明显不如其他几个方面报告的影响大，因此，对本年度报告的选择，我们也顺应了这一趋向。

>> 第一节　《教育部 2013 财政年度预算报告》[①] <<

由奥巴马政府公布的《教育部 2013 财政年度预算报告》，主题是"建立更强盛的经济，减少浪费和赤字，并要求所有人支付公平的份额，投资未来"[②]。根据美国整体预算的定位，教育部将自己的预算主题定为"提高劳动力水平，重建美国经济"。

2013 财政年度预算报告反映了奥巴马政府对"教育"和"一个基业长青的美国"(An America Built to Last)的继续承诺，这份预算报告建立在负责任的决定之上，将使美国在未来几年走上可持续性财政的道路。教育的新预算资金将投资于能够帮助所有美国人获得重建国家经济所需要的知识和技能的核心领域，并且将继续支持州、学区和学校进行大胆的改革。美国教育部部长阿恩·邓肯(Arne Duncan)说："在这个预算艰难的时期，奥巴马政府明确表示高质量的教育对于重建我们的经济至关重要，如果我们想要提高美国的劳动力水平，我们就必须继续投资教育。"美国教育部提出 2013 年需要 698 亿美元可自由支配的资金，比 2012 年多 17 亿美元(2.5%)。奥巴马总统提出了针对关键领域改革的 140 亿美元一次性战略投资，[③] 包括根据劳动力需求调整教育项目、提高教师专业水平、增强学校的承受能力和质量。这些投资将保证在基础教育项目如 Title I、《残疾人教育法案》(*Individuals with Disabilities Education Act*，*IDEA*)和佩尔助学金等领域

---

① Executive Office of the President of the United States. Budget of Department of Education, Fiscal Year 2013[R]. U.S.Government Printing Office，2012.

② Executive Office of the President of the United States. Fiscal Year 2013 [R]. U.S.Government Printing Office，2012：9.

③ Executive Office of the President of the United States. Budget of Department of Education, Fiscal Year 2013[R]. U.S.Government Printing Office，2012：94.

的投资，能更好地为学生和学校服务。教育部 2013 年的预算也会继续保证对已有改革项目的投资，如"力争上游"（Race to the Top，RTT）计划。

《教育部 2013 财政年度预算报告》主要关注以下领域。

一、高等院校的入学、花费和毕业

获得大学学位是实现"美国梦"最明晰的路径，也是保证中产阶级利益和安全的最佳方式，它是一种迫切的经济需要而不是一种奢侈。但是日益增长的高等教育需求正赶上高等教育成本不断增加的时期，使得很多美国家庭难以承受孩子的学费，这直接威胁到了奥巴马总统提出的在 2020 年使美国的高等教育毕业率位居全球首位的宏伟目标。联邦政府通过对佩尔助学金的大力支持，实施更为宽松的税收抵免政策和多种贷款选项，已经实现了更多美国人进入高等教育的愿望，并且延缓了学生和家庭所支付的高等教育成本的增长。但是，不能指望联邦政府对学生的资助能够跟上高等教育成本上涨的步伐，相反，需要对影响高等教育成本的根源做大幅度改革，同时建立激励机制，为学生提供更高质量的高等教育，这项艰巨的任务不是联邦政府能够单独完成的。

总统的预算列出了一个包括四部分的计划来共同应对高等教育的入学、花费和毕业的挑战。它将继续维持联邦政府对高等教育的投资，包括佩尔助学金的最大资助额 5 635 美元，同时帮助各州、学院和家庭承担各自的责任，以延缓高等教育的学费和杂费增长速度。

1. 联邦政府的投资

联邦政府将继续保持对高等教育的投资，使学生和家庭能够承受高等教育的花费。包括将佩尔助学金的最大资助额提高到 5 635 美元；制定永久的"美国机会税收减免"（American Opportunity Tax Credit）政策；成倍增加勤工俭学工作岗位；冻结学生贷款的利息。

2. 州政府的改革

州政府的资助和政策是高等教育学费上涨的最大推动者，联邦政府需要帮助州政府实施系统的改革，并提高家庭对高等教育收费的承受能力和高等教育自身的质量；联邦政府还要帮助更多的低收入家庭学生和第一代学生（家族中第一次能够进入大学的学生）进入高等教育。总统的预算将通过对以下项目的投资来实现其目标：10 亿美元的提高高等教育毕业率和家庭承受能力的"力争上游基金"；提供 1.5 亿美元帮助州政府实现其高等教育入学和毕业计划。

3. 院校的创新和改革

联邦政府需要建立激励机制，使大学和学院放缓成本上涨的速度，更好地为低收入学生服务，传播良好的价值观；还需要在校园里培育一种创新的文化，以实现这些目标。预算将通过以下方式推动院校的改革和创新：提供 5.5 亿美元帮助实现"高等教育毕业率位居全球首位"的目标；改革基于学校的补助，鼓励传播良好的价值观并提高毕业率。

4. 帮助学生和家庭

除了经济问题，学生和家庭还面临着其他许多阻碍他们进入高等教育的困难，包括：很难选择适合自己情况的高校；未能做好在高等教育阶段取得成功的准备。2013 年的预算将通过为所有授予学位的高校建立一个评分卡来为学生选择院校提供清楚的信息。教育部以前支持的扩大高等教育入学机会和毕业率的计划将继续维持，包括：8.4 亿美元帮助那些低收入家庭学生和第一代移民学生为进入和在高等教育阶段取得成功做好准备的联邦项目（TRIO）；3.02 亿美元的"高等教育早期认识与准备计划"(Gaining Early Awareness and Readiness for Undergraduate Programs，GEAR UP)项目（让学校为低收入家庭学生进入大学做好准备和开展活动的项目）；4.31 亿美元的 Title Ⅲ Aid（院校发展项目）和 1.09 亿美元的 Title V（为西班牙裔学生服务的院校发展项目）；0.81 亿美元的大学预科和加速学习项目。

二、扩大职业院校规模

奥巴马总统曾经承诺要培训 200 万名能够直接就业的技术工人。总统预算继续承诺对教育和工作培训项目的支持，包括提供 10 亿美元，用于增加职业院校的数量，增加学生在学校参与高等教育准备课程和职业技术教育课程的机会。为了让美国的创新和竞争能力大大超过世界上其他国家，政府需要保证所有的高中毕业生都已经为进入大学和职业领域做好了充分的准备。全国各地的职业院校为学生提供严格的职业课程，嵌入相关的职业项目，这大大降低了高中生的辍学率，并为学生将来进入高收入行业做好了准备。

职业院校将大学准备课程和职业技术课程结合在一起，通过健康保险、商业和金融、工程等主题教学，个性化的教学和学习方式，使教育与高中学生自己的生活紧密联系在一起，为他们将来进入中等后教育和劳动力市场做好准备。当地的雇主对职业院校的发展也至关重要，提高了学生的就业意识，并为学生提供了边学习边工作的机会。通过这些新的举措，州政府将为学区和当地雇主提供竞争性基金，创造 3 000 所新的职业院校，将接受职业教育的学生数量增加 50%。这就意味着超过 50 万的学生能够有机会参与将来引领他们进入高薪行业的职业教育项目。

此外，职业院校还将大力降低学生的辍学率；增加中等后教育的入学机会；帮助企业招聘更多的美国工人；通过其他努力确保年轻人和成年人拥有美国经济发展所需要的技能和文凭（用 11 亿美元支持重新授权和改革职业技术教育项目，为社区学院提供 80 亿美元的职业教育基金）。

三、支持残疾人的受教育

奥巴马总统承诺要形成一个尊重所有人的贡献的社会，包括残疾人。尽管美国已经在残疾人的教育、就业和公民权利方面取得了很大的进步，但还必须做更多的事情来兑现政府曾经承诺的平等准入和平等机会。与正常人相比，残疾人的教育、经济和健康水平仍然比较低，保障残疾人在这些方面达到同样的水平是一个国家的当务之急。联邦政府已经开始修订《初等和中等教育法》，并承诺教育改革要涉及所有残疾学生。联邦政府还努力提高残疾人在国家公共劳动力系统中的参与率，包括建立激励机制，让州政府创造新的服务模式，提高残疾人的就业率。

总统的 2013 财政年度预算计划要求增加对残疾学生的教育投入，并增加那些鼓励创新和促进残疾人独立和就业的专门投资。《残疾人教育法案》B 部分对各州的拨款总额达 116 亿美元，将用于支持各州和学区为残疾学生提供特殊教育和相关的服务。这部分资金可以保证残疾学生也能够参加普通的教育课程，并为将来进入大学和职业领域做好准备。《残疾人教育法案》C 部分对婴儿和家庭的资助总额为 4.63 亿美元，比 2012 年增加了 2 000 万美元。这笔资金将用于帮助各州对残疾婴儿及其家庭实施早期干预教育。《残疾人教育法案》B 部分对学前教育的资助达 3.73 亿美元，这部分资金将用于帮助各州为 3～5 岁的残疾儿童提供免费的、适当的公立教育。《残疾人教育法案》之下的"全国活动"部分的资金有 2.36 亿美元，将用于通过技术支持、个性发展活动、家长信息中心、技术和媒体服务来改善和支持针对残疾儿童的服务。此外，联邦政府还将通过提供 32 亿美元的综合职业康复基金，提高残疾学生的学业成就，改善对残疾学生的成绩评价方式，鼓励创新的方式来提高他们的成绩。

四、投资早期学习项目

奥巴马总统曾经承诺要制定一个早期学习议程，以确保所有进入幼儿园的孩子能够为成功进入学校和未来生活做好准备。一项身体健康研究表明：高质量的早期学习项目和服务能够提高孩子的身体状况、社会情感和认知水平；提高孩子的学校准备水平；缩小幼儿园孩子在入学准备方面存在的巨大差距。[①]

为了帮助所有的孩子在进入学校时能够站在同一起跑线上，联邦政府正努力增强早期教育项目的质量。总统的 2013 财政年度预算计划要求保障提高幼儿学习水平教育项目的关键性投资。8.5 亿美元的"力争上游基金"也包括"力争上游——早期学习的挑战"(Race to the Top：Early Learning Challenge)项目。该项目的资金将帮助各州建立早期学习系统，提高早期学习项目的标准和质量，保证更多进入幼儿园的孩子能够获得需要的知识和技能。4.63 亿美元的残疾婴儿早期干预资金和 3.73 亿美元的残疾儿童学前教育资金都将大大改善早期教育的现状。1 亿美元的"邻里计划"资金将用于支持社区对孩子和家庭的服务，提供一些早期的教育项目和婴幼儿托管服务。1.87 亿美元的有效教学和学习项目将为各州改善识字教学，特别是为那些具有高需求的学龄前到 12 岁的孩子提供服务。

除此之外，教育部还承诺为提高孩子学习成绩并成功接受学校教育打好基础的项目进行投资。这些资金将大部分用到刚出生的婴儿到 3 年级的小学生身上，包括 145 亿美元的大学和职业准备基金，5.34 亿美元的学校转变基金，1.5 亿美元的创新基金。对孩子的投资还包括 12 亿美元的 21 世纪社区学习中心，3.89 亿美元的成绩评估资金，4.27 亿美元的有效教学和学习资金，7.32 亿美元的英语学习者教育资金，25 亿美元的优秀教学团体项目资金，116 亿美元的残障者教育资金，1 900 万美元的印第安儿童教育资金和 1 900 万美元的印第安教育专业发展资金，5 300 万美元的各州数据系统资金，1.96 亿美元的学生成功、安全和健康资金。此外，健康与人类服务部还为儿童的早期教育提供一些投资，包括超过 80 亿美元的"开端计划"资金，超过 60 亿美元的儿童保育和发展基金，3 亿美元的儿童保健质量倡议资金。

五、加快教育技术的运用

技术是教育领域一个最大的等待开发利用的资源。计算机、学习软件、互联网、移动电话等都可以重塑教师的教学方式和地点以及学生的学习方式和地点。尖端的教育技术可以为学生提供个性化的学习方式，如同一对一的辅导；能够通过给教师提供及时的、详细的有关学生学习成绩的数据来提高教师的教学效率；能够消除地理上的障碍，通过远程教育的方式为那些最偏远地区的学生提供同样严格的课程和教学。但最关键的是，政府应该运用有针对性的和全面的方式来利用这些技术，确保花在技术上的资金能够切实提高教学和学校效率。

[①]　U. S. Department of Education，U. S. Department of Health and Human Services. Federal Investments in Early Learning and Development[EB/OL]. http：//www2. ed. gov/documents/budget/presentation-investments-early-learning. pdf，2013-04-10.

总统的 2013 财政年度预算报告要求美国通过各种方式，开发、利用技术为教育项目服务。通过创新的、有效的、可观的方式推进教育技术在学校、教室、家庭中的运用来提高所有学生学习的潜力。4.27 亿美元的有效教学和学习资金将用于支持各州和学区研究如何更好地满足学生和教师在这个领域的需求，包括教育技术在教学和学习领域的开发、实施和评估。25 亿美元的有效教师和领导基金将用于支持各州、学区和学校运用技术转换教学和学习方式，更好地满足学生的需要，为他们成功进入大学和未来的职业领域做好充分的准备。145 亿美元的大学和职业准备基金也包括了通过技术运用提高教学的要求。州政府可以利用这笔资金提高教育技术的领导力，学区可以利用这笔资金来改善学校的技术。1.5 亿美元的创新基金将优先投资技术项目。教育部将优先考虑向提出通过教育技术的使用来帮助发展、评估教育的申请者提供资金。有效和全面使用教育技术也是提高高等教育毕业率、降低高等教育成本的一种方式。通过这种方式实现美国高等教育毕业率位居全球首位的梦想，也可以获得"力争上游基金"（总额 10 亿美元）和"全球首位基金"（总额 5 500 万美元）的资助。

六、支持英语学习者

英语学习者是美国增长最快的学生人口，而美国的长期繁荣就取决于这些高中毕业生是否具备进入大学和未来职业领域所需要的知识和技能。英语学习者面临双重挑战，既要学习英语还要应对专业课的学习。最近的全国教育进步评估结果显示，这些英语学习者面临的双重挑战导致他们与英语熟练的同龄者相比，在数学、阅读和科学领域的成绩差很远。然而，英语学习者人数在不断增加，为这一学习群体服务的有经验的教师却十分匮乏，因此，必须保证州、学区和学校满足英语学习者群体的需要。

2013 财政年度预算要求各级教育部门认识到英语学习者的需求，通过开设各种教育项目，增加对他们的教育的投资，在关键领域进行改革来提高他们的学习成绩，满足他们的学习需求。联邦政府将提供 7.32 亿美元的资金用于支持英语学习者的教育，支持各州和学区开展高质量的语言教学项目，同时为培训英语教学的师资，开发、创新语言教学方式、评估方式，建立相应的数据系统提供资金支持。通过重新修订《中小学教育法案》加强对英语学习者的教育，要求各州确保英语学习系统和评估系统的可靠性和有效性。提供刺激资金，用于支持创新的和有效的双语教学项目，提高英语学习者的英语成绩和母语水平。改善针对英语学习者的评估，联邦政府将通过"力争上游"计划开发高质量的评估系统，包括对学生是否为在阅读、语言、数学和艺术课程方面为进入大学和职业领域做好了准备的评估。总统的 2013 财政年度预算将优先资助能够提高所有学生成绩的项目，包括英语学习者。

七、加强对本土美国人、阿拉斯加原住民和夏威夷原住民的教育支持力度

奥巴马总统已经将加强美国与部落政府的关系，支持部落社区加强本土美国学生的教育作为政府工作优先考虑的事项。2011 年 12 月 5 日，奥巴马总统签署了一项名为《提高美国印第安人和阿拉斯加原住民教育机会，加强部落学院和大学》的行政命令，高度突出了他对改善本土美国学生接受早期教育到高等教育的承诺。2013 财政年度预算计划要求反映本土美国社区的建议，包括支持本土美国人的语言、文化，增加部落参与教育的机会。

基于持续的定期和有意义的协商，持续支持本土美国教育项目已经在《教育部 2013 财政年度预算报告》中反映出来，关键性的改革也已经纳入对《中小学教育法案》的修订当中。美国教育部将帮助印第安部落、各州、学区、学校、家长和教师提高本土美国学生的学习成绩。

联邦政府将给学区和印第安部落拨付 1.059 亿美元，用于解决印第安学生独特的教育和文化问题，通过放学后项目、家教、防止辍学等方式满足印第安学生的学习需要，这一计划将惠及全国 47.7 万名本土印第安学生。1 900 万美元的竞争性基金将用于提高学校的质量，各州、学区、印第安部落和机构、高等教育机构应该利用这笔资金为印第安学生进入大学做好准备，增加本土美国教师、学校领导和行政管理者的人数。590 万美元的全国活动资金将用于支持本土美国学校，包括研究提高印第安学生成绩的有效实践，开展数据收集，提供技术支持等。联邦政府还将为夏威夷和阿拉斯加的本土学生教育项目分别提供 3 400 万美元和 3 300 万美元，用于改善这些学生的学习成绩。12 亿美元的影响援助计划将为那些受到联邦政府活动影响的学区提供帮助，包括那些为生活在部落领地的学生服务的学校。联邦政府还为部落控制的学院和大学提供 2 570 万美元的资助，为服务于阿拉斯加和夏威夷原住民的机构提供 1 290 万美元的资助，为服务于本土美国人的非营利性机构提供 310 万美元的资助，为部落控制的中等教育后的职业技术教育机构提供 800 万美元的资助，为给印第安部落提供职业康复服务的机构拨付 3 800 万美元。

八、提高教育项目的产出效率

随着各州、学院、学区和学校面临持续的预算压力，决策者、教育者和其他利益相关者在新情况下一起协同工作来改善学生的学习和加速改革，这比以往任何时候都至关重要。总统的预算报告抓住了新情况所提供的机会来巩固资金流，并对那些具有高度影响的新举措和已存在的能够更好地提高学生成绩的项目进行

投资。此外，预算还强调州、学院和大学需要在控制成本的同时提高大学的产出能力，并保障高等教育的招生和质量。

为此，政府需要更有效地使用美元。尽管增加了教育的总开支，但奥巴马政府认识到联邦的项目需要提高效率和产出能力。这就是为什么《教育部 2013 财政年度预算报告》要求针对某些项目提供转向资金，但需要严格的审查，如"创新基金"和"全球首位基金"的投资，或者将联邦政府的投资用于推动州政府层面系统的改革，如"力争上游基金"。而对于另外一些项目，如有效教学和学习项目，联邦预算则根据项目的资源、成功的概率、产出能力等，实行竞争性拨款而不是常规拨款。

新的预算要求支持具有创新性的、由地方提出的能够有效利用资源加速学生成绩提高的改革。联邦政府的预算将提供 1.5 亿美元用于创新方面的投资；教育部将用 8.5 亿美元的"力争上游基金"鼓励各州大胆创新、改革，以提高学生的成绩，并缩小不同学生群体之间的学业成绩差距。州政府在调整和控制高等教育成本、保障高等教育质量方面扮演着重要角色，10 亿美元的"力争上游：大学学费与大学毕业率"(Race to the Top：College Affordability and Completion)基金将用于奖励那些努力推动减少高等教育成本、提高高等教育产出能力的州。联邦政府还将投资 5 500 万美元提高高等教育毕业率，到 2020 年使美国的高等教育毕业生数量位居全球首位。此外，联邦政府还将提供资金，鼓励学院传播健康、良好的价值观，重塑教师专业，提高产出能力。

九、支持农村教育

超过 1/2 的学区和将近 1/3 的公立学校位于农村地区。这些学校为全国大约 20％的学生服务。农村学校有独特的需要，并且面临着独特的挑战。这些学校很难招聘和留住优秀的教师，也很难为学生提供严格的、全方位的教育，特别是那些偏远的山区。总统的 2013 财政年度预算要求《中小学教育法案》的修订考虑农村学校的特殊需求，并为学生成功进入大学和职业领域提供支持。

联邦政府将提供 1.79 亿美元常规资金，支持农村教育，确保农村学区有足够的资金支撑它们的学校。25 亿美元的优秀教学团体项目资金也可以用于支持农村学校招聘，培训和挽留优秀的教育者，主要针对数学、科学、特殊教育等其他农村学校师资缺乏的科目。4.27 亿美元的有效教学和学习项目资金可以支持农村学区利用技术开展远程教育，为偏远地区的学生提供全面的教育。14 亿美元的学校和社区协作项目资金，以及其他项目如成功、安全、健康的学生项目都具有灵活性，这就允许农村社区利用这些资金开展项目，增加学习时间，解决它们面临的独特挑战。5.34 亿美元的"学校转变基金"将继续支持郊区学区对表现不佳的学校采取严格的干预措施，这将会极大地提高学生的成绩和学校的表现。

十、改善科学、技术、工程和数学科目的教学

掌握科学、技术、工程和数学领域的技术对于学生在所有教育阶段获得成功越来越重要。同样，这些技能对于学生在劳动力市场获得成功也至关重要，因为越来越多的工作都锁定在这些专业或需要学生掌握这些领域的技能。21世纪，经济更需要这些领域的发现和创新来推动。

奥巴马总统已经确定了科学、技术、工程和数学教育的总体目标，并制定了三个优先事项，以保证更多的学生能够发展在这些领域取得成功的技能：提高数学和科学教师的质量，让更多的学生有机会接受高质量的教育，并激励这些学生选修科学、技术、工程和数学专业；改善本科生教学实践，让更多已经做好充分准备选修科学、技术、工程和数学专业的学生继续获得这些专业的学位；扩大少数民族和女性群体进入这些专业学习的机会。

总统的2013财政年度预算要求教育部与《初等和中等教育法》修订案通过改善科学、技术、工程和数学教学来加强美国在21世纪的领导力。1.5亿美元将用于改善科学、技术、工程和数学专业的教学；奥巴马总统已经宣布了一项雄心勃勃的计划：到下个十年结束，将培养10万名优秀的科学、技术、工程和数学教师，其中8 000万美元用于培养这些领域的教师、领导和促进其专业发展，1.9亿美元将用于开展一个新的总统教学团队项目；3 000万美元将用于支持这些领域的创新；1.75亿美元用于高等教育项目。此外，还将开展这些领域的研究，收集学生在这些领域的成绩数据。

十一、转变辍学机构，提高高中毕业率

奥巴马总统曾说："不管我们来自什么背景，是时候让我们走到一起来解决这个疫情了。阻止辍学潮流要求我们转变那些表现不佳的学校。底特律、费城和洛杉矶这样的城市中的1 600所高中就贡献了美国超过50%的辍学率……让我共同来转变我们的学校。"

奥巴马总统已经定下目标：所有的美国成年人必须接受至少一年的高等教育或职业培训，到2020年，让美国的高等教育毕业率位居全球首位。为了达到这个目标，保证所有学生能够接受高质量的幼儿园到12年级教育至关重要。然而，美国有将近1/4的学生在高中教育阶段就失败了。大约1 600所学校就制造了全国超过一半的高中辍学率。这些高辍学率的学校对它们所在的社区来说是不可接受的，也是一个灾难。

总统的2013财政年度预算要求《初等和中等教育法》的修订必须建立在政府

承诺转变这些高辍学率机构，以确保更多的学生能够留在学校接受高质量的教育的基础上。11.42 亿美元的资金将用于支持 GEAR UP 和 TRIO 项目，为中学阶段到大学的学生提供严格的服务。5.34 亿美元将用于转变那些表现不佳、制造高辍学率的学校，允许州政府对这些学校采取干预措施，以提高学校的业绩和学生的成绩。8 100 万美元将为学生提供加速课程和教学，特别是那些来自低收入家庭的学生。此外，还有 1 亿美元的"邻里计划"资金、145 亿美元的大学和职业准备基金、1.5 亿美元的创新基金都可以用来转变落后的学校，提高高中学生的毕业率。

十二、满足处境不利学生的需求

美国的学校被要求满足日益多样化的学生群体的需求。很多学生面临独特的挑战，增加了他们辍学的概率，或不能完全投入到他们的学习中。为了让所有的学生有机会成功地进入大学和未来的职业领域，《教育部 2013 财政年度预算报告》承诺：满足面临独特挑战的学生的需求，包括那些无家可归的学生、移民工人的子女、被忽视和违法的学生，以及来自低收入家庭和社区的学生。

联邦政府将投资 3.93 亿美元资助移民的教育，这个项目能够帮助解决将近 24.1 万名移民农业工人子女的教育问题，为他们提供完成高中教育的机会。3 700万美元将用于帮助移民学生完成高中和大学教育，这笔资金能够支持旨在帮助低收入移民和季节性农场工人在获得高中毕业文凭或同等学力证书后的高等教育（HEP）项目；5 000 万美元将用于帮助那些被忽视和有违法记录的学生完成高中教育或获得同等学力的证书；6 500 万美元将用于资助无家可归的孩子和青少年的教育；500 万美元将用于加强对那些与家庭失去联系而处于高危状态的青年；8 100 万美元将用于为来自低收入家庭的学生提供补习教育和加速学习，以帮助他们成功地进入高等教育；5.34 亿美元将用于转变那些表现不佳的学校，允许政府对这些学校进行干涉，改善学校的业绩和学生的成绩；1 亿美元将用于"邻里计划"，比 2012 年增加了 40%；11 亿美元将用于帮助中学到大学阶段的学生。

>> 第二节　美国教师教育报告 <<

一、《投资未来：让教师回到课堂》报告解读

《投资未来：让教师回到课堂》(*Investing Our Future：Returning Teachers to the Classroom*)是美国总统行政办公室在 2012 年提出的重要报告。该报告从美国

经济复苏期的教师与教育工作岗位的减少、教师裁员与预算削减的持续发展、班级规模的扩大与重要教育项目的缩减等方面，对美国中小学及学前教育中缺乏教师与教育经费的现状进行分析，并通过多项研究证明教育投入的急剧减少会对儿童的短期与长期学业成就产生严重负面影响。通过现状与理论分析，该报告提出了投资未来教育的呼吁，以期对美国教育改革产生重要影响。

2008 年奥巴马总统上任之时，美国经济暴跌。在 2008 年第四季度，经济缩水接近 9％，每月大约有 80 万人失业。① 奥巴马政府为此采取了一系列紧急且果敢的措施，通过《复苏法案》(Recovery Act)，以期能在 6 个月内使经济重新增长。至 2012 年 8 月，在过去的 29 个月中，全美增加了 4 500 万个私营工作岗位。但是，自从 2009 年 6 月官方宣称经济衰退结束之后，全美丢失了超过 30 万个教育工作岗位，这使得课堂规模增大，并且严重威胁到美国儿童的教育问题。2012 年 7 月，全美就消失了包括教师、学校辅助人员以及为儿童服务的后勤人员在内的 7 000 个教育工作岗位。② 除了减少教师人数，一些学区还砍掉了一些托儿所、幼儿园项目，缩短教学日或者教学年，并且取消了其他一些重要的教育项目。这绝不是为学生未来寻找高薪且高要求工作所应该做的准备，也绝不是增强国家竞争力的可取方法。

如果美国想要在 21 世纪成为吸引中产阶级工作的磁石，就必须对教育进行更多的投资，而不是削减投资。然而，2012 年美国的学校中却比 2011 年少了成千上万的教育者。2011 年奥巴马催促国会通过了《美国就业法案》(American Jobs Act)，那些恶劣的影响正在逐渐减轻。奥巴马总统的计划表示，《教育部 2013 年财政年度预算报告》将会投资 250 亿美元来减少教师被解雇事件，并且为那些继续面临预算困难的州提供他们所需要的资金。这些资金会支持成千上万的教师找到工作，也能让学区重新聘回先前解雇的教师，留下那些在课堂中产生积极影响的教师，并且雇用学校所需的数学、科学和特殊教育科目的教师。但总统计划在国会受阻，美国的中小学教育面对的财政困境仍然不容乐观。

（一）美国教育投入不足的现状

1. 在当前的复苏阶段，教师数量及教育工作岗位的减少是前所未有的

与衰退期之前相比，这次衰退期使美国出现了严重的教师编制短缺。这次衰退期出现的教师编制的减少，比以往战后那些衰退和复苏期都要严重。虽然 2012

---

① Executive Office of the President. Investing Our Future：Returning Teachers to the Classroom[EB/OL]. https：//www. whitehouse. gov/sites/default/files/Investing _ in _ Our _ Future _ Report. pdf，2012-12-20.

② Executive Office of the President. Investing Our Future：Returning Teachers to the Classroom[EB/OL]. https：//www. whitehouse. gov/sites/default/files/Investing _ in _ Our _ Future _ Report. pdf，2012-12-20.

年 7 月私营部门会增加 17.2 万个就业岗位，但是公共部门的就业情况，尤其是地方教育工作岗位的数量仍然在持续下降。2012 年 7 月，美国消失了 7 000 个地方教育工作岗位，2011 年消失的工作岗位数据是 77 100，而自 2009 年 6 月衰退期以来总共消失了 31.27 万个地方教育工作岗位。相比之下，私营部门在 2012 年增加了 190 万个工作岗位，而自 2009 年 6 月以来共增加了 340 万个工作岗位。

这种下滑在地方政府教育工作就业方面是史无前例的。在目前掌握的复苏期就业数据中，例如，2001 年布什（George W. Bush）总统在位时，20 世纪 90 年代早期克林顿（William J. Clinton）总统在位时以及 20 世纪 80 年代早期里根（Ronald W. Reagan）总统在位时的数据，甚至自艾森豪威尔（Dwight D. Eisenhower）总统之后的半个世纪中的每次复苏期的数据，都显示地方公共教育是工作岗位增加的主要来源。如图 2-1 所示，自从 2009 年衰退期结束后，地方教育就业情况的下滑在众多复苏期中也是独有的。自 1958 年以来，在美国每次经济衰退后的复苏期，地方教育就业率都有大比例增长，与 2009 年以来的经济复苏期地方教育就业严重下滑的情况形成对比。

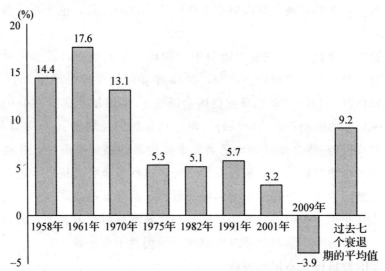

图 2-1　2009 年 6 月至 2012 年 7 月以来地方教育工作岗位的百分比变化

资料来源：Executive Office of the President. Investing Our Future：Returning Teachers to the Classroom[EB/OL]. https：//www. whitehouse. gov/sites/default/files/Investing ＿ in ＿ Our ＿ Future ＿ Report. pdf，2012-12-20.

这种地方教育就业情况的前所未有的下滑在当前复苏期所产生的影响是十分显著的。本应该在即将到来的学年配备更多的教育者来服务学校中逐渐增加的学生，但美国并没有这样做。教师职位减少了，预计学生入学率却在持续增长。半个多世纪以来，在美国每次经济衰退后的复苏期，即使教育工作者就业数量随着经济衰退而下降，但是在经济复苏后这一数据也随之反弹，而不是像过去三年中教育工作者就业数量仍然持续下降。

2. 各州持续面临预算困难，可能导致更多的裁员

这次严重的经济衰退给很多州和地方政府带来了严重的预算问题。数据显示，2008 年之前，来自非联邦政府的州和地方政府的税收是持续上升的，而 2008 年中期至 2009 年中期却急剧下降了 9.6%。直至 2012 年第二季度，州和地方税收仍然没有回升到 2008 年中期的水平，[1] 并且一直低于根据衰退前趋势估计出的水平。这种非联邦来源的税收大幅度下降迫使州和地方政府开始节流，并且积极从其他途径寻求税收增长。

确实，如图 2-2 所示，尽管在连续 12 个季度内，全国经济都在增长，但是那些州的财政问题仍然存在。自 2009 年至 2012 年，在每个财政年度，各州预算短缺总计超过了 1 000 亿美元，而且预算不足问题预计会随着大衰退的遗留持续下去，并对州政府收入造成沉重的负担。

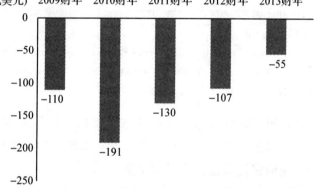

图 2-2　州政府预算的短缺情况

资料来源：Oliff，Phil，Chris Mai，& Vincent Palacios. Recession and Recovery：States Continue to Feel Recession's Impact[EB/OL]. http：//www. cbpp. org/cms/index. cfm? fa＝view&id＝711，2012-06-27.

一般来说，州和地方政府承担了绝大部分的公共中小学教育支出，而联邦政府只负责其中极小的一部分。因此，近年来州和地方政府面临的这种极其困难的财政状况对中小学教育经费产生了严重的负面影响。如图 2-3 所示，州和地方的中小学教育支出在 2009 年和 2010 年都呈下滑趋势，这是前所未有的。自从 1959 年有记录以来，直至 2009 年，州和地方政府投入的中小学教育经费是逐年增长的，而公立学校入学率自 20 世纪 80 年代中期以来也是逐年增加的。

---

① Executive Office of the President. Investing Our Future：Returning Teachers to the Classroom[EB/OL]. https：//www. whitehouse. gov/sites/default/files/Investing _ in _ Our _ Future _ Report. pdf，2012-12-20.

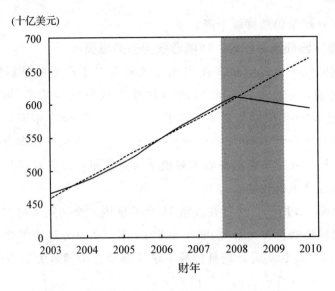

图 2-3　州和地方政府的中小学教育经费支出情况

说明：图中阴影部分代表的是衰退期。虚线代表的是 2003 年至 2008 年的趋势；实线代表实际支出情况。

来源：Oliff，Phil，Chris Mai，& Vincent Palacios. Recession and Recovery：States Continue to Feel Recession's Impact［EB/OL］. http：//www. cbpp. org/cms/index. cfm? fa＝view&id＝711，2012-06-27.

如下节所述，州和地方政府被迫削减教育支出，并且面临一系列困难抉择，如扩大班级规模，缩短教学周或学年长度，或者砍掉一些重要教育项目。

(二)美国各州应对教育投入不足的措施

1. 裁减教师，扩大班级规模，取消重要教育项目

教育预算的削减意味着教育劳动力的减少，并且会让美国在长时间内付出沉重代价。在美国的很多学区，对教育的投入不足造成了过度拥挤的教室，较短的教学日和教学年，还减少了一些对弱势学生群体提供帮助的关键教育项目。

数据显示，大衰退期以及之后的教育者就业岗位的减少导致美国近十年为生师比做出的努力都付诸东流。自 1992 年以来，生师比逐年递减，但 2008 年起从 15.3 增长至 2010 年的 16.0，增长了 4.6%。而且，自从 2010 年秋天以来，地方政府又砍掉了大约 15 万个教育工作岗位，这意味着生师比和班级规模一定会继续增长。班级规模比生师比增长更多，因为生师比中包括特殊教育的教师，而这些并没有计入班级规模。2007 年秋天，平均班级规模为小学每班 20 人，中学每班 23.4 人。① 在 2007 年至 2010 年，生师比增加了 3.2%。假如班级规模也按此

---

① U. S. Department of Commerce. The Competitiveness and Innovative Capacity of the United States［R］. 2012-01.

比例增长，那么在 2010 年秋天，平均班级规模会增至小学每班 20.6 人，中学为 24.1 人。

除了扩大班级规模，学区也正在减少教师编制。而为了应对这一情况，每个教师都被分配了更多的课程。另外，学区还减少了学生暑假或课后学习的机会。例如，学区减少了教学职位，可能便会相应地减少一些早期教育项目或者其他项目，以此来解决教师数量减少的问题。

2012 年，美国学校管理者协会发表报告，强调了很多学区面临的这一困难选择。[①] 美国学校管理者协会调查了其成员学校，发现回复的学校中有 68％的学校管理者在 2011—2012 学年减少了工作岗位。而裁员中大约 41％是核心课堂教师，44％是教学助理或协助人员。

对于裁员的结果，很多管理者表示他们必须为教育质量做出妥协，例如，54％的人扩大了班级规模，22％的人减少了夏季学校项目，35％的人减少了如课后活动和周末活动这样的非学术性项目。同时，66％的管理者表示会减少教育工作岗位，这就迫使美国各学区面临另外的困难选择，即如何平衡教育工作岗位的减少与学校日益增加的需求。

2. 2012—2013 学年，各州采取了不同的应对措施

有关学区的报告和新闻显示，一些州和学区已经做出了有关未来学年的困难决定。

(1)北加利福尼亚州扩大了班级规模

《阿什维尔市民时报》(*Asheville Citizen-Times*)2012 年 8 月 12 日的一份报告指出，在过去四年中 K—12 的教育经费从 81.9 亿美元下降到 75.1 亿美元。同时，全州学生数量增长了大约 1.6 万人，预计今年北加州学校的入学人数大约为 150 万。学校已经感受到财政削减带来的各方面影响，其中之一就是班级规模攀升。例如，在办康县(Buncombe County)的恩卡中学(Enka Middle School)，一些班级中的学生人数达到了 31 人，即使一些核心课程如数学、英语等也如此。

(2)匹兹堡公立学校裁掉了 280 名教师和教育专业人员

《匹兹堡邮报》(*Pittsburgh Post-Gazette*)在 2012 年 7 月 26 日刊登了一则新闻，声称在未来的 2012—2013 学年，为了节源，学校委员会通过了一份休假名单，其中包括 176 名中小学教师和其他专业人员，14 名学前教师，59 名专业辅助人员，12 名助手，还有其他 10 名学前专业人员和 9 名有技术的办公室工作人员。

---

① U. S. Department of Education. Transforming Teaching and Leading[EB/OL]. http：//www. ed. gov/teaching，2013-05-30.

(3)拉斯维加斯的学校进行了裁员，并且扩大了班级规模

2012 年 8 月 10 日，《拉斯维加斯评论》(Las Vegas Review-Journal)报道，克拉克县(Clark County)正在通过每班增加 3 人的方式扩大班级规模，而这已经是全美最为拥挤的课堂了。尽管学区已经重新聘用之前解雇掉的 419 名教师，但是他们之前的工作岗位和其他 600 名教学职位已经不复存在，这就意味着扩大班级规模和取消某些教育项目的影响仍然存在。相反，上一学年被解聘的教师将会弥补退休教师的位置或者被重新分配。2011 年，克拉克县平均每班有 32 名学生，生师比在全美最高。而在 2012 学年，高中、初中以及小学四、五年级每班的平均人数将增至 35 人。

(4)加利福尼亚州计划削减育儿院的经费

据 2012 年 7 月 24 日的《湖县新闻》(Lake County News)报道，由地方长官签署的最新预算会砍掉早期儿童教育的 1.3 亿美元经费，9 月 1 日正式生效。这一计划实施后，育儿院将会被砍掉，全日制也会变为半日制。

(5)洛杉矶通过满周制缩短其学年

2012 年 6 月 28 日，《洛杉矶时报》(LA Times)称在新学年，洛杉矶教育委员会通过了最终为 60 亿美元的财政预算，造成州立最大学区数百万的资金短缺，而不得不缩短学年并裁员 3 000 人。

(6)纽约小学中每班人数增至 30 人，或者增长了 3 倍之多

2012 年 3 月 26 日，《纽约时报》(New York Times)报道了来自纽约市教育局的数据分析，表示小学中每班人数约为 30 人，甚至有的班级人数比三年前多了 3 倍。这一切都源于公立学校的教师减少和预算缩减。通过教育局的数据，报道称目前小学一至五年级中有 31 079 人在大规模班级中上课，而 2008—2009 学年仅有 9 756 人。

(7)辛辛那提市的公立学校解雇了部分教师，并取消了某些教育项目

例如，2012 年 4 月的《教育新闻》(Education News)报道，辛辛那提市的公立学校教育委员会已经通过投票，由于 4 300 万美元的预算缺口，一致同意裁掉 10％的教学编制。他们认为造成裁员 237 人的原因是州和联邦经费的减少。

(8)印第安纳波利斯的公立学校在学区范围内进行了裁员

《印第安纳波利斯星报》(Indianapolis Star)在 2012 年 5 月的报道中指出，印第安纳波利斯的公立学校董事会在周四通过一个决定，即在下一个学年裁员 163 人，其中包括 94 名教师。这一行动只是上周宣布的计划中的一部分，而计划将减少下一学年中 2 700 万美元的预算。

(9)佐治亚州扩大了班级规模

2012 年 8 月 5 日，《亚特兰大宪政报》(The Atlanta Journal-Constitution)报道称，亚特兰大都会区将在下一学年扩大班级规模，并裁员。亚特兰大学校董事

会将通过这个夏天裁掉数千名教师，扩大班级规模，同时取消一些公交线路。

(三)教育投入不足对学生学业成就的影响

众所周知，教师裁员、扩大班级规模、取消重点教育项目、缩短教学周或学年都意味着学生获得的关注会更少，而获得更好学业成就的机会也相应减少。来自一些学术专家的最佳分析也确认了这一点，即对教育投入不足将会造成十分严重的后果。

1. 小班授课会促进学生成绩的提高，但预算削减颠覆了近十年的努力

尽管缩小班级规模并不是教育改革的万能药，而是在于提高教师效能。[1] 但是大量证据显示，越是小班授课，尤其是在早期教育中，学生就越能取得良好的学习成果。而自 2008 年至 2010 年，教师的大量流失已经颠覆了近十年以来在生师比方面取得的成就。

来自"田纳西生师比成就"(Tennessee Student Teacher Achievement Ratio，STAR)项目的有关小规模课堂的研究应该是目前最具说服力的学术研究。他们使用随机分配的方式去除了一些影响解读班级规模自然变量的潜在混杂因素。更重要的是，这一研究将 13~17 人组成的小规模班级与 22~25 人组成的常规班级进行了比较。研究结果显示，在早期教育中越小规模的班级不仅可以使学生取得短期成果，而且能获得长期成就。被分配到小规模班级的学生更倾向于参加 ACT(美国大学入学考试)或 SAT(学术能力评估测试)，而且这种影响在黑人学生中更为明显。[2] 另外，在早期教育中参加小规模班级的学生进入大学学习和毕业的概率也有所增加，同时，小规模班级中的学生更倾向于学习科学、技术、工程和数学等方面的学科。[3]

有关班级规模对学生成就影响的研究成果在非实验环境下不够清晰，因为很多可能与班级规模、学生成就有关的随机变量是无法控制的。但是，仍然有很多研究尝试去发现小规模班级与学生成就提高之间的关系。

迪侠和韦斯特(Dee & West)的研究主要专注于八年级中非认知因素对小型班级的影响。由于近期很多研究认为外界干预未必能提高长期的学术成就，因此，他们研究得出的结论是非常重要的。迪侠和韦斯特发现，八年级中的小型班

---

① AAUP. Campus Sexual Assault：Suggested Policies and Procedures[R]. 2012.

② Oliff，Phil，Chris Mai，Vincent Palacios. Recession and Recovery：States Continue to Feel Recession's Impact[EB/OL]. http：//www. cbpp. org/cms/index. cfm? fa＝view&id＝711，2012-06-27.

③ NCES. Digest of Education Statistics. [EB/OL]. http：//nces. ed. gov/programs/digest/d11/，2012-05-01.

级获得了更高层次的成就，这点在城市学校中更为明显。[①] 同样的，达斯特曼（Dustmann）和他的合著者利用来自英国的资料进行研究，发现一个学校中的生师比与 16 岁的学生是否继续留在中学有关。

2. 早期教育会产生较大回报，但是被一些州政府砍掉

之前来自各学区的报道可以清晰地看出，一些州正在砍掉育儿院和幼儿园项目，这些都会对早期教育的质量、强度和有效性造成恶劣影响。来自美国早期教育研究所（National Institute for Early Education Research）2011 年的报告显示，2011—2012 学年各州的育儿院经费都在下降，之后第二年的经费仍然继续下降。这导致 12 个州中可供儿童入学的育儿院数量在减少，其中有一个州完全取消了其学前教育项目。这一时期学前教育中的人均经费也在减少。美国共有 39 个州提供学前教育，其中，26 个州在 2011—2012 学年缩减了学前教育人均支出。减少生均支出会严重影响学前教育的质量和有效性，会使州政府很难监督教育质量，也很难提供小型班级授课，更难留下高质量的教师。

这些经费削减根本没有顾及早期教育会为儿童带来的长期收益。通过对童年干预这一课题的文献回顾发现，每人一生中从有效的早期教育中获得的收益超过 6 万美元，而花费只需 1.57 万美元。最近也有关注"开端计划"（Head Start）资金的研究发现，尽管"开端计划"用在每个儿童身上的资金较少，但"开端计划"对成绩的影响能达到其他密集早教项目影响的 80%。参与"开端计划"会对学生产生长期的积极影响，包括提高学生的高中毕业率。

一些州和学区已经将育儿院和幼儿园从全日制改为半日制，并以此作为节省开支的方法。只有 10 个州和哥伦比亚特区要求学区提供全日制幼儿园。研究已经表明，进入全日制育儿院和幼儿园才能使儿童获得更好的学业成就，而那些来自低收入家庭的儿童更是如此。例如，有研究开展随机试验，对全日制学前学校与半日制学前学校进行对比，发现参加全日制和满学年学校的儿童比参加半日制学校的儿童在读写能力和数学运算上分数更高。

3. 研究表明，夏季学期减少是低收入家庭学生学业成就落后的主要原因

为了降低资金不足的影响，一些学区开始缩短学年，也使很多学生在漫长夏季失去了学习的机会。

研究发现，在正常学年中，低收入家庭儿童的技能的提高与大多数高收入家庭的同龄人接近，但是在夏季几个月之后，中上收入家庭的儿童技能持续提高，

---

① 转引自：Chetty, Raj, John N. Friedman, Nathaniel Hilger, Emmanuel Saez, Diane Whitmore Schanzenbach, Danny Yagan. How Does Your Kindergarten Classroom Affect Your Earnings? Evidence from Project Star[J]. The Quarterly Journal of Economics, 2011, 126 (4): 1593-1660.

而低收入家庭儿童开始落后。亚历山大（Alexander）等人的研究还发现，在巴尔的摩的公立学校，来自较高社会经济地位家庭的儿童与来自低社会经济地位家庭的儿童的学习成绩中，2/3 的差距是由夏季学习机会的不同造成的。而另外 1/3 的差距在一年级开始时就已经形成了。这些差距与他们在正常学年中的差异并无关系。事实上，来自较低社会经济地位家庭的学生比来自较高社会经济地位的学生在正常学年中成绩更好，但是夏季学习机会的减少抵消了这些成绩。众所周知，九年级学习成绩与严格的高中课程相关，与高中毕业机会有关，更与进入大学及毕业的能力有关。而基础教育中夏季学习机会的减少都会对学生这些成就产生持久影响。因此，学年的缩短与夏季强化项目的减少会造成学生不一样的未来。

　　除了缩短学年，更多的学区正在缩短教学周。2011 年 10 月，《华盛顿邮报》（*Washington Post*）报道了对全国范围内学区的调查，发现至少 292 个学区教学周只有 4 天，估计 120 个学区在两年前就开始这样做了。日益增长的经济压力迫使全国大大小小的学区都在考虑这一实践。这份报道证实了上述来自美国学校管理者协会的调查数据，他们发现越来越多的管理者正在考虑在下年改为 4 天的教学周。虽然 4 天的教学周对学生的影响还没有清晰的证据，但工薪家庭将要面对另一负担，即为儿童寻找工作日的照看之所。

（四）总统计划与国会共和党对教育投入的不同愿景

　　奥巴马总统在 2012 年 9 月份拿出一个大胆的增加就业的计划，即《美国工作法案》。这一法案的目的非常简单——让更多的人回到工作岗位，让劳动的美国人口袋里有更多钱。有独立人士预测，如果法案全部通过，2012 年的就业岗位将从 130 万个增至 190 万个，增长高达 46%。另外，奥巴马提出这一计划是作为促进经济增长全面战略的一部分。全面战略提出用 4 万亿美元平衡赤字，减少美国经济债务。然而，国会只是按照总统计划中的某些部分行事，例如，在 2012 年为工薪家庭减少 1000 美元的工资税。总统计划中的大部分设想都没有得到实施。《美国工作法案》中的一个重要组成部分是提供资助，阻止教师裁员，并为重新聘回和雇用教育工作者提供支持。这一提议在国会止步不前，而奥巴马也会在 2013 年预算中重新提议这一部分。

　　该计划将投资 250 亿美元，用来支持州和地方政府维持、重聘、雇用早期教育工作者和中小学教育工作者。假如这一计划颁布，将会帮助阻止裁员，并且支持学校雇用或重新聘用成千上万的教育工作者，包括教师、辅导员、教学助理、课后人员、导师以及读写和数学教习员。虽然州和地方政府仍将持续面对预算困难的境地，但那些资金可以使学校把教师留在课堂里，保持或扩展常规教学日和教学年，且维持重要的课后活动。

　　总统计划与国会共和党计划，尤其是 2012 年众议院共和党通过的预算形成了鲜明对比。后者的计划将会削减非国防开支，削减教育基本经费，例如，教育拨款和《残疾人教育法案》规定的为有特殊需要的学生提供的资助等。到 2014 年，经费大约会缩减 20％。如果将众议院共和党削减的预算平摊在每个领域，那么将减少对 3.8 万名教师和教学辅助人员的资助，也会减少《残疾人教育法案》中对 2.7 万名特殊教育教师、教学辅助人员和服务残疾儿童的后勤人员的资助。而学前教育中"早期开端教育计划"（Early Head Start）和"开端计划"（Head Start）经费也会有所削减。国会共和党人的计划可能会导致 20 万低收入家庭的儿童失去接受早期教育的机会。

另外，共和党计划中的其他预算部分也会对州和地方教育支出产生深远威胁。尤其是众议院预算决议会减少医疗补助计划（Medicaid），并在预算窗口的最后一年削减 1/3。如此一来，加上对州和地方政府的其他资助项目的削减，将会对州和地方政府的预算造成更多压力，更可能会在将来排挤掉更多教育经费。

（五）结论

美国在经济衰退期经历的教育就业与教师数量的前所未有的下滑在今天仍然持续发生，并会产生长期影响。这不仅会影响丢失工作的人，还会影响到仍在课堂中的儿童。学区通过各种途径减少教育经费已被证明会为此付出长远代价。他们裁减教师，也无力雇用新教师来填充退休教师的职位，或者将全日制教育项目改为半日制。另外还通过缩短学年或教学周的方式减少教育支出。这些行为已经被证实会降低学生成绩，并且会影响学生的长期学业成就，例如，降低毕业率和大学入学率等。

以上削减经费的做法与奥巴马总统对全国教育系统的愿景是背道而驰的。奥巴马总统已经号召增加对教育的投入，包括资助更多高质量教师进入课堂，并对联邦的学前教育进行更大力度的投入。但是他提出减少教师裁员的提议仍然没有在国会通过，而国会共和党人在他们最近的预算决议里提出对教育投入进行更大幅度的削减。

奥巴马总统和国会共和党议员对教育的不同观点展示了他们对美国家庭、儿童和社区的不同选择。如果继续沿着缩减教育投入的道路前进，也会对美国经济带来负面影响。我们有理由相信，经济能够持续发展的一个重要因素便是教育系统可以让儿童获得应有技能，以在将来获得高薪工作职位。而想要达到这一目的，便要求我们在今天优先"投资"教育。

二、教学专业化：美国 RESPECT 项目评析

RESPECT 项目由美国联邦政府教育部在 2013 年 4 月发布，全称"重新认识教育成功，专业求精和合作教学"（Recognizing Educational Success，Professional

Excellence and Collaborative Teaching，简称 RESPECT 项目）。它是美国教育部致力于开展教学专业化变革的一个重大计划。

（一）教学专业化变革的原因和总的愿景

1. 教学专业化变革的主要原因

美国政府认为每一名美国儿童都有资格接受高质量的教育，以为他们将来进入大学、寻找工作或者实现公民责任做好准备。教师及学校领导者每天都会教给儿童专业的知识、技能、习惯等，并且教会他们如何获得多姿多彩的令人满意的生活。从这一点来说，教育者是整个美国教育的核心和灵魂。优秀的教师和校长都具备专业化这一特征，因为他们不仅从学术知识上培养了年青一代，而且在社会化和情感上也给予了年青一代更好的教育。他们从事教学，因为他们相信教育的力量足以改变生活。优秀的教师不仅可以激发学生学术上的成就，而且会培养他们正确看待学校和自身的态度，增强他们的学习能力。高效能的教师能够促进学生的学习，缩小学生之间在入学前的学业差距，并且改变一些学生的生活轨迹，例如，降低辍学率，降低少女怀孕率，让学生获得满意的生活和职业生涯。而优秀的学校领导者将会使高效能教师不断成长，并获得更大发展。

教育者在辛勤工作的同时也意识到，他们的学生在以知识为基础的全球化就业市场中，正面临着前所未有的激烈的竞争。同时，一份对学生的国际化评估报告显示，美国学生的成绩十分普通。2009 年，经济合作与发展组织（OECD）对 34 个成员国中 15 岁学生进行评估，结果显示，美国学生在阅读方面仅排第 14 位，科学方面排第 17 位，数学方面排第 25 位。而 20 年前，美国几乎是世界大学的领先者，2011 年却已经被 13 个国家超越。在美国范围内，仍然有很多学生没有获得他们应该接受的教育。数据显示，只有 78% 的学生能够在 4 年内完成高中教育，而黑人学生和拉丁裔美国学生按时完成高中教育的分别只有 66% 和 71%。当前，美国的就业市场中超过 60% 的职位要求高等教育学历以上，而几乎每四个年轻人中就有一人连竞争这些职位的资格都没有。仅要求具有高中学历的工作职位已经很少，而且这些职位无法使年青一代进入中产阶级。对很多学生来说，尤其是那些出身于低收入家庭的学生来说，他们很难获得成功。

2. 教学专业化变革的愿景

尽管意识到上述挑战，很多教师与校长对当前形势仍然是乐观的。对他们来说，当前的情况正好为美国提供一个独特的机会来重新审视已有的教育系统，因为这一系统已经无法满足国家的教育目标。美国的教育系统正处于历史的十字路口，既可以在这里按照旧有路线前进，也可以在此绘制一幅教育的新蓝图。很多国家已经将教育列入国家目标。例如，加拿大、中国和新加坡已经在近几十年修订了他们的教育策略，并且已经产生实效。美国总统奥巴马已经将教育列为其优先发展目标，教育部部长阿恩·邓肯也表示："促进大学发展不仅仅是一项政策，也是一项紧迫的国家目标。"为此，奥巴马总统设立了一个目标，即至 2020 年，美国将再一次在世界大学竞争中占据领导地位。除了支持美国在世界上更具竞争力和促进经济发展之外，很多教师和校长也有自己的教学目标。他们认为教学对美国获得全球性竞争地位固然重要，但对学生在公民、种族和道德等方面的培养更重要。

为了完成上述目标，一方面，要具备能够指导每一位学生学习的高效能教师；另一方面，要让学校变成一个合作性和具有创造性的工作场所，进而提高学生的学业成就，缩小成就差距。而要做到这一点，就必须对美国教育进行根本性的变革。

教育者必须在教学专业上获得高度尊重。其他一些专业领域如会计、医学、工程学或者法律等都已经获得了较高尊重，而教育并不在此列。这些领域中都设置了较高的准入标准，并且强调在获得许可或证书之前要做好充分准备。很多行业都为见习者提供了专业化的实习机会和进入领导阶层的提升机会。那些得到高度尊重的行业也会提供具有竞争力的薪水，并且在获得成就时给予奖励。如果要变革美国的教育系统，那么就要高度重视学校的教师与领导者。他们的工作是严格、复杂且十分重要的，同时还要以高标准来对待他们，因为他们教育的是一个国家最有价值的财富，即儿童。

在重塑专业化的过程中，各学校、学区和各州的教育者都提出要避免两大常出现的改革错误：一是避免将所有重担都附加于初级教育系统以期解决国家教育上的所有问题。二是避免以不协调的方式分散实施改革。据此，联邦政府应当采取综合、完整且长期的方式来开展变革，一方面，要吸取其他教育先进国家的优秀经验；另一方面，也要从美国国内那些面临上述挑战仍然培养出卓越学生的学校学习经验。教学专业化变革是一项重大的工程，并不能只由教师和校长来承担。而 RESPECT 的项目蓝图则为所有参与者——家长、学生、教育者、政策制定者、商业和社区领导者、当选官员和其他参与者等——提供了一个变革的框架，用来指导所有参与者共同协作，通过重新认识和思考教学与领导力，以加强美国公立教育系统。

（二）教学专业化变革蓝图的具体制定过程

近年来，美国教育领域的很多个人和组织都呼吁对教学进行大胆的、综合性的和变革性的提升。由于这些领导性组织的一致号召，以及围绕教学和领导力的一系列讨论的展开，美国教育部决定为教学专业化变革制定一个相应且强健的政策框架。这一政策框架将根据全国范围内对教师和学校领导者的调研而制定。在制定框架过程中，教育部查阅了相关文献，并且在合作对话中与不同级别的教育领导者进行沟通。教育部和其他参与者一起对共识意见进行具体化，并鼓励开展合作行动，为此举办了两次会议。一次是 2011 年的劳动管理协作会议；另一次是教学专业化的国际峰会，自 2011 年 3 月第一次举办之后成为年度会议。

与此同时，教育部还承担了大量的工作，例如，就教学专业化问题召开全国会议，以寻求来自教育者内部的建议，同全国范围内的教师和学校领导者召开圆桌会议等。为制定上述框架，教育部在面临众多挑战的情况下提出了一个有关教学、领导和学习的新愿景。这一愿景不受当前现实的限制，没有偏见，只有一个指导思想，即美国教育系统必须能够维持美国的全球竞争力，并且为学生提供能够获得职业成功和理想生活的必要技能和知识。在起草这一框架的过程中，美国教育部与地方、州、国家等各个层面的教育者和组织就教学专业化问题进行了深入沟通和讨论。2011 年夏天，美国教育部的教学研究员分别到达各学校、校区和教师群体，开展圆桌会议，就教学和领导力的新愿景进行讨论。这些研究员不仅是根据地区进行调研，同时也对不同学科、不同角色和不同资历的教师进行了调研。2012 年 2 月，美国教育部部长阿恩·邓肯正式发布了《RESPECT 计划：有关教学专业化的国内讨论》(简称《RESPECT 计划》)。很多教师与学校领导者被邀请参加地方相关会议，进行在线评论等。而所有的教育者，包括校长、学校顾问、在职和职前教师，以及教育学教授等，都为这一计划提供了真实而广泛的反馈。至 2013 年 2 月，通过全国范围内 360 多场圆桌会议，约有 5 700 多名教育者参与了 RESPECT 项目的讨论。讨论的结果使之前的框架焕然一新，并且更加反映了教育者的思想和建议。讨论仍在继续，而讨论的重点则是如何在不同的学校和社区环境中实施《RESPECT 计划》。

2012 年 5 月，美国教育部联合美国学校行政人员协会(American Association of School Administrators，AASA)、美国教师联合会(American Federation of Teachers，AFT)、全美各州首席教育官理事会(Council of Chief State School Officers，CCSSO)、大城市学校理事会(Council of the Great City Schools，CGCS)、联邦仲裁与调解局(Federal Mediation and Conciliation Service，FMCS)、全国教育协会(National Education Association，NEA)、全国学校董事会协会(National School Board Association，NSBA)等组织，就劳动管理的合作问题召开了第二次会议，并且召集学区和各州的领导者就合作变革教学专业化问题进行讨论。在准备会议的过程中，相关合作组织为教学专业化变革设计了最佳思路，这些思路均来自教育者对 RESPECT 项目的深入思考和反馈。美国教育部与各组织合作，起草了获得各组织共同签名的教学专业化变革草案。这也是第一次由全美范围内不同群体，包括教师、监督者、学校董事会、州级领导者等共同提出的有关教学和领导力的变革方案。这一方案也成为《RESPECT 计划》的主体部分。

(三)教学专业化变革蓝图的主要内容

通过教学专业化变革会议，《RESPECT 计划》将主要从以下七个方面促进教学专业化发展：分担责任与领导力；招聘与准备；成长与发展；评估；待遇与提升；学校环境；社区参与。教育者们一致认同上述因素是进行教学专业化变革的关键因素，同时也是美国及其他各国中发展较好的学校系统共同的特征。而一个强大的教育系统能通过对上述因素的提升构建一个凝聚性很强的综合性教育系统。

1. 建设分担责任与领导力的校园文化

在教学专业化的变革过程中，所有教育者都要为学生的学业负责，在决策制定过程中共同出谋划策，并为教师提供更多的自主权，让他们根据学生情况来决定哪些是最适合的决策。此外，学校也要保证以高标准对教学专业化发展进行要求。在这样的校园文化中，教师便有权与校长就教学任务的完成情况、教学评估、教师解雇和职业提升等问题共同做出决定，其中最核心的是可以就学生的学习问题合作教学。

2. 培养顶尖人才，为学生成功做好准备

有影响力的教师能够培养出更多学业成就突出的学生，进而可以提高学校毕业率、大学入学率，可以促进更高水平的公民参与，让更多的学生获得更理想的人生。因此，应当吸引更多表现优异的拔尖人才进入教育领域。无论这些人才是刚刚毕业的应届生还是进行职业转换的其他方面的人才，也无论他们是通过传统途径还是其他途径进入教育领域的，让更多优秀的人才成为教师或者校长可以说是促进教学专业化发展的一个关键因素。芬兰在教师培养与招聘方面的做法是值得借鉴的。在芬兰，教师招聘一般都在排名前20％的毕业生中进行。应聘者仅仅具备学术上的天赋是远远不够的，他们仍然需要通过面试和一系列的教学活动来证明自己具备教师的核心品质，如沟通和社交技巧等，进而证明自己能够胜任教师岗位。基于此，美国应当从培养这一步开始，加强未来教师的专业化发展。联邦政府应该支持更多的教育项目，以培养高素质的教育者，并要为未来教师提供高质量且言之有物的课程和更多的实践机会。大学应该对那些较为成功的教育项目进行扩展，提升其他一些稍微落后的项目，并对改革后质量仍然较差的教育项目予以取缔。对未来教师的培养应该包括提供更多的教育实践机会，且由高素质教师或校长进行监督、指导和评估，以促进未来的教育者获得更加专业的发展。

经过对未来教育者的培养考察，能够进入教育领域的教师，首先，必须符合教学这一专业领域的较高准入门槛，证明他们具备所教学科的丰富知识。其次，要掌握有关教学的全部技能与策略，并且知道如何合适地运用这些策略。再次，要具备与学生沟通、与同事合作的气质与态度。最后，要将自身放在学习者的位置，学习优秀教师如何有计划地备课、分析学生成绩，并有针对性地辅导学生练习等。

3. 促进教师可持续性的专业发展

高素质的教师和校长通常会在整个职业生涯中不断学习，而成绩较突出的学校和学区通常也是教师和校长不断成长的学习社区。当教师和校长通过合作获得更多相关学生数据，并且吸收更多来自校内外的专业知识，作为学习社区的学校也将获得更好的发展。学校应该重视教学专业化发展的效力，从而对其进行更加系统化的改善，让纳税人的钱支持更多的教育活动，从而不断提升学校教育质量。新任教师一方面要获得快速成长与发展，另一方面也要从资深教师那里吸取教学经验。从上可以看出，专业化发展是提升教师质量的重要杠杆。

4. 建立对教师和校长的评估系统

高效能的教育者有着资深的教学实践经验，并且可以通过学生的学业成绩证明他们自身的能力。而教育者的有效性必须从以下几个方面进行评估：学生学业成绩；课堂和学校实践；与同事的合作能力；对学校社区的贡献等。评估的结果，例如，教师和校长的教学任务完成情况，授予专业地位（终身制等），升职为领导者角色，解雇低效能教师等，均要为专业化发展要求做出引导，并且告知每一个人。一个良好的评估系统应该为教育者提供来自同事和监督者的有意义的、可信的、及时的、可操作性的反馈，并且要以事实证据为基础，实现评估过程的公平、精确和透明。

5. 不断增加教育者的竞争性薪酬

教育者是一个国家最有价值的资源。实现教学的专业化发展就要吸引更多的优秀人才进入学校和课堂，并且要保持他们的专业性。基于此，学校应该为教育者的职业生涯提供更多机会，供他们选择：继续留在课堂？成为教学领导者？进入学校管理阶层？无论教师选择留在课堂还是进入管理阶层，学校都必须提供足够的报酬，以吸引和维持这些"高技能劳动力"。而这些教师也要在工作中体现出与社会要求相一致的专业性和有效性，并能为其他的教育者提供帮助。

6. 创造有效教学与学习的环境

一个运作良好的系统可以扩大教育者的成就，而一个功能失调的学校或学区则会摧毁一个优秀教师的教学成果。学校与学区需要为教育者创造一个良好的校园环境和文化，例如，充分利用时间，合理安置教职工，善用新科技，调度各方面的服务，与家庭和社区进行良好沟通，这些都可以不断优化教学效果，提升学生的学业成就。此外，要保证最有需求的学生，例如，来自低收入家庭的学生、少数民族学生、母语非英语的学生、残疾学生等，能够得到最优秀教师和校长的指导，同时确保所有学生都能够享受到其他支持他们实现学业成功的资源，如新科技、教学材料、社会健康服务等，进而实现教育公平。

7. 重视社区参与

社区的繁荣与儿童的安全、健康、良好教育等问题息息相关，而一个学校如果没有对社区的强烈责任感也无法成为促进社区发展的中流砥柱。因此，基于社区命运和学校之间不可分割的联系，一方面，教育者应该利用更多的社区资源、专业知识和活动等来强化学校发展；另一方面，要通过提供高质量的学校教育来加强社区发展。

上述七个方面对于促进教师招聘、选拔、发展等方面的专业化发展起着至关重要的作用。只有给予教育者充分的尊重，才能保证美国的学生接受良好的教育，取得卓越的学业成就，成为积极参与社会、具有责任感的公民。

（四）教学专业化变革蓝图实施的现实基础

经过过去四年的努力，教育部已经为 RESPECT 项目的发展奠定了坚实的基础，包括将上述七点的进展也写入发展蓝图。美国总统奥巴马和教育部部长邓肯也提出，有影响力的资深教师和学校领导者是美国教育系统的核心，他们的贡献与能力对于保证学生在不断变化的全球市场中获得卓越发展是十分重要的。基于此，教育部致力于运用系统化的方式支持各州和学区，并为他们提供必要的工具和条件促进教师发展和提升，将教师对学生的有益影响尽可能地最大化。

2010 年，美国总统曾将有关提议列入《〈中小学教育法〉修正案》，提议的名称叫作《变革的蓝图》，重点聚焦于优秀教师和校长的重要性，同时提出相关策略用于构建综合系统，促进教学专业化发展，解决当今儿童面临的挑战。提议指出，为了使更多的学生从高中毕业，接受高等教育，获得理想职业，美国应该对教育系统中的每一个环节进行投资，包括数据系统、教育评估、教师和学校领导者等。与此相应，为了进行教学专业化变革，也应当对教师招聘、教师职前准备、教师发展及教师提升等各个关键环节进行投资。

基于上述基本提议，美国教育部致力于运用新方法促进学区和各州教育系统的发展。这也就意味着，联邦政府正在围绕教学专业化发展制定一系列的政策。因此，美国相继出台了"力争上游"计划和"教师激励基金"（Teacher Incentive Fund，TIF）。这些计划的初衷与支持学区和各州评估系统的初衷一致，都致力于让学生获得应该掌握的知识和应该具备的能力，致力于教师和学校领导者应如何促进学生学习。而美国对《RESPECT 计划》在联邦层面的支持和投资，也使该计划最终得以实施，包括建立以绩效为基础的薪酬结构和职业阶梯，设立督察专业发展和人力资源管理的数据系统，设置吸引人才的专门渠道，规定教师和学校领导者进行合作的时间和方式以共同提升学生学业成就，运用一系列的新技术扩展和增强教育者的影响力。

综上，在联邦实施"力争上游"计划、"教师激励基金"项目、"承诺社区"（Promise Neighborhoods）项目等之后，《RESPECT 计划》的愿景也号召美国各州、各学区积极实施教学专业化变革，让教学和学习活动都可以释放出内在的愉悦感，为学校和课堂带来更多的创造力和创新精神，让每一个儿童都取得应该的学业成就，以满足美国未来发展需要。

(五)教学专业化变革的未来走向

由于美国各州具有较大自主权，因此，各学区、各学校的教育工作均有所不同，而实施 RESPECT 项目也就不能按照单一的方式进行。相反，要依靠各学区、学校里的教师和校长充分发挥主观能动性，根据各学校不同情况来丰富这一项目的实施与发展。尽管如此，RESPECT 项目的总目标是一致的，即为每一个高中生接受中学后教育、成为合格公民、努力工作做好准备。对教学专业化变革的成功与否，将继续通过以下三个方面的学生学业成就进行评估：①是否保证学生高水平的学业成绩。这一点将通过多种方法考查学生对知识、技能的理解和运用来衡量，这对学生进入大学、谋求职业和成为合格公民十分重要。②是否促进教育公平。这一点将通过具有特权的学生与没有特权的学生之间的成就与机会差距是否逐渐缩小来考察。③是否增强全球竞争力。这一点将通过国家测试标准对学生的学术表现做出判断。

尽管美国已经做出很多努力来提升上述方面，但当前的策略与投资依然十分分散，以至于学生的学业成就不能达到当前全球性变化所要求的程度。而上述 RESPECT 项目的政策框架中的七个主要方面之所以十分重要，是因为每一个方面的实现都牵涉其他几个方面成功与否。首先，如果学校不能吸引到优秀人才进入教育领域，或者没有为年轻优秀人才成为教师做好必要的技能准备，那么也就无法期待教育者能够解决日益复杂且要求越来越高的教育难题。其次，如果不能为教育者提供与其专业性和其工作所遇到的困难相匹配的薪酬，那么也就无法保证让最优秀且最具前途的个人进入教育领域，或者无法保证让最有效的教师一直留在学校里。而薪酬的增长与责任的增加需要一个同学生学业成就相关联的完善的教育评估系统和问责体系。再次，如果不对专业化发展的有效性进行提升，或者没有为教师提供掌握新科技、教学工具和其他资源的机会，那么也无法期待教育者能够获得前面所要求的成果。最后，根据以往经验，如果没有良好的学校环境和广泛的社区支持，即使是最坚定、最有效的教师和领导者也无法在充满挑战的环境中维持努力所得的成果。综上，上述框架中七个方面无论缺少哪一方面都将成为教学专业化变革的障碍；相反，当上述方面均能得到合理实施，那么美国的教师和学校领导者将最终完成并超越他们为美国学生在 21 世纪能够取得成功而设置的目标。

在认识到需要进行综合改革而非零散变革之后，美国总统奥巴马于 2012 年开始致力于将 RESPECT 项目的愿景付诸实施，努力将教学专业化变革变为现实。为启动这一项目，他提议投资 5 亿美元资金。教育部将利用这些资金奖励努力实施与上述框架中七个方面相一致的综合性变革的州和学区。2012 年 7 月，奥巴马总统拿出项目启动资金中的一部分，用于奖励学前教育中杰出的科学、技术、工程和数学(以下简称 STEM)学科教师,并成立美国 STEM 高级教师梯队。在等待资金从国会通过的过程中,美国教育部也在不断将 RESPECT 项目的关键因素整合入已有的项目与政策中。这一蓝图也是建立在教育部加强教学专业化变革的基础之上。

尽管教学专业化变革的共同愿景已经得到了全美几大教育组织和奥巴马政府的认可,但这一愿景仍然只是一个为实现美国最重要的教育目标而制定的工作框架。RESPECT 项目想要获得更多的改变,必须将其核心思想和观点植根并应用于每一位地方和州的教育者、官员、工会领导者和倡导者等人的独特工作环境中。事实上,目前各州和地方领导者可以将 RESPECT 项目的多个方面立即付诸实施,而不需要等待教育部的进一步行动。例如,为教育者提供更多成为领导者的机会和合作时间。尽管不同学校的教育需求不同,不同学区的范围、位置和人口也有较大差异,但教学专业化的内涵是一致的,即所有的学校都要依靠优秀的教师来创造积极的课堂成果,要依靠强大的领导者为教学和学习创造良好的条件和环境。

这一蓝图的直接目标是希望通过全美 400 万教师和校长来重塑教学专业化及美国未来的教育,长远目标则是希望所有的美国人都可以比以往更加认识到教育者对学生和国家的深刻及不可估量的贡献。从上述目标可以看出,美国将教育者看作一个国家坚实的基础,并且给予教育者充分的尊重和支持。这也是中国在日益发展强大的过程中应当借鉴的。唯有给予教育者充分的尊重和支持,才能最终实现教育强国。

>> 第三节　美国高等教育报告 <<

一、《美国竞争力与创新力》报告解读

2011 年,美国总统奥巴马在国情咨文中表示:"如果我们希望美国能在未来立于不败之地,如果我们希望创新能够为美国创造更多的工作机会,那我们就必须在教育领域取得胜利。"教育是推动一家公司或一个国家经济增长和创新能力提升的重要因素,因为经济增长所依赖的新知识和人力资本与教育有着不可分割的关系。2012 年 1 月,在美国经济协会的协助下,美国联邦政府商业部发布了题为《美国竞争力与创新力》(*The Competitiveness and Innovative Capacity of the United States*)的报告。报告对美国创新教育存在的问题、产生的原因,以及如何推动、促进与创新密切相关的 STEM 教育(Science, Technology, Engineering and Mathematics Education)等问题进行了详尽的分析。

（一）美国创新教育的现状

美国的教育体系，尤其是与创新紧密联系的 STEM 教育曾帮助其在 20 世纪取得世界领先地位，然而，也必须认识到目前美国的 STEM 教育存在的问题。

1. STEM 劳动力逐步增长

STEM 劳动力特指计算机科学、数学、工程学、生命和物理科学领域的专业和技术人员。2010 年，美国共有 760 万名 STEM 从业人员，占据全社会劳动力的 1/18。其中，计算机科学和数学领域的从业人员占所有 STEM 劳动力的一半，工程学领域的劳动力占 32%，生命和物理科学领域占 13%，管理人员占 9%。而过去十年间，美国 STEM 领域的职位增长率为 7.9%，是其他领域（2.6%）的 3 倍，这一增长趋势仍将继续下去。

STEM 从业人员是美国研发设备的重要组成部分，他们通过创造新知识、新公司、新行业推动着整个国家创新力和竞争力。自 1900 年以来，超过 3/4 的杰出发明家和企业家拥有工程学、物理学、化学、计算机科学或医学领域的学位。[①]

与 STEM 对于整个国家经济增长的重要性一致的是，STEM 领域的从业人员的平均工资也比其他领域的从业人员要高（见表 2-1），而且 STEM 领域的失业率也比其他领域低。因此，让更多的学生接受 STEM 教育不仅有利于国家的经济发展，同时也有助于提高他们的收入。

表 2-1　2010 年美国不同行业从业人员的受教育程度与时薪

受教育程度	STEM 领域/美元	非 STEM 领域/美元	相差
高中毕业及以下	24.82	15.55	59.6%
副学士学位	26.63	19.02	40.0%
学士学位	35.81	28.27	26.7%
研究生学位（硕士、博士）	40.69	36.22	12.3%

资料来源：Economics and Statistics Administration Calculations.

2. STEM 人才的实际状况与经济发展的需求不符

STEM 领域的工作并不限于直接参与科学和工程学领域的工作，还包括从事 STEM 教育或掌握 STEM 知识技能等间接参与 STEM 的工作。STEM 技能主要是指数学、计算机及电子工业方面的知识，以及批判性思维、问题解决、多元化

---

① Baumol，Schilling，Wolff. The Superstar Inventors and Entrepreneurs：How Were They Educated? [J]. Journal of Economics and Management Strategy，2009(3)：723-724.

推理等基本技能。① 此外，STEM 行业的人员素质要求也逐渐从以往的体力、日常工作为主，转为强调推理和管理能力。②

在美国，目前教育领域培养的 STEM 毕业生与劳动力市场的实际情况并不相符。劳动力市场上提供的 STEM 工作岗位约 470 万个，而拥有 STEM 学位的劳动力有将近 920 万人，其中只有 330 万名 STEM 学位拥有者进入了 STEM 领域工作。也就是说，所有 STEM 从业人员中，有近 140 万人所获的学位不是 STEM 学科领域的，而近 2/3 的 STEM 领域本科毕业生只能进入医疗、教育、社会科学及管理等非 STEM 领域工作。③ 尽管如此，拥有 STEM 学位对美国人民而言，还是非常有价值的。因为即使在非 STEM 领域，拥有 STEM 学位的全职从业人员的时薪要比拥有其他学位的人员高出 11%。④

目前，在美国的 STEM 领域中，超过 2/3 的从业人员至少拥有学士学位。尽管如此，劳动力市场对 STEM 从业人员数量和质量的需求仍在持续增长中。虽然作为 STEM 领域奠基石的美国高等教育系统在不断地提升教育质量，但不可否认的是，相较于其他国家，美国正在逐渐丧失其在教育，尤其是在培养学生的 STEM 技能方面的绝对优势。⑤ 因此，为了继续保持美国的国际竞争力，确保其未来的劳动力能够在知识经济时代继续处于领先地位，美国的各级各类教育都被要求在 STEM 教育方面取得突破性进展。

3. 美国拥有许多杰出的大学，但其培养的 STEM 毕业生并不都很杰出

美国高等院校中的精英机构一直以来占领着全球大学排行榜的前位。2011—2012 年，世界前 25 名的大学中有 18 所是美国大学，世界前 50 名的大学中有 30 所是美国大学。⑥ 尽管近年来美国的吸引力有所减弱，但其目前仍是全世界吸引

① Carnevale，Smith，and Melton. STEM Report〔EB/OL〕. www9. georgetown. edu/grad/gppi/hpi/cew/pdfs/stemcomplete. pdf，2011-11.

② Council of Economic Advisers. Preparing the Workers of Today for the Jobs of Tomorrow〔R〕. www. whitehouse. gov/administration/eop/cea/Jobs-of-the-Future，2013-12-20.

③ U. S. Department of Commerce. The Competitiveness and Innovative Capacity of the United States〔R/OL〕. http：//www. esa. gov/sites/default/files/thecompetitivenessandinnovativecapacityoftheunitedstates. pdf，2013-12-26.

④ Langdon et al. STEM：Good Jobs Now and for the Future〔R/OL〕. www. esa. doc. gov/sites/default/files/reports/documents/stemfinalyjuly14_1. pdf，2011-03-11.

⑤ U. S. Department of Commerce. The Competitiveness and Innovative Capacity of the United States〔R/OL〕. http：//www. esa. gov/sites/default/files/thecompetitivenessandinnovativecapacityoftheunitedstates. pdf，2013-12-26.

⑥ Times Higher Education. World University Rankings 2011-2012〔R/OL〕. www. timeshighereducation. co. uk/world university rankings/，2011-12-28.

留学生最多的国家。①

留学实质上是一种出口的教育服务，因此，另外一种可以用来检视美国教育吸引力的指标就是出口金额。2010 年，美国的教育服务出口总额超过 210 亿美元，其中有近一半的金额来自中国（40 亿美元）、印度（33 亿美元）和韩国（22 亿美元）（详情见图 2-4）。2010—2011 学年，近 40％的国际学生学习的专业在STEM 领域，例如，18.7％的国际学生选择工程学，8.9％的国际学生选择数学和计算机科学，8.8％的国际学生选择生命和物理科学，而经济管理专业成为最热门的专门学科，修习人数占 21.5％。②

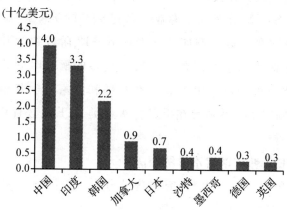

图 2-4　2010 年美国教育服务出口情况

资料来源：Bureau of Economic Analysis

尽管美国的高等教育在世界范围内表现亮眼，但是贯穿于学前教育至高等教育的一些基本问题仍然阻碍着美国提升劳动力技能的速度。例如，近 20％的美国大学新生会在入校后的第一年选修至少 1 门的补习课程（remedial course）。③对选修补习课程的大学生而言，即使只选修了 1 门，其获得学士学位的概率也要低于其他未选修补习课程的同学。简言之，20 世纪后半叶以来，美国学生的大学完成率（college attainment rates）已经落后于其他国家。1943—1952 年出生的美国人曾是那个时代全世界拥有学士学位比例最高的人群，然而，现在美国 25

---

① OECD Indicators. Education at a Glance 2011：OECD Indicators ［EB/OL］. www. oecd. org/dataoecd/61/2/48631582. pdf，2011-11-28.

② Institute of International Education. Open Doors Data，2009-2010［EB/OL］. www. iie. org/Research-and-Publications/Open-Doors/Data/International-Students/Field-of-Study/2008-10. aspx，2011-11-28.

③ National Center for Education Statistics. Chapter 2：Postsecondary Education. In *2010 Digest of Education Statistics*［EB/OL］. nces. ed. gov/programs/digest/d10/ch＿3. asp，Table 241.

～34 岁的人群中顺利完成高等教育的比例只略高于 OECD 国家的平均水平。① 与其他发达国家相比，美国的大学毕业生中 STEM 人才相对较少。2009 年 OECD 的统计数据显示，该年美国仅 12.8% 的本科毕业生获得 STEM 学士学位。这一结果几乎使美国在 OECD 的 STEM 毕业生比例统计表中垫底。同时，韩国、德国、加拿大及英国分别以 26.3%、24.5%、19.2%、18.1% 的 STEM 本科毕业生比例分列 OECD 国家的前四位。②

大部分美国学生不愿进入 STEM 领域，即使他们中有些人曾经选择 STEM，但大部分不会继续下去。在美国，能在高中数学测试中取得优异成绩的学生里有 3/4 的人不愿选择 STEM 作为大学专业，只有 50% 的学生顺利获得 STEM 学位。这一现象的存在有多种原因，例如，学生在 K—12 阶段数学和科学知识的准备不足，数学和科学课程的学习需要学生投入更多的额外时间等。鉴于目前美国 STEM 教育困难重重的现状，美国联邦教育部和国家科学基金会（National Science Foundation）制定了一系列旨在提升各级各类 STEM 教育质量、减少 STEM 学生流失数量的举措。

(二)美国 STEM 教育现状不佳的原因

按照《美国竞争力与创新力》研究报告的分析，美国 STEM 教育表现不佳的原因主要集中在以下三个方面。

1. 昂贵的大学教育成本和贫乏的学术准备阻碍了学生进入 STEM 领域

众所周知，高等教育对于提高劳动者的生产力和收入发挥着重要的作用，尤其是对 STEM 领域的从业人员而言。然而，令人震惊的是，2009 年美国高中毕业生的大学入学率仅为 70%，低于挪威、新西兰等国。③

导致美国大学入学率不高的原因主要有两个。一是高昂的大学学费和杂费。无论是两年制社区学院还是四年制大学，其学费增长速度都要高于物价和居民收入增长速度。过去十年间，美国的两年制社区学院的学杂费增长速度为 71%，而公立大学的费用增长速度是前者的两倍多。与此同时，美国的物价增长速度为 27%，中等家庭收入的增长速度为 18%。④ 此外，大学的食宿费也大幅增长。

---

① Council of Economic Advisers. Economic Report of the President[EB/OL]. www. whitehouse. gov/sites/default/files/microsites/economic-report-president. pdf，2010-02.

② OECD. Graduates by Field of Education[EB/OL]. stats. oecd. org/Index. aspx? DatasetCode＝RGRADSTY，2011-11-28.

③ OECD. Education at a Glance 2011：OECD Indicators[EB/OL]. www. oecd. org/dataoecd/61/2/48631582. pdf，2011-11-28.

④ U. S. Department of Commerce. The Competitiveness and Innovative Capacity of the United States[R/OL]. http：//www. esa. gov/sites/default/files/thecompetitivenessandinnovativecapacityoftheunitedstates. pdf，2013-12-26.

2000—2010 年，大学的宿舍费上涨了 80％，膳食费增长了 55％。尽管来自各个渠道的奖助学金，如联邦政府提供的佩尔助学金(Pell Grants)、教育税减免政策等，在一定程度上缓解了高昂教育费用给美国家庭带来的冲击，但奖助学金的增长速度仍不及大学实际费用(学杂费减去各种形式的财政补助后的学生实际缴纳费用)的增长速度。与 2007—2008 学年相比，2011—2012 学年，美国公立四年制院校的全日制学生的实际费用增长了 60 美元，而公立两年制学院及私立学校的实际费用却减少了。[①]

另一个影响美国大学入学率的原因就是学生在 K—12 阶段的教育准备不充分。美国的初等和中等教育都必须为未来希望进入大学 STEM 领域专门学习的学生提前准备相关技能。同样的，那些希望高中毕业后直接进入 STEM 领域工作的美国学生也应配备无须在大学中接受培训的相关必要技能。然而，美国在大学前的 STEM 课程现状并不符合学生的这一需求。OECD 组织的国际学生评估项目(Program for International Student Assessment，PISA)结果显示，美国学生在 2003 年、2006 年和 2009 年的三次测评中的数学成绩均低于 OECD 国家的平均水平。在科学测评中，2003 年、2006 年美国学生的成绩均低于 OECD 的平均成绩，2009 年略高于平均成绩。[②] 除了在 PISA 上的糟糕表现之外，全美教育进展评估委员会(National Assessment for Educational Progress)的研究报告也同样证实了美国学生在 STEM 领域的不足。研究发现，尽管过去 30 年间美国学生的数学成绩取得了一定的进步，但 2009 年时仍然只有 26％的 12 年级学生的数学成绩达到"熟练"(proficient)或以上，21％的 12 年级学生的科学成绩达到"熟练"(proficient)或以上，38％的 12 年级学生的阅读成绩也达到了这一标准。[③] 由此可见，尽管美国 K—12 阶段各学科领域都需要继续加强教学，但 STEM 领域无疑是重中之重。

2. 人口因素给 STEM 教育带来巨大挑战

尽管 STEM 领域的工作与其他领域的工作相比有很大的优势，例如，STEM 领域女性所得工资比非 STEM 领域女性高 33％，但无论是 STEM 教育还是

① Council of Economic Advisers. Making College More Affordable：Implications of New Data[EB/OL]. www. whitehouse. gov/sites/default/files/20111026-cea-report-making-college-more-affordable. pdf，2011-11-26.

② U. S. Department of Commerce. The Competitiveness and Innovative Capacity of the United States[R/OL]. http：//www. esa. gov/sites/default/files/thecompetitivenessandinnovativecapacityoftheunitedstates. pdf，2013-12-26.

③ National Center for Education Statistics. The Nation's Report Card：Science 2009[EB/OL]. National Assessment of Educational Progress at Grades 4，8，and 12，nces. ed. gov/nationsreportcard/pdf/main2009/2011451. pdf，2011-01.

STEM 工作中都存在显著的性别差异，女性在 STEM 从业人员中的比例很低。尽管美国劳动力中近一半从业人员是女性，但在过去十年中美国 STEM 领域中女性所占比例低于 25%。就 STEM 教育程度而言，虽然 STEM 中各专业领域的具体情况有所不同，但总体情形是女性获得 STEM 学士学位的比例低于男性，尤其是在工程学领域。但在生物学领域，女性获得学位的人数超过男性。同样的，在 STEM 工作领域中，女性比男性更难直接获得 STEM 工作，她们大多数的去向是从事 STEM 教育或保健等工作。然而，一旦进入 STEM 工作领域，男性与女性的工资差别小于非 STEM 工作领域。[1]

与女性相似，大多数少数族裔也是 STEM 工作领域中的弱势群体，但亚裔人群是其中的例外。在美国，近 15% 的亚裔人群在 STEM 领域工作。由此可见，亚裔人群比其他族裔更容易顺利从大学 STEM 专业毕业，并顺利进入 STEM 工作领域。数据显示，42% 的亚裔学生能够顺利获得 STEM 学位，而其他族裔学生在 STEM 专业中的毕业率则是 17%～22%。半数亚裔学生在获得 STEM 学位后顺利进入 STEM 工作领域，而西班牙裔、印第安人、黑人等少数族裔学生在获得 STEM 学位后仅 30% 能顺利进入 STEM 工作领域。有趣的是，所有少数族裔在获得 STEM 工作后的薪资都比美国白人高 10% 左右。[2] 总而言之，美国不同学生接受 STEM 教育的公平性问题得到改善，STEM 工作领域的人群区别也会得到缓解，从而有利于推动美国在科技和创新方面的领导力。[3]

3. STEM 领域的核心工作人员来自美国以外

许多诞生于美国的技术创新是由出生在美国以外的人群研发的。在美国，1/5 的 STEM 从业人员并非出生于美国，其中 63% 的外籍 STEM 从业人员来自亚洲。出生在国外且获得研究生学位的 STEM 工作人员的比例约占全体 STEM 从业人员的 44%，这一人员比例在过去 17 年中增长近一倍。[4] 国际 STEM 工作人员的日益增多由多种原因造成，其中一个因素是雇主们发现很难找到符合职位要求的技术人才，尤其是工程学和软件开发的专业人才。

---

① Beede et al. Women in STEM：A Gender Gap to Innovation. ESA Issue Brief 04-11［EB/OL］. www. esa. doc. gov/sites/default/files/reports/documents/womeninstemagaptoinnovation8311. pdf，2011-08.

② U. S. Department of Commerce. The Competitiveness and Innovative Capacity of the United States［R/OL］. http：//www. doc88. com/p-7748311983119. html，2012-01.

③ Beede et al. Education Supports Racial and Ethnic Equality in STEM. ESA Issue Brief 05-11［EB/OL］. www. esa. doc. gov/sites/default/files/reports/documents/educationsupportsracialandethnicequalityinstem _ 0. pdf，2011-09.

④ Beede et al. Education Supports Racial and Ethnic Equality in STEM. ESA Issue Brief 05-11［EB/OL］. www. esa. doc. gov/sites/default/files/reports/documents/educationsupportsracialandethnicequalityinstem _ 0. pdf，2011-09.

在经济全球化时代，美国用于吸引最优质人才的报酬相当丰厚。同样的，国际人才也会以自主创业或加入相关企业等形式发挥自己的创新作用。例如，成立于 1985 年至 2010 年间的世界 500 强企业中，20％的企业是由美国以外的移民创立的。① 此外，多数在美国完成 STEM 教育的国际学生希望能够合法地继续留在美国，为此，美国必须大力发展移民政策，确保整个国家对全世界的优秀人才提供友好环境。

（三）美国政府改善 STEM 教育现状的措施

全球金融危机使许多美国家庭的经济状况变得十分窘迫，这也导致了 STEM 教育状况不佳的局面。鉴于这一情形，奥巴马政府在教育领域推出一系列改革举措，加大教育经费的投入，以期改善大学的财政状况，并提升教育投入的质量，为美国培养更多的创新人才。

1. 加大对大学的经费投入

自 1972 年启动的佩尔助学金项目是目前美国联邦政府资助大学生的最重要途径，同时也是公立高等学校接受的数目最大的单项资助。奥巴马政府通过提高佩尔助学金的最高金额和接受资助的总人数两种方式来加大对大学和学生的经费投入。具体而言，2008 年时佩尔助学金的个人最高金额为 4 731 美元，2010 年时其已被提升至 5 550 美元，2014 年时被提升至 5 635 美元。② 此外，美国的《学生援助与财务责任法案》(*Student Aid and Fiscal Responsibility Act*)也对学生直接获得联邦贷款做出了相关规定。总而言之，美国政府不断提升其在佩尔助学金项目上的投入，2008 年时总投入额为 180 亿美元，2011 年项目总投入额增长至 300 亿美元。③ 奥巴马上任以来，超过 900 万大学生接受了佩尔助学金的资助，平均资助金额为 3 700 美元，相较于其上任前的 550 万受资助学生、2 650 美元的平均资助金额有了较大的提升。④

除了直接投入教育经费外，美国联邦政府采取的另一项间接资助教育的方式是税收减免。2009 年出台的《美国复苏与再投资法案》(*American Recovery and*

---

①　Partnership for a New American Economy. The New American "Fortune 500"[EB/OL]. www. renewoureconomy. org/sites/all/themes/pnae/img/new-american-fortune-500-june-2011. pdf，2011.

②　Scholarship. com. Federal Pell Grant[EB/OL]. http：//www. scholarships. com/financial-aid/federal-aid/federal-pell-grants/，2013-03-13.

③　U. S. Department of Education. 2009-2010 Federal Pell Grant Program End-of-Year Report [R/OL]. www2. ed. gov/finaid/prof/resources/data/pell-2009-10/pell-eoy-0910. pdf，2011-05.

④　U. S. Department of Education. 2009-2010 Federal Pell Grant Program End-of-Year Report [R/OL]. www2. ed. gov/finaid/prof/resources/data/pell-2009-10/pell-eoy-0910. pdf，2011-05.

Reinvestment Act)提出在"希望奖学金税收减免"（Hope Scholarship Credit）① 制度的基础上建立"美国机会税收减免"制度。在这一新制度的影响下，美国家庭每年最多可减免 2 500 美元用作大学学费和其他相关开销。相较于希望奖学金税收减免制度，美国机会税收减免制度不仅提高了最高减免金额，而且将税收减免政策的实施范围从原来的本科教育前两年延展至四年。此外，美国机会税收减免制度还提升了适用人群的家庭年收入标准，使更多的中等收入家庭也能享受这一税收减免政策。

此外，《学生援助与财务责任法案》改变了学生贷款的还款方式。修改后，贷款者的还款额度从之前的可自由支配收入总额的 15％降至 10％。这一新的还款方式本应只适用于 2014 年 7 月 1 日以后的贷款者，但奥巴马提前两年启动了该方案，并宣布连续 20 年还款的贷款者可以免还剩余款项。从事公共服务工作的贷款者只需连续还款 10 年即可免还剩余款项。②

2. 解决 STEM 教育本身存在的各种问题

为了解决美国 STEM 教育参与人数不足、表现不佳的现状，美国政府出台了多项解决方案。例如，"为创新而教"（Educate to Innovate）项目建立了五大公立和私立部门的合作伙伴关系，充分利用媒体、互动游戏、亲自动手学习、社区志愿者的力量，扩大 STEM 教育的影响人群，尤其关注弱势群体参与 STEM 的学习机会。

提升学生对 STEM 的理解的关键步骤是培养额外的 STEM 教师，因为教师是提升大学中 STEM 领域学生毕业率的有效途径。为此，美国国家科学基金会发起了以扩大证据实施与示范为基础的改革，希望能够帮助本科生改善其在大学里的表现。

此外，美国政府还意识到应该关注并改善弱势群体，如少数族裔、女性在STEM 领域的受教育机会和就业机会。因此，美国国家科学基金会启动了"职业—生活平衡计划"（NSF Career-Life Balance Initiative），该计划长达十年，旨在赋予不同性别的科研人员灵活安排研究工作的权利。例如，基金会允许研究者因照顾新生儿、领养儿童或履行其他家庭责任而延长或暂停受资助的项目研究时间，最长可申请 1 年。

3. 支持社区学院为工人和企业提供援助

美国《健康关怀与教育协调法案》(*Health Care and Education Reconciliation*

---

① 希望奖学金税收减免制度是克林顿于 1996 年提出的针对美国低收入家庭的课税扣除方案，规定年收入少于 10 万美元家庭的高中毕业生，在第一年中学后教育中可享受 1 500 美元的课税扣除。如果该生第一学年每门功课成绩都在 B 以上，则第二年可继续享受这一待遇。

② White House. Ensuring that Student Loans are Affordable[R/OL]. www. whiteho-use. gov/sites/default/files/100326-ibr-fact-sheet. pdf，2010-01.

Act)提出要对全美社区学院投入 20 亿美元的资金，帮助社区学院提升商贸协调教育和培训的能力，并帮助公民个人增加知识储备和提升工作技能。目前，美国政府已投入 5 亿美元，用于加强社区学院的教育和职业培训能力，包括鼓励社区学院与相关社区机构、雇主建立合作关系，为学生毕业后直接获得好工作建立渠道，或根据相关企业的具体要求，有针对性地建立专项培训项目。

此外，2010 年 10 月颁布的《为了美国的未来——劳动技能行动计划》(*Skills for America's Future Initiative*)是另一项促进教育部门与商业部门之间进行合作的行动计划。该计划主要强调以商业部门的需求为导向，培养未来美国的劳动力。具体而言，美国将建立全国性的合作网络，加强私立部门、社区学院、劳工组织、高等院校之间的联系，共同致力于制定劳动力培养方式、实施职业培训、确定工作岗位等活动。①

4. 启动"力争上游"计划(Race to the Top)，奖励州级改革

"力争上游基金"利用竞争性经费来鼓励美国各州和地方积极进行教育改革，提升学生成绩，缩短学生之间的差距，提高高中毕业率和大学入学率。美国联邦教育部已投入 40 亿美元作为 11 个州和哥伦比亚地区的竞争性经费，影响范围涉及 2.5 万所学校的 1 360 万学生和 9.8 万名教师。② 2011 年，美国联邦政府又追加 7 亿美元的竞争性经费，其中，2 亿美元用于追加各州已经展开的教育改革中最有意义的部分，其余 5 亿美元用于鼓励新的学前教育改革计划。

5. 改善国家的教育基础设施

尽管美国已经逐渐从金融危机的影响中恢复过来，但各州仍然面临着教育经费缩减的命运。例如，自 2009 年 5 月至 2011 年 11 月，美国的地方性学校一共裁员 23.5 万。与此同时，全美超过 10 万所公立学校的教育经费也被一再削减，用于修葺学校基础设施的 2 700 亿美元也被延迟。③ 电脑、无线网络等是支持当今信息化教学的重要设施。然而，美国学区每年必须将更多的资金用于支付学校的空调费用和新建校舍的费用，以致不得不减少用于电脑和教科书的经费。也就是说，越来越大的班级规模和日益陈旧的校舍严重影响了美国学校购置信息技术的支持设备，从而影响了 STEM 教育的质量。因此，美国政府希望为公立学校

---

① Council of Economic Advisers. The Economic Report of the President[R/OL]. www.gpoaccess. gov/eop/2011/pdf/ERP-2011. pdf，2011-02.

② U. S. Department of Education. U. S. Department of Education：The FY 2010 Summary of Performance and Financial Information [R/OL]. http：//www2. ed. gov/about/reports/annual/2010report/summary. pdf，2011-02.

③ U. S. Department of Commerce. The Competitiveness and Innovative Capacity of the United States[R]. http：//www. esa. gov/sites/default/files/thecompetitivenessandinnovativecapacityofthe-unitedstates. pdf，2013-12-26.

募集更多的教育经费，优先解决农村地区、印第安教育区及社区学院的需求。

二、《大学校园性侵犯声明：政策和程序建议》述评——————

由美国大学教授联合会(The American Association of University Professors, AAUP)发布的《大学校园性侵犯声明：政策和程序建议》(*Campus Sexual Assault：Suggested Policies and Procedures*，以下简称《声明》)，是由该联合会的学术职业女性委员会及其校园性侵犯附属委员会在 2012 年 11 月通过的。《声明》对性侵犯的问题范畴，性侵犯对学生造成的影响，以及性侵犯案件中学校、教职工可以采取的管理和保护手段等一一做了分析，是一份规范和指导大学校园内发生的性暴力事件处理方式的重要文献。

AAUP 的报告认为，教学自由和学习自由与安全和友好的学习环境是分不开的。在其 1995 年的《性骚扰：处理投诉时的建议政策和程序》(*Sexual Harassment：Suggested Policy and Procedures for Handling Complaints*)中，不仅宣称骚扰行为违反了大学校园的行为准则，还要求大学的领导"提供适当的伦理标准与合适的内部程序保护大学的惯例"。

(一)问题的范畴

《声明》指出，校园性侵犯是一个重要的问题，厘清不同类型性侵犯行为对于研究校园性侵犯很有必要。例如，一个经常使用的界定便是基于犯罪和受害者，分清陌生人强奸和熟人强奸(后一种有时还被分为约会强奸和熟人强奸)。这种基于对不同情况下发生的不同类型的作案方式的划分，有时候会对受害者和受害事实产生不同的影响。事实上，很多校园性侵犯案件发生在熟人之间，不好分辨是自愿还是暴力犯罪，同时熟人犯罪中受害人也很少报案。不同于陌生人作案，熟人作案也许不会被认作"强奸"。这种想法会拖延曝光，也许是在事后的数天、数星期甚至数年。

另一种对性侵犯的定义是基于侵犯是如何实现的。几乎所有的性侵犯研究都区分了这样一种情况，即侵犯是作为身体攻击和体力威胁的结果而发生的，没有涉及使用或威胁使用暴力犯罪。还有一些研究试图界定为通过口头或情绪性的强迫而实现的非自愿的性接触。这种的性侵犯通常并没有被界定为性犯罪或性攻击。法律中的性侵犯定义为：一个人有能力去同意，但是因为酒精或者吸毒而没有能力去反抗(或是睡着或无意识)的情况下而变为不能同意的个体。

性侵犯超越了所有边界，包括性别。当今，大学校园内甚至其他地方，同性之间的性侵犯已绝非偶然。瑞贝卡·诺曼(Rebecca Norman)认为，从理论上来说，性侵犯通常不是有关性别或性吸引的。俄勒冈的尤金市进行的一项有关男女同性恋、双性恋、变性者性侵犯的调查显示，10%的男同性恋和双性恋男性曾报案被强奸。约有15.5%～16.9%的女同性恋和双性恋女性曾报案被性侵犯。变性者更对被强奸的报案感到受限。对变性者而言，他们的不幸遭遇会变成焦点，人们会好奇"这样的人会有着什么样的身体"。特别在发生性侵犯时，人们的好奇会超过受害人被侵犯这样的事实，这会阻碍变性者报案。[①]

在美国，大学一、二年级的女生比老生受到性侵犯的风险更大。一项采用大学女生为样本的调查显示，84%的女生报告在大学前4个学期遭到过性强迫事件。年龄本身就是一个风险因素，低年龄的女生比21岁及更年长的女性更容易遭到性侵犯，包括酒后性侵犯。处于传统上大学的年龄（18～21岁）的妇女受到性侵犯的次数也是其他年龄妇女的4倍；同时，上大学的女性比不上大学的同龄人碰到此类危险的概率更大。大约有20%～25%的大学女生和4%的大学男生报告在大学期间受到过性侵犯。这个比例对同性恋、双性恋、变性者人群来说又稍高一些，这些人在大学中经常会感到不舒服。据校园性侵犯调查显示，不是所有的攻击或意图攻击都被上报过，即使上报了也没有被认真对待。且有调查显示，90%的被性侵女生知道犯罪嫌疑人是谁。[②]

但是也有研究表明，对强奸的诬告已有所蔓延，这绝非经验可以解决的问题。有报告称，强奸案件中有1.5%的案件属于诬告，90%的案件其实是发生在其他人身上的。然而，需要强调的是，男性强奸研究并没有得到重视，无论是量化研究还是定性研究都没有根据这一目的设计研究。

同时，种族也需要被当作考虑因素。有关研究发现，白人本科女生比其他种族的女生更喜欢在喝醉了之后报案称被强奸，可能是由于白人大学女生饮酒量最大。在同一项研究中，白人女生比其他种族的女生也更喜欢报告被强奸，包括生理强迫或威胁强奸。[③] 另一项研究也称，相比白人女性，非洲裔美国女性遭受的身体暴力性侵犯非常高。又据哈佛学院的研究，住校的女生比不住校的女生报告强奸的案件更高，住校的女生增加了在校园内受到性侵犯的风险。

（二）性侵犯的结果

性侵犯具有非常严重的潜在后果。据调查，40%的强奸受害人会感染上性传染疾病，80%的强奸受害人会经受慢性生理或心理问题。性侵犯首先带来的一个最直接严重的后果就是身体伤害，也许会严重到足够要求医学治疗和护理，可能

---

① Lee Van Der Voo. Sexual Violence on Campus：Not Just a Crime of Men Against Women [EB/OL]. http：//inw. org/2010/02/25/941/，2016-07-19.

② West Virginia foundation for Rape Information & Sevices. Campus Sexual Violence：Data on Campus Sexual Violence[EB/OL]. http：// www. fris. org/CampusSexualViolence/CampusSexViolence. html，2016-07-19.

③ SARSSM. Sexual Assault and Rape Statistics，Laws，and Reports［EB/OL］. http：// www. sarsonline. org/resources-stats/reports-laws-statics，2016-07-19.

会怀孕，感染性传染疾病，包括艾滋病等，这些都是附加的问题。性侵犯保护组织呼吁所有的暴力性侵犯的受害人，即使是那些不愿意向官方报告的受害人，最好进行医学测试和法庭证据采集，这可以为未来控诉犯罪嫌疑人提供官方数据。情绪伤害也同样会严重到要求护理和治疗。情绪伤害可能会影响受害人的学业成绩，也会影响他们对校园社区所做的贡献。受到过性侵犯的大学生普遍学业成绩下降，很少能够恢复到他们此前的学业水平，有的时候甚至不能达到平均学业水平。性侵犯导致学生不可能跟上班级的正常进度。他们常常会逃课，这些变化有时还会表现为退出社交活动，回避犯罪嫌疑人。受到性侵犯的学生常常逃课、离开学校或是转学。与学业成绩下降和逃避社交活动一同出现的还有日益增加的沮丧的风险、药物滥用、自我伤害、饮食失调、创伤后精神压力和自杀。强奸受害人比普通人群尝试自杀的可能性高 13 倍，同时也比其他类型犯罪受害人的自杀比例高 6 倍。

性侵犯除了对个人有破坏性的作用，还会对大学和学院造成负面影响。第一，性侵犯事件损害了大学的教育使命，使大学不能为教育和学习提供安全舒适的学习环境。第二，性侵犯案件使人们质疑大学领导人要终结校园暴力的承诺。第三，性侵犯案件在媒体上曝光，会给高等院校的领导者带来丑闻的困扰，更加剧了父母和校友对大学领导层的不信任，损害大学筹集资金、寻求法律和慈善支持的能力。第四，高等院校可能会对基本的防止暴力的方法付出代价。第五，即使性侵犯案件是发生在本地的，但看起来也会对高等院校在社区中的声誉造成影响。

（三）对校园性侵犯的管理

《声明》强调，正如前面所述，完整的校园政策和程序应当致力于消除性侵犯及其毁灭性的后果。例如，与完善的法律法规部门的合作会增加调查和审判案件的可能性。然而，根据罪犯的定罪和惩罚机制，由刑事司法体系来处理案件，其结果也并不见得有多好。2011 年《芝加哥论坛报》（*Chicago Tribune*）对 6 所中西部大学在过去 5 年间由警察侦查的、学生报告的 171 起校园性犯罪事件进行了调查，12 名犯罪嫌疑人被逮捕，其中 4 人已经第四次被定罪。虽然学生对学生的攻击是校园性侵犯案件中最常见的形式，但在 4 起案件中只有 1 起是袭击了另外一名学生。因此，逮捕和对性侵犯案件的定罪率不仅很低，分别只有 7％和 2％，而且低于全国平均水平。正如《芝加哥论坛报》总结的："这样的趋势导致数不清的大学女生感觉背叛和脆弱，认为她们的申诉没有受到认真对待。"①

这样的发现很令人失望，尽管近年来公众和专业人员对性侵犯和性暴力的理解取得了一定的进展，但最近研究还是表明了一些根深蒂固的神话的持久性和影响力，即：受害人的错；大部分性侵犯和强奸案是错误的，通常是对某个男人或全体男人的报复；毒品和酒精对被调查案件是否真的发生了造成认定困难；熟人强奸不算强奸。《声明》在后续中还会谈到其他影响性侵犯案件的报告、追踪、计算、调查、分类和裁决的因素。管理性侵犯案件的手段如下。

1. 性侵犯和相关案件的联邦法律

联邦法律第九条(Title IX)要求高等院校报告暴力事件，追踪性行为不当的模式和其他会造成对女性有敌意的环境的行为。2011年春季，人权办公室为解释第九条提供了一份额外指南——"亲爱的同事信"。信中要求高等院校"立即采取行动消除骚扰，阻止其再发生，并且通告骚扰的影响"。在一些案件中，第九条被用于案件的侦查。1990年，国会制定了法律，要求所有的两年制和四年制大学及学院向联邦政府提交校园犯罪的年度报告。1992年、1998年和2008年通过了《校园安全修正案》，要求大学校园制定和宣传对性侵犯的政策，做出对受害人的特别保护，并提交一份详尽的犯罪目录，包括仇恨犯罪。校园犯罪的联邦法规以《珍妮·克勒利披露校园安全政策》(*Jeanne Clery Disclosure of Campus Security Policy*)、《校园犯罪数据法》(*Campus Crime Statistics Act*)和《珍妮·克勒利法》(*Jeanne Clery Act*)等法律、法规为代表。但是，诚如前述，性暴力包含更广泛的一系列行为，包括性骚扰、性攻击和跟踪。各州以及司法机构、调查机构和学院对此的定义和分类都会有所不同，特别的案件及其惩罚也同样因为大学、法律和犯罪状况的不同而不同。这些东拼西凑的法律和定义使大学解决校园性攻击的问题变得含糊。确实，大概2/3归档到《珍妮·克勒利法》的报告都是不正确的。2005年向国会提交的《珍妮·克勒利法》的一份报告揭示了案件的复杂性，"校园行政和法律执行的双重司法权"。实际上，校园性侵犯潜在地服从于两条平行但是不完全相称的调查和司法体系：校园纪律程序，这决定行为是否违反了校园性行为规范；刑事司法程序，这决定犯罪嫌疑人是否要对犯罪事实承担法律责任。大多数的校园性侵犯报告都是由大学行政部门来管理的。一名犯罪嫌疑人被发现违反了校园政策，可能会有多种途径来对其进行管教，包括停学或开除。尽管这些内部程序看起来是保密的，但受害者还是有可能没有收到他们对事

---

① Todd Lighty, Stacy St. Clair, Jodi S. Cohen. Few Arrests, Convictions in Campus Sex Assault Cases: Tribune Survey of 6 Midwestern Universities Found 171 Reported Sex Crimes, 12 Arrests, 4 Convictions [EB/OL]. http: // articles. chicagotribune. com/2011-06-16/news/ct-met-campus-sexual-assaults-0617-20110616 _ 1 _ convictions-arrests-assault-cases, 2011-06-16.

件的处理结果。如果学校没有将侵犯事件视作犯罪，就不会将其纳入《珍妮·克勒利法》的数据之中。与此同时，学校当局通常不愿意将性侵犯呈报刑事司法体系，避免因此而屈服于司法程序的控制，并公之于公众及媒体。

《珍妮·克勒利法》的要求毫无疑问地改变了校内及行政人员对这一问题的看法，并将问题延伸到了校园性犯罪。但疑惑仍然在某种程度上存在。例如，2011年宾夕法尼亚州立大学的丑闻的余波尚存，媒体和大学及学院出版社的领导解释了诸如"性侵犯、性虐待、性骚扰和强奸"等定义的不确定性和区别，这也是由于州与州之间对定义和法规的拼凑导致的对定义的不确定。然而，《珍妮·克勒利法》的研究也表明，对学生、校园、犯罪以及其他与之相关的定义也存在一定的分歧，很明显，定义的不确定性减轻了数据预测以及跨学校比较研究的重要性。仍有一小部分学校在获取、收集、追踪和报告《珍妮·克勒利法》数据上制定了严格的程序，但为整个过程所制定的标准模型仍未建立起来。正如术语的区别，每所大学之间的做法也不尽相同。2011年，公共诚信中心的一项研究显示，通过比较各大学《珍妮·克勒利法》年度数据报告发现，数据均收集于校内或学校附近。该中心发现"在《珍妮·克勒利法》数据中令人不安的差异"，许多由校内调查机构报告的学生侵犯案例虽然呈报给了学校，但通常会从《珍妮·克勒利法》的数据中被删除。

与当地法律执行机构更紧密地合作，对什么构成"犯罪"的知识宣传，以及更好地在校园和社区服务间协调，可以使很多学院和大学更有效地处理校园性侵犯问题都会有帮助。然而，这些协调都是特例，并不是准则。

2. 制定强硬的政策和程序

至此，《声明》已经探讨了很多定义和概念，贯穿于整个院校的政策和程序应与州和联邦法律相符，校园内外工作单位的协调可以帮助大家更好地了解性侵犯问题。如果合适，政策和程序应该与劳资协议相一致，校园文化的改变也会帮助学校有效地管理校园性侵犯案件。除了这些普遍原则外，若干政策和程序也被很多性侵犯研究专家推荐。

①大学校园内所有群体，包括教职员工、行政人员、职工和学生，都有责任去处理性侵犯问题，也应该代表政策发展的程序。一旦政策和程序就位，高等院校应该确保这些政策和程序可以广泛使用。

②在政策发展早期阶段，高等院校需要决定法则、定义、法规、报告要求和适合当地刑事司法体系的性侵犯惩罚方式。更宽泛地说，因为校园性侵犯案件可能会向校外当局报告，也可能会发生在校外，所以，高等院校宜与校外处理性侵犯案件的政策、提供卫生保健的部门和提供社区服务的部门相协调。建立和维持一项不断发展的网络，帮助协调校内政策和校外法律执行机关，以便进行重要的咨询活动、治疗、转诊、保存记录、调查、裁决，和向《珍妮·克勒利法》报告。

③政策和程序必须清晰、可读并精确，必须在校园群体内广泛告知，并使所有成员可读。材料必须包括性侵犯、强奸及其他类型的性暴力的描述性的、可操作的定义，解释为什么这些行为违反了可接受行为的标准，并在有些案件中构成犯罪。潜在的校园犯罪惩罚政策及程序同样需要清晰、明了。

④报告性侵犯案件的指南应该清晰、明了，包括名字、题目和联系方式。应该表明何时和何地报告了案件，提交申述或是提出控告。政策应该鼓励受害者主动向学校主管部门和校外执法机构报案，通常应该指明按什么程序去做，报告的目的是什么。程序应该清晰、明了。政策应当包括官方说明的禁止向报案人进行报复，并特别制定出针对威胁和试图性侵犯的规训手段。

⑤性侵犯的报告是准确保存记录及阻止重复侵犯的关键，因此，案件的汇报必须尽可能地容易。例如，直接报告名字、保密报告或匿名报告。有些大学可以提供第三方报告，有些大学已经发展出无须重复计算的、从各种资源渠道中心整理案件报告的系统。心理健康和宗教顾问清楚地被排除在《珍妮·克勒利法》报告之外，但立法机关鼓励高等院校建立保密和匿名报告程序，这是有些顾问为客户推荐的。

⑥理想的状况下，一个单独的部门或个人可以担负起监管和协调各个部门的性侵犯管理责任的重担。这个部门或个人应该有过相关经验，具有一定的权威性，且资源丰富。这些职责包括：对案件报告做出反应；在办公室和机构间协调交流和保存记录；通过材料和训练在校园内传播必要信息；确保受害人可以获得及时的治疗以及事后所需的一切事物；为分类和计算时间制定程序；尽可能综合和准确地向《珍妮·克勒利法》统计机构进行报告。办公室或个人的名称和联系方式应当尽可能广而告之，任何时间最好都有一个联系人。

⑦大学校园内的政策和程序应当通过多种传媒渠道公布，包括图书、手册、海报、广播和录像制品以及网络。同样，所有的信息都应当包括学校有关部门的名称和联系方式，还包括校外相关执法机构的联系方式。联系方式都需要向相关的大学、社区和在线资源(例如，乘车服务、本地信息系统、紧急电话号码中心、强奸热线和微博报警等)公布。有些大学会在大学建筑物外粘贴紧急信息。

⑧预防计划要求有些学校针对所有进入学校和转学的学生，旨在为"前摄地终止性暴力"而工作。这通常需要训练同辈教育者，例如，计划可能会聚焦于健康的两性关系、同意的含义、旁观者组织的策略。工会和训练部门应该充当起校园教育的继续教育者角色。

⑨生理和电子的预防及保护措施。包括增加校园内的照明设施，整理植被，训练学生和校园安全员巡逻，刷卡进入学生住宿区，由校园警察向学生、教职工进行安全演讲，广泛出版及发放校园安全手册。

⑩虽然教育和预防性侵犯的作用通常是帮助保护妇女的，但大学也需要帮助

男性，因为男性也可能会成为受害人。有些是为男性团体（如男性运动员、兄弟会、后备军官训练项目等）制订的最有效的预防和防止计划，这些计划探索了人们可以为阻止对男性的性犯罪而做些什么。例如，当一名男同学看起来似乎犯有性侵犯罪行时，加利福尼亚州大学圣克鲁兹分校为旁观者设计了识别性侵犯行为并进行阻止的策略。

⑪最新的教育项目对"旁观者"来说，似乎有些随意或不太可能获得成功。事实上，这种项目是针对青少年或同龄的潜在的犯罪者和受害人而言的，因此可能会为大学校园提供绝佳的教育机会，并对整体校园文化有所影响。

⑫虽然《声明》中学生是关注对象，但校园性侵犯政策最终应当照顾到整个校园内所有的人。

3. 教职工的职责

前述的大都是在校园范围内管理性侵犯行为，教职工在保护学生权利和自由方面的职责也各不相同，且值得进一步探讨。顾问、教师和指导者既是学生生活中最值得信任的成人，也是学生最有可能在受到侵犯之后透露秘密的那个人。教职工同样可能会是第一个察觉学生因为受到性侵犯而导致行为变化的成人。教职工也因此可能会发现自己处于报告性侵犯案件的"第一反映人"地位，部分也是由于他们是最不可能获得性侵犯信息的那类人，但是会对案件进行报告。

报告的问题是很重要的。《珍妮·克勒利法》要求大学校园犯罪数据从"校园政策或安全、地方执法和学校司法事务处之类，对学生和校园活动负重要责任的部门和办公室"收集。法案并不希望教职工被训练为调查者，也不希望被某个机构排除在特殊的环境之外，只是希望正常地作为遵循命令的事件报告人，同时，教职工可以提供其他重要的支持和帮助。

①教职工可以倾听学生揭露秘密，并向他们推荐一个更有经验的校园官员和服务人员。很明显，教职工掌握的关于可利用的服务的质量和追踪资源越多，则可提供和推荐的建议也就越多。

②教职工可以清楚地表明他们认真对待事件，并帮助学生区分怀疑和疑惑。

③教职工可以考虑是否采取立即的行动，例如，可能需要或必需的医学看护。

④教职工可以描述校园政策、程序和选择报告，督促学生提交报告（但做最终决定的始终是学生），陪伴学生采取任何行动。

⑤教职工可以帮助学生思考当下和长远的行为。例如，立即采集医学证据；如果可能，做出进一步的报告；为校园管理当局的侦查提供帮助。

⑥教职工具备司法原则和正当程序的知识可以更好地帮助政策发展，并审查何种程序能够最好地保护受害人，确保逮捕犯罪嫌疑人的正当程序。他们同样可以建议和支持学生活动组织为更强有力地应对性侵犯问题向学校施压。

>> 第四节　美国职业教育报告：《为美国未来投资：职业技术教育转变的蓝图》解析 <<

《为美国未来投资：职业技术教育转变的蓝图》(*Investing in America's Future：A Blueprint for Transforming Career and Technical Education*)[①] 是美国联邦教育部对既有的《2006 年铂金斯职业技术教育法案》(*Carl D. Perkins Career and Technical Education Act of 2006*，简称《铂金斯法案》)进行重大修订的提议。该提议集中体现了美国对职业技术教育转型的期待，主要涉及当前美国职业技术教育改革的背景、核心原则、具体内容等，反映了美国经济发展对于职业技术教育的要求，同时也体现了美国对教育公平及教育质量价值取向的追求。

一、《为美国未来投资：职业技术教育转变的蓝图》的发布背景及原因

在 2012 年的国情咨文里，美国总统奥巴马提出了基业长青的经济蓝图，即美国经济要建立在美国制造业、能源、美国工人的技术及美国价值观复兴的基础之上。奥巴马认为教育是建立这样一种经济的基石。在当今社会，中学后教育和训练是适应新经济环境下的工作的先决条件。在增长最快的 30 个职业中，有 2/3 都要求雇员接受过中学后教育或训练。同样条件下的大学毕业生获得的薪水要比仅具有高中文凭的工作者获得的薪水高 2 倍，因此，中学后教育和训练已然成为进入中产阶级并获得更多财富的最清晰路径，也是重建美国经济、确保美国明朗未来的关键因素。为了完成上述目标，奥巴马总统为美国设立了一个新目标，即要在 2020 年再次成为世界上拥有大学毕业生比例最高的国家。这一计划也要求每一个美国人接受至少一年的高等教育或中学后训练。因此，政府必须保证为美国每一个高中毕业生或同等学力的人做好进入大学并获得成功职业生涯的准备。同时，政府还必须保证更多的人能够接受并完成中学后教育和训练，从而能够获得行业证书或许可证，以及高等教育学历或学位。

然而，美国的教育和训练系统对很多学生和商业机构来说都是失败的。在高等教育领域，美国正在被其他国家迎头赶上。尽管在世界年轻人入学比例排名中，美国排在第 9 位，但是在世界各国为 25～34 岁的成年人授予证书或学位的

---

① United States Department of Education Office of Vocational and Adult Education. Investing in America's Future：A Blueprint for Transforming Career and Technical Education [EB/OL]. http：//www2. ed. gov/about/offices/list/ovae/pi/cte/transforming-career-technical-education. pdf，2013-04-08.

比例中，美国仅排第 16 位，落后于韩国、加拿大、日本等国。另外，美国教育还面临着成就差距的问题。例如，来自富裕家庭的高中毕业生几乎都会继续接受高等教育，然而，只有半数来自最贫困家庭的高中毕业生能够进入大学；50％以上的大学生能够在 6 年内毕业，而来自低收入家庭的大学生的学业完成率只有约25％。这种不平等正在加剧美国日益增长的收入鸿沟。即使当今美国的失业率正在逐渐下降，但失业率仍然较高。很多商业报告指出，他们没有能力为技术工人提供如医疗保险、技术工艺、高级制造技术等方面的资助。因此，从各个方面加强美国教育系统并提供高质量的职业培训机会，对于国家经济的繁荣发展来说十分必要。

在这一过程中，职业技术教育的转变极为重要。职业技术教育可以看作对美国未来发展的"重要投资"。它可以为学生提供小学初步就业知识教育的机会，也可以通过中学后的教育和训练为学生提供必要的学术、技术知识，以及与工作相关的技术。而雇主也会将职业技术教育视为培养公司所需要的技术人才的重要途径。有效且高质量的职业技术教育不仅要为学生做好进入大学、求职的准备，而且要满足雇主的需要。一方面，这样的教育会为学生提供融合了学术、技术知识和强大的就业技能的课程；另一方面，职业技术教育还会为学生提供在工作中学习的机会，使学生能够将他们所学到的知识和现实生活中的职业场景联系起来。接受职业技术教育的学生在毕业时可以获得行业证书或许可证和中学后文凭或学位，而雇主可以据此对他们进行雇用和提拔。对这些学生的定位，则是将他们培养成国家下一代的领导者和企业家。同时，他们可以根据自己的教育和职业需要，选择更高水平的学校教育和训练。

然而，无论是学生、家长还是教师、雇主，都知道在当今社会可供选择的高质量的职业技术教育十分少。因此，《铂金斯法案》提出了美国职业技术教育的一些变化，如联邦资助的变化等。这些变化有助于提升学生的学习体验，但对于系统培养在 21 世纪的全球经济中具有竞争力的学生远远不够。而联邦提出的这一蓝图是对《铂金斯法案》进行的修订，这一修订将会使美国的职业技术教育转变为严格、相关性强、结果导向型的教育。

二、《为美国未来投资：职业技术教育转变的蓝图》的修订原则

《为美国未来投资：职业技术教育转变的蓝图》中提出的对《铂金斯法案》的修订，主要依据四个核心原则，即一致性原则、合作原则、问责原则、创新原则。

1. 一致性原则

高质量的职业技术教育与劳动力市场需求保持一致，以使学生能够具备 21

世纪必需的技能，为他们在高薪行业获得紧俏职位做好准备。

2. 合作原则

中学教育要与高等教育机构、雇主、产业合作伙伴等建立强而有力的合作关系，从而促进职业技术教育质量的提升。

3. 问责原则

职业技术教育要对所有学生负责，并且有责任提高学生的学术产出，培养学生的技术和就业技能。对学生的学业成就评估要建立在共同的定义和清晰的衡量标准之上。

4. 创新原则

国家政策越来越强调创新，因此也支持职业技术教育在实施过程中重视创新。

美国政府的这一蓝图反映出美国对于提高教育公平和质量的努力，他们保证让更多的学生能够接受高质量的职业技术教育。促使美国政府做出这一保证的原因是，在美国每天都有女人、非白人学生、低收入家庭的学生、残疾学生在中学教育或中学后职业技术教育中受到不公平对待，这违反了国家对于教育公平的核心承诺。而一个国家如果不能将教育机会公平、公正地扩展到每一个人，那么它就无法在世界上占据一席之地。而这一蓝图将结合技术支持、竞争机制和结构化的奖励机制，以确保让更多不同背景的学生能够接受高质量的职业技术教育。

三、《为美国未来投资：职业技术教育转变的蓝图》中有关《铂金斯法案》的具体修订内容

(一)保持职业技术教育与劳动力市场需求的高度一致性

职业技术教育的教学内容要与劳动力市场的需要有效结合起来。为了构建高质量的职业技术教育，各州和各地方领导者应当与雇主通力合作，以确保职业技术教育能够满足劳动力市场的需要。《为美国未来投资：职业技术教育转变的蓝图》为职业技术教育发展做出了明确的定位，即严谨、相关性强且结果导向性。各州要求劳动力和经济发展机构明确地方职业技术教育应该关注的重点，例如，一些热门职业和快速增长的行业。

1. 职业技术教育的定位：严谨、相关性强、结果导向性

高质量的职业技术教育要为学生提供严谨而综合的大学预备教育和职业准备教育。《为美国未来投资：职业技术教育转变的蓝图》明确规定职业技术教育必须为学生提供衔接了中学教育和高等教育且包含最新知识的结构化课程，为学生颁发行业证书、许可证或高等教育学历及学位，确保毕业生在完成职业技术教育之后可以在快速增长的行业谋得职位。

虽然职业技术教育在全国范围内有不同的实施方式，但政府希望各地教育可以包含某些共同的核心特征。中学教师也应当与大学教职人员开展合作，共同教授一些完整的学术、职业和技术内容，确保学生能够更好地理解教学内容，并且能够与现实的职业场景和职业选择联系起来。地方教育主管部门、中学后教育机构、雇主三者应当展开合作，共同为学生提供在实践中学习的机会，并通过双学分或并行学分，使学生加快完成学业的速度。

职业技术教育应该使用技术手段为学生增加参与高质量学习的机会，尤其要为农村地区或偏远地区的学生提供这样的机会。以上职业技术教育的核心特征其实相当于为教育结果或人们的教育期待设置了一个较高的门槛，但政策并没有设置固定的教育或训练模式。他们赋予州和地方管理者更大的灵活性去设计当地的职业技术教育，以满足当地的劳动力市场需求，使学生获得成功的教育结果。上述特征也将鼓励州和地方领导者发展职业学院，或者提供其他有前景或已被证明有效的服务模式。

2. 州政府要发挥更加积极的作用

如果州政府不能发挥强有力的指导作用，那么美国的职业技术教育是不可能发生转变的。但是当前的《铂金斯法案》并没有要求州政府明确各地区的经济需要，也没有要求州政府在决定如何使用法案资助时排列出州、地区、地方等各级部门的优先顺序。因此，地方的教育管理者、商业和其他各行业人士、学生和他们的父母，以及其他一些关键利益相关者，无法精确确定哪些教育项目能够获得资助。

在蓝图中，联邦政府试图改变这一现状，同时赋予州政府新的权力和角色，使州政府能够明确规定哪些类型的职业技术教育可以获得资助。州政府在与劳动力和经济发展部门合作的同时，将会明确当地的职业技术教育发展的重点，即哪些是热门职业和快速增长部门。然后将相关信息传达至地方职业技术教育管理者，以确保当地的职业技术教育能够满足劳动力市场的需要，并且与区域经济发展的优先顺序保持一致。州政府也会将相关信息与学生及家长分享，使他们能够详细了解职业技术教育和职业选择。

3. 提升中学和大学教师的教学有效性

成功的职业技术教育离不开优秀的教师和教职工，是他们帮助学生获得良好的学习效果以及学业成就。在法案修订提议中，各州将会完善教职工招聘信息、教师专业发展以及职业技术教育者的评估系统，例如，通过可供选择的证书政策支持教师的职业中期专业发展，使具有才能的教师最终成为职业技术教育的教育者。在与行业协会合作的过程中，各州也要保证职业技术教育的教师能够及时更新他们的行业知识和进行有效的教学实践，以满足不同背景如英语学习者或残疾学生的需要。最后，蓝图鼓励各州将职业技术教育教师纳入已有的评估和支持体系，评估他们的有效性，使他们能够采用合适的标准不断提高教学水平。

4. 建立衔接协议，使学生加快学业完成速度

地方教育局与中学后教育机构之间的衔接协议可以让学生在高中学习阶段获得大学学分，避免学生进入大学后学习重复课程。这一协议为学生获得高等教育证书或学位节省了很多的时间与费用。可以说，蓝图从根本上改变了现有的《铂金斯法案》，要求所有申请州政府资助拨款的联盟都要为每一个获得资助的职业技术教育项目建立中等教育—高等教育衔接协议。协议希望各州领导者能够在全州范围内建立衔接协议，鼓励相关政策能够最大化给予已经完成学徒教育的学生学分，并提供以行业为基础的训练。假如这一政策能够成功实施，那么学生就能通过衔接协议获得双重学分或并行学分，从而更快获得各行业认可的证书或许可证或高等教育学历证书或学位。这也意味着学生在加快完成学业的同时，可以仅用相当少的债务去实现优质的职业目标。

5. 要为学生提供终身职业生涯所需要的技能，而不是为某个职位进行专门训练

职业技术教育要引导学生获得相关的知识和技能，从而能够在大学、职业生涯、公民生活中获得成功。这便要求接受职业技术教育的学生不仅掌握所有学生必备的核心学术内容，还要掌握某些特定职业所需的特定知识。其中包括学习和实践一系列的就业技能，例如，在不同团队协同合作的能力，开展有效交流、批判性思考的能力，解决问题、发现和分析信息的能力，提出有挑战性的问题、适应变化的能力，以上能力都可以使个体在不同特殊领域更符合雇用资格。这些就业技能，或者说所谓 21 世纪技能，都是可迁移技能，拥有这些技能便可以获得在某个职业或领域的职业生涯的成功。这些技能对于公民生活来说也十分重要，因为具备这些技能便能更加理解和处理好社区中的紧迫的公共问题。而蓝图也希望职业技术教育能够为学生提供机会发展以上必备技能，从而为学生接受高等教育和训练，获得较好职业，以及积极参与公民生活做好准备。

(二)建立强大的合作和伙伴关系

中学、大学、雇主、各行业还有其他一些合作伙伴之间建立强有力的合作关系，对于构建高质量的职业技术教育十分重要，而他们也会从中受益。职业技术教育所包含的学术、职业、技术内容等都会与劳动力市场所需的技术更加相关，也更加严谨。一方面，学生可以通过在高中、在学徒实习过程中或在某行业培训过程中完成某些大学课程而获得学分；另一方面，学生也会获得大学入学的相关要求的信息，并且可以顺利接受高等教育。强有力的合作关系可以促进一些资源如某些设备设施的合理购买和有效应用。此外，这些合作关系也会增加一些具有挑战性的在工作中学习的机会，从而为学生在毕业时获得行业认可的证书或中学后教育证书、学位做好准备，也能够为学生在快速增加的工业部门谋得热门职业

而做好准备。蓝图认可了上述优势，并通过两种重要途径来建立合作关系：一是蓝图将只允许当地教育局的合作单位、高等教育机构和他们的合作伙伴申请州政府的《铂金斯法案》资助；二是蓝图将要求各州满足匹配要求，即要争取到私营部门的资源才能够获得法案资助。

1. 通过联盟开展合作

当前的《铂金斯法案》为当地教育局和高等教育机构提供的资助是分开的，而分散的资金不利于合作，也不利于学生从中学教育系统进入大学系统。政府的法案修订协议将会终止这一资助方式。

联盟合作可以是基于地理学的，也可以是基于某些部门的，或者是基于其他方面的考虑而合作。但是联盟合作的最低要求是，联盟必须包括至少一个为低收入家庭的学生提供服务的当地教育部门和可以颁发两年制学院学位的高等教育机构。而联盟中的其他合作伙伴则可以是雇主、行业协会、劳工组织、公立和私立劳动力实体、企业团体或者其他一些机构，包括在经济发展过程中发挥重要作用的研究型大学、传统黑人学院和大学或其他一些少数民族高校等。

2. 设置匹配条件，加强雇主、产业及劳动力之间的合作关系

在目前的职业技术教育中，最了解当前、近期和未来劳动力市场需求的一批人如雇主、各产业和劳动合作伙伴等，却没有足够的机会参与设计和实施职业技术教育。这一问题的出现主要是由当前的法案导致的，因为当前的法案并没有为私营部门的积极参与做出规定。这也导致当前各主体参与职业技术教育的程度和职业技术教育本身的发展，无法与当前或未来快速增长部门中出现的热门职业保持一致。

而蓝图会重视这一问题，并设立一个匹配要求，各州只有在达到这一要求时才能获得法案资助。各州可以提供现金或实物类资源，如设备、培训器材、创业启动资金或技术评估等来满足这一要求，而蓝图也将极大地促进联盟中关键利益相关者之间的合作关系。

(三)建立基于清晰标准之上的问责制和激励制度

如果想要有效扭转职业技术教育现状，首先，要合理分配《铂金斯法案》的资金，以确保投入的资金能够获得学生要求的结果。其次，州政府应该加强问责系统，通过收集、分析数据来监督职业技术教育的资金使用情况，例如，学生是否获得了所要求的结果，是否缩小了不同背景的学生之间受教育程度与就业情况的不平等差异等。最后，法案应该设置激励机制，以奖励当地的成功职业技术教育机构。

对当前法案改革最大胆的一点是，蓝图将会要求各州通过州内竞争的方式为当地职业技术教育各合作者分配法案资金。竞争方式将会采用一致的参与和绩效指标，以绩效为基础，向教育成果突出的当地教育机构颁发资助资金。而"教育成果突出"不仅包括培养出优秀的学生，而且包括成功缩小不同背景学生之间的受教育程度和学业表现差距。

1. 建立州内竞争体系

当前法案要求各州通过公式拨款的方式将资金分配至当地教育机构。相比之下，蓝图将引入竞争方式作为在州内发放资助的基本方式。这一方式将赋予各州政府更大的自主权和灵活性，使州政府能够严格发放资助资金，并且能够依据当地经济增长情况决定资助的优先顺序，以满足当地劳动力市场的需求。在新的分配方式之下，地方教育合作联盟的成员将着重发展与各州认可的快速增长部门和热门职业相一致的职业技术教育项目。而州政府将会为提供高质量职业技术教育的合作联盟成员提供资助。合作联盟的成员需要证明自身具备为不同背景的所有学生提供这样的教育的能力。

从公式拨款到州内竞争方式的转变，标志着《铂金斯法案》资金分配的重要变化。为了确保这一变化的顺利过渡，蓝图将会要求各州提供适当的前期技术援助，以确保各教育联盟成员都能公平获得资助。

2. 对提高学生学业成就和弥合公平差距等指标进行定义

当前法案允许各州分别设置学生接受教育程度和学业成就的指标，但是这些指标之间的不一致性和不兼容性阻碍了对学生和教育成就进行客观、有效的分析和检验。蓝图则要求各州使用通用定义来设置各项指标。对于绩效指标的定义则要与各联邦法案保持一致，例如，《初等和中等教育法》(*Elementary and Secondary Education Act*)、《劳动力投资法案》(*Workforce Investment Act*)和《高等教育法》(*Higher Education Act*)等。另外，蓝图还要求各州把职业技术教育相关数据纳入他们的纵向数据系统。

蓝图要求各州和当地教育合作联盟共同分析教育数据，以确定中小学内不同背景学生之间的受教育程度和学业成就差距(不同背景即性别、种族、社会经济地位、残疾与否、英文水平等)。各州和地方教育合作联盟也要通过发展改进计划来弥合学生受教育程度和学业成就等方面的现有差距。

为学生受教育程度和学业成就指标设置通用定义，将会使职业技术教育者、研究者和其他关键利益相关者能够对接受职业技术教育的学生学业成就在第一时间进行比较和分析。而分析出的客观、有效且可以验证的纵向数据将有利于监控和分析学生学业成就，缩小不同学生群体之间的受教育程度、教育所得和就业水平等方面的差距。联邦和各州领导者在掌握相关数据之后，将能够更加准确地对各地方的职业技术教育、教师和管理者进行定位并给予支持。

3. 对表现优异的教育项目给予奖励

各州可以根据上述改进过的学生受教育程度和学业成就数据对表现优异的教育项目给予奖励，并且在需要时给予薄弱项目以技术援助和支持，确保所有学生都能获得公平的机会接受职业技术教育。一旦数据系统显示出达到新的通用指标的要求，各州就要使用州内以绩效为基础的资金，对达标的有效教育项目进行奖励。为了获得州内奖励，各地方教育合作联盟必须满足州政府所设置的一些标准，其中包括提高学生学业成就，成功缩小不同背景学生之间的受教育程度和学业成就差距等。

这一结构化的奖励和目标干预系统使各州能够以自己的方式发展和实施职业技术教育，满足当地的经济发展和社区需要。而地方领导者也将更有经济动力去设立更好的职业技术教育项目，产生更好和更加公平的学生学业成就，这也标志着职业技术教育正在发生以结果为导向的系统转变和提升。

（四）为地方职业技术教育的实施和创新提供支持

美国要培养具有竞争力的劳动力，取决于教育者和领导者是否且能在何种程度上提出创新的解决方案，并为所有学生都做好进入大学和工作的准备。当今社会已有职位、正在出现的新职位以及新技术的快速发展，都要求职业技术教育呈现新的教育模式、课程策略以及教学方法。同时，如果不能将新的模式、策略和方法加以验证和推广，仅仅靠地方部门支持，并不足以带动职业技术教育的这一巨大变革。州一级的改革也应当与地方的改革一致推进，为创新能力的培养和维持创造必要条件，从而培养学生获得积极的学业成就。

作为职业技术教育转型过程中的关键一环，联邦提出各州应当满足新的条件，方可接受分配的公式补助。联邦政府还提出设立一个竞争性的"职业技术教育创新和转型基金"（Career and Technical Education Innovation and Transformation Fund）。该基金由美国教育部管理，以激励地方的创新发展和州一级的支持性制度改革。该基金将占到《铂金斯法案》总资金的 10% 左右。

1. 为州一级政府设立相关条件，以促进创新

蓝图强调了州一级政府在支持职业技术教育发展和系统改革过程中的重要角色。当前法案中仅仅设置了对州一级的最小期待值，而蓝图将提高这一期待值，并要求州一级政府达到某些条件之后才能获得州的公式补助。满足这些条件，意味着州政府已经准备好或已经对当地的职业技术教育进行转型，并且保证为所有学生接受更进一步的教育和进入职场做好准备。促进创新的相关条件中应该包括将职业技术教育数据归入州一级的纵向数据系统，允许学生通过严格的职业技术教育课程获得学术学分，提升职业咨询系统，减少职业技术教育转型过程中的州级政策障碍等。在各州获得联邦资金之前，蓝图要求他们首先致力于为所有学生提高职业技术教育水平。

2. 增强资源的竞争性，促进地方创新

职业技术教育长期以来都被认为与创新绝缘，而联邦、各州还有地方领导者也没有严格地评估过创新方案的有效性，更没有对创新方案进行扩展和衡量以满

足美国人的需要。蓝图将在地方一级增设促进创新的基础设施，并且扩大实践基础，加大政府干预力度，促进职业技术教育的不断发展与提升。由于当前法案没有为联邦领导者提供机制以促进地方创新，因此，蓝图将使用创新和转型基金，支持职业技术教育开展实证基础的实践，并不断测试新的教学方法。基于此，职业技术教育创新和转型基金将会有助于检测职业技术教育实践及策略，并扩展已经得到验证的教学方法的使用范围。

蓝图要求基金申请者提交促进职业技术教育创新的方案，并建立一个竞争性的、高效的、知识渊博的劳动力蓄水池，以解决美国当前面临的最紧迫的问题。美国教育部部长有权给予部分申请者优先特权，尤其是通过创新重点解决特定需要的申请者或建立在现有资产和能力之上的申请者，例如，能为学生进入科学、技术、工程和数学领域并取得成功做好准备的项目申请者，支持以低技能的成年人为目标的创新项目申请者，为农村地区学生提供服务的项目申请者等。另外，职业技术教育创新和转型基金也将支持"为成功项目付费"（Pay-for-Success Projects），并给予在职业技术教育中取得物有所值结果的私立的非营利或营利性实体奖励。

3. 增强资源的竞争性，驱动各州开展系统改革

为了进一步刺激职业技术教育的高效发展，蓝图将允许美国教育部部长利用部分职业技术教育创新和转型基金来实施旨在增加职业技术教育机会，扩大州级投资和促进教育绩效与成果的政策与项目。例如，各州可以申请基金，在地区职业技术教育中心为成年人提供技能训练；也可以申请基金用于为农村或偏远社区的人提供远程网络培训，从而增加职业技术教育机会。另外，各州也可以将基金用于由劳动力开发系统为接受职业技术教育的学生提供的职业指导或咨询服务。简言之，职业技术教育创新和转型基金只能用于各州为职业技术教育创新而开展的改革项目。

四、结语

一致性原则、合作原则、问责原则和创新原则，是蓝图为加强美国职业技术教育而开展改革的基础。它们将共同开启职业技术教育的新时代，并且将公平地为来自不同背景或环境的所有学生提供严格的、相关性强且结果导向性的职业技术教育系统。这一高质量的职业技术教育将使学生具备劳动者的高技能。

接受职业技术教育的学生会更加有动力去学习，因为社会不断发展，技能也在不断变化，他们便要不断学习新技能，接受挑战。他们在完成学业之后，也会获得雇主据以做出雇用或提升决定的行业证书、许可证或高等教育学历或学位。随着时间的推移，接受职业技术教育的学生会创造更多财富，同时他们也被定位

为美国下一代的领导人和企业家。而雇主和各行业也强烈希望参与职业技术教育的发展，因为他们需要为自己的公司填充合适的职员。法案修订之后，他们将有机会雇用到高技能的工人，为他们的企业做出直接贡献。

综上，受教育的公民、具有技能的工人、具有竞争力的商业、繁荣的工业等，都将是美国经济得以持续发展的重要因素。美国对职业技术教育的重视也为中国职业技术教育的发展提供了借鉴，只有当国家自上而下足够重视这一教育，才能推动教育发展，并为经济增长做出长远贡献。

第三章 英国教育政策与发展趋势

>> 第一节 基础教育政策 <<

在基础教育方面，2012 年英国教育部出台的《学校拨款改革：迈向更加公平的系统》(*School Funding Reform：Next Steps Towards A Fairer System*)及相关文件格外引人注目。基础教育的均衡发展有赖于资源配置的均衡化，此项政策围绕学校经费拨款制度进行改革，提出了"高需求学校"这一概念，并对这类学校在拨款上给予倾斜。确定高需求学校的主要标准是看一个学校高需求学生的类型和数量以及其他因素，政策为此制定了详细的标准和拨款公式。改革的指导思想是促进教育公平，通过拨款机制缩小学校之间在资源上的差距，进而为好学校和高需求学校的发展提供更多的支持。

英国拨款政策的改革主要针对以下问题而提出：①目前国家拨款分配制度不够透明和公平。②条件相当的学校之间经费有很大差异，拨款存在地区和学校之间的差异。③目前允许地方政府在分配经费上具有较大的灵活性，导致非常复杂的地方拨款公式。由地方教育当局负责的学校拨款方式十分复杂，要考虑上百种不同因素，而这些因素与学生的需求关系不大。④拨款方式过于复杂，以至于学校不明白拨款项目的原因和目的，不能刺激效率和创新。

改革的目的是使拨款更加统一、简化，标准清晰、明了，拨款以学生的需求为主导，有利于缩小学校之间的差距，促进好学校和高需求学校的发展，确保经费用于学校、到达学校，最大限度地将经费用于学校和学生上。

一、拨款方式：更加统一、简化

针对上述问题，此次拨款改革要建立一个更加简单、一致、透明的拨款系统。制定全国性的拨款公式，使拨款在全国范围内都是公平的，使学校可以更早地知道预算。这个系统应该是这样的：①维持地方政府对经费的决定权。②确保尽可能多的经费可以到达学校。③在学校和学院之间的相应拨款安排方面保持一致。④使学校领导了解所属机构获得拨款的依据。⑤支持学生的需要。⑥能够更加适应学生人数和家长的需求。

根据《学校拨款改革：迈向更加公平的系统》的规定，2013—2014 学年，地方教育当局继续获得国家拨款（Dedicated School Grant，DSG），拨款数额与2012—2013 年度相同，但可能有些调整。从 2013—2014 学年，学校拨款（Dedicated Schools Grant，简称 DSG）将原则上分为三个板块：学校板块（Schools Block）、早期教育板块（Early Years Block）、高需求板块（High Needs Block）。这些板块不会被完全分开来，地方政府可以根据在 2012—2013 学年的支出计划来分配经费。学校板块的拨款金额将基于 10 月份的学生人数，这就预示着学校要提早制定学校预算。

这些改变将带来许多好处。

①大大简化地方拨款公式，意味着学校将以一种更加一致和透明的方式接受资助。校长和学校主管将会更加容易明白他们的预算是如何制定的，将更加有效地满足家长的需求。

②加强当地政府的决策透明度，将有助于为当地的儿童做出更加公平的抉择。

③限制用于拨款的参考因素，这意味着拨款可以更多地关注需要帮助的学生，而不是对学生获得资助影响很小或没有影响的参考因素。

④将给校长和学校主管更多的关于如何使用拨款的选择，确保他们能为学生做出更好的决策。

⑤简化后的地方拨款方式一旦产生，学校、学园和教育拨款局（The Education Funding Agency，简称 EFA）的行政负担将会减少，因为拨款过程将更加简单。

⑥地方拨款公式的更加透明化，将促使 EFA 更有效地资助学园。学园将与学校在同样的财政年度基础上被资助。

⑦DSG 分为三个拨款板块，使得地方政府可以更迅速地通知学校做出其预算，而对学园的拨款也在一个更可比和更公平的基础上进行。

⑧以早期教育的拨款板块、高需求拨款板块和学生实际支出为基础，向地方教育当局及其他机构提供一个比较确定的支出水平，将给予地方当局关于拨款的更大的确定性，减少为意外事件储备资金的需要。

⑨关于高需求学生的新的拨款公式将有更高的透明度和更多选择，鼓励高质量的服务，意味着拨款关注学生的需求。这个系统将融合 16 岁之前和 16 岁之后的学生资助，将为高需求学生的资助创造一个可持续的、长期的受资助基础。

二、拨款原则

此次教育拨款制度改革的目标和原则是：①有利于好学校更好地发展和扩大规模，让更多的学生获益。②拨款要遵循学生的需求，需要额外帮助的学生也能获得额外的资助。③学校明了如何计算他们的经费预算。④制定一个体现透明、一致、公平原则的全国性的拨款模式。新的拨款原则和标准结合各学校的总体情况，致力于满足学生需要，以学生的需要为基础，与"贫困儿童补助"(Pupil Premium)共同运作，确保公平，为每位同等层次的学生提供数额相当的经费。另外，通过公布学校所获得的拨款数额以及如何使用这些拨款来提高经费系统的透明度。政府将引进一套明确、灵活和更加公平的国家拨款分配标准。

三、学校部分的拨款公式因子：以学生为导向的拨款

本着将学校部分的拨款尽量下放给公立学校的原则，拨款公式要在简化、透明与回应真正的需求之间寻找平衡。新的改革认为拨款的绝大部分应该是以学生的需求为驱动的，而不是以学校的历史因素、组织和校舍因素为驱动的。学生驱动的拨款应该是一个动态和回应性的、促进质量提高的系统，而不是支持失败的学校或按照某些学校的意向决定拨款水平。为了简化拨款公式，改革将从 37 个因子减少到 10 个因子。这 10 个因子的大多数是与学生有关的。只有那些与提高成绩有关的和重要的、无法避免的成本因子才能成为公式因子。

教育拨款局在 2013 年 7 月发布了《2014—2015 年度收入资金安排：地方教育当局操作信息》。该报告对地方教育当局如何安排拨款资金做了详尽的说明，地方教育当局要确保 80% 的拨款按照以学生为导向的因素拨给学校。表 3-1 是在拨款公式中应考虑的 13 个因素。

表 3-1　拨款公式中的 13 个考虑因素

序号	因素	说明
1	每个学生的基本权利（强制性因素）	小学阶段学生、第三关键学段和第四关键学段的学生分别有单独的经费标准；对小学生的资助不得少于 2 万英镑，对第三关键学段、第四关键学段学生的资助不得少于 3 万英镑
2	处境不利儿童数（强制性因素）	免费学校午餐学生数和低收入家庭儿童指数(Income Deprivation Affecting Children Index，简称 IDACI)
3	前测成绩（Prior Attainment）	小学生在早期基础阶段(Early Years Foundation Stage Profile，简称 EYFSP)没有获得良好的发展水平，中学生在第二关键学段的英语和数学课程上未达到 L4 水平
4	被照顾儿童	依据被社会服务机构看护儿童的数量获取拨款
5	英语作为附加语言 (English as an Additional Language，EAL)	对将英语视为附加语言的孩子来说，当按照法定年龄进入学校系统之后，他们申请资助最多可达 3 年。为中小学生设置单独的单位值
6	学生流动性	这部分拨款经费只针对学生流动率高于 10% 的学校

序号	因素	说明
7	学校距离	离学生第二个最近学校的平均距离超过 2 英里①（小学）或者 3 英里（中学）的学校可以获得"稀疏系数"拨款。稀疏系数的最大值是每所学校 10 万英镑（包括外围地区）
8	一揽子拨款	如果使用一揽子拨款的话，要适用于所有学校，这个数额对于小学和中学来说可以有所不同，上限为 175 000 英镑（包括边缘地区）
9	分校区（Split Sites）	拨款必须基于客观标准，包括对校区的定义和数额
10	日常开销价格	这必须基于官方机构对于实际成本的估算，如有调整，须在下一个资助期内得到反映
11	私人融资计划（Private Finance Initiative，简称 PFI）合同	拨款必须基于客观标准，可以适用于地方教育当局区域内的任何学院
12	伦敦边缘	这个因素仅仅适用于 5 个地方教育当局（白金汉郡、埃塞克斯郡、赫特福德郡、肯特郡、西苏塞克斯郡）的学校位于伦敦边缘地区。这个因素使受影响的学校教师工资有所升高
13	16 岁以后	继续提高 16 岁以后学生的人均拨款数额，达到地方教育当局在 2013—2014 年的水平

注：1 英里约合 1.61 千米。

拨款主要依据学生基本权利、处境不利儿童数、前测成绩、被照顾儿童、英语作为附加语言和学生流动性等因素分配给学校。相关政策对每一个因素做出了详细说明。地方教育当局要确保 80％ 的经费按照上述以学生为导向的因素拨给学校。

此外，还可以根据一些特殊因素提出拨款请求。地方教育当局可以根据特殊情况，在他们所实行的公式中要求包含额外的有关校舍方面的因素。这些因素包括：租金；根据合同协定共同使用娱乐实施；未来学校建设计划；维修费用；体育器材的租赁；作为文物保护对象而登记入册的建筑物；包含农场的学校作为教育设施的一部分。

四、高需求学校的拨款

高需求拨款系统的目的是为有特殊教育需要的儿童、有学习障碍或是残疾的儿童和学生提供持续性的支持，支持从他们早期教育开始直到 25 岁。它是有目的地为适合每个人的教育计划提供支持，考虑父母和学生的选择，避免不正当的动机。它支持为不能在学校接受教育的学生提供好的质量的教育替代方式。地方教育当局要成为为所有有特殊教育需求、学习障碍和残疾的学生和青年提供服务的核心力量，政府旨在促进地方教育当局之间更好地合作。

基础教育均衡发展的关键是教育资源的均衡配置，但长期以来，中国学校拨款政策存在仅利于优质学校发展，不利于高需求学校发展的问题。英国在学校拨款方面的改革和做法，对于中国目前推行的义务教育均衡发展改革，特别是资源分配的均衡发展具有重要的借鉴意义。

>> 第二节　高等教育政策：基于风险的评估 <<

英国高等教育质量保障体系在世界上享有盛誉。英国政府较早地建立了高等教育质量保障体系，并不断加以完善和改进。与英国其他非政府机构不同，高等教育质量保障署（Quality Assurance Agency，简称 QAA）是为数不多的负责整个英格兰、威尔士、苏格兰和北爱尔兰地区全部高等教育机构质量保障的重要组织。

为贯彻落实 2011 年英国政府出台的《以学生为中心：高等教育白皮书》中有关高等教育质量保障的新要求，从 2012 年开始，英国高等教育拨款委员会（HEFCE）责成高等教育质量保障署（QAA）对院校评估（Institutional Review）的内容和形式进行改革，提出了名为"高等教育评估"（Higher Education Review）的新办法。计划将院校评估整合起来，采用"基于风险"的质量保障理念来确定评估的频率和强度。在广泛征求意见的基础上，2012 年 10 月，高等教育拨款委员会发布了《基于风险的质量保障办法》，QAA 于 2013 年 6 月发布了《高等教育评估：提供者手册》。

高等教育评估（HER）将替代"英格兰和北爱尔兰院校高等教育机构院校评估"（IRENI）和"继续教育学院高等教育评估"（RCHE）两项重要的高等教育评估工作。IRENI 主要针对英格兰和北爱尔兰地区的所有高等教育机构，RCHE 主要针对英格兰和北爱尔兰地区的所有继续教育机构。在未来，高等教育评估（HER）还将替代"北爱尔兰继续教育学院综合质量与改进评估"（IQER NI）和"教育监督评估"（REO）两项工作。可见，QAA 非常重视对不同类型评估手段的整合工作，以减轻高校的负担。

一、改革的动因

（一）《以学生为中心：高等教育白皮书》的颁布

2003 年，QAA 出台了院校审核（Institutional Audit）评估方案。院校审核的目的在于确保所有高校能够提供一定质量的高等教育，并且能够达到相应的学术标准。第一轮院校审核于 2003 年正式展开，到 2005 年正式结束。在该轮审核工作结束之后，QAA 认为有必要定期对其所辖的所有高校进行相关审核与评估工作，并暂定每六年评估一次。

在实施了将近十年之后，院校审核的弊端不断显现出来，其中最主要的问题是对高校的自主性不够尊重，加重了高校的评估负担。于是，在 2011 年，QAA 以新的高等教育质量准则《英国高等教育质量准则》(*The UK Quality Code for Higher Education*)的颁布为契机，于同年 9 月开展了新的院校评估(Institutional Review)工作。

2011 年，英国政府颁布了近年来最为重要的高等教育政策《以学生为中心：高等教育白皮书》，它确立了今后较长一段时间内英国高等教育的发展方向。在金融危机背景下，白皮书提出了进一步增加大学学费，将上限设为 9 000 英镑/年，因此，如何提升学生高等教育经验的质量成为白皮书的核心目标。以往，学生都是作为被动的受教育者，现在，学生更多的是作为主人，参与到学校发展的各项事务中去。作为高等教育质量保障的重要一环，学生的体验必然成为院校评估的重要组成部分。白皮书关于风险评估的理念和提升学生在高教评估中的作用，成为提出高教评估办法的重要政治驱动。

因此，第一轮院校评估就成为 QAA 下一步改革的过渡，其目的是为 2014 年正式实施的高等教育评估工作做准备。在院校评估实施不到两年的时间内，就要进行改革，这不但说明院校评估本身存在一些问题，而且也说明政府、QAA 和学校之间存在着博弈。在三方力量博弈之下，最终导致了"基于风险"(risk-based)评估理念指导下的高等教育评估的开展。

(二)《英国高等教育质量准则》的发布

2011 年，QAA 推出了全新的质量准则——《英国高等教育质量准则》，对英国高等教育质量体系进行规范。《英国高等教育质量准则》的体系比较复杂，分为三大部分(A、B、C)，共计 18 章。每章着重阐述一到两点，列出具体的期望，并对特点、内容和评价指标进行概述。A 部分是"设置和维持学术标准"，共有 6 章；B 部分是"保证和提升学术质量"，共有 11 章；C 部分单独为一章，即"高等教育信息提供"。

《英国高等教育质量准则》是一个参考标准，新的高等教育评估将以它作为对高校质量做出判断的主要依据，评估的内容和标准都以此准则为指导。《英国高等教育质量准则》明确了所有在英国授予学位的高等教育机构应该达到的最低要求；明确了作为质量监控者，高等教育质量保证署对高校的期望，以及社会大众对高校的期望。这些期望构成了高等教育机构在未来应该关注的重点，也成为高等教育质量保证的指导方针。

二、高等教育评估的理念和内容

(一)基于风险的评估理念与原则

英国大学有着学术自治的传统,在这一点上显得比其他任何国家都更为根深蒂固。从英国高等教育发展史上可以看出,高校自治和外部质量监控机构之间一直存在着张力。如何能够既保持高校的自主性,又能够让其质量维持在一定范围之内,一直是包括 QAA 和 HEFCE 在内的高等教育管理机构思考的问题。

减轻高校的负担,更多地依赖院校的自评,实行基于风险的高等教育质量评估模式恰恰是英国政府希望高校提升自主发展的办法之一。所谓"基于风险的质量保障",是指根据高校以往的表现和存在问题的严重程度来决定评估的频率和深度。这与基础教育领域的成比例督导类似。

2011 年 5 月,HEFCE 发布了题为《基于风险的质量保障机制》的征求意见稿,提出了根据高校以前参加 QAA 评估时建立的跟踪记录(track record),将高校归入 A 轨或者 B 轨。A 轨多为记录不良的高校,需要缩短评估周期(最短 4 年),并适当增加中期考核(mid-cycle)。B 轨高校一般具有长期的良好表现,其评估周期可以适当延长(最长至 10 年),评估频率也可以降低。这一提议在高等教育界引起了激烈讨论,许多高校对风险管理的理念表示认同,但是对分轨评估表示强烈反对。不仅如此,多数高校认为,中期考核虽然能够起到监控的作用,但无疑会增加高校的负担,有悖于减轻评估压力的初衷。这些意见都在 HEFCE 2012 年 10 月发布的反馈报告中得到回应。HEFCE 对高校的意见表示赞同,重新将基于风险的质量评估界定为应该是针对不同高校的情况进行定制式评估,取消分轨。同时,为了切实地减轻学校负担,中期考核也被取消。

2012 年 10 月,高等教育拨款委员会发布的《基于风险的质量保障办法》提出了高等教育评估的以下原则:①减少不必要的负担,达到更好的规范,使 QAA 把工作重心放在最需要的地方。②根据各机构的具体情况定制外部评估,一种适用于所有院校的模式和做法与多样化的院校是不相适应的。③继续使学生作为核心成员,充分参与到评估和改进他们高等教育经验的质量中来。④继续保证将提升和改进作为质量保障纬度的核心。⑤保证透明度,适时运用明确的标准。

(二)评估目的与要素

高等教育评估(HER)的目标围绕着四个核心要素而设定,即学术标准(academic standard)、学习质量(quality of learning opportunities)、信息(information)和提升(enhancement)。具体来说,四个核心要素的内涵如下。

①设立并保持英国高等教育学位授予的最低标准。

②提供能够使学生获得高等教育学位和学历的学习机会,使所提供的教学质

量达到《英国高等教育质量准则》的要求。

③为公众、未来学生、目前在读学生、即将完成学业的学生，以及负责学术标准和质量的人员提供恰当的、可及的和可信的信息。

④促使高校为提升自身教育质量制定有效的规划。

对于这四点，评估小组在评估结束之后，要对评估对象做出等级评判（judgments）。其中，学术标准的评判分为三级，即"达到标准"（meets UK expectations），"需要改进方能达到标准"（requires improvement to meet UK expectations），"没有达到标准"（does not meet UK expectations）。

除了对核心要素进行评估之外，高等教育评估还计划在每一学年针对某一主题进行评估，也称为主题要素（thematic element）评估。与核心要素评估广泛应用于所有高校不同的是，主题要素评估往往针对某一个特别值得进一步分析或提高的主题而进行，对象涉及部分高校或所有高校。主题会定期变化，并非所有高校的主题评估会相同。为了保证评估结果的一致性和可比性，对主题要素的考核结果不是以"评估等级"的形式给出的，而是以"评语"（commentary）的方式在评估报告中体现出来。2013—2014 学年度的主题要素评估将于 2014 年夏季正式公布，而以后学年的评估结果则统一在春季公布。

（三）评估小组、流程和方法

1. 评估小组与学生的作用

此次改革的重要内容之一是在"同行评议"（peer review）小组的选拔与构成上，特别强调学生的作用。具体内容如下。

第一，学生是高等教育评估的主要受益者，他们将成为高教评估的核心。学生在评估中的作用包括：每个评估小组中至少有一名学生成员，这名成员将全程参与评估；在评估的案头分析阶段，高校要准备学生提交给评估组的材料，作为案头分析的重要证据；在案头分析阶段，学生可以直接表达他们的意见，让评估组考虑；在评估组进驻学校阶段，学生可以参加评估组的会议；在评估结束后，学生要协助学校制订和实施行动计划。

第二，在未来，QAA 还计划邀请一些外籍评委（也有可能是外国学生）参与到评估工作中。这一点在《高等教育评估：提供者手册》的草案中作为咨询要点正式提出，但高校普遍反映此举可行性不高，因此，目前暂时会邀请一些外籍人士以观察员的身份出现。

第三，最大程度上保证评估人员的多样性。这种多样性不仅包括地域、学校类型和大小，还要反映不同的社会背景。

第四，QAA 对于评估人员的选拔有一套规范的标准，同时评估人员还必须接受 QAA 的专门培训，保证他们能够准确理解评估的目标、要求，熟悉评估的流程，理解自身的角色和任务。

参加评估工作的人员一般是通过学校提名，由 QAA 任命的，也可以由学生会提名，或者自我推荐。

在评估访问的前 40 周左右，QAA 要根据学校的办学规模和性质，决定评估小组的规模和人员构成。如表 3-2 所示，决定评估小组规模的主要因素是在读学生数。此外，如果研究生比重超过 10%，可增加 1 人；如果海外学习学生比重超过 10%，需再增加 1 人；如果合作的学位授予机构数或者学位授予机构的数量超过 5 个，而总人数尚未超过 6 人的话，可再增加 1 人。

表 3-2　评估小组规模依据

序号	在读学生总数/人		评估人员基数/人
1	<100		2
	100～999		3
	≥1000		4
	增加评估人员依据	数值	评估人员变数
2	研究生所占比重	<10%	0
		≥10%	+1
3	海外学生比重	<5%	0
		≥5%	+1
4a	合作的学位授予机构数	<5	0
		≥5	(+1)
4b	学位授予机构的数量	<5	0
		≥5	(+1)

注：(+1)表示在总人数不超过 6 人的情况下可增加 1 人。

2. 评估流程与方法

改革后的高等教育评估大致由两个阶段组成。

第一阶段是案头分析（desk-based analysis），也可视为准备阶段。参与的人员较少，主要采用高校提交的自评文件（self-evaluation document）和学生代表提交的学生报告（student submission），以及其他公开的数据，来确定实地走访的计划。

第二阶段是评估访问（review visit）阶段，由评委组成专门评估小组，到学校去实地考察各方面情况。在整个评估过程中，QAA 都会安排专员（QAA officer）负责与高校的协调工作。为了配合 QAA 专员的工作，高校需要提名 1 个联络员（facilitator）来保持 QAA、评估小组和高校之间的信息通畅。此外，为了让学生的意见表达渠道更为通畅，QAA 不仅专门撰写了学生指南，还要求每个学校必须推选 1 名首席学生代表（lead student representative）全程参与到评估工作中。

表 3-3 给出了整个评估流程。在评估走访工作正式开始前的一年左右（大约 52 周），QAA 就会向高校发出通知，并与高校协商评估的具体日程安排。在协商过后，QAA 会确定学校提交自评文件、学生报告、第一次组会和评估走访的大致日程安排。这些信息会以简报（briefing）的形式公布在 QAA 的网站上，学校可以随时查询。

表 3-3　高等教育评估的流程

工作周	具体任务
约 52 周前	①QAA 通知高校评估的时间。 ②高校开始通过在线平台获取评估信息
约 40 周前	①QAA 告知高校评估小组的规模和成员，以及协调评估的 QAA 专员的信息。 ②高校提出评估联络员（facilitator）和首席学生代表（lead student representa-tive）的人选
约 26 周前	QAA 向联络员和首席学生代表提供评估信息
16 周前	QAA 官员在高校召开预备会
12 周前	①高校向 QAA 在线上传自我评估和支持性证据。 ②首席学生代表上传学生报告。 ③评估小组开始进行案头分析
9 周前	QAA 协调官员通知高校提供其他补充性文件证据
6 周前	高校上传所要求的证据
4 周前	评估小组召开第一次会议，讨论案头分析结果，确定评估访问的所需时间和评估方案
4 周前	QAA 协调官员通知高校：评估访问所需时间；评估小组的主要调查思路；评估小组访谈的对象；其他进一步的文件证据
0 周	评估访问

在前 16 周左右，QAA 专员会召集相关人员（包括联络员、首席学生代表等）开一个评估预备会（preparatory meeting），汇报近期工作，讨论自评报告和学生报告应该涉及的内容和提供的信息。这一步非常重要，它不仅是案头分析的准备阶段，也决定了评估访问的强度。因此，在前 12 周左右，学校就必须上传自评文件和学生报告，以便评估小组进行案头分析。在此期间，评估小组可通过 QAA 专员向学校索要进一步的数据和材料。

评估访问是整个评估工作最核心和实质性的阶段，它需要评估人员直接到学校进行实地调研，通过收集第一手资料来评估学校的办学质量。在走访过程中，评估人员不仅要收集进一步的资料，还要和学校教职工、学生等进行访谈，以获得关于学校质量的真实信息。在走访过程中，联络员和首席学生代表的纽带作用非常关键。QAA 认为，联络员和首席学生代表应该在整个走访过程中和评估小组保持密切联系，至少要保证每天一会面，对关键问题进行充分的沟通和讨论。通常，在走访工作即将完成的最后一天，评估小组会召集学校高层、联络员和首席学生代表等举行一次最后会谈。这次会谈不是为了通知评估结果并进行反馈，而是给学校最后一次自我申辩的机会，以便评估小组做出最后裁定。

在完成评估走访之后，评估小组会在 2 周之内以信函的形式将评估主要结果通报给学校，同时抄送给 HEFCE、DEL 等政府职能部门。在 4 周之后，评估小组将评估报告初稿寄送学校和首席学生代表。之后 3 周内，学校和首席学生代表一起将初稿的反馈结果提交给 QAA。之后 4 周内，QAA 发布正式的评估报告。评估报告正式发布以后的 10 周之内，高校必须发布行动计划（action plan），以应对 QAA 评估报告所提出的建议。

（四）风险评估原则的具体实施

此次改革的重要原则是要体现风险评估，即根据评估对象所存在的风险决定评估的强度，从而达到减轻负担、提高针对性、有的放矢的目的。要将"最强的审查力度用在最需要的地方"（applies the greatest scrutiny where it is most needed）。具体来说，就是在评估访问的前 4 周左右，评估小组举行第一次组会，根据对自评文件、学生报告等材料案头分析的结果，讨论评估访问中需要关注的问题，是否需要高校提供进一步的证明材料，特别是就评估访问持续的时间达成一致。风险情况分为以下三类。

1. 访问只需要 1～3 天的学校（低风险）

①在质量管理和标准上有很好的记录，在以往的外部评估中有证据证明，并且能够全面有效地对评估活动做出回应（如 QAA 评估）。

②有证据表明对于《英国高等教育质量准则》提出的要求，学校基本能够达到。

③在一些尚未达标之处，在教育质量上的风险不大，表现为：a. 小的疏忽或缺失；b. 在无须做出重要结构性、操作性和程序性变更的情况下，需要对文件的细节进行修改和更新；c. 活动已经在完成中。

④学校对整改行动已有清醒认识，并且有明确的证据表明在合理的时间表内进行整改。

2. 访问需要 3～4 天的学校（中度风险）

①学校在质量管理和标准上有较好的记录，并且在以往的外部评估中有证据证明，但是有迹象表明不能够全面有效地对评估活动做出回应（如 QAA 评估）。

②对于《英国高等教育质量准则》提出的要求，学校大部分能够达到。

③在一些尚未达标之处，在质量管理上不存在严重风险，但可能产生与下列

情况有关的中度风险：a. 在学校治理结构的某些部分的运行上存在缺陷（特别是在质量保障上），或责任不够明晰；b. 在学校规划中，对质量保障重视不够；c. 尽管总体来看质量保障程序到位，但在实际应用中不够严格；d. 针对所发现的问题，学校还没有提出有效的整改计划，或在运行规划中没有全面包含所发现的问题。

3. 访问需要 4～5 天的学校（高风险）

①学校在质量和标准管理上的记录较差，没有采取有效行动对以往的外部评估活动做出回应（如 QAA 评估）。

②没有证据表明学校能够达到《英国高等教育质量准则》的大多数要求，或有证据表明部分要求没有达到。

③在第二种情况中，没有达标意味着与下列情况有关的高风险的存在：a. 学校治理结构中某些部分（特别是在质量保障工作上）的运行效率低；b. 学校在质量保障的政策、结构和程序上存在空缺；c. 严重违背学校自身质量保障程序。

④整改计划对于解决所发现的问题是不合理的，或者几乎没有证据说明情况在好转。

⑤学校没有意识到自身存在严重问题，或者对所发现问题没有做出有效的行动计划。

三、小结与启示

高等教育评估是英国高等教育质量保障的新举措，它以全新的理念和模式整合现有的高等教育机构的外部评估工作，从一个新的高度来保证英国所有高校都能够达到一定的学术标准。本次改革的以下几方面值得我国参考和借鉴。

第一，制定改革政策时的严谨性，基本上每一个过程都要经过充分的论证和公开咨询。在《高等教育评估：提供者手册》最终发布前，就有长达 5 个多月的公示期和讨论期，接受来自高校、企业、学生、家长等多方面的公开意见，充分体现了政策制定的科学性。

第二，在评估工作改革中，采用最新的"基于风险"的理念，反映了改革者提高评估效率、为高校服务的理性。同时，改变了过去以单一模式对所有高校进行评估的办法，针对每个高校设计定制性的评估方案，并形成有针对性的评估报告，要求高校在一定时间内进行反馈和整改，真正体现了评估的积极意义。在我国，大部分评估工作仍是一刀切，重视排名，不重视高校的改进工作。高校是一个独立的单位，有着自己的特质，用同样一套指标体系去对所有高校进行评估显然是不合适的。目前的各种评估工作，到最后都往往难以逃出排名的怪圈，很多高校并不是用评估结果来督促自己，而是迎合评估的需要，去争取在某些指标上获得较高的分数。这样做，势必与评估的最初意图相违背。归根结底，评估是为了更好地改进。这一点，我国应该学习英国的经验，在客观评估的基础上，考虑高校自身的特殊性，为不同类型和层次的高校制定相应的评估标准，重视定制性评估和改进。

第三，将学生置于评估的中心地位，明确指出学生评估员(student reviewer)是评估小组的正式成员(full member)，并且拥有与其他评估员一样的权力。在英国，本着"谁支付谁受益"的原则，高校虽然大幅提高了学费，但是也赋予了学生更多权力，将学生置于中心地位。在我国，学费不断上涨，学生群体的意见对高校决策与发展的影响却微乎其微。这一点在高校教学评估工作中尤其明显。

第四，注重评估信息的透明度和公开性。QAA在发布相关草案的同时，所有参加第一轮评估的高校名单都已经在网上公布，评估的其他信息和结果也是公开的。在我国，评估仅以公告的形式挂在网站上，缺乏细节信息，无法为公众提供足够信息。本科生教学评估的结果很少公开。研究生学科评估的结果虽然予以公布，但是科学评估所采用的数据来源和指标体系都不公开，影响了广大师生的知情权。英国高等教育评估的公开、透明值得我们借鉴，从而使我国的高等教育评估更好地接受相关群体的监督。

>> 第三节　教师教育：英国教育部学前教师标准 <<

一、学前教师标准出台的背景

2012年5月，英国教育部颁发《教师标准》(*Teachers' Standards*)，英格兰地区自2012年9月起执行该标准。新的标准取代了之前由英格兰学校培训与发展局(TDA)发布的《合格教师职业标准》(*Standards for Qualified Teacher Status*)和《核心专业标准》(*Core Professional Standards*)，以及英格兰教学委员会(GT-CE)发布的《教师行为准则》(*Code of Conduct*)和《注册教师实践准则》(*Practice for Registered Teachers*)。

在新的标准颁布实施以前，除了上述标准以外，英国推行的教师标准还包括熟练教师标准、优秀教师标准、高级教师标准。《合格教师职业标准》与《核心专业标准》是初级教师标准，熟练、优秀和高级则是高级教师标准。

可以说，当时的教师标准体系庞大、内容复杂。2011年早期，针对存在的问题，教育部派遣伯灵顿·戴恩斯学校校长莎莉·柯茨(Sally Coates)组织了一次对现行教师标准的评审工作，并发布了两份评估报告。

第一份报告针对《合格教师职业标准》和《核心专业标准》，建议用一套单一的标准取代之前分散的标准，报告中附带标准草案，并明确指出这份草案应该取代《合格教师职业标准》和《核心专业标准》，而且草案包含对教师行为和职业操守的相关规定，所以也应取代《教师行为准则》《注册教师实践准则》。① 事实上，第一份报告中的标准草案已经是新教师标准的雏形，正式发布的《教师标准》与草案几乎无异。

第二份报告引述了现行三份高级标准存在的一些问题，包括"现行标准的表达用语模糊且无益……没有起到筛选教师、鉴定教师的作用……武断地根据从教时间长短判断教师优秀与否……现行标准不能体现专家型教师的特点"。报告同样强调用统一的标准体系取代分散的标准，建议以报告中附带的《能手教师标准》(*The Master Teacher Standard*)取代之前的三份高级标准，还要打破教师标准与工资挂钩的做法，以克服教师职称评定的功利性问题。②

原有教师标准存在不足是制定新标准的重要原因，此外，英国教育职能部门的更替也是一个原因。在教育大臣戈夫的推动下，学校培训与发展局和英格兰教学委员会相继被废除，取而代之的是教学事务局(Teaching Agency)。不可否认，职能机构的变动也会促成政策决策的改革，所以，在原有标准存在弊端的背景下，加之机构的更替，制定和实施新的教师标准便成为顺理成章的举措。

2013 年 6 月，教育部再次颁发修订过的《教师标准》，但是与 2012 年 5 月的版本相比，结构、内容都没有实质性的变动。新教师标准的简介部分指出，"该标准适用于绝大多数教师，无论教师处于何种职业阶段"，术语说明部分指出"新标准所适用的学生为各个年龄段的学生，包括早期基础教育阶段和 16 岁后教育阶段"。在此基础上，教育部又于 2013 年 7 月发布《学前教育教师标准》，其框架和内容与《教师标准》一致，仅针对学前教育的特点做了部分修改，与该标准同时发布的还有《学前教师(三级)资格准则》[*Early Years Educator(Level 3)：Quali-fications Criteria*]。两份文件勾勒出了优秀学前教师应该具备的基本条件和达到的标准。

二、学前教师标准框架及内容

(一)《学前教育教师标准》

《学前教育教师标准》[Teachers' Standards (Early Years)，简称《学前标准》]

---

① The Department for Education. First Report of the Independent Review of Teachers' Standards[R]. London：The Department for Education，2011.

② The Department for Education. Second Report of the Independent Review of Teachers' Standards[R]. London：The Department for Education，2011.

发布于 2013 年 7 月，该标准将从 2013 年 9 月开始执行。标准由"前言""教学标准""附录：早期基础教育阶段法定评估指导"三部分构成。新的《教师标准》在标准陈述之前还有简介、法律地位、专业发展、术语说明等内容，标准部分还包括"个人品行与职业操守"的标准。虽然这些内容并未出现在《学前标准》中，但学前教师同样要遵照执行，特别是"个人品行与职业操守"的相关要求。

①前言部分对学前教师职业做出概括性的要求："学前教师必须将儿童的教育和护理工作视为他们的第一要务，要努力在专业实践和个人品行上达到最高标准。学前教师身份只能授予教育和护理专业，且达到早期基础教育阶段（EYFS）所有从业标准的毕业生。早期教师要诚信行事、严于律己、扎实掌握早期发展知识，并不断更新自己的专业知识和技能。能够建立积极的同行关系，与家长或其他监护人一道，共同为儿童的最大利益而努力。"

②教学标准一共八条，这一框架与《教师标准》完全一致。其具体表达和描述根据学前教育的客观实际做了一定调整：a. 对儿童保持高期望，从而能够鼓舞儿童、激励儿童，并使儿童感到一定的挑战。b. 促进儿童取得进步，取得良好的学习成果。c. 为儿童呈现良好的早期学习和早期基础教育知识。d. 依据全体学生的需求来规划教育和护理工作。e. 根据所有学生的特长和需求来开展教育工作。f. 准确有效地利用评估手段。g. 保障、提升儿童的福利待遇，营造安全的学习环境。h. 履行更广泛的专业职责。①

③第六条标准"准确有效地利用评估手段"中指出，教师要在早期基础教育阶段的框架和法定评估要求内认知和开展评估，因此，附录部分呈现了法定评估要求。"法定评估要求"是教育部 2012 年 3 月发布的文件《早期基础教育阶段法定框架：0～5 岁儿童学习、发展、护理标准》(*Framework for the Early Years Foundation Stage：Setting the Standards for Learning，Development and Care for Children from Birth to Five*，简称《早教框架》)中的第二部分，该文件对儿童的学习发展、评估、安全福利三方面问题进行了详细的规定。在对儿童进行评估时有许多内容要参考《早教框架》，比如，评估中要评定的"早期学习目标""有效教学的关键特征"都源自该文件(见表 3-4 和表 3-5)。

表 3-4　早期学习目标

领域	项目	内容②
宏观领域	交流和言语	听力和注意力、理解能力、说话能力
	身体	移动能力和操作能力、健康和自我保健知识
	个人、社会、情绪	自信和自我意识、管理情绪和行为、建立友谊

---

① 八条标准每一条下都有具体描述，本书仅呈现八条大标准。

② 根据《早教框架》整理，表 3-4 的"内容"之后还有详细描述，本书仅呈现"内容"的标题。

续表

领域	项目	内容
知识领域	文字	阅读和书写
	数学	数数、形状、空间、度量标准
	感知世界	人和社群、世界、科技
	艺术和设计	探索和使用媒介与材料、富有想象力

表 3-5　有效教学的关键特征

特征	描述
寓教于玩	让儿童调查和体验事物，让他们玩一玩、试一试
自主学习	让儿童在困难面前保持注意力，反复尝试解决问题，并享受成就体验
批判性创造和思考	培养孩子的意识和思维，建立思维之间的联系，发展解决问题的策略

　　评估的理论基础为"形成性评估"，要求学前教师跟进观察儿童的学习发展状况。相关人员必须在儿童 2～3 岁时进行一次阶段检查，在早期基础教育阶段末期，即儿童 5 岁时，再进行一次评估。第一次阶段检查要确定儿童的发展优势和不足，并确定儿童是否有特殊教育需求，除了教师，儿童的父母或监护人，以及健康访视员都要对儿童相关方面的发展状况进行检查。父母（或监护人）会得到所有检查报告，教师和健康访视员之间的信息共享则需要获得父母的许可。

　　在早期基础教育阶段结束时，学校必须对所有儿童进行评估，并在 6 月 30 日以前完成"早期基础教育阶段概况报告"。根据所有的观察记录和阶段记录、学校与父母的信息沟通记录等材料，概况报告将呈现儿童发展状况的"全景图"，包括知识水平、理解能力、动手能力是否达到期待水平，以及是否做好小学一年级的入学准备。"早期学习目标"（表 3-4）是评估儿童发展水平的重要依据，报告会交给父母或监护人。

　　小学一年级教师也会得到儿童的概况报告，还会得到一份根据"有效教学的关键特征"（表 3-5）对儿童相关技能和能力的评价，以便小学教师掌握儿童的发展阶段和学习需求，从而更好地规划第一学年的教学活动。

　　为了保证评估的效力和延续性，《学前标准》还要求评估过程与报告撰写之间的间隔时间不能太长，而且书面报告应该精简，要具备很强的针对性。当学生转学时，如果在学期内转学，评估工作应该由学生所在时间更长的学校承担；如果在学年内转学，新学校有权要求原来的学校依据早期学习目标对学生进行评估；如果在学年结束后转学，两所学校应该商议由谁评估。

（二）《学前教师（三级）资格准则》

　　《学前教师（三级）资格准则》（简称《资格准则》）是由位于伯明翰的国家教学与

领导学院(National College for Teaching & Leadership)结合《早教框架》中的相关规定而制定的。

《资格准则》由两部分构成,第一部分概述学前教师应该达到的六条最低标准,并解释了三级学前教师的认证问题;第二部分详细论述了六条标准的具体内容。《资格准则》对"儿童"的定义是所有婴儿、蹒跚学步的幼儿……总之,指所有0～5岁的儿童。

三级学前教师的认证要依据英格兰资格与考试监督局(The Office of Qualifications and Examinations Regulation,简称Ofqual)制定的评估标准和资格授予程序,[①] 还要依据Ofqual的《资格与认证框架》(*Qualifications & Credit Framework*)和《国家资格框架》(*National Qualifications Framework*)。

六条最低标准分别如下。

1. 支持并促进儿童的早期教育和发展

为了学生的长远利益,不仅要求教师掌握并理解0～5岁的儿童发展模式,还要了解5～7岁儿童的发展特征。学生的发展主要包括认知、言语交流、识字识数、身体、情绪、社会交往、神经与大脑等方面,教师不仅要掌握这些知识,还要认识到这些能力整体发展对于儿童成长的重要意义。

儿童有可能面临过渡期或者经历重大事件,比如,入学、进入托儿所、兄弟姐妹出生、搬家、不住在家里、家庭破裂、失去重要的人、离开父母等,这些事件对儿童有潜在的影响,学前教师必须掌握有关情况和知识,并帮助儿童顺利度过过渡期或者经受住这些事件的考验。

此外,教师还要洞悉影响儿童成长的个人因素、家庭因素,掌握儿童具有"依恋心理"的特点,保证机会的公平性和避免歧视问题。教师对国家教育体制的了解也是必不可少的。

2. 规划和提供有效的护理及教学,为儿童的发展和升学做准备

根据早期课程的要求(即早期学习目标,见表3-4)和儿童的发展模式(见第一条标准),有目的性地制定并实施儿童学习规划,将学习目标要求的能力与学习规划有效融合在一起。比如,既注重团队合作与分享,又有个人独立能力、行为习惯培养的教学内容;鼓励儿童的参与,既安排成人引导的任务,又有儿童自主完成的任务等。在这个过程中观察儿童是否需要额外的支持与帮助。

3. 准确、有效地利用评估手段

掌握运用《早期框架》进行评估的知识和技巧,实施观察并记录评估,综合形成性与总结性的评估方法,确认每一名儿童的需求、兴趣、发展阶段,并就下一

---

① 英国教师职级划分参见 http://ofqual.gov.uk/qualifications-and-assessments/qualification-frameworks/levels-of-qualifications.

阶段的发展计划与相关人员进行讨论。

4. 开发有效且具有共识的实践模式

教师必须拥有过硬的英语口头语言表达能力和书写能力，并且注重自身的专业发展，能认识到专业发展的重要性，也能在实践中不断提升自我。

5. 保障和提升儿童的健康、安全、福利水平

教师必须掌握传染病、虐待等安全健康相关问题的国家法律政策和专业的应对知识。就早期基础教育阶段而言，传染病的预防和控制主要应注意洗手、食品卫生、可泄漏物品安全性、正确处理垃圾、正确使用自我保护设备、一般性儿童疾病和免疫知识、传染病的隔离期等。虐待的种类包括家庭暴力、忽视、身体虐待、精神虐待、性虐待等。

为了信息共享，并保障儿童的需求得到满足，学前教师需对以下事项进行常规记录和报告：儿童的药物需求、特殊饮食需求、规划、观察和评估、卫生和安全状况、意外事故、日常登记。

6. 与其他关键人员如同事、儿童的父母和监护人、其他专业人员共同协作

与专业人员合作能使儿童获得最好的发展；与家长合作能让教师认识到家长对于儿童成长的重要价值；教师应鼓励家长积极参与到儿童的游戏、学习和发展过程中来。

三、述评

综观学前教师标准的相关政策文件，可以发现以下几个特点。

(一)标准统一化

针对原有标准冗杂、分散的问题，简化、统一教师标准成为制定新标准的目标和原则，这确实在新标准中得到了体现。首先，教育部出台了适用于所有教师的《教师标准》；其次，在同样的框架和结构下制定《学前教育教师标准》，核心内容也没有太大的变动。统一标准，降低了标准推行的难度，便于教师的认知和理解，有利于实际应用。相比之下，这种自上而下延续的标准体系更加合理。

(二)标准条理清晰，内容全面

虽然新标准更加简化，但标准的效用并没有减弱，因为新标准的逻辑思路清晰，把握了教师的职业特点。新标准从教学、品行两个方面来规范教师，涵盖了教师应具备的基本素质。教学方面，除了注重智育外，新标准在德育、人格、社会知识的培养方面也对教师提出了要求。从标准呈现的方式看，标准的表述完全从儿童的发展需求出发，而且更多地使用描述式而非规定性的语言，使标准更加生动，更易理解和接受。

(三)标准与评价结合

标准是教师行为的参考，也是评价教师的依据，在标准呈现中结合对应的评价方式，使教师工作更具指向性和针对性，更能有效应用标准来规范自己的工作。除了对教师的评价，还强调对学生发展水平的关注和评估，运用形成性与总结性相结合的评估方式，持续了解学生的发展状况和教育需求。与评价方式相结合，更加凸显了标准的意义。

(四)多主体参与学前教育

如标准所描述的，教师应与所有相关人员为了儿童的最大利益共同协作。在儿童发展和成长的过程中，学前教师、父母或其他监护人、医疗人员共同参与，各司其职，以儿童为中心，掌握儿童发展的全景图。这种合作不仅利于儿童的发展，也具有积极的社会价值。

(五)教育阶段有序衔接

标准指出，学前教师在儿童的早期教育阶段结束后需要完成"早期基础教育阶段概况报告"，报告最终要递交小学教师一份。其益处不言自明，将不同教育阶段的衔接以法规的方式确立下来，这是我国没有做到的，或许这也是最值得我们学习借鉴的地方。同时，早期教育教师必须了解5～7岁儿童的发展特征，不断跟进观察儿童，对儿童进行两次评估。这些标准都是教育发展性原则的体现。

2012年《教师标准》出台，执行一年多以后，英国教育部修订该标准，没有过大的改动或许能够说明新标准的合理性。从理论的角度来分析《学前教育教师标准》和《学前教师(三级)资格准则》，它们的实际效用同样值得期待，但事实如何，还要看2013年9月份实施以后的实际情况。

第四章　法国教育政策与发展趋势

2012 年 5 月，法国社会党奥朗德政府开始执政，随即大刀阔斧地着手改革教育。在基础教育领域，提出"重建共和国学校"的口号；在高等教育领域，强调"投资于知识，准备法国的明天"。经过一年来的讨论、酝酿和审议，法国国民议会和参议院通过了两部关于基础教育和高等教育改革的法案。为此，本章着重介绍两部法律的产生过程和基本内容，然后对法国新近的教育评估进展和择校管理机制予以评析。

>>第一节　基础教育：重建共和国学校<<

一、改革背景与进程

法国教育在自身发展过程中不乏成功之处，在世界上也具较大影响。但近十年来，法国教育中出现的问题也十分突出，主要是学习困难的学生数量呈上升趋势，初中一年级学生中近 1/5 存在书写困难。2000—2009 年，15 岁学生中书写极度困难者的比例由 15％增加到 20％，增长幅度约为 30％。在数学和科学学科领域，法国学生成绩虽接近经合组织国家的平均水平，但已远离排行之首。2005年法国就曾制定目标：使 80％以上的学生获得高中毕业会考文凭，使 50％的学生获得高等教育文凭。但目前只有 72％的学生获得高中毕业会考文凭，36％的学生获得普通高中毕业会考文凭。2011 年，12％的 18～24 岁青年在离开学校时无文凭或只有初中毕业文凭，而这些学生失业的危险高于有文凭者两倍。①

其实，学业失败问题在初等教育阶段便开始显现。据调查，在小学结束时，25％的学生存在学习困难，15％的学生学习极度困难。之后，学习优秀的学生和学习困难的学生之间的差距越来越大。如果法国教育系统不能有效地遏制这种差距，就可能导致社会不平等，失去部分社会群体的信任。在经合组织关于社会公正的排序中，法国在 34 个国家中列第 27 位，也显示教育结果在社会公正中的负面影响。这些不平等正在撞击着共和国的价值观和法国长期以来实现人人成功的

① Ministère de l'éducation nationale. Rapport annexé-La programmation des moyens et les orientations de la refondation de l'École de la République[R]. 2012：5.

国家承诺。

2012年7月5日，法国总理让-马克·埃罗（Jean-Marc Ayrault）和教育部部长樊尚·佩永（Vincent Peillon）共同发起了名为"重建共和国学校"的全国协商会议，就教育领域的改革问题展开全国范围的大讨论，讨论的基本目的就是减少社会不平等和社会歧视。

在国家层面，思考与讨论的四大主题为：为了所有人的学习成功；学生在学校重建的中心；有教养与有声誉的人；公正与有效的系统。广大教师、学生、家长、教育行政管理者、学校行政人员、国会议员、工会代表、社会知名人士，以及经济界、文化界、体育界、科学界等诸多人士都参与了讨论。政府其他相关各部门部长、各学区负责人和各级地方当局也被邀请参与讨论。

2012年10月3日，关于"重建共和国学校"的全国协商会议结束。此次会议召集了800多名成员参与讨论，各专题的研讨会持续时间超过300小时。在不足3个月期间，17.5万名网民访问了教育部专设的网站，8 200名网民留言发表意见。

2013年6月5日和6月25日，法国国民议会和参议院分别讨论并通过了《重建共和国学校的方向与规划法》草案。《重建共和国学校的方向与规划法》于2013年7月9日颁布。

《重建共和国学校的方向与规划法》的基本目标是建设公正的、高水平的和包容的学校，提高所有学生的水平和减少不平等。未来若干年的目标是使无文凭学生的人数减少一半，使80%以上的学生获得高中毕业会考文凭，使50%的学生获得高等教育文凭。

在基本资源投入方面，该法规定五年内，创建60 000个教学职位，其中54 000个在国民教育部，5 000个在高等教育部，1 000个在农业部所属学校。在国民教育部，首要的投入是师资培训，26 000个职位将致力于重建真正的教师初始培训，替补即将退休的教师和增添新的实习教师。另外，创建1 000个职位，补充大学承担师资与教育高等学校教学力量的不足。

新增加的教师职位为21 000个，其中2/3将在初等教育。新补充的教师人数为3 000名，主要目的是扩大3岁以下儿童的入学人数，特别是在教育优先区内和偏僻农村区域扩大3岁以下儿童的入学人数。

在教学改革方面，为了适应新的教学法，改善学生的学习成绩，新法拟增加7 000名教师。另外新增4 000名教师，主要是为了纠正前些年因取消某些教学岗位而产生的区域之间教师比例不平衡的问题。整个小学阶段教师增加的总人数为14 000。

此法推出了基础教育改革的7类25项关键措施。

（1）关于实施新的教师职业的初始与继续培训，促进教学实践的变革

①创建师资与教育高等学校。

②新的教师职业的初始培训。

(2)关于赋予初等学校优先地位，保证基础学习和缩小不平等

①有利于小学的经费平衡。

②采取"教师多余班级"的措施。

③扩大 3 岁以下儿童的入学人数。

④重新定义小学使命。

⑤拨付帮助乡镇政府实施新课时的专门经费。

(3)关于让学校进入数字化时代

①实施数字化教育。

②创建数字化教学的公共服务。

③扩大教学领域。

④明确国家与地方政府的责任分工。

(4)关于调整教学内容

①重新界定共同基础，制定新课程。

②创建课程高级委员会。

③设立道德与公民课。

④设立艺术与文化教育课。

⑤从小学一年级开始设外语必修课。

(5)关于保证幼儿学校至初中学习的渐进性

①重申与重新界定教学阶段系统。

②方便小学与初中的过渡。

③重新思考对困难学生的帮助。

(6)关于让所有人在中等教育中获得成功，并能在最佳条件下进入职业生涯

①改革统一初中。

②使所有人获得最初的被社会认可的职业资格。

③改革初始职业培训的结构。

(7)关于使学校的合作者的联系更加密切，更好地评估教育系统

①实施地方教育计划。

②地方政府对学校管理更加紧密。

③创建国家教育系统评估委员会。

在后面几节，我们将对其中几项重要措施做综合阐释。

二、创建"师资与教育高等学校"

在知识经济时代和学习化社会中，法国社会对教师的期望越来越高，教师的

使命不仅是传授知识，还要承担社会要求共同完成的许多任务。1994 年，法国教育部的一份官方文件公布了"小学教师的能力特征参考"①，作为小学教师初始培训的基本目标和考试标准。1997 年 5 月 23 日，法国教育部以"通报"的方式，确定了中学教师的使命。② 法国教育部在 2007 年颁布的《教师培训大学学院的培训手册》③ 中明确提出教师十大职业能力之后，又于 2010 年将教师十大职业能力加以完善，新的规定主要内容如下：①以国家公务员身份工作，恪守职业伦理，认真负责。②掌握法语，以便教学与交流。③掌握学科知识，并具备良好的普通文化。④设计与实施教学。⑤组织班级教学。⑥照顾学生的多样性。⑦评估学生。⑧掌握信息与通信技术。⑨能够团队工作，并与家长和社会人士合作。⑩自我学习与创新。④

为了保证中小学教师具备必需的能力，提高中小学教师的质量及其社会地位，同时也适应欧洲一些国家将中小学教师的培训提高至硕士阶段的趋势，法国部长联席会议于 2008 年 7 月决定于 2010 年开学时，实施硕士化的中小学教师培训与录用。

但是 1989 年设置的教师培训大学学院的教学模式难以承担教师培训的新使命。教师培训大学学院，顾名思义，是教师培训机构，但是在其第一年的教学中，几乎全部教学任务便是准备各种教师资格的考试。这不仅脱离了教师培训的目的，也造成了极大的浪费，因为许多师范学生不能通过考试，而不得不重新选择其他专业。就是在教师培训大学学院的第二年，实习教师的实习安排经常也不是严格围绕着培训，而是依据教学的需要，替补一些临时空缺，并实际担任教师的职责。所谓实习培训，不过是在"自悟"教师门道，很少能得到经验丰富的教师的指导。

对教师培训大学学院最极端的批评是认为其无效、无用、寄生，因为其忽视

① Ministère de l'Éducation nationale. Annexe III de la note de service 94-271 du 16 novembre [EB/OL]. http：//netia59a. ac-lille. fr/～vad/IMG/pdf/referentiel _ PE. pdf，1994-11-16.

② Ministère de l'Éducation nationale. Circulaire n°97-123 du 23/05/1997 adressée aux recteurs d'académieaux directeurs des IUFM[EB/OL]. http：// circulaire. legifrance. gouv. fr/pdf/2009/04/cir _ 1490. pdf，1997-05-23.

③ Ministère de l'Éducation nationale. Cahier des charges de la formation des maîtres en institut universitaire de formation des maîtres [EB/OL]. http：// www. education. gouv. fr/bo/2007/1/MENS060318/A. htm，2007-01-04.

④ Ministère de l'Éducation nationale. Définition des compétences à acquérir par les professeurs, documentalistes et conseillers principaux d'éducation pour l'exercice de leur métier[EB/OL]. http：//www. education. gouv. fr/pid24256/n-29-du-22-juillet-2010. htm，2010-07-22.

了不同层级教育的差异，因此主张关闭教师培训大学学院。[①]

《重建共和国学校的方向与规划法》设置了新型的教师培训机构——师资与教育高等学校（Écoles supérieures du professorat et de l'éducation，ESPE）。根据规定，法国硕士一年级学生开始接受教师培训的共同基础课（见表4-1），在学年结束时参加竞考，被师资与教育高等学校录取的硕士二年级学生接受理论学习与实习交替制培训，享受全日制工资，毕业后授予"教育、教学与培训硕士"文凭，可成为国民教育职业的公务员，也可从事教育与培训职业。从教师的层次看，师资与教育高等学校将培养幼儿学校、小学、初中、高中乃至大学的所有层次的教师及教育咨询师。所有这些未来教育者都要接受相同的基础课，以便构建一种在教师团队之间协调一致的共享文化。

表 4-1　教师培训的共同基础课

学期	课程	课时量
硕士一年级学期 1	①学校哲学、学校与共和国价值、世俗化、反对任何歧视。	12 课时
	②学习过程、儿童心理学。	12 课时
	③公共职能的权利	6 课时
硕士一年级学期 2	①主要教育学思潮、教学与评估程序。	12 课时
	②公共社会学、差异与定向管理。	6 课时
	③学业困难、离校与辍学。	6 课时
	④全纳的学校：教育适应与残疾学生的教育	6 课时
硕士二年级学期 3	①学校系统的组织与学校环境。	6 课时
	②学习过程、知识关联、记忆与学习、认知的类型、多元智能。	12 课时
	③教师与学生的地位、教学交流（语言、手势等）	12 课时
硕士二年级学期 4	①冲突与暴力管理。	12 课时
	②反对性别定式与男女同校。	12 课时
	③职业伦理与态度、合作工作	6 课时
合计	12 欧洲学分	120 课时

资料来源：Ministère de l'éducation nationale，Ministère de l'enseignement supérieur et à la recherche. Lancement des Écoles supérieures du professorat et de l'éducation[R]. 2013-07-01.

三、调整学校作息时间

课时安排或课时结构，是学校管理的重要方面之一。合理的课时安排不仅需

---

① 　Fabrice Barthélémy et Antoine Calagué. En finir avec les IUFM[N]. LE MONDE，2012-04-01.

要符合课程传授的规律，还需要适应儿童的生理节律。学校早期的课时安排经常需要服从于生产劳动的季节性和公休日的安排，比如，农忙时学校通常安排假期，以便学生帮助家长分担一定的生产劳动。但是，今天的学校课时更多是要考虑教育的自身规律，社会工作节律退居其次。然而，法国社会又是一个惯于休闲的社会，家长希望有更多完整的时间与子女在一起。

长期以来，法国学校实施每周四天半的课时结构，即每周一、二、四、五全天上课，周三休课，周六上午上课。从医学和生理的角度看，是考虑学生两天上课之后需要休息，以保证之后在课堂上精力充沛。但从家长的角度看，一些人多有怨言，周三需有人照顾儿童，周六上午又不得安宁。从不同的角度看问题，诉求必然不同，因此，学校课时安排在法国成为比较敏感的社会问题，如何选择课时安排也是一个争论不休的问题。

2008 年 9 月，法国实施小学教育改革时，将长期实施的课时安排调整为 4天，即每周一、二、四、五上课，每天 6 小时。周六上午的课时取消，给孩子和家长完整的周末，但周三仍然休课，以保证学生精力充沛。

四天制课时实施以来，问题也逐步显现。法国学生每天课时量和学习负担量比世界其他大部分国家学生的课时量更长，但法国小学年度总课时只有 144 天，低于经合组织国家的平均水平——187 天。

法国学生的学习成绩在国际比较中处于劣势。例如，国际教育评估协会（IEA）2011 年的"国际阅读素养研究"调查显示，法国小学生的阅读水平低于欧洲的平均水平。此次"国际阅读素养研究"调查，法国来自 174 所小学 277 个班级的 4 438 名四年级小学生接受了评估。在 45 个参与调查的国家中，法国仅排在第 29 位。其中，欧洲国家占 23 个，欧洲四年级小学生阅读能力的平均测试成绩为 534 分，而法国的得分为 520 分，且学生的平均测试成绩自 2001 年以来一直呈下滑趋势。[1]

在课时改革的酝酿过程中，也不乏反对之声。例如，一些市镇政府、教育联合会认为改革将提高教育成本。由于改革后增加半天课时，直接增加了教师、学生及家长的交通费用，无形中也提高了孩子的培养成本。对学校来说，则增加了半天的运营负担，如食堂开销等。因此，他们呼吁国家对此做出补偿。

但是，改革已不可逆转，正如"重建共和国学校"的口号所宣示的，一切将推倒重来。新教育法规定，自 2013 年开学，周课时为 24 小时，每周划分为 9 个半天，包括周三上午。每天课时最多为 5 小时 30 分，每半天课时最多为 3 小时 30分。增加周三上午授课，可以减轻其他每天平均 45 分钟的课时量，但学生的总上课量没有增加。而课外教学活动时间主要由教师对学习困难的学生进行辅导，

---

① Ministère de l'éducation nationale. La réforme des rythmes à l'école primaire[R]. 2013：5.

或由学校实施教学辅导计划。

本次改革也充分考虑到各地的实际情况，允许各地区制订其"地方教育计划"，确定学生上课、在校和校外时间，甚至还允许周六上午开课，也可把课时改革推迟至 2014 年进行。

为了补偿改革带来的教育成本增加，国家拟拨付 2.5 亿欧元经费给各乡镇政府。每个实施新课时的乡镇政府，可以按每个学生 50 欧元的额度获得经费补偿，以保证学校开展课外活动，并保证所有学生可以在 16 点 30 分之后离校。对于经济比较落后的城市郊区或农村乡镇，获得的资助标准可以达到每个学生 90 欧元的额度。

改革之后，法国小学的年课时量为 180 天，接近于芬兰和英国的 190 天。但法国小学 24 小时的周课时量高于芬兰的 19 小时，英国的 21～25 小时和德国的 15～20 小时。

四、让学校进入数字化时代

当今时代，信息化和数字化已经悄悄地改变了人们的行为习惯和社会关系，也影响着学校和教育。数字化可以使教育活动更具吸引力，更富于创新性，也更加有效率。

法国在教育上的数字化进程并不快，尽管法国自 1970 年以来发展数字化的计划多达 15 项，但教育数字化的效果并不明显，主要原因是在设备上的投入较大，而缺乏有效的管理和必要的技术措施。

为了通过数字化的教育减少社会、地区和数字不平等，促进个别化教学的实施，增强学生学习兴趣，使学生能够以公民资格进入社会和职业生活，以及有利于家长介入子女学习，法国制定了"让学校进入数字化时代"的全面、具体与可持续的发展战略。

在战略的全面性方面，改革充分考虑了从设备到教学内容和教师培训等各个方面的工作，考虑了学生、家长和教师等全部服务对象，考虑了从 2013 年到 2017 年的长期发展。

为了保证数字化战略的可持续发展，教育部将提供数字化教学的公共服务：一方面，为学生提供适当的辅导，使他们更有效地利用数字化手段学习；另一方面，为教师提供教学所需要的数字化资源，指导教师更好地应用数字化手段进行教学。

在战略的具体性方面，改革拟采取 11 项新措施，落实学校的数字化。

针对小学生的措施有两项：一是拍摄暂命名为《基础》的知识性电影，以形象的方式告诉小学生如何用数字化手段学习法语、数学和科学；二是开发"在学校学英语"(English for schools)的英语学习软件，帮助 8～11 岁的儿童有兴趣地在班级和在家中学习英语。

在中学阶段，为中学生开发了一种名为"备考"的在线模拟考试软件，帮助中学生有效地准备初中毕业考试和高中毕业会考。

另一种数字化辅导服务名为"D'Col"，为教育优先区的 3 万名初中一年级学生特别设立。经其所在学校申请，并经家长同意，可以为他们提供交互式个别在线辅导。

另外还有为学习和就业困难的学生设立的名为"第二次机遇"的培训服务，以及为盲障学生提供就业指导的网站"全方位进入"。

为教师提供的服务有两项："我授课"(M@gistère)是为小学教师设置的继续教育网站；教育书库(ÉduThèque)则是中小学教师可以自由进入科学文化机构的资源库的网络平台。

为家长提供的服务有两项："一年阅读学习"，帮助教师和家长辅导小学一年级学生学习；"高中注册"帮助家长和学生在网上注册高中。

为了落实以上措施，国家准备拨 1 000 万欧元用于数字化学校的研究与创新，并允许私人参与此类计划。

>> 第二节　高等教育：投资于知识，准备法国的明天 <<

重视教育，是法国历届政府的一贯政策。奥朗德及其政府特别赋予高等教育和科研为国家重振的核心位置。2013 年，法国高等教育与研究的经费预算增加了 2.2%，并将在未来五年增加 5 000 个职位。

2013 年初，奥朗德特别强调，"投资于知识，便是准备法国的明天"，希望制定一部涵盖高等教育和科学研究的新法律。

一、召开座谈会，起草新法案

2012 年春季，法国总统奥朗德提出关于高等教育与研究的全国座谈会。2012 年 7 月 11 日，高等教育与研究部部长日娜维耶芙·菲奥拉佐(Geneviève Fioraso)任命了由男女各 10 名成员构成的指导委员会，负责座谈会的筹划与运行。指导委员会的主任为西努斯(Françoise Barré Sinoussi)女士，是巴斯德研究院的教授，诺贝尔医学奖的获得者，其他成员多为大学教授或经济与管理界的专家。

2012 年 7 月至 11 月，指导委员会召集了国家教育与科研机构的百余场听证会，然后将基本情况汇总为一份综合信息，用于各地区展开讨论；各地区讨论的情况形成报告，再反馈到指导委员会。至 11 月，超过 2 万名相关人员参与讨论，共提交 1 600 份意见书。指导委员会根据讨论的结果，草拟了 121 项建议，并于 11 月邀请来自全国各地的 600 名各界人士在法兰西学院举行研讨会，形成最终报告，上报高等教育与研究部。

指导委员会报告的正文部分主要涉及四个主题：行动起来，为了所有大学生的成功；为科研制定新的雄伟目标；重新确定国家与地方的高等教育与研究机构；更好地认识妇女与男人的工作。

高等教育与研究部则参照高等教育与研究的全国座谈会指导委员会提交的报告，拟成《高等教育与研究法》草案，于 2013 年 3 月 20 日提交部际委员会审议。

2013 年 7 月 3 日和 7 月 10 日，法国参议院和国民议会分别讨论并通过了《高等教育与研究法》草案。

2013 年 7 月 22 日，《高等教育与研究法》[①] 正式颁布。这是半个世纪以来，法国第七部关于高等教育和科学研究的法律条文，但将高等教育和科学研究问题列入同一法律在法国却是首次。

新的《高等教育与研究法》确立了法国发展高等教育与科学研究的四大目标。

第一，为所有大学生提供成功的更好机遇，改善其学业定向和就业状况，使高等教育文凭获得者的比例达到同龄人的 50%。

第二，赋予科学研究新的动力，使科学研究系统更加透明，与整个社会共担新的雄伟目标，以面对经济与社会的重大挑战。

第三，加强大学与科研机构中人员的合作，减少机构的错综复杂，促进大学中的学院式治理，迈向共同卓越。

第四，扩大法国科学研究在欧洲科研项目中的份额，并向国际展示法国的大学和学校及实验室，鼓励大学生、教师与研究员以及行政管理人员的国际流动，增强法国学术机构的吸引力。

围绕以上四大目标，该法提出了 21 项改革措施。

二、为了所有大学生的成功

在今天的法国，只有 43% 的 25～34 岁青年具有高等教育文凭，而学士以上文凭的持有者只有 28%。国家曾实施一项投入为 7.3 亿欧元的提高法国青年高等教育水平的计划，但计划结束两年后，情况不仅没有改善，反而下滑了 5%。特别是法国教育不平等现象令人担忧。在 23% 的低收入家庭中，其子女在大学一

---

① Ministère de l'enseignement supérieur et à la recherche. Loi n° 2013-660 du 22 Juillet 2013 relative à l'enseignement supérieur et à la recherche[EB/OL]. http：// www. legifrance. gouv. fr/al-tich Texte. do？cid Texte＝TORFTEXT000027735009，2013-07-20.

年级所占的比例只有 13%，在硕士中占 9%，在博士中占 5%。[①]

为了促进高等教育入学机会的真正平等和大学生的成功，新的《高等教育与研究法》着重于学士阶段教育的整体改革。第一，建立从高中至大学的学业定向机制，使不同类型的培训系列相互靠近，增设转换培训系列的通道，便于学生学业方向的调整。第二，要求开设大学校预备班和高级技术员班的高中与大学签订协议，建立联系，便于学生进入高等学校学习。第三，要求高级技术员班优先录取职业高中会考文凭的获得者，大学技术学院优先录取技术高中会考文凭的获得者，并使这两类高等职业教育机构接收职业和技术高中毕业生的比例最高达到 50%。

此外，法律确认"交替制培训"为高等教育的一种独特的培训模式。交替制培训在法国通行于中等教育阶段，亦称学徒制，即部分时间在学校学习理论，部分时间在企业实习劳动。新法将交替制培训延伸到学士和硕士阶段，目标是在 2020年将目前 16 万名交替制学生的数量扩大一倍。法律要求动员大学、企业、地方政府、社会机构共同参与这一工作，这将是促进青年就业的一个极好途径。

三、高等教育与研究的新目标

法国高等教育虽然历史悠久，在世界高等教育中具有举足轻重的地位，但近些年发展不尽如人意，甚至与一些新兴国家相比都有些逊色。例如，韩国人口5 900万，其大学生已达到 330 万，而法国人口 6 000 万，大学生仅有 240 万。在科学研究方面，法国的科研水平在世界上仍名列前茅，其标志是有一批诺贝尔奖和菲尔德奖的获得者。但法国大学的研究开展较晚，影响了法国大学科研作用的发挥。

法国高等教育系统极为复杂，非专业人士常感困惑。尽管欧洲高等教育的博洛尼亚进程促使法国高等教育系统趋于简化，但仍有超过 8000 种学士和硕士令大学生和家长，特别是文化层次较低的家长无所适从，甚至企业和大学也颇难辨别。

2006 年的科研法和 2007 年的《大学自由与责任法》创建了许多新的机构或机制，例如，"研究与高等教育极"（PRES），"前沿研究专题网"（RTRA），"研究与高等教育评估署"（AERES），造成机构重叠，科研目标混乱。

法国要保持和增强科研实力，必须进一步统筹规划法国的科学研究，因此，法国首次将高等教育和科学研究问题列入同一法律。

---

① Ministère de l'enseignement supérieur et à la recherche. Projet de loi relatif à l'enseignement supérieur et à la recherche[EB/OL]. http：//www.senat.fr/rap/l12-659/l12-65917.html，2014-09-13.

《高等教育与研究法》提出了加快发展高等教育规模的首要目标，即在 2020 年将大学生数量翻一番，制定了与欧洲 2020 年科学发展计划相协调的科研战略日程，设置了 8 项重点研究领域和人文社会科学与技术领域的横向专题。为了指导与评估国家科学研究战略的实施，法国组建了新的科研战略委员会，替代了原来的科学与技术高级委员会。国家高等教育与研究委员会得以保留，但融入了原来的研究与技术高等委员会。与此同时，研究与高等教育极和前沿研究专题网被取消。新设置的研究与高等教育评估高级委员会取代了原来的研究与高等教育评估署。这一新的高等教育评估委员会作为独立的管理机构，将按照学术评鉴原则和国际公认的伦理运行。这些措施将会促进法国实现面向 2020 年的科学发展目标。

四、重建大学治理制度

自治是中世纪大学诞生以来的重要传统。法国 1968 年的《富尔法》奠定了法国大学的学院式治理模式；1984 年的《萨瓦里法》沿袭了关于大学决策的"参与"原则，进一步规定了大学校长的资格和选举程序，明确了校务委员会的人员组成结构。进入 21 世纪，围绕法国大学发展问题，一直有两种势力在较量。一方面，高等教育国际化的严峻挑战，特别是上海交通大学等单位建立的世界大学排行榜对法国大学影响极大，因此，有人强调提高大学治理的效率，赋予校长和校务委员会更大的权力。另一方面，也有人坚守大学的理念，极力维护教授治校的学院治理模式，反对大学权力的集中化。2007 年 8 月 10 日的《大学自由与责任法》简化了大学校长的选举程序，扩大了校长和校务委员会的权力，使大学治理模式变得非常集中化，损害了长期实施的学院式治理。此法颁布之后，反对声不断。最典型的事例是 2012 年 5 月巴黎第八大学一批教授联名抗议大学校长"权力的滥用"。

削减校长的权力实际上是法国大学治理模式的回归，正如高等教育与研究部部长日娜维耶芙·菲奥拉佐所言："应当重新引入学院式治理，这才是大学的精神。校长作为经营人，根本行不通。"①

新法律的核心思想是赋予大学自主权，使大学更有效率，更富于学院式治理的民主。所谓效率，就是允许大学及其委员会做出重大决策。所谓学院式治理，则基于高等教育和科研的进步，依赖教师、管理人员和大学生全体的共同努力。

根据规定，大学行政委员会成员的总人数为 24～36 人（2007 年的《大学自由

---

① Caroline Beyer. Le pouvoir des présidents d'université remis en cause[N]. Lefigaro, 2013-05-21.

与责任法》规定为 20～30 人，1984 年的《高等教育法》规定为 30～60 人）。其中，教师—研究人员 8～16 人，校外人士 8 人，学生代表占 4 人或 6 人，行政与服务人员占 4 人或 6 人。行政委员会的总人数比 2007 年的法律规定略有增加，主要是增加了大学生和行政人员的比例，进一步体现了民主与协商的精神。

学术委员会将成为大学真正负责教学与研究的决策与咨询机构。这一委员会由分别选举产生的培训与大学生活委员会和科研委员会构成。关于审议教师与研究员的职称与晋级，由学术委员会中具有教师与研究员身份的成员构成的委员会负责。学术委员会还可以根据需要创建其他委员会，如校园生活委员会。学术委员会的建立将有利于大学行政委员会专注于指导学校发展战略。

根据新的法律规定，大学校长由行政委员会中成员的绝对多数，在教师—研究人员、教授或讲师及其他相当身份的人员中选举产生。候选人不限国籍，也不限合作者或受邀者，任期为 4 年，可连任一届。校长的权力比 2007 年的法律规定的要小，但大学校长的候选资格宽松了些。2007 年的法律要求校外人士必须在校长选举之前被任命为行政委员会成员，新法律则允许校外人士直接竞选校长。因此有人说，前任高等教育与研究部部长不敢做的事，现任高等教育与研究部部长做了。这与法国大学校长为"同行选出的佼佼者"的传统相违背。

五、向欧洲与全世界开放

向欧洲与全世界开放，简言之，就是走出去，请进来，让更多的法国学生和教师到外国学习和了解另外的语言和文化，吸引更多的留学生来法国学习。

而吸引留学生来法，对法国来说，最大的门槛莫过于教学语言的限制。早在 1794 年 7 月，一项法令便规定法语为法国行政的唯一语言。1992 年，欧洲理事会在受到法国反对的情况下，多数国家同意通过《欧洲地区或少数族群语言宪章》，强调"在私人和公共生活中使用方言的不受时效限制的权利"。也就是当年，法国宪法的修改文本增加了"共和国的语言为法语"的条款。1994 年，《杜蓬法》规定，必须在工作场所、学校，包括各种标识、广告、说明书等多种社会生活方面使用法语。1999 年，法国最终签署了《欧洲地区或少数族群语言宪章》，但仍拒绝批准。这意味着对宪章表示同意，但不准备执行。

过去十年，法国在接收留学生数量上的国际排序从第 3 位降至第 5 位，其重要原因在于教学语言的限制，不具备法语能力或无学习法语决心的学生，选择了到其他国家留学。

《高等教育与研究法》终于在教学语言上实现了实质性的突破，其第二条写道："作为将法语为教学、考试和论文语言的例外，允许在与外国大学协议或欧盟资助的项目框架下，部分教学语言采用外语。这一修订应当有利于法国高等教育吸引外国学生。"

但是，外语授课在法国的大学教学实践上获得实质性进展并非易事，这一进程不会很快，一是法国大学教师的外语能力有待提高，二是法国人的文化传统和对外语教学的本能抵制也会限制这一政策的实施。

《高等教育与研究法》按照高等教育与研究部部长的说法，不是一部多余的法，也不是一部过分的法，更不是一部无用的法，而是一部指导未来的法。它提出了在 2020 年将大学生数量翻一番的宏伟目标；它是一部标志变革的法，它将回归对话与信任；它是一部打通高等教育系统的法，它将高等教育与科学研究密切联系，共同面对未来挑战；它还是向社会开放的法，它将高等教育与科研同经济、社会、文化系统密切联结，培育社会需要的各类人才。[①]

然而，实现这部法律的目标并非易事。现任政府总是批评前任政府的无能，比如，高等教育与研究部部长特别指出，在以前实施的"大学生成功"计划中，投入经费 7.3 亿欧元，反而在三年间使学士文凭获得者的比例倒退近 5%，从 37.5% 降至 33%。在法国青年失业率高达 25% 的今天，法国政府追求平等和实现大学生成功目标的压力尤其大。

>> 第三节　新的评估模式 <<

自 2012 年起，法国学生成绩评估对象调整为小学二年级与五年级学生。评估的结果不再上报，而主要用于帮助教师改善教学，发现学生学习方面的不足，提高学生的能力水平，也用于与家长交流信息。评估模式则采用《学生能力手册》。

一、《学生能力手册》简介

《学生能力手册》是检测与认定学生在三个不同阶段掌握共同基础中的知识和能力的记录汇编。

2005 年 4 月 23 日，法国颁布了《学校未来的导向与纲要法》[②]，对"必不可少的共同基础"的内涵进行了界定：义务教育至少应当保证每个学生获得共同基础的必要途径。共同基础是由知识和能力的整体构成，掌握共同基础对于学校成功、后续培训、构建个人和职业未来，以及社会生活的成功都是必不可少的。这

---

① Geneviève Fioraso. Examen du projet de loi sur l'enseignement supérieur et la recherche au Sénat [EB/OL]. http://www.enseignementsup-recherche.gouv.fr/cid72577/examen-du-projet-de-loi-sur-l-enseignement-superieur-et-la-recherche-au-senat.html, 2013-09-22.

② Ministère de l'education nationale. LOI N° 2005-380 du 23 avril 2005 d'orientation et de programme pour l'avenir de l'école[R]. 2005：7166.

一基础包括：①掌握法语。②掌握数学基本知识。③具备自由行使公民责任的人文与科学文化。④至少会运用一门外语。⑤掌握信息与通信的常规技术。

法令指出，义务教育不能归结为共同基础，共同基础也不能替代课程大纲。但共同基础确实是义务教育的基础，其特别意义是构建一种各学科和课程融会贯通的学校教育基础文化。它使学生在学校及以后的生活中得以面对复杂的实际情况，能够获得终身学习的能力，适应未来社会的变化。

共同基础划分为七种能力，前五种分别与当前学科相关，包括掌握法语，实践一门外语，数学基础能力，科学与技术文化，掌握信息与通信的常规技术；后两种能力为社会与公民能力、自主与创新能力。

能力是一个不易界定的概念。法国教育部关于《学生能力手册》的解释文件中这样定义能力："每一重要基础能力可以看作当代基础知识及其在各种情况下运用这些知识的能力的组合，同时还包括整个生命中不可或缺的态度，如襟怀开放、志在求真、尊重自我与尊重他人、好奇与创新等。"[①]

《学生能力手册》首先划分出"能力"，如能力1——法语的掌握，能力4——信息与交流日常技术的掌握。然后，每种能力划分出"领域"，每个领域再划分若干"项目"。

二、评估的三阶段及具体内容

共同基础能力的获得是渐进的。对这些能力的认定在三个学习阶段：第一阶段在小学二年级结束时；第二阶段在小学五年级结束时；第三阶段在初中四年级结束时。

在第一阶段，《学生能力手册》上要记录学生成绩，并把结果向家长通报。在第二阶段，记录学生成绩的《学生能力手册》要转交行政主管部门和初中。第三阶段是在《学生能力手册》记录学生成绩的最后阶段，但学生成绩的认定由教学组的教师与班主任共同完成，并由校长最终确定。

第一阶段的能力有3种：①法语的掌握（见表4-2）。②数学基本原理。③社会与公民能力。

表 4-2　第一阶段：能力 1——法语的掌握

能力	认定时间
• 言说	
使用合适语汇清楚地口头表达	

---

① Direction génèrale de l'enseignement scolaire. Fiches repères pour la mise en oeuvre du livret personnel de compétences au collège[R]. 2010：5.

续表

能力	认定时间
在班级进行语言交流时能够遵守交流规则	
背诵若干散文片段或短诗	
• 阅读	
独自朗读一段包含已知和未知词汇的文字	
独自朗读和听读一段适合其年龄段的少年文学经典著作的文字	
独自阅读并理解一份说明书、简单指令	
说出一段文字或短文的中心思想	
默读一段文字，辨认不认识的词汇，并在概述、重组和回答问题中表现出理解能力	
• 书写	
准确、工整地抄写一段手写清楚的短文	
运用其知识，写一段短文	
独自书写一段 5～10 行的文字	
• 语汇学习	
运用确切的词汇表达	
给出同义词	
找出反义词	
重组同类词	
开始应用字母顺序	
• 语法学习	
辨认语句、动词、名词、冠词、形容词、人称代词	
标出句子中的动词和主语	
第一组动词"是"和"有"的现在时、未来时、过去复合时的变位	
辨别未来时和过去时	
• 拼写学习	
正确书写，符合语音、语态等规则	
正确书写记忆的词汇	
正确拼写，符合主语和动词的匹配、性、数等语法形式	

第二阶段和第三阶段的能力各为 8 种，见表 4-3，每种能力又划分若干领域。第三阶段的人文文化能力的各领域及项目可见表 4-4。

表 4-3　第二阶段和第三阶段能力列表

能力	认定时间
法语的掌握	
外语应用	
数学基本原理	
科学与技术文化	
信息与交流日常技术的掌握	
人文文化	
社会与公民能力	
自主与创新	

表 4-4　第三阶段的能力 6——人文文化

标志性知识	认定时间
关于空间：世界格局的主要类型和自然与人文分布，法国和欧洲地理的主要特点	
关于时间：人类历史的不同时期，法国和欧洲的主要（政治的、社会的、经济的、文学的、艺术的、文化的）历史特点	
关于文学：经典文学著作	
关于艺术：经典绘画、音乐、戏剧、建筑、电影作品	
关于公民文化：人权，欧盟的政治、经济和社会组织形式，国家在法国的地位与作用，经济全球化，可持续发展	
·了解不同的时代、地域和文化	
确定重大事件、文学或艺术著作、科学或技术发现的地理位置	
识别各种文明、语言、社会和宗教	
找出文学和艺术著作的联系，以便深入理解	
运用知识理解当代社会	
·阅读与运用不同语言	
阅读与运用不同语言：文字、图、表、图像、音乐	
认识与应用不同的文学表达形式	
·学会感知、批评精神、求知欲望	
在文学篇章中感知美学和人文	
在艺术作品中感知美学和人文	
能够对事物、文献、著作持有批评看法	
对当前事物，对文化或艺术活动具有求知欲望	

为了准确、公正地评估学生的能力及成绩，法国教育部编制了《共同基础的能力评估与认定参考表》。参考表为教师提供了评估学生成绩的参照指示，解释了《学生能力手册》中每个阶段每个项目的认定要求。部分项目可参见表4-5。

表 4-5　第一阶段能力 1 评估参考表 (部分)

言说

项目	解释	评估指示
使用合适语汇清楚地口头表达	准确表达，以便能在学校生活中理解；分享词语的意义，以便在更大的范围进行口语交流；口语讲述一段小故事（因果关系、确切的时间与空间状况），以便不知此事件的第三者得以知晓	评估须在常规班级状态中进行，通过计划或特别活动引导至接受评估。 评估依赖于各个领域的活动，在交流与回忆的状况下要求使用口语。 评估涉及的能力为： ——提及某事实(事件、经历、出行)； ——描述一件由学生或教师听到或看到的故事； ——描述一个地方(近处的空间、学校、家庭、体育馆、街道)、一段经历、一个人物、一件物体。 观察内容为： ——表述的清晰度； ——言语的恰当性； ——运用的语汇； ——标志因果关系和时空状况联结语言的应用； ——在两人、小组或班级中表达的能力。 当儿童能够构建连续的讲话时，即使是简短的，只要能适应对话者并被理解，能运用合适的语汇，此项目便可评估为合格。 当学生不能在大组状态实现口语表达，教师可提出相同类型的口语表达在小组中进行，必要时在两人状态中进行
在班级进行语言交流时能够遵守交流规则	参与交流：提问、回答、倾听、谈看法，同时遵守交流规则	评估在各教学领域的班级交流中进行。评估依赖于交流活动、辩论、小组顺畅对话。 观察内容为： ——尊重倾听、讲话、交流的规则； ——讲话的准确性与清晰度； ——提问、要求解释、为问题提供答案的能力； ——运用适当的语言记录的能力； ——对讲话人反应的能力； ——重视对话者及其理解的能力； ——表达同意或不同意与坚持自己观点的能力。 当学生能够用可以理解的语言参与交流，并能在此主题中提出自己的观点与倾听他人的意见时，本项目便可做肯定性评估

续表

项目	解释	评估指示
背诵若干散文片段或短诗	背诵(10余个)散文片段或短诗,并能以良好语调表演	评估可以在背诵或朗诵散文或诗歌的特定活动中进行,或在特别计划中进行: ——背诵教师选定的文字:儿歌、散文、诗歌; ——诗歌会:背诵自选的一首诗歌或散文,背诵一首抽签选出的诗歌; ——班级或学校的计划:演出、为其他班级表演; ——文化活动:诗歌之春等。 观察的能力为: ——文字记忆; ——清楚表达(听得见的声音、发音的质量、韵律); ——口语表演:语调、韵律、讲话的音质(读音、重音、强度); ——非口语表演:呼吸、姿态、架势

阅读

项目	解释	评估指示
独自朗读一段包含已知和未知词汇的文字	参与对话式阅读:发音正确,语调流畅,遵守音标,声调适当	此评估在朗读传奇故事和文献等短文章的活动中进行,可以是法语课或其他领域的教学课,以及为评估特别安排的活动。 评估依赖以下各种状况: ——朗读一段文学作品或一场戏剧中的对话; ——(文献资料或信息资料等)信息交流; ——分享阅读的喜悦(朗读人们喜爱书籍的片段)。 观察目标为: ——规则的掌握(见表4-2); ——发音; ——阅读的流畅性,注意标点符号; ——运用适当的语调,以突出文章的重点意义; ——使听众明白。 当大声朗读文章时不犹豫,采取尊重标点的阅读节律时,本项目可做肯定性评估。轻微的犹豫可以原谅
独自朗读和听读一段适合其年龄段的少年文学经典著作的文字	听和读一篇较短的完整著作,长篇著作中的一大段节选;朗读或听读完整著作,特别是适合朗读的儿童文学著作;了解并应用文章阅读的特殊语汇:书、封面、页、行、作者、题目、正文、句子、词、开始、结尾、人物、历史	从听著作朗读、在班级口头复述和在学校与家中独自朗读中,评估独自朗读和听读完整的少年文学经典著作的能力。 评估依赖于以下状况: ——朗读的进程(根据某一主题或计划的若干著作的朗读); ——著作的介绍和朗读的交流; ——高声朗读某一著作片段; ——文章主要元素的问题表; ——某一著作的介绍(封面、题目、作者、人物、事件、历史年表)。 观察的内容为学生对教师已读的故事的兴趣,以及以下方面的能力:

项目	解释	评估指示
		——选择某一著作的片段用于高声朗读； ——叙述已经阅读或听过的故事（人物、行为、时间与空间场景）； ——对一故事提出合理的推导； ——发表个人观点； ——尝试文学作品的比较
独自阅读并理解一份说明书、简单指令	默读一份说明书、指令，理解其含义	评估依赖于所有班级状况下的各种经常性活动，或为评估组织的专门活动。 评估的能力为： ——完成一件任务或练习； ——解决问题； ——复述课文。 观察的方面为： ——执行任务认真； ——学生执行任务的流程：为了更好地理解，对指令、说明书、练习、课文提问；在执行任务中表示尊重，且重新提到课文；在流程中的自动性。 当学生能够恰当执行书写的简单指令、数据时，本项目便可做肯定性评估
说出一段文字或短文的中心思想	说出所读文章涉及的人或事；说出一段文字或某个段落的中心思想	此评估在朗读传奇故事和文献等短文章的活动中进行，可以是法语课或其他领域的教学课，以及为评估特别安排的活动。 评估涉及学生的口语和书写方面的以下能力： ——辨认文章涉及的内容（主要问题是什么，故事的结构，人物的关系等）。 观察主要涉及： ——对所读文章中心思想的提炼选择（词、词组、题目、概述）； ——重新回到文章，以确认其主张。 当学生能够辨认短文或段落的整体意义时，此项目的评估便可是肯定性的
默读一段文字，辨认不认识的词汇，并在概述、重组和回答问题中表现出理解能力	辨认阅读故事中的人物、事件、时间与空间的场景；把听到或读到的新文章同过去知道的文章做比较（主题、人物、事件、结局）	此评估在朗读活动中进行，可以是法语课或其他领域的教学课，以及为评估特别安排的活动。 评估涉及以下能力： ——辨认人们所说的人物、地点、历史年代表等； ——考虑文章中的简单语法（代词、复指代词等）； ——建立文章中事件的联系（因果关系、时间次序等）。 观察涉及： ——口头或书写的适当回答； ——已读故事重组的质量； ——良好概述的选择； ——口头简短概述的质量； ——已读文章片段的口头重组。 当学生被证明能够理解要求他重组的文章时，本项目的评估可以是肯定性的

书写

项目	解释	评估指示
准确、工整地抄写一段手写清楚的短文	抄写一段短文（完整词汇或词组），能够符合拼写、标点、大写规则，并书写工整；认真抄写一段散文或一首诗歌，并符合页面格式	评估可以在平常书写活动中的抄写（课文、诗歌短文）练习中进行，并可运用各种支持方式（黑板、课本、卡片、书籍等），以及通过不同形式的活动（个人工作、小组工作等）进行，还可以通过为评估特别安排的活动进行。 观察的内容为： ——抄写完整词汇或词组的能力，不必回到文章中复读； ——手写的质量：姿势正确，书写的质量（字母的结构与大小适当、字母之间的连接、大写），抄写的认真度，书写的速度； ——与范文呈现的一致性（间隔、换行、题目的显著位置、边缘的预留、标点正确、拼写正确）。 当学生能在一定的时间内完成一份对若干行文章的完整、清晰、正确的抄写时，本项目的评估可以是肯定性的
运用其知识，写一段短文	重读短文并修改：根据提供的指示修改，自主地复制和修改一篇文章；运用拼写或语法知识，无错误地听写若干语句或（5行）短文	评估可以在学校平常的书写活动中进行，包括为丰富和改善文章的改错活动，也可以在专门组织的评估活动中进行，还可以在听写若干语句或（5行）短文的状态中进行。 评估的内容为： ——学生运用其知识在不同状况下书写一段文字（重写、编写、听写）； ——就学生书写的文字提问，以便改善； ——依靠学生的语言知识标示出书写错误：读音规则（字母与读音、字母重音），词的分节，不变词汇和最常见词汇的拼写，合乎语法的拼写，语句标志的应用（大写、句号以及列目录中的逗号）； ——标出动词组（主语在动词之前）和名词组的关联； ——拼写符合适当的变位形式； ——根据教师的指示自主修改所撰写的文字的错误。 当学生能恰当应用书的知识与工具改善撰写的文字，并能理解，在听写中完成的5行文字完整、清晰、正确时，此项目的评估可以是肯定性的
独自书写一段5～10行的文字	独自构思与书写一段5～10行叙事性或解释性的文字；学生学习自主编写短文，找出和组织思想，选择词语，构建语句并使之相互关联，注意拼写规则	评估可以在学校平常的编写活动中进行，也可以在专门组织的评估活动中进行。 评估的内容为： ——书写一段5～10行的故事； ——续写一段读过或听过的故事； ——书写任何教学领域的小结。 观察内容为： ——叙述的连贯性（故事的事件或阶段联结清晰；遵守时间的次序）；

续表

项目	解释	评估指示
		——书写文章的结构与类型相匹配（描写、叙述、文字、结语）； ——恰当地使用词典，特别是在班级学习中； ——句法修正（可辨别的语句，运用关联词语并使语句连贯，遵守基础的标点规则）； ——句态修正（词语的分节、最常见的变位形式）； ——拼写修正（常用词、不变词）和语法修正（名词组中的基本对应、主语和动词的匹配）。 当学生能完成连贯的（叙事性或解释性短文）文字书写并遵守书写规则时，此项目的评估可以是肯定性的

资料来源：Direction générale de l'enseignement scolaire, Ministère de l'éducation nationale, de la jeunesse et de la vie associative. Grilles de références pour l'évaluation et la validation des compétences du socle commun au palier 1〔EB/OL〕. http：// eduscol. education. fr/soclecommun, 2014-05-12.

三、评估流程

评估的时间须在学生经过学习时间和必要的练习时间之后，并尽可能地接近学生学习和练习的状况，还应当等待学生做好准备后进行。

教师在评估之前，应当具备解释评估各项目的能力。学生能力的评估可以通过对班级学生的学习状态进行直接观察来获得，或通过对学生作品，例如，学生书写作品的观察获得。评估的方式依据测试题的要求可以是口述、书写和操作。

《学生能力手册》的设计可以称得上完美。循序渐进的评估阶段，划分清晰的不同能力、领域和项目，每一项目的具体解释，评估和观察的条件，认定的标准等规定得十分清楚。在评估条件上，既有常规的教学活动，也允许特别组织的评估活动。在活动方式上，既有笔试，又有口试，还有操作。在认定标准上，既有严格界限，又体现一定宽容。

《学生能力手册》作为一种新的评价方式，既可提高评估的效率，又可降低评估成本，但真实效果如何，要待未来实践检验。

>> 第四节　择校政策的演变 <<

为了实践教育平等的政治理念，法国政府自 1963 年开始编制《学校分区图》，以限定公共教育服务的区域，同时满足家庭的教育需求。但《学校分区图》实施50 余年来，在保证社会平等方面发挥重要作用的同时，也引起社会的争议和不满。近些年，法国政府为了适应民意，开始对这一政策进行调整，并采用现代化的数字手段参与学生择校分配。本节拟对法国择校政策的制定与演变进行历史和现实的分析与研究。

一、政治基础：为了社会平等

促进社会平等是法国诸多政治改革的核心理念。法国大革命曾设想使初等教育脱离教会的控制，全国实现统一和免费的制度，只是疾风暴雨式的革命无时间也无能力实现这一目标。1833年的《基佐法》奠定了每个城镇建立一所小学的格局。1881年和1882年的《费里法》保证了免费初等义务教育的普及。20世纪40年代开始实施的家庭补贴制度进一步完善了初等教育系统。但是，中等教育依然明显划分为平民学校和资产阶级子女的学校。

早在1918年，法国"新教育运动"就倡导"统一学校"，主张建立一种平民能够介入的选拔社会精英的"共同基础"。1947年的"朗之万—瓦隆计划"循此思路，提出18年义务教育的设想，以最大限度地减少经济、社会或地理因素对儿童的不利影响。虽然这一计划未能实施，但成为后来改革经常参照的经典。1959年的贝尔端(Berthoin)改革便部分地实践了"朗之万—瓦隆计划"，把义务教育延长至16岁，基本可以保证全部青少年都能接受完整的初中教育。

1962年12月12日，戴高乐总统向蓬皮杜总理指定三大目标，其中第三目标要求：国民教育"应当致力于逐步消除社会阶级差异，使所有法国青年都能享有平等的机遇，并通过适当的导向与选择向大众开放"[1]。

为了实践教育平等的政治理念，法国政府自1963年开始编制《学校分区图》，以限定公共教育服务的区域，同时满足家庭的教育需求。《学校分区图》根据学校的不同层次和接收学生的能力，确定招生的地理区域。据此分区图，每个5 000～10 000人口的居民点应当设一所初中，其服务半径为10～15千米，全国约有4 000个这样规模的居民点。在人口密度大的城市，还要划分单一学校和多个学校的不同区域。每年，各地教育行政部门都要根据学校居民区适龄儿童的数量和学校的招生能力确定学校分区，每所学校分区的范围可能具体到每个门牌号的住所。

法国义务教育既是免费的，又是强制性的，凡6～16周岁的儿童均需接受此教育，家庭的义务便是送子女到公立或私立学校就读，也允许在家庭接受教育。如果是在家中接受义务教育，须向市镇政府和教育行政主管事先申报，并且每年都须报告进展情况，以便政府对学生教育和健康水平进行监控。任何幼儿学校不得允许超过6岁的儿童继续留校，相反，对于已经准备好接受小学学习的儿童，

---

① Agnès van Zanten et Jean-Pierre Obin. La carte scolaire[M]. Puf，Paris，2008：12.

可以适当提早入学。适应教育大众化的需求，法国初中建设在 20 世纪 60 年代经历了大发展时期，曾有"一天建一所初中"①之说。随着学校发展条件逐步成熟，1975 年，法国当时的教育部部长阿比（Haby）实行了"统一初中"的改革。改革的核心原则是允许社会所有阶层的人都能够在社会平等的条件下接受统一的教育。新的初中替代了原来不同类型的初中，将所有青年都置于同一类型的学校之内，并且随机分班，不再按照学习成绩划分不同类型的学习系列。

学校分区的基本原则是就近入学。在学校招生之前，家长会得到学校分区及规定学校的有关信息。当家长准备儿童入学时，须先在市镇政府注册，并须出示以下证件：①户籍证（livret de famille）、身份证或出生证；②居住证明；③儿童疫苗记录。

然后，家长在到市镇政府规定的学校注册时，须提供以下证明：①市镇政府签发的学校注册许可证；②户籍证、身份证或出生证；③儿童疫苗记录。②

而注册初中基本上可以自动完成。在小学毕业之前，每个学生会收到有关初中注册的申请资料，家长和学生可以在教师的帮助下选择学生的就读模式（住宿、午餐、走读）和第一外语的语种。当被告知接收其子女的学校是哪个时，家长便可以到该校为其子女正式注册了。

在巴黎等大城市，有一些艺术、体育等特长学校，录取时要进行测试，然后由学区委员会根据成绩和学校招生名额决定录取名单。

高中学校的注册稍微复杂一些，因为高中教育已不属于义务教育，学生需要在普通教育、技术教育和职业教育的不同方向上分流，这便是所谓"定向"。一般的定向程序是这样的。

①在初中四年级的第二学期，学生和家庭须表示关于定向的要求。

②班级委员会首先审查学生和家庭的定向要求并提出意见。

③如果这一意见与学生和家庭的要求不一致，校长须在做出决定之前与家长展开对话。

④如果异议继续存在，家长可以在三天之内要求由学校校长、教师、学生家长、教育与定向人员组成的，并由学区督学主持上诉的委员会复议。

⑤如果最终未能达成一致，家长可以选择让子女留级。

学生的申请志愿将送达相关高中，高中校长负责审查学生的资料。之后，学区督学（省级教育行政主管）将根据学生志愿和学校容量决定所辖各学校录取学生的名单。

---

① Agnès van Zanten et Jean-Pierre Obin. La carte scolaire[M]. Puf，Paris，2008：16.

② Ministère de l'éducation nationale. L'inscription à l'école élémentaire[EB/OL]. http：//www. education. gouv. fr/cid37/inscription. html，2013-10-09.

如果家长希望到分区以外的学校注册，须有适当的理由和相应的证明材料。例如，学习小语种外语，须提供申请信；父母在某校工作，需该校校长的证明等。如果此项申请被拒绝，学生仍可在规定分区的学校入学。例外的小学入学要求须经相关市镇政府批准，例外的中学入学要求须经相关省级教育行政部门批准。

学校分区制度实施以来不断受到挑战，特别是在新自由主义影响下，要求自由择校的呼声不断高涨。新自由主义认为，自由择校不仅是家长的权利，更是促进教育平等的有效途径。

针对这一问题，法国前任总统萨科齐在上任不久便表示"希望逐步取消《学校分区图》，是为了较少地分离""希望改革统一初中，是为了每个学生都能够找到自己的位置，是为了考虑智力的节律、感受、特性和形式的差异，使每个学生获得最大的成功""希望残疾儿童能够像其他儿童那样接受教育，不仅使残疾儿童获得幸福，也要让其他儿童从差异中丰富自己"。但他同时强调，"我们共和国学校的模式，就是容纳所有家庭出身、所有社会阶级、所有信仰，要求每个人在宗教、哲学和政治信仰上保持中立并相互尊重"①。

二、教育现实：学生分化严重

从本质上说，学校或教育并不是不平等的根源，但是学校又确实或多或少地参与和制造着不平等。法国小学入学率已达100％，并且95％以上的小学生能够进入初中。从数量上看，法国初等教育可以说已经完全普及。但令人担忧的是，小学生的留级率多年来居高不下，1/3以上的小学生不能按期完成五年学业进入初中。这就是长期困扰初等教育的学业失败问题。

1996年5月2日，法国国民教育部公布了小学三年级学生的全国评估考试结果。结果显示：在小学三年级学生中，有15％的学生不能辨认常见词汇，不能理解简单课文；17％的学生不会加法运算，也不懂整数概念。在初中一年级学生中，9％的学生不会阅读；23.5％的学生不会计算；6％的学生在学习上存在极大困难。

1998年6月，法国国民教育部的一份报告证实："根据各年情况，刚刚进入小学三年级的学生中有21％～42％不能掌握阅读或运算，或不能掌握两个方面最低水平的能力。进入初中时，这类学生的比例为21％～35％。"②

法国教育高级委员会在其2007年关于小学的评估报告中得出这样的结论：

①　Nicolas sarkozy. Lettre aux éducateurs[EB/OL]. http：//www. education. gouv. fr/，2010-08-10.

②　Ministère de l'éducation nationale. Améliorer l'efficacité de l'école primaire：rapport de l'Inspection générale de l'éducation nationale remis à Ségolène Royal[R]. 1998-07.

60％的小学毕业生获得及格或令人满意的成绩；25％的学生的成绩较差；15％的学生学习困难或极为困难。①

如果一个学生在阅读或书写上存在困难，在其他学科中的困难也会随之而来。学习上的困难往往给学生带来心理创伤，他们可能在感到自己不行的同时把自己归为"另类"，导致自我封闭，从而远离学生群体。小学阶段的学业失败给以后的中等教育带来严重的困难。一些研究证明，五年按时完成学业的小学生在未来的中学阶段会有比留级生高5倍的概率获得成功。而小学阶段学习是否能够顺利完成学业，又在很大程度上取决于小学一年级的学习情况。

从整体上看，法国学生在法语学习上的问题相对小些，在数学方面比较严重：近1/4的初一学生不具备整数比较、四则运算等基本能力，而具备这些基本能力的学生仅占43％。

对于小学三年级出现的问题，曾任评估与预测司司长的德洛先生认为，这应属自然，因为这时正在学习过程中，学生可以在以后的两三年中得以补习。问题的严峻之处是，有5％～10％的儿童进入初中时仍存在极大的学习困难。

令人担忧的是法国当前学生成绩竟然落后于20世纪20年代初的水平。1995年，有人在档案资料中偶然发现了9 000余份学生试卷，通过认真比较发现，在语言掌握上，"今天的学生，在听写上的出错率，平均比20世纪20年代的学生高出大约2.5倍"②。

更令人担忧的是，学业失败问题的背后隐藏着严重的社会问题。一方面，学习落后的学生中不同家庭出身的比例差别甚大。例如，在1980年对小学一年级留级生的统计中，农业工人和普通工人的子女分别占29.9％，企业主、高级职员和自由职业者的子女仅有6.1％。其他统计还表明，在正常读完小学的儿童中，高级职员的子女的比例高出农业工人的子女2倍多。另一方面，学业失败在地理区域上的差别也十分明显。在偏远山村和贫困地区，学业失败的儿童的比例相当高，并且这些地区的一些相对优越的家庭也不断搬迁，那里学校的质量日益恶化。

三、实施网上分配

自2008年，法国采用了一种网上管理系统"AFFEL. net"的方式录取高中新生。其基本程序与规则由教育部制定，但积分值或加权值由各学区根据本地情况，并经相关人员协商确定。

这一网上高中录取系统的筛选依据学生的积分，主要指标是家庭住址和学习成

---

① Haut Conseil de l'Éducation. Bilan des résultats de l'École-2007[EB/OL]. http：//www. ac-poitiers. fr/ecoles/IMG/pdf/rapportHCE. pdf，2010-08-09.

② Ministère de l'éducation nationale. Les Dossiers d'éducation et formations[R]. 1996：62.

绩。比如，巴黎划分成东、西、南、北四个区域，共设有 71 所普通与技术高中和 31 所职业高中。申请学校在家庭所在区域内，学生获得的积分最高（见表 4-6）。另外，奖学金生和有兄弟姐妹就读在申请高中的学生也可获一定积分。每一名初中毕业生可以填写 6 个志愿，分别表明个人所选择的普通高中或技术高中。如果初中毕业生申请职业高中，也可填 6 个志愿，但至少填写 4 个志愿，每个志愿含专业和学校。职业高中的录取不受区域限制，但要参考学生的学业成绩和毕业初中与志愿高中对专业选择的意见。

表 4-6　巴黎学区 2013 年高中录取分配的积分标准

指标	积分/分
学校分区（居住地和学校在同一分区）	600
学业成绩	600
奖学金生	300
兄弟姐妹在申请的第一志愿学校就读	30
总分	1 530

值得指出的是，为了避免不同学校间计分差异造成的不公平，学生初中四年级的 12 门课程的平时考核成绩，将先根据一个兼顾各种因素的复杂数学公式进行加权均衡处理，避免过于严厉或过于宽松的评分，然后再得出积分分数。这也意味着学生自己并不能依照平均成绩事先算出可能的得分。

通常，申请高中录取分配的日程都有严格规定。再以巴黎学区为例，2013年的高中录取日程如下：①5 月下半月，每个初中四年级（毕业年级）学生会从班主任那里收到一份高中志愿申请表。②学生须在规定的时间将填好的申请表交还班主任。③其志愿申请录入"AFELNET"系统。志愿申请表同时打印，交由家长认可并签字。家长签字的申请表须返回学生所在的初中，如果未能按时返回学校，打印的志愿表被视为有效。④6 月 15 日，校长把关于学生学业定向的决定通告家长。⑤6 月 29 日，网上第一轮录取结果公布。⑥6 月 29 日至 7 月 4 日，学生须在此期间到被分配的高中注册。⑦7 月 2 日至 4 日，未被分配学校的学生重报志愿。⑧7 月 9 日，网上第二轮录取结果公布。⑨9 月 4 日，新学期开学。

如果在电脑的第一次分配中，学生被分配到 6 个志愿中的任何一所学校，便算分配完毕，在得到正式录取通知后，即可到相关学校报到注册。依照规定，凡在 6 个志愿中有一个被选中的，那么，家长无论提出什么理由，学区都不会考虑再次分配。但如果在第一次电脑分配中，6 个志愿没有一个被选中的话，学生则需要在规定的时间内重返原来的初中，重新填写志愿，然后输入到网上管理系统，进行第二次分配。

新的网上高中录取方式超越了原先各高中赶集式的录取办法。尽管过去高中录取并无明显的舞弊行为，但录取主管教师通常难以避免对某些家庭和某些学习优秀的学生有所偏爱，而网上录取进一步保证了录取程序的透明和公正。

新的录取方式也赋予学生和家长一定的选择权，他们有可能进入自己希望去的学校。但是这种权利也很有限，并非想去哪个学校就能去哪个学校，或者不想去哪个学校就不去哪个学校。正如巴黎学区主任米舍莱（Claude Michelet）所言："志愿并不产生权利。"[1] 任何人都无特权，规则总是最重要的。

四、并未终结的争论

《学校分区图》实施 40 余年来，在教育均衡发展上发挥了重大作用，但也暴露出了严重问题。即使是政府在学校经费和师资方面采取了严格的均衡政策，但因生源而形成的学校之间的差异仍十分明显。通常是城市中心和文化区域内的学校因生源质量较好而声誉显著，而只有经济优越的家庭才有可能在这些房价较高的区域居住，因此造成享受教育资源的不平等。

从 2002 年起，法国政府的学校分区政策开始松动。法国教育部部长吉尔·德罗比（Gilles de Robien）主张放宽学校分区控制，允许教育优先区内所有获得优秀成绩的初中毕业生可以例外地选择学校。

后任教育部部长达尔科（Xavier Darcos）相信，家长的自由择校有利于消解社会分离。因此，他于 2007 年 6 月进一步放宽政策，允许学生去本区之外的学校就读，只要不超出学校的接收能力。针对可能的超额问题，要求优先招收以下学生：①残疾学生。②优秀奖学金生。③社会资助生。④接受重要医疗，其医院靠近所要求学校的学生。⑤接受特别学科教育的学生。⑥有兄弟姐妹在所要求学校就读的学生。⑦其居所更靠近所要求学校的学生。

新的政策尊重了家长选择学校的权利，但可能引起学校之间的竞争，也可能扩大学校之间的差异。

根据教育部的规定，学区总长负责审查每个申请分区以外学校的请求，唯一限制是接收学校的招生能力。地方政府应用一种"AFFEL. net"软件系统来筛选申请，主要依据是报名的学校、家庭住址、家庭状况、是否奖学金生、是否残疾等指标，自动生成筛选结果。2007 年入学时，全国共有 13 500 份申请，其中巴黎地区 2 500 份。申请初中学校的批准率为 77%，高中的批准率为 67%。

巴黎一位家长因其女儿两次申请进入若干著名高中无果，无奈将女儿送入一

---

① Académie de Paris. Affelnet［EB/OL］. http：//www.cpe75.org/spip/IMG/doc/Affelnet. doc，2010-09-15.

所私立学校之后，将巴黎学区告上行政法院，法院最终判决家长胜诉，要求志愿报名的高中将其女儿录取，并要求学区支付该家长 1 500 欧元的诉讼费。①

许多家长对于可能取消《学校分区图》欢呼雀跃，因为他们可以为子女自由地选择学校了。一些学者也支持取消《学校分区图》，他们认为，《学校分区图》会导致社会的贫民区的形成，因为"只有富裕阶层的子女才有规避《学校分区图》的能力"②。

但也有些学者持不同意见。法国国家科学研究中心研究员臧丹（Agnès van Zanten）指出："学校分区完全自由的国家，或者说无任何调控的国家，学校不平等在整体上最为严重……然而，在我们的民主之中，强制的《学校分区图》的约束越来越不被接受。"③ 她还看到，"学校分区的取消会给予优越家庭更多选择学校的机会"。结果可能是，"坏公民，但是好家长离开（规定的分区学校）""好公民，但可能是坏家长留下"④。

社会学者杜拜（François Dubet）和迪露·蓓拉（Marie Duru-Bellat）认为："取消《学校分区图》不足以提出更为公正的政策，取消《学校分区图》可能是比坏药方更糟的药方。"⑤

法国共产党则认为政府取消《学校分区图》的措施"令人愤慨"，严厉批评"菲永政府如此简单粗暴地终结了共和国的学校"⑥。

现任社会党政府对《学校分区图》政策并未否定，目前也未提出改革的日程表，似乎还在沿袭现有的政策。

法国《学校分区图》的孰是孰非也许不会有定论，也许最终会被取消，但是法国公共教育的原则不会变。所谓教育的公共性，就是平等地对待所有学校和学生，保持教育资源供给的平等性。法国政府已经郑重承诺，就近入学仍是普遍的规则。即使平民的子女无法选择优质的学校，还可以在家庭附近的合乎规范的学校就读。尽管富人的子女如愿以偿地进入名牌学校，但他们凭借的也不是金钱和权势。透明的规则和公正的程序才是人们真正的期待。

---

① Marie-Estelle Pech. Carte scolaire : le système d'affectation mis en cause[EB/OL]. http：// www. lefigaro. fr/actualite-france/2010/02/17/01016—20100217ARTFIG00053-carte-scolaire-le-systeme-d-affectation-mis-en-cause-. php，2010-02-16.

② Marc Dupuis. Carte scolaire : la Cour des comptes pointe un risque de ghettoïsation[EB/OL]. http://www. lemonde. fr/societe/article/2009/11/05/carte-scolaire-la-cour-des-comptes-pointe-un-risque-de-ghettoisation _ 1263096 _ 3224. html，2009-05-11.

③ Agnès van Zanten. École : à quoi servent les recherches? interview de Agnès van Zanten par Martine Fournier[J]. Sciences Humaines n° 198，2008-11.

④ Agnès van Zanten et Jean-Pierre Obin. La carte scolaire[M]. Puf，2008：55，76.

⑤ Xavier Darcos. Assouplit la carte scolaire[EB/OL]. http：//www. education. gouv. fr/cid5170/xavier-darcos-assouplit-la-carte-scolaire. html，2011-08-09.

⑥ PCF. La carte scolaire[N]. Le Figaro，2007-05-22.

第五章　德国教育政策与发展趋势

本章综述了德国政府 2012 年 7 月至 2013 年 6 月在教育领域出台的政策、法律和法规，以及重大项目的规划内容。此外，一些在此之前已经出台的规定或开始实施的项目，如果在这一时间跨度内取得了阶段性的成果，也将成为本章的关注内容。德国是一个由 16 个联邦州组成的国家，联邦和各州有各自的立法权限。联邦的立法权主要体现在国防、外交、海关、邮政以及税收等涉及整个联邦利益的领域，而文化教育事业的大部分立法和行政权限属于各州政府，即各州享有很大程度上的"文化主权"，联邦层面的教育部门——联邦教育与科研部（BMBF）只拥有少部分权限，发挥着导向和协调性的作用。虽然各州政府都设有主管教育事业的部门，但各州对这一部门的命名和职责划分是有所差别的，例如，柏林的教育部门名为"教育、青少年和科学部"，黑森州的主管部门名为"黑森州文化教育部"，巴登-符腾堡州则将其命名为"科学、研究与艺术部"。仅从这一点，我们就可以发现德国各州在文化事务方面表现出来的差异性。事实上，由于各个联邦州负责自己州内的教育文化事业，对教育的投入力度、侧重点和制定的政策也不尽相同，这使得全面的概括变得缺乏实际，因此，本章关注的重点是来自联邦教育与科研部层面的政策、法规和教育项目。它们通常资金投入量大，周期长，涉及面广，顾及了各州的共同利益，对全国的教育发展也有着较重要的意义。

>> 第一节　促进教育公平："文化兴国，社团助阵" <<

一、"文化兴国，社团助阵"项目的出台背景

一直以来，德国政府十分注重教育公平，致力于为来自不同社会阶层和家庭背景的学生提供同等的学习机会和资源，尽量缩小不同学生由外在因素导致的发展差距。"文化兴国，社团助阵"项目由德国联邦教育与科研部发起，旨在为青少年儿童提供良好的教育环境，提高教育公平。在具体的实施上，项目向社会机构提供资金支持，拓宽全国青少年儿童接受教育的渠道，丰富他们的课外生活。根据项目规划，项目的周期为 5 年，自 2013 年起开始运作。2013 年，德国联邦教育与科研部为该项目提供了 300 万欧元的资金支持，在接下来的 4 年里，每年的

预算为 500 万欧元。项目的实施费用预计达 2 300 万欧元。①

这一项目的产生有着直接的现实背景。在德国 18 周岁以下的青少年中，约 400 万人由于来自社会下层家庭，家庭经济条件差或者父母受教育水平低而丧失了许多接受教育的机会。调查显示，这样的青少年在同龄人中所占的比例超过了 25％。联邦教育与科研部认为，教育对德国未来发展的意义不言而喻。保证德国青少年获得质量优良的教育，有利于德国在激烈的国际竞争中保持优势地位，促进国家的经济繁荣，也有利于减少教育资源分布失衡的现象，更好地体现福利社会的特征。因此，解决这方面的问题不仅是德国政府也是社会团体和所有公民共同的责任。②

另外，此前类似的项目取得了良好效果，证明了这一项目具有较强的可行性。根据过去项目的实践经验，课外活动可以显著、持久地提高学生的受教育水平，帮助学生形成健全的人格。在活动过程中，青少年可以获得与其他人合作的机会，获得与志愿者和指导人员交流的机会，在实践中理解坚持和合作的意义，增强责任意识，从而开阔个人的眼界，全方面提升个人修养。此外，在指导人员的鼓励下，青少年还可以获得更多的自信心，更加积极主动地安排个人的学习和生活，努力做自己人生的主人。

二、"文化兴国，社团助阵"项目的内容

对于这一项目，联邦教育与科研部设定了三个目标。

第一，通过社团组织的活动，为处于劣势的孩子们提供更多学习机会，帮助他们了解时代提出的挑战，拉近他们与社会杰出人士之间的距离。

第二，充分发挥社会团体的作用和积极意义，不断提高社会机构开展教育活动的能力和水平，更重要的是，提高社会各界人士对青少年儿童发展问题的关注程度和责任意识。

第三，综合社会各方面资源，以社区为单位，建立起青少年教育的网络系统。在这一系统中，业余学校、图书馆、合唱团等机构，以及社会上的公益人士可以发挥各自的优势，从不同角度关怀青少年的成长发展，发挥积极的作用。③

在项目的申请方面，该项目的申请人既可以是在青少年儿童教育方面具有丰

① BMBF. Mit Bildungsbündnissen gegen Bildungsarmut［EB/OL］. http：//www. bmbf. de/de/15775. php，2013-09-29.

② BMBF. Mit Bildungsbündnissen gegen Bildungsarmut［EB/OL］. http：//www. bmbf. de/de/15775. php，2013-09-29.

③ BMBF. Mit Bildungsbündnissen gegen Bildungsarmut［EB/OL］. http：//www. bmbf. de/de/15775. php，2013-09-29.

富经验的机构，也可以是热爱教育事业的社会公益人士。在申请时，不同的机构可以通过合作的方式提交项目申请，在获得批准后共同实施教育活动计划。获得批准的项目将得到数量不等的资金，获选项目的申请人应合理利用资金，实施项目计划。这一项目计划发出后就获得了社会各界的关注，2012 年，德国共有 163个符合条件的申请人，以社团或个人的名义提交了项目的申请书。9 月 20 日，项目组委会公布了获得首批资助的申请者名单，共有 35 个项目获得批准。

根据项目的设想，3～18 周岁的部分青少年儿童是项目的主要关注对象。这些青少年儿童由于父母失业、收入较低或者家庭缺乏文化教育的氛围失去了应有的学习资源和教育机会。此外，这一项目虽然对这部分青少年儿童具有一定的偏向性，但是如果不影响项目的实施效果，社区其他的青少年儿童也可以参加项目组织的活动。[1]

这些项目的表现形式和具体内容有所差别，但是出发点都是根据青少年身心发展的特点开展课外教育活动，尤其是文化教育领域的活动，例如，短期的主题活动、研究讨论会、信息和经验交流会、假期学习辅导班、课后兴趣班等。这些项目的预期效果主要可以概括为以下几个方面：一是提高学生的认知能力和学习能力，及时解决他们在课堂中存在的问题，巩固课堂上学习的知识，帮助他们在学业上取得良好的成绩。二是引导学生阅读优秀的文学作品，丰富他们的内心世界，形成健全高尚的人格。三是带领学生们参观博物馆，参加艺术展览，共同欣赏艺术作品，增强其艺术鉴赏能力，并在此基础上鼓励学生有所创作，感受其中的乐趣，提高动手能力。四是增加学生参加活动的经验和与他人交流的机会，在合作的过程中培养他们的进取心和责任意识。五是为学生介绍自身生活环境以外的世界，帮助他们认识世界文化的多样性，增进他们对差异的理解和包容，逐渐形成整体的意识，培养跨文化交际的能力。

三、"文化兴国，社团助阵"项目的实施

现以首批促进项目的实施流程为例，介绍"文化兴国，社团助阵"的项目实施方法。自发布信息之日起，即 2012 年 5 月 8 日至 2012 年 7 月 31 日，申请者应将自己的项目设想以书面的形式提交至联邦教育与科研部。申请者提交的计划书中应包括如下内容：①机构或个人的自我介绍，开展课外教育活动的资质证明。②相关的项目经历和从中总结出的经验，项目资金的分配和使用方式，并注明项

---

① BMBF. Richtlinie zur Förderung von außerschulischen Maßnahmen, insbesondere der kulturellen Bildung, für Kinder und Jugendliche im Rahmen von Bündnissen für Bildung vom 10. Mai 2012[EB/OL]. http：//www. buendnisse-fuer-bildung. de/media/content/Foerderrichtlinie. pdf, 2013-09-29.

目的名称和资助方。③活动项目的目标和实现目标的具体措施。④具体的活动设计方案，活动的主题范围和详细的实施方法描述。⑤介绍项目计划与当地实际情况之间的联系，以及对促进本地区建成教育网络的意义。⑥介绍申请者与本地区其他教育机构的交流和合作。⑦如果申请者是多个机构或个人，介绍沟通方式及协调的过程。⑧如果申请者是多个机构或个人，各方需提交对其他机构或个人项目运行能力的评价。⑨项目的工作和时间分配计划。⑩对人员和物资的分配计划。⑪活动的资金总预算。⑫包括项目措施、活动类型、目标群体的项目简介。①

接下来，由联邦教育与科研部任命的专家评议团会对这些项目计划加以研究和分析，综合考虑后决定是否通过批准。其中，对项目计划的评判标准有：①在课外教育，尤其是文化教育领域的经验和资质，以及对课外教育活动的组织能力。②在此前的项目中，机构或个人对项目资金的管理和使用能力。③项目计划的合理性和可操作性。④项目计划的教育专业性和质量。⑤项目计划在全国范围内的普及性。⑥机构或个人参加社会公益活动的积极性。⑦通过申请书中的项目措施取得预期效果的可能性。②

根据专家评审团的评议结果，联邦教育与科研部会挑选出合格的项目计划，并以书面形式通知获选的机构和个人。以下是2012年度获选的部分项目计划。

①青少年带领同龄人参观博物馆活动。项目的设计者认为，青少年欣赏艺术的视角和成人是不同的，青少年的世界更加丰富多彩，奇特的造型也能促使他们产生不同的联想和创作的愿望，因此，只有同龄人才可以发现青少年对博物馆感兴趣的地方。在同龄人的带领下，青少年可以在参观博物馆的过程中发现和学习许多新鲜的事物，学习如何仔细观察，倾听和询问身边的一切。另外，做博物馆介绍的青少年志愿者也可以通过参加活动培养社交和语言表达能力。这一活动为他们提供了很好的锻炼机会，他们可以在讲解的过程中了解自己的能力和缺陷。此外，他们还可以把自己对艺术的兴趣和热情与别人分享，引领其他同龄人进入艺术的殿堂，获得更多拥有相同兴趣爱好的朋友。

②回归童年——青少年走进幼儿园活动。不是只有成年人才能陪幼儿园小朋

---

① BMBF. Richtlinie zur Förderung von außerschulischen Maßnahmen，insbesondere der kulturellen Bildung，für Kinder und Jugendliche im Rahmen von Bündnissen für Bildung vom 10. Mai 2012[EB/OL]. http：//www. buendnisse-fuer-bildung. de/media/content/Foerderrichtlinie. pdf，2013-09-29.

② BMBF. Richtlinie zur Förderung von außerschulischen Maßnahmen，insbesondere der kulturellen Bildung，für Kinder und Jugendliche im Rahmen von Bündnissen für Bildung vom 10. Mai 2012[EB/OL]. http：//www. buendnisse-fuer-bildung. de/media/content/Foerderrichtlinie. pdf，2013-09-29.

友做手工，为他们演奏乐器，摆放桌椅，青少年同样也可以发挥积极的作用。在许多城市，青少年为幼儿园儿童的教育工作做出了很大的贡献。在课余时间里，他们为那些家庭学习环境不好的孩子收集并整理了大量幼儿图书，在幼儿园建立了图书馆。此外，他们在与幼儿的游戏过程中，有意识地帮助幼儿学习德语，这样的教学方法也更加符合幼儿的身心发展情况。青少年志愿者在活动中也可以得到学习和成长的机会。作为语言的传播者，他们可以从中获得提高自己语言水平的动力。此外，他们可以培养集中精力做事情的良好习惯，开阔个人眼界，在活动中积累参与活动的情感体验和实践经验。

③儿童广播项目。通过播报广播，在儿童广播台工作的孩子可以提高德语能力和与社会交往的能力，学会与不同民族的人和谐相处。收听广播的孩子则可以了解不同国家的文化，例如，他们可以知道俄罗斯家庭如何庆祝圣诞节，了解安息日对于犹太人的意义，这能激发他们对其他国家和民族的更多思考。借助翻译，他们还可以通过视频连线向中国或墨西哥的孩子提问。

>> 第二节　"扫盲运动与成人基础教育"项目 <<

一、"扫盲运动与成人基础教育"项目的背景

"扫盲运动与成人基础教育"项目由德国联邦教育与科研部发起，旨在逐步降低德国成年人的文盲率，提高在读写方面存在障碍的成年人在求职过程中的竞争力。为此，德国联邦教育与科研部拨出了 200 万欧元的专项资金，项目的运营时间截至 2015 年。[①]

随着时代的发展，阅读和书写已成为人们日常生活中的基础能力，但是由于各种各样的原因，世界上仍有部分人缺少这两项基本能力，其个人发展受到了严重的限制。针对这一情况，联合国教科文组织（UNESCO）把每年的 9 月 8 日定为"国际扫盲日"，旨在呼吁各国政府及其他国际组织重视文盲现象。一方面，解决现存的问题，帮助这部分人摆脱读写障碍，扩宽他们与他人沟通的渠道，并努力减少社会上对这类人群的歧视现象；另一方面，从预防入手，提高基础教育的普及程度和教育水平，促进文化的传播和社会发展。联合国教科文组织认为，教育是实现人类可持续发展、消除贫困现象的重要途径。针对这一问题，联合国开展了为期十年的扫盲项目（2003—2012 年），德国是这一项目的积极参与者。2011

---

① BMBF. Nationale Strategie für Alphabetisierung und Grundbildung Erwachsener[EB/OL]. http：//www. bmbf. de/de/426. php，2013-09-29.

年2月，在这一项目进入尾声时，联邦教育与科研部和文化部部长会议讨论了联合国项目结束之后德国在这一方面的工作部署，并就此达成了一致意见。2012年，联邦教育与科研部发起了全国性的促进项目，即"扫盲运动与成人基础教育"，并决定在2012—2015年的实施阶段提供约200万欧元的资金支持。同时，联邦教育与科研部呼吁社会各层群体都参与到项目中来。项目包括60个下级项目，目的是稳步降低德国的文盲率。

项目主要分为三个部分：设计项目方案和具体实施措施；向目标人群提供咨询和教育服务；为从事成人基础教育的教师和其他培训人员提供继续教育。[1]

虽然德国是一个发达的工业国家，但是国内的文盲现象仍然存在，影响着个人的生活质量和社会的发展。2011年2月28日，柏林公布了汉堡大学"初级读写能力调查"（level one study）关于德国文盲问题的调查结果。调查随机抽取了18～64岁的7 000多人，涉及面较广。根据测算，在18～64岁的德国人中，约有230万人只能阅读或书写一些单词，无法理解句子的含义。[2] 总体来说，在德国的适龄就业人口中，有超过4%的人存在这方面的问题。与此相比，功能性文盲[3]的问题较轻，但是这一人群的数量明显地超出了预测：在具有劳动能力的德国人中，大约750万人只能阅读和书写一些句子，即使是像工作指南这种篇幅极短的小册子，也超出了他们的认知能力，这一人群的比例达到了14%。此外，研究数据显示，在具有劳动能力的人中，德国约有210万的人错字连篇，影响阅读，这一人群的比例约为40%。人们曾经认为，移民在语言方面的问题最大，但是实际上，在语言方面存在问题的并非都是移民，因为根据德国最新的移民政策，所有申请加入德国国籍的外国人都需要通过德语测试。调查显示，58%的功能性文盲 的母语是德语，只有约41%的"文盲"的母语是其他语言。功能性文盲产生的原因是多种多样的，例如，家庭关系不和谐，经常搬家，兄弟姐妹众多，居住空间狭窄和未接受足够的学校教育等。对这些功能性文盲来说，参加与读写相关的社会活动是不可能的。在项目开展之前，德国教育部门也在各地社区和企业开办了扫盲班，但是收效不大。因为害怕受到歧视，多数人宁愿隐瞒自己不识字的真相而不肯报名参加课程。实际生活中，很多不识字的人由于不善于表达问

---

① BMBF. Nationale Strategie für Alphabetisierung und Grundbildung Erwachsener[EB/OL].
http：//www. bmbf. de/de/426. php，2013-09-29.

② BMBF. Nationale Strategie für Alphabetisierung und Grundbildung Erwachsener[EB/OL].
http：//www. bmbf. de/de/426. php，2013-09-29.

③ 功能性文盲指的是在日常生活中不能按社会情境以自然而然的方式使用文字的人。这类人虽然认识字母，并且可以写出自己的名字和一些词语，但是不能理解或者不能轻松、快速地理解稍长句子的意思，由此影响到实际运用。Wikipedia. Analphabetismus [EB/OL]. http：//de. wikipedia. org/wiki/Analphabetismus，2013-09-29.

题，难以获得别人的理解，甚至受人嘲笑，这些人也常常以沉默应对社会。教育部门认为，提高国民文化素质事关国家、民族的前途和命运，对建立一个具有竞争力的民主社会具有重大的意义。此外，接受教育也是最基本的人权，这种权利是"人人生而具有的"，它直接关系到个人能否有尊严地生活，能否实现其他相关人权，对人的全面进步是非常重要的。在新时代背景下，良好的教育可以促进个人的发展，展现个性，提高个人的社会地位和个人自信心，帮助个人积极融入社会生活，真正实现有尊严的生活。因此，降低文盲率具有其内在必要性。

在落实这一政策的过程中，德国联邦教育与科研部也得到了德国航空航天中心（DLR）的大力支持。德国航空航天中心是德国负责航空航天研究和航天任务实施的机构，是德国国家级航空和航天研究中心，在国家和国际合作项目中发挥着重要的作用。在扫盲项目中，他们的任务包括观察和分析项目的进程和效果，并协助将项目实施结果应用到今后的实际生活中。

二、"扫盲运动与成人基础教育"项目的内容

由于功能性文盲形成的原因是多方面的，问题也只有在全社会的共同努力下才能得到解决。项目的目标主要可以划分为以下几个方面：一是帮助功能性文盲提高阅读、写作和计算能力，使他们能在日常生活和工作环境中发挥更大的作用。二是积极开展各项活动，帮助功能性文盲参与社会生活，更好地融入社会。三是提高功能性文盲的就业竞争力，引导他们进入更高层次的职业领域，提高个人收入和生活水平。四是增强他们的自信心，帮助他们提高对信息的获取能力，更好地享受民主国家的权利和福利。为了保证项目获得预期的效果，项目的实施者既需要设定短期的目标，也需要做好中长期的战略部署。此外，项目的实施者还应该提高公众对这一问题的敏感度和责任意识，提高对项目资金和人员的管理能力，实施现阶段计划中的内容。

项目的所有参与者都应理解：帮助功能性文盲改善现状是社会各界的共同责任。为了达到预期的效果，项目的实施者应严格实施项目计划，在实践的过程中总结经验，并在后续的实践中推广其中成功的经验。在项目实施方面，工作人员应根据功能性文盲的实际情况为其提供服务和支持，提高他们对社会和经济生活的参与度。在经验总结方面，工作人员应定期对项目实施的效果进行评估，以便及时调整接下来的工作安排。在整个过程中，工作人员还应重点关注移民及其子女的需求，因为他们往往在德语语言方面存在一些问题，也很少有机会能接触或者了解扫盲项目的政策和活动，而移民的语言水平恰恰是提高社会凝聚力的重要因素。

在课程安排和教材选择方面，工作人员应安排专业性强、应用性强的课程，

根据不同学生的实际情况采用有针对性的教学手段。在项目的试运行阶段，研究者编制了课程教材，在实际的教学中，又根据学生的实际情况进行了调整。实践证明，教材在培训机构和企业的培训班中都得到了正面的评价。项目充分考虑了成人的心理，如果学生不愿意在学习时受到他人关注，也可以在网上学习教材内容。此外，为了能帮助学员在有限的时间里获得更高的学习效率，课程往往将扫盲的任务与职业技术培训结合起来，具有专业性较强的特点。

在开展项目的过程中，工作人员应充分考虑各类人群的实际需求和学习能力。从行业上看，功能性文盲往往分布在酒店行业、餐饮业、物流行业、护理行业和建筑行业等领域，学习语言对他们来说是一种挑战。此外，项目的开展需要大量的投入，因此，工作人员应高效利用现有的人员和场地，例如，清真寺、债务咨询处、法律执行机构等都可以成为教学的场所。在人员方面，"扫盲运动与成人基础教育"项目的实施应是社会各界的共同任务。热心公益事业的团体或个人应加强彼此间的合作，组成完善的服务网络，积极发挥组织和参与的作用。此外，政府还需要提高大众对文盲现象的关注，建立长期有效的服务网络。工会、行业协会、经济职业社团、乡镇政府、代理机构、职业中心应联合起来，共同努力，减少功能性文盲。在这一过程中，可以充分发挥信息中心在加强部门联系和合作中的协调作用。

具体内容主要分为七个部分。①

①积极开展宣传活动。成年人阅读、书写、计算和基础教育水平低下的问题在政治、经济和社会领域都不是焦点，因此，提高公众和功能性文盲群体本身对这一问题的认识度和敏感度十分必要。公共媒体可以发挥重要的作用。联邦、各州和其他的合作伙伴应开展不同范围的活动，广播、电视、出版社、社交网络等大型媒体都应参与进来，积极地发挥作用。

②努力发挥教育系统的辅助作用。所有的学校和教育机构都应与联邦、各州和乡镇政府加强合作，发挥辅助性作用，例如，向幼儿提供早期语言教育，为成绩较差的儿童提供及时的辅导，帮助所有青少年通过职业结业考试等。

③充分利用存在的机构。在这方面，业余大学和宗教场所发挥了重要的作用。业余大学的课程种类丰富，人群覆盖面十分广，不管是工作的人还是不工作的人都可以参加业余大学的课程。在许多地区的"扫盲运动与成人基础教育"的实践中，业余大学发挥了90%的作用；在有些地区，它们是唯一的教学机构。它们不仅与当地企业有联系，与教育领域的其他合作伙伴、各个基础建设部门的联系

---

① BMBF. Vereinbarung über eine gemeinsame nationale Strategie für Alphabetisierung und Grundbildung Erwachsener in Deutschland 2012-2016 vom 7. September 2012［EB/OL］. http：//www. buendnisse-fuer-bildung. de/media/content/Foerderrichtlinie. pdf，2013-09-29.

也十分密切。此外，具有公益性质的教堂也可以积极发挥作用。这些教堂的社会影响力较强，可以从文化和社会参与的角度提高公民的健康素养、经济和社会素养等。

④增强职业竞争力。阅读、书写、计算能力和基础教育水平低下也是功能性文盲长期失业的一个原因，因此，提高他们这些方面的能力和水平可以有效地帮助他们更好地融入劳动力市场。联邦劳工署（BA）和职业中心也十分关注这一项目。他们通过向功能性文盲提供咨询建议、组织能力测试等方式来支持政策的实施。

⑤发挥服务网络的优势作用。各州应积极利用现有的地区网络，提高社会对项目的敏感度，从而提高公民服务与参与的积极性。各州应加强与咨询机构和教育机构的联系，建立以基础教育为主题的合作点和联系网络，更好地展开交流和合作。

⑥短期的项目措施。德国联邦教育与科研部在现有成果的基础上，发起了名为"扫盲运动与成人基础教育"的重点研究和发展项目，并为此在 2012—2014 年做出了 2 000 万欧元的资金预算。此外，联邦政府将欧洲社会基金（ESF）资助的项目从 2011 年延长至 2013 年 11 月。通过该项目，联邦政府希望动员更多人加入职业教育和继续教育事业。教育基金可以为那些因经济原因不能参加继续教育课程的人提供教育机会，帮助他们摆脱文盲的困境。现阶段的教育促进基金达到了 3 500 万欧元。

⑦中期措施。为满足不断增长的扫盲运动的需要，各州决定把欧洲社会基金赞助的项目从 2014 年延长至 2020 年，并对项目加以改进。各州将加强实践经验交流，联系各自的实际情况建立基础教育项目。

三、"扫盲运动与成人基础教育"项目的实施

2012 年 9 月 7 日，德国联邦教育与科研部颁布了《2012—2016 年全国扫盲运动与成人基础教育政策协议》。协议的签署方将定期总结项目在运行过程中取得的成果和出现的问题，并就此展开讨论，提出改进意见，其他的机构或组织也可以发挥积极的作用。

政策出台以后，德国联邦教育与科研部组织了形式多样的活动，积极引导民众参与到"扫盲运动与成人基础教育"项目的进程中。下面简要介绍其中两个影响较大的项目活动。

①写作大赛。德国联邦扫盲与基础教育协会组织开展了针对参加扫盲阅读班和写作班学生的写作比赛。参赛选手应就不同的话题自由发挥，写出有意义的文章，并递交至大赛组委会，获胜者有机会免费前往颁奖典礼现场。

②"阅读与写作能力促进"项目。该项目主要针对的是阅读和书写能力较差的

青年人。项目得到了许多社会慈善家和知名人士的支持和鼓励。项目的主要目标是：降低青年中功能性文盲所占比例，建立学员和知名人士之间的联系，提高功能性文盲的学习积极性，为项目获得长期的资助者和合作伙伴，引起人们对功能性文盲人群的关注与重视等。

>> 第三节　"可持续发展教育战略十年"项目 <<

一、"可持续发展教育战略十年"项目的出台背景

可持续发展一直是德国政府的工作重心。可持续发展，指的是能满足当代人的需要，又不对后代人满足其需要的能力构成危害的发展。根据世界环境与发展委员会的界定，可持续发展包括两个重要概念：一是需要的概念，尤其是世界各国人们的基本需要，人们应将此放在特别优先的地位来考虑；二是限制的概念，指的是技术状况和社会组织对环境为满足眼前和将来需要的能力施加的限制。经济发展应该兼顾社会公平，维护地球环境。在实现可持续发展的过程中，教育扮演着相当重要的作用。它鼓励人们参与社会政治生活，帮助人们发现并解决全球问题，向其灌输可持续的生活理念。教育不局限于知识和数据的传输，也帮助人们获得不同的能力，鼓励其参与社会各方面的生活。无论是青少年儿童还是成年人，都可以将可持续发展的理念运用到生活中去。从这些意义上讲，教育是可持续发展变革、将理想变为现实的重要力量。我们需要通过教育培养可持续发展所需的价值观、行为方式和生活方式，其中，面向未来的思维能力是教育的一个关键任务。

可持续发展教育使每个公民都能获取可持续发展所需的知识、技能、态度和价值观。可持续发展教育的含义是：将可持续发展的核心问题穿插到教育的过程中，如气候变化、降低灾难风险、保护生物多样性、消除贫困和形成健康的消费方式等。同时，它需要在教学的过程中注重学生的参与性，增强学生的信心和能力，改变他们的行为方式，使他们为可持续发展贡献力量。[1] 因此，可持续发展教育十分注重培养学生的批判性思维、未来发展构建和协同决策等方面的能力。

可持续发展教育可以为人们面对全球挑战，解决环境问题提供智力支持。为了发挥可持续发展教育的积极作用，联合国呼吁将 2005—2014 年定为"可持续发展教育战略十年"。国际教育运动的目标是：在幼儿园、小学、大学和其他教育

---

[1]　联合国教科文组织．可持续发展教育［EB/OL］．http：//www．unesco．org/new/zh/unesco/themes/education-for-sustainable-development，2013-09-29.

机构中普及可持续发展的思想和实践。

可持续发展教育分为四个主要领域：促进基础教育；重新定位现有教育计划；增进公众对可持续发展的理解；在职人员培训。四个领域对应着不同的目标和对象。

①促进基础教育。世界各国在基础教育的内容和持续时间方面有着极大的差别。接受基础教育对很多人，尤其是对女性文盲群体来说，仍然是一个问题。此外，目前的教学通常仅仅关注阅读、计算这样的基本能力，无法对可持续发展产生较大的促进作用。基础教育需要帮助学生形成终身学习的能力和习惯，鼓励学生共享知识、技能和个人观点，按照可持续的方式生活。此外，基础教育还应鼓励公众参与社会的决策过程，实现社会的可持续性目标。

②重新定位现有教育计划。首先，人们应从幼儿园到大学阶段重新思考和修正现有的教育模式，明确教育应增进学生对可持续发展的认识，培养学生与此相关的技能、观念和价值观。因此，人们应该审视现有的课程，检查课程内容对可持续性环境、经济和社会的认识和理解。其次，人们应关注现有的教育是否关注了一些关键能力或素质的培养，包括创造性思维和批判性思维、口头和书面语言的表达和交流能力、合作与协调能力、决策能力、解决问题的能力、安排规划的能力、履行公民义务的意识等。

③增进公众对可持续发展的理解。实现可持续发展的目标，是一个漫长的过程。首先，应引导公民在全球的范围内关注自然环境、经济发展和人类社会中存在的问题，并帮助他们意识到这些问题的严重性。其次，应帮助公民了解这些问题产生的原因，以及解决问题的方法。最后，应培养公民的整体化思维，采取可持续的生活方式。

④在职人员培训。在一国国民中，劳动力人口是其中重要的组成部分。人们在工作环境中的行为和习惯直接决定着资源和能源的使用效率，影响着可持续发展的水平。因此，项目将对在职人员提供培训，帮助他们掌握与工作相关的知识和技能，并形成可持续发展的思维。在职人员应将这种思维运用到日常的工作中，提高资源和能力的使用效率，维护和谐的工作环境。[①]

一直以来，德国政府积极响应联合国制定的各项有利于世界人民共同利益的政策，积极参与联合国发起的各项活动，在国际政治领域扮演着重要的角色。在可持续发展教育领域，德国也不断致力于为贯彻落实联合国"可持续发展战略十年"做出贡献。为此，联邦政府委托联邦教育与科研部负责联合国这一政策的具体落实。联邦教育与科研部建立了国家专项委员会，名为"国家可持续发展

---

① 可持续发展教育中心．联合国可持续发展教育十年纲领［EB/OL］. http：//kcxfz. imnu. edu. cn/n41c9. shtml，2013-09-29.

事务委员会"，委员会成员包括各部门部长，议会成员，非政府组织、媒体、企业、学生团体和学术界的代表。

联邦政府每年在国民议会立法期间都会公布一次可持续发展教育报告，2012—2013 年度的报告于 2013 年 6 月在内阁会议上发布。国家可持续发展事务委员会负责监督联邦政府可持续性教育项目的实施情况，并在会议上强调，教育是可持续发展中的重要一环。① 2013 年可持续发展教育报告的主要内容如下。

①可持续发展教育对社会发展的意义重大，不仅仅意味着在可持续发展的背景下发展教育事业。可持续发展教育是面向未来的教育，可以提高人们面对经济全球化挑战的能力，帮助人们形成跨学科的思维，并掌握可持续发展的方法和手段。这些可以概括为"建构能力"。建构能力的意义在于，可以帮助人们将知识运用到可持续发展的过程中，提高教育的水平，优化教育的进程。

②德国的联邦制政体决定教育领域的权力主要掌握在各州手里。在过去一年的实践中，各州为可持续发展教育做出了极大的努力，获得了一定的成果。总体上，各州的计划和手段形式多样，覆盖了教育领域的方方面面。

③联合国的"可持续发展教育战略十年"项目极大地促进了德国的可持续发展教育事业。在十年中，德国联邦、各州政府以及来自各界的社会公益组织和个人开展了数目可观的项目活动，这些活动在实施过程中得到了联邦教育与科研部的大力支持。

④在过去的一年里，可持续发展教育无论在德国还是在其他国家都取得了明显的发展。但是到目前为止，可持续发展教育这一概念还停留在专业领域，普通民众对这一概念还很陌生。另外，可持续发展教育虽然取得了一定的成就，但是进一步发展的需要仍然十分迫切，面临着更多的挑战。

在联合国十年计划即将进入尾声之际，德国联邦政府做出了如下安排：政府应整理并总结德国在联合国可持续发展教育项目中取得的经验成果，为此，联邦教育与科研部将于 2014 年下半年，与德国联合国教科文组织委员会（DUK）共同举办一次总结性会议，为积极参与可持续发展教育活动的专家学者、机构和个人提供深入交流的机会。会议还应总结项目中获得的经验和教训，在此基础上推进未来的可持续发展教育发展事业。在国际层面，世界可持续发展教育大会将于2014 年在日本举行，来自不同国家的与会者将交流本国的项目实施情况，德国届时也将参加。②

---

① BMBF. Bildung für nachhaltige Entwicklung［EB/OL］. http：//www. bmbf. de/de/18448. php，2013-09-29.

② Deutscher Bundestag. Bericht der Bundesregierung zur Bildung für eine nachhaltige Entwicklung［EB/OL］. http：//dip21. bundestag. de/dip21/btd/17/143/1714325. pdf，2013-09-29.

联合国教科文组织执行理事会在第 190 次会议上宣布，将在世界可持续发展教育大会上发起"世界行动"计划。该行动计划的内容将更具有针对性，德国将做出积极的表态，配合联合国的工作部署。联邦政府认为，应加强各地区之间的联系和合作，进一步做好教师和其他培训人员的继续教育工作。在"世界行动"计划的实施中，德国将借鉴在过去十年中积累的成功经验，尝试新的方法和手段，进一步发掘行动领域。

除积极参加国际活动外，德国应继续在国内做好可持续发展教育工作，建立相关指标，正确评估工作中取得的成果，并体现在总结报告中。

联邦政府认为，与教育机构加强讨论和交流也十分必要。可持续发展教育应取得预期的效果，切实提高教育的质量。此外，联邦政府也希望积极发挥模范作用，因此，国家可持续发展事务委员会在 2013 年 1 月的会议上提出，可持续发展教育应成为联邦各部门工作人员的培训内容，承担公职人员培训任务的德国内政部联邦公共行政学院应该充分重视可持续发展在继续教育中的地位，开展相应的培训活动。

二、"可持续发展教育战略十年"项目的内容

自联合国项目开展以来，德国政府一直将可持续性发展教育视为工作的重心之一。德国联邦政府提出，可持续发展战略的目标是在当代和后代的生活需求中取得平衡。可持续发展不仅是继续奉行环保政策，更是一种现代化战略，隐藏着经济、环境和社会革新的潜力。可持续发展包括四个层面的含义：世代公平；生活质量；社会团结；国际责任。其中，在"世代公平"方面，节约使用自然资源是最重要的任务之一；"生活质量"意味着生活环境良好，学校教育质量优良，城市治安良好并能为公民提供丰富的文化生活；"社会团结"的含义是，改良经济结构，实现机会上的公平，使经济市场充满活力，兼顾社会弱势群体的利益，缩小社会贫富差距，使所有公民都能够参与社会和经济生活；"国际责任"意味着各国应在发展过程中积极承担责任，为可持续发展做出应有的贡献。

在德国，可持续发展不仅是政府层面的事情，也涉及公民日常生活的方方面面。德国一年级的小学生刚到学校报到时，就会领到一本环保记事本，用于学生记述自己的环保活动。环保记事本的设计精心别致，每一页左上角都印有精美的风光照片。编者告诉学生：要热爱大自然，自觉维护环境。德国还有许多森林幼儿园，即在森林中搭建简易住房，让孩子生活在大自然中，从小认识大自然的奇迹，同时了解到自己有保护大自然的责任。

德国也同样参与了联合国的"可持续发展教育战略十年"项目的实施。在实施过程中，德国联邦教育与科研部与德国联合国教科文组织委员会起到了协调的作

用，联邦总统高克(Joachim Gauck)负责了德国教育活动的统筹工作。在全国层面，德国开展了 35 个可持续发展教育项目。联邦和各州政府、教育机构、非政府机构、企业、民间组织和个人应通力合作，努力贯彻这一政策的实行。每年，130 个机构聚集在一起，讨论十年项目结束后可持续发展教育开展过程中的细节问题。2007 年起，国家专项委员会每年都会制定不同的年度主题，以此提高行动各方对项目活动的关注，扩大社会参与度，加强对这一问题的交流与沟通。

为了确保教育在可持续发展中发挥作用，德国联合国教科文组织委员会和国家专项委员会共同签署了不同的项目和措施协定，数量达到 1 763 条。这些项目在德国进展顺利，影响深远：在教学机构，学生们学习到什么是生态、环境保护和社会公平；幼儿园和学校按照可持续发展的思想，相应调整了自己的教学计划；课外教育机构也组织了可持续的创新性教育活动。全国范围内比较重要的项目如下。

①"WALK"项目。"WALK"项目是针对特殊学校和主干学校学生的全国性实验项目，这些孩子通常来自成长环境不良的家庭。项目在汉诺威的课外教育机构进行了三年，主题为职业方面的教育，目的是在可持续发展教育的框架下提高孩子的动手能力，帮助孩子初步认识职业生活。200 个孩子参加了这项实验，通过在森林中与动物相处、在剧院工作等活动，在工作人员的帮助下寻找自己的兴趣和天分所在。在"WALK"项目中，最基本的原则是充分尊重孩子的想法和意见。

②"2°校园"项目。"2°校园"项目是德国针对年龄在 15～19 岁青少年的促进项目，这些青少年对自然科学有浓厚的兴趣，并且希望通过自己的研究工作保护环境。在项目中，参加者和科学家们一起探究一些突出的环境问题的解决方法，例如，如何抑制全球变暖的趋势，如何在 2050 年时减少 95％的温室气体排放等。这些青少年还会就能源、社会迁移、住房和粮食供给等主题进行独立的研究。此外，参加项目的青少年还会就社会的公平正义、全球变暖的后果、德国环保政策等问题展开讨论，从而培养全球视野。项目的重点在于帮助青少年观察和了解科学研究的方法和步骤，学习如何将理论知识运用于具体的研究计划，培养未来意识。项目的时间为 3 周，青少年将利用第一周提出研究的问题，第二周进行研究活动，第三周整理和公开展示研究成果。这个项目目前还处于报名阶段，项目的组委会将从报名的学生中选出 20 位最符合条件的学生参加。

③"环境变化关注"项目。该项目的目标是：解释全球气候变化和生活方式的巨大改变对地球的影响。中心问题有：全球变暖和个人有什么关系？为什么新的智能手机会排放二氧化碳？如何进行生态旅游？参加项目的青少年可以得到问题的答案，逐渐改变自己的生活习惯，形成环保的生活方式。项目的主要内容是城市考察及气候试验。其中，城市考察将在德国 10 个城市由大学生带领进行，考

察的重点是城市的环境保护状况和人们的生活方式，在此基础上，大学生还会向青少年介绍自己城市开展的环保活动。在环境试验的环节中，青少年可以自由组合，探究节约能源的方法和面向未来的生活方式，还可以就解决粮食危机等问题提出自己的见解和意见。活动结束后，工作人员会整理青少年提出的想法、观点和问题，并发布在活动的主页上，或者刊印在相关主题的信息手册里。

除了联邦层面，各州也积极签署了这些项目，致力于在可持续发展教育领域发挥表率作用。下面简要列举几个项目。①

①"环境小记者"项目。德国 25 个州开展了"环境小记者"的项目。该项目的内容在于发现本地区的环境问题，提出解决的建议，并以文字、照片或录像的形式加以汇报。

②"供养城市"项目。根据联合国的推测数据，城镇人口率 2050 年将达到70％。这就产生一个问题，即如何做到既可以为城市人口提供足够的粮食，又不损害自然环境。"供养城市"项目首先在柏林开展，随着项目的不断成熟，未来会有更多的城市加入进来。

③"高校报告厅"项目。"高校报告厅"项目旨在促进高校间进行跨国合作，针对的是不同专业背景的大学生。这样一来，不同的高校就可以在一起共同讨论自己和地方各州的问题。

④"开放学校"项目。"开放学校"在"可持续发展教育战略十年"项目的实施过程中发挥了重要的作用，为学生们组织了主题各异的教育活动。这些学生来自不同类型的学校、不同的年龄段。"开放学校"项目提供了约 40 个工作室，多次开展了项目日活动。

三、"可持续发展教育战略十年"项目的实施

德国来自政治界和民间的各个机构加强了合作，共同努力，为贯彻落实联合国"可持续发展教育战略十年"做出了贡献。德国联合国教科文组织委员会(DUK)任命了全国专项委员会，由它负责德国可持续发展教育的各项活动。委员会的专家、学者将就研究项目展开讨论，最后达成一致意见。130 名成员每年需要参加一次"圆桌会议"，就项目活动的内容开展讨论。此外，针对不同的主题还有专门的工作组负责项目的实施。柏林和波恩各有一个办事处，负责协调全国项目的实施工作。政策实施的主体有如下几个。

①国家专项委员会。为响应联合国发出的号召，德国的联合国教科文组织委

---

① BNE. Dekade-Projekte der Woche 2013［EB/OL］. http：//www. bne-portal. de/engagement/ausgezeichnete-projekte/，2013-09-29.

员会在 2004 年 5 月任命了国家专项委员会。委员会的组成人员有来自教育、科学、经济、文化界的专家学者，以及德国联邦议会、德国政府、文化部部长会议派出的代表。现任委员会会长是柏林自由大学教育学专业的韩教授（Prof. Dr. Gerhard de Haan）。委员会的主要任务是将德国相关的组织和个人联系起来，组成"可持续学习"联盟，为全国的行动项目制订计划。

②圆桌会议。圆桌会议由国家专项委员会设立，每年召开一次会议，共同讨论德国可持续发展教育问题。会议的成员是各州政府、企业和非政府组织的代表。原则上，圆桌会议每两年进行一次选举，更换会议的成员。①

③专项工作组。各个专项工作组的成员主要来自圆桌会议，也包括来自民间的社会公益人士。工作组在不同的教育领域为可持续发展教育提出具体的建议，从各个方向研究长期的项目规划。工作组的任务还包括向公众宣传可持续发展教育活动，帮助国家专项委员会遴选符合条件的项目计划等。具体的专项工作组有课外教育工作组、职业继续教育工作组、生态多样性工作组、基础教育工作组、经济消费工作组等。

2014 年是联合国"可持续发展教育战略十年"项目预期的结束时间。2014 年秋，第二届世界可持续发展教育大会将在日本名古屋召开。德国可持续发展教育项目的代表们将在国际大会上做出总结，交流这十年中的实践经验。此外，他们将表达具体的行动建议，为类似项目的实施提供参考。

>> 第四节　国外职业技能证书认证政策 <<

一、国外职业技能证书认证政策的出台背景

自从 20 世纪 50 年代经济腾飞开始，德国经济一直依赖劳务移民。当时的"客籍劳工"（Gastarbeiter）现在大部分回到了南欧和东南欧的祖国，但是也有许多人留在德国生活与工作。在这类移民中，土耳其人是最大的群体。在"冷战"结束，苏联解体后，大量具有德国血统的外来人口离开了此前生活的苏联、罗马尼亚和波兰等国家，回到德国，成为移民的又一大群体。

这两大移民群体使得 20 世纪 80 年代德国的移民比例甚至远远高于美国、加拿大和澳大利亚等典型的移民国家。德国生活着 700 多万外国人，约占全国人口的 9%。在外国人口当中，土耳其人约为 170 万，是最大的外国人群体；处在第

---

① 圆桌会议指的是为解决问题和危机召开的会议，特点是参加会议的人员不分等级，在平等的环境下讨论解决问题的方法。Wikipedia. Runder Tisch[EB/OL]. http://de.wikipedia.org/wiki/Runder _ Tisch，2013-09-29.

二位的是意大利人（约 53 万）。①

起初，移民问题并没有得到德国的重视，政府也并未将德国视为一个移民国家。但移民在融入德国社会时面临着许多困难和挑战，与当地社会也不可避免地产生了矛盾，甚至是冲突。在过去的 20 年里，德国在移民的融入方面已取得较大进步。法律降低了获得德国国籍的难度，移民和德国人之间的接触更加频繁，民众对民族文化多样性的接受程度显著提高。2005 年，德国政府颁布了《移民法》，该法涵盖了移民政策的各个领域。然而，移民问题对政治和社会来说仍然是一种挑战。联邦政府把生活在德国的外国人的融入问题视为其工作的一个重点，其中，提高移民的语言能力、教育水平和促进移民就业处于中心地位。2007年起，联邦总理安格拉·默克尔（Angela Merkel）每年都会邀请所有与移民相关的社会团体代表参加移民社会融入峰会（Integrationsgipfel）。第一届峰会提出了"全国移民社会融入计划"，它包含了计划实施的目标，以及国家层面与个体层面的 400 多项具体措施，例如，为移民的后代提供求学和职业培训的教育机会等。②

2012 年 4 月 1 日，德国颁布了《境外职业技能证书评估认证促进法》，从而放宽了对在国外取得的职业技能证书认证的限制。该法律出台的目的主要有两个：一是确保德国劳动力供给；二是提高移民融入德国社会的程度。《境外职业技能证书评估认证促进法》是确保德国专业技术人才供应的法律基石，它可以降低具有专业技术的人才进入德国劳动力市场的难度，也会吸引更多的人才到德国工作。这一举措从法律上肯定了移民对德国发展做出的贡献，并为移民的融入提供了法律保障。这一法律统一并完善了职业证书的认证流程和标准，有利于在国外获得职业技能认证证书的人在德国找到与自己专业相关的工作，保证专业人才长期供给，也有利于专业人员更好地融入德国的劳动力市场。实践证明，这一政策是切实有效的。③

这一政策对移民来说意义重大。过去，在德国之外的国家取得的专业技能证书很难获得承认，新出台的法律改变了这一现象，德国职业证书认证的流程将更加统一和透明。在德国，一些职业并没有专业证书，学生在完成职业教育后即可

---

① Tatsachen über Deutschland. Migration und Integration［EB/OL］. http：//www. tatsachen-ueber-deutschland. de/de/gesellschaft/main-content-08/migration-und-integration. html，2013-09-29.

② Tatsachen über Deutschland. Migration und Integration［EB/OL］. http：//www. tatsachen-ueber-deutschland. de/de/gesellschaft/main-content-08/migration-und-integration. html，2013-09-29.

③ BMBF. Anerkennung ausländischer Berufsqualifikationen［EB/OL］. http：//www. bmbf. de/de/15644. php，2013-09-29.

上岗。为了帮助移民进入这些行业工作，政策针对其中的一部分职业，为移民设置了能够证明其工作能力的证书。政策包括一项新的联邦法律，即《职业从业资格证认证法》和约 60 项针对不同职业的法律法规，比如，针对医疗领域工作的《联邦医生管理条例》《医护人员规范法》，针对手工业工作的《手工业行业指导意见》等。《职业从业资格证认证法》以统一的标准和规范的流程解答了这些资格证书是否和德国国内证书具有同等地位的问题，为认证申请人、招聘单位和职位提供了最大限度的透明性。与国际上的普遍做法相比，《职业从业资格证认证法》的特点在于，相关职业的工作经验在认证中起到十分重要的作用。

在过去一系列职业资格认证的过程中，拥有德国国籍或欧盟成员国国籍是一个十分重要的因素，而新出台的《职业从业资格证认证法》消除了对国籍方面的限制和考虑。新法律出台后，内容和质量在绝大部分职业资格认证中都是唯一的评判依据，例如，现在一个土耳其籍的医生在出示专业证明证书后也可以获得医生职业资格认证，在过去，即使这名医生是在德国学习的医学，也不可以取得同等的资格证书。

二、国外职业技能证书认证政策的内容

《境外职业技能证书评估认证促进法》既包括新出台的法律，也包括修订版法律，共覆盖了 600 个工种。法律一共分为三个部分，包括法律出台的背景、应用范围与对概念的界定、法律的实施方法等细则。

《职业从业资格证认证法》可以应用于双元制职业教育体系下的 350 个工种，其中包括一些不设专业资格证书的职业领域。如果职业领域有专门的法律规定，则应以该法律为准，在资格认证时也应首先以专业法律为准。《职业从业资格证认证法》不适用于高校毕业证书、国外学历和考试成绩等认证，这些认证有各自适用的法律。

《境外职业技能证书评估认证促进法》第二条的第九款对认证的前提条件做出了界定：在国外取得的职业技能证书应能证明证书持有人具有获得国内同类证书所需的职业技能；认证申请人应在取得证书的国家具有运用所学知识的能力；职业证书证明的技能应与国内相应的职业教育内容没有明显的差别。

《境外职业技能证书评估认证促进法》还具体说明了申请人应提供的证明材料，其中包括：德语版本的学习课程列表，身份证明，国外学习证明，相关工作经历证明，此前没有提交过认证申请的个人声明等。

在认证时间上，相关部门应在自收到认证申请起的 3 个月内对认证做出决定。特殊情况下，期限也可相应延长。如果认证申请人是在欧盟成员国、加入欧洲经济区的成员国家或瑞士获得的职业技术证书，时间至多可延长 1 个月，延期

的同时应给出理由，并且及时告知申请人员。

对专业技术人员和招聘人员来说，《境外职业技能证书评估认证促进法》优点颇多。该法律首次解除了对国籍的限制，为职业技能证书认证提供了统一的法律框架，也为今后统一的认证标准和规范化的流程奠定了基础。即使这项法律并非尽善尽美，申请人也未必都能获得职业认证证书，但申请人可以获得认证的结果，证明申请人已获得的职业技能，描述申请人所持职业技能证书与国内同类证书的区别，帮助申请人结合劳动力市场上所需的能力，有针对性地接受继续教育。

三、国外职业技能证书认证政策的实施

根据这一政策，在德国国外和在国内取得的职业认证资格证书都得到同样的认证，而这一认证在许多行业，尤其是要求有从业资格证书才可以上岗的工作中都是必不可少的，例如，行业准入限制的手工业者、医生、护士和药剂师。认证分为四个步骤。

①认证咨询。有关部门为申请人提供网络咨询、咨询专线或其他形式的咨询服务，解答申请人的种种问题和疑惑。

②确定认证机构。申请人可以通过互联网上的"认证搜索器"（Anerkennungs-Finder）获取准确的信息，确认将申请材料上交至合适的机构。

③提出申请。申请人应满足两个前提条件：一是在国外完成了相关的职业培训；二是有在德国工作的意愿。申请人应上交所需材料的所有复印件，例如，身份证明、工作经历、教育证明、工作证明和其他的证明材料。

④获得通知。对申请的评估有一系列固定的标准，例如，学习的内容、时长和相关的工作经验等。评估完成后，申请人会得到相关机构的官方通知。如果职业资格证书与德国国内的证书出入不大，申请人可以获得相关证书的认证。如果评估机构没有批准认证申请，会告知申请人具体的改进措施来满足认证的条件完成认证；对于不需要从业资格证即可上岗的职业资格证书认证的申请人，评估机构会告知德国相关证书和提交证书资历的区别，从而帮助他们本人和未来的雇主正确评估和判断这些证书。①

该法律在颁布的第一年里就得到了极大的关注，咨询人员络绎不绝，上交的申请数以千计，其中的许多申请也得到了认证批准。

大部分申请是常规性职业资格认证，如医生、药剂师、牙医、心理医生和助

---

① Anerkennung in Deutschland. Anerkennungsverfahren [EB/OL]. http：//www. anerkennung-in-deutschland. de/html/de/anerkennungsverfahren. php，2013-09-29.

产士，而得到国外资格证书认证是相关人员在德国工作的前提条件。根据在这些职业领域具有认定资格的各州数据，2012 年 4 月到 12 月，仅医疗领域的工作证书认定申请书就达到了约 20 000 份，即使在法律未涉及的职业领域，申请书也达到了 4 000 份，这是一个明显积极的发展。

最受关注的当属"德国证书认证"网上入口，从 2012 年 4 月 1 日开放之日起至今，访问人数就达到了约 36 万，大约 40％的访客来自德国国外，咨询的人数上升幅度也很大。但并非每个咨询的访客都会提出申请，许多人按照咨询人员的意见，重新学习来完成认证。[①]

2013 年秋季，联邦统计局会公布《职业从业资格证认证法》下具有代表意义的申请和批准数据。

>> 第五节 "小小音乐家"项目 <<

一、"小小音乐家"项目的出台背景

音乐是声音的艺术，音乐通过声音来表达人的思想感情，可以形象生动地反映社会生活。用音乐教育儿童，可以陶冶性格，净化心灵，升华情感，启迪智慧，培养高尚的道德情操。

音乐教育对促进儿童脑细胞的成长、完善大脑的功能具有重要的作用，有利于儿童智力的发展。在音乐活动中，各种声音及身体动作的信息进入大脑，可以刺激大脑的神经元，这有利于各神经元之间的接通，形成神经通路。此外，音乐可以培养儿童动作的协调性和敏捷性，促进其智力发展。关于这一点，曾经有人提出，儿童在音乐教育中可以获得肢体上的训练，例如，弹琴可以提高手指的灵活性，舞蹈可以改善全身的协调性等。

音乐教育中的唱歌、歌舞表演、音乐游戏等，都能促进幼儿动作的协调发展。美国哈佛大学心理学家霍华德·加德纳曾指出，个体身上存在着相对独立的，与特定认知领域相联系的 8 种智能——语言智能、节奏智能、数理智能、空间智能、动觉智能、自省智能、交流智能和自然观察智能。这就是多元智能理论。其中的节奏智能指的是感受、辨别、记忆、改变和表达音乐的能力，表现为个人对音乐中节奏、音调、音色和旋律的敏感度，以及通过作曲、演奏和歌唱等形式表达音乐的能力。可见，音乐与智力本身存在着不可分割的联系。音乐教育

---

① Anerkennung in Deutschland. Anerkennungsverfahren [EB/OL]. http：//www. anerken-nung-in-deutschland. de/html/de/anerkennungsverfahren. php, 2013-09-29.

可以扩大儿童的视野，丰富其感知能力，帮助发展形象思维。

"小小音乐家"项目是北莱茵—威斯特法伦州（鲁尔区）对 2010 年创建欧洲文化中心城市项目的延续。按照项目计划，该州的每个孩子都有机会学习一门乐器，这一项目预计在未来十年内落实到全州。

该州为项目投入了大量的资金和人员，项目的进展情况和实施效果也成为各州关注的内容。为此，联邦教育与科研部开展了项目成果的评估和分析工作，其中包括 13 个研究主题。研究项目实现了跨学科合作，研究人员的学科背景包括音乐学、心理学和教育学等。2009 年年初，北威州和汉堡参加了这一研究项目，项目资金每年为 100 欧万元左右，重点是经验主义的音乐教育研究。

二、"小小音乐家"项目的内容

参加"小小音乐家"项目的小学一年级学生可以免费参加项目开展的活动。他们在音乐课上可以认识不同种类的乐器，并且逐步发现自己的兴趣，确定下一学年所学乐器，包括各类管弦乐器、吹奏乐器、键盘乐器和打击乐器等。此外，学生还会学习一些基本的音乐知识，为今后的学习做准备。

二年级时，学生可以自由选择是否继续参加这一项目，一般有超过一半的学生会选择继续参加。学生可以免费得到自己选择的乐器，用于课堂学习和在家练习。每周，他们会在 5 人左右的班级里上一次音乐课，每个月学费为 20 欧元。

三年级和四年级时，学生每周会参加一次学校管弦乐队的合奏练习，每学年结束时进行汇报表演。在这两年，学生每月需支付 35 欧元的学费。

音乐课程不设置考试，在这一过程中，音乐知识、合奏能力和社交能力是学习的重点。实践证明，音乐合奏对学生的影响是十分积极的。它可以促进学生的注意力和社交能力发展，使学生的性格更加开朗。在项目的开展过程中，最重要的原则是遵循学生的自愿性，目标是实现 80% 的参与度。许多社会公益人士都以不同的形式参与支持了这一项目。

北威州文化秘书长格罗斯-布罗克霍夫（Grosse-Brockhoff）总结道："小小音乐家"项目不仅在北威州，而且在全国甚至全世界起到了示范作用。德国的汉堡州、黑森州、图林根州和萨克森州都借鉴了北威州的成功经验，学习并发展了这一项目。[①]

在研究项目方面，科研人员应对照"小小音乐家"的项目目标，研究分析项目实施的效果。总体来说，北威州和汉堡的项目目标在于，在小学阶段培养学生学习乐器的积极性，帮助他们获得集体合奏的幸福感，循序渐进地带领他们走进艺

---

① Die Landesregierung Nordrhein-Westfalen. Kulturstaatssekretär Hans-Heinrich Grosse-Brockhoff: Jedem Kind ein Instrumentwird auf ganz Nordrhein-Westfalenausgeweitet [EB/OL]. http://www. nrw. de/presse/chance-jedem-kind-ein-instrument-9224，2010-05-04.

术殿堂。在音乐能力方面，项目的实施者希望学生通过音乐和乐器课程发现自己在音乐中的天赋，并有所发展。同时，音乐教育也应该帮助儿童和青少年的性格发展，激发他们的创造潜能。此外，参加音乐活动，还应为学生的未来打开艺术之门，使他们对文化产生浓厚的兴趣。

项目研究的目的在于，了解音乐课程对学生情感和认知能力的影响，并在此基础上对项目的实施提供有针对性的建议。例如，如何为参加"小小音乐家"的学生提供更加个性化的服务，如何优化"小小音乐家"项目各个参与方的合作方式，如何发挥乐器课程对普通课程的积极作用，如何通过文化参与缩小社会不同阶层之间的差距等。

三、"小小音乐家"项目的实施

2010 年 5 月，格罗斯-布罗克霍夫称："'小小音乐家'项目在鲁尔区不仅是富有成效的，而且这种形式在欧洲绝对是独一无二的。我们希望，无论孩子来自什么样的社会背景，都有机会施展自己的创造力。"

2009 年至 2013 年的研究期间，研究人员将对参与"小小音乐家"项目的学校进行多次调查分析。最大的样本容量达到 1 500 人，最小的为 50 人。为避免对学校的过度研究影响正常的教学工作，研究人员在研究的参与学校——比勒费尔德大学和不来梅大学，分别建立了协调中心和数据库。除了获得科学上的分析结果，项目也希望回归实践，从而为"小小音乐家"项目的反馈和发展做出贡献。[①]

>> 第六节　"MINT 专业促进"计划 <<

一、"MINT 专业促进"计划出台的背景

MINT 是德语单词 Mathematik（数学）、Informatik（信息科学）、Naturwissenschaften（自然科学）和 Technik（技术）的首字母组合。联邦教育与科研部就"MINT 专业促进"（MINT-Förderung）计划采取了一系列措施，力图通过不同形式的活动引导学生选择这些专业。

从国家的方面考虑，这一政策的制定是出于保障专业人才供给的需要。一直以来，技术和创新能力对于德国的经济发展具有重要的意义。在科技发展的推动下，社会中许多问题的解决越来越依赖于新兴的专业，其中包括仿生电子学、生物工程技术、机械电子学、基因技术学、环境科学、数字技术、软件工程学等。

---

① BMBF. Jedem Kind ein Instrument［EB/OL］. http：//www. bmbf. de/de/15470. php, 2011-11-16.

这些专业的社会需求量较大，现有的人才供给不能满足劳动力市场的需要。此外，在人口出生率低的背景下，专业人才供给的问题将更加突出。在这种背景下，保障劳动力供给成为联邦政府的工作重点。

从个人的角度考虑，MINT 专业领域具有广阔的发展空间，专业人员对职业的满意度较高。根据德国科技学会和德意志工程师协会公布的《科学技术领域青年专业人员职业满意度报告》，90％的受访者表示，如果可以重新选择，他们会再次选择他们现在的工作。1/3 的受访者表示，目前从事的工作就是他们最理想的工作。然而，专业以外的人往往对 MINT 专业缺乏认识和兴趣，愿意学习或从事相关专业的学生仍为少数。调查显示，只有 1/10 的学生把工程师考虑进自己的职业范围；即使是在对自然科学和技术方面感兴趣的学生中，也只有一半的人考虑过以后从事这些领域的工作。尽管近年来学习 MINT 专业的大学生人数有所上升，但是这与需求相比仍差距甚远。尤其是女性学生在 MINT 专业学生中所占比例极小，这表明 MINT 领域还有很大的发展空间。[①]

联邦政府认为，对 MINT 专业的兴趣应从小开始培养，"MINT 专业促进"计划应增强青少年儿童对自然和技术科学的认识，培养其学习兴趣和能力，并引导他们选择适合自己的专业。

二、"MINT 专业促进"计划的内容

为了鼓励青少年儿童选择 MINT 领域的专业，联邦政府采取了形式多样的措施，其中包括组织竞赛、常规活动和成立专项基金会等。

在全国范围内，不同主题的竞赛针对的是不同年龄段和不同水平的青少年，评比的重点也有所不同，有的偏重实践性和动手能力，有的则侧重于科学知识和研究理论，其中较有名的是"青少年科研竞赛"和国际青少年奥林匹克竞赛。竞赛的目的不仅在于帮助青少年发掘自身在相关领域的潜能，更在于引起青少年对 MINT 专业的注意，激发其对科学知识的渴望和对科学研究的热情。

常规的活动包括定期或不定期的课程、讲座、展览、外出参观等。由于 MINT 专业中的性别分布差异较大，活动的工作重点也在于提高女生对 MINT 专业的认识和兴趣，鼓励女性选择并从事相关领域的专业。其中较有名的包括"女生未来日"活动，女生不仅可以获得专业领域的信息和知识，还可以获得与从事 MINT 专业的职业女性交流与对话的机会。

专项基金会中较有名的是"小小研究员之家"基金会。这一基金会的主要目的

---

① BMBF. Perspektive MINT. Wegweiser für MINT-Förderung und Karrieren in Mathematik，Informatik，Naturwissenschaften und Technik[R]. Berlin：BMBF，2012：27.

在于，从日常生活现象出发，从小培养孩子们科学研究的精神和意识。基金会的费用由联邦教育与科研部承担，合作伙伴包括德国科研中心、西门子基金会等。

此外，为提高女性在 MINT 专业领域中的比例，联邦政府制定了有针对性的促进项目，其中包括：MINT 专业领域的女性网络社区，技术需要多样性——促进德国女性以及女性移民的项目，MINT 人才计划——提高女性在 MINT 专业学习和从业人员中所占比例等。

三、"MINT 专业促进"计划的实施

①"青少年科研竞赛"是德国最有名的青少年竞赛之一，面向 21 周岁以下的青少年。竞赛中，他们应该自己提出一个值得研究的问题，并通过自然科学、技术或数学的方法对其加以研究。竞赛的获胜者可以赢得奖金和价值高昂的礼品，例如，实习名额、出国学习的机会、参加国际竞赛的入场券等。"青少年科研竞赛"项目有着模范意义。在比赛的准备过程中，青少年可以熟练地掌握科学工作的研究方法，提高科研水平和能力。每年有超过 10 000 名的青少年参加这一竞赛，90％的大赛获胜者后来都学习了自然科学、数学或医学领域的专业。毕业后，有一半的历届获胜者从事高校、校外研究机构或企业的研发工作。[①] 从这一角度看，"青少年科研竞赛"取得了预期的效果。"青少年科研竞赛"的成功既来源于优质的组织和宣传工作，也来源于不同的组织和机构做出的贡献：大赛的举办方是联邦政府、《新星》杂志和部分企业。德国文化部和各州学校也提供了大力支持。

②国际青少年奥林匹克竞赛。国际青少年奥林匹克竞赛面向的主要是 15 周岁以下的青少年，竞赛的主题以自然科学为主，目的是为在这一领域能力超群的青少年提供施展才华的平台。国际青少年奥林匹克竞赛可以挖掘青少年的天赋和潜能，满足部分青少年对知识的渴望，为其提供前进的动力，并增进来自不同国家和文化背景的学生之间的交流。每年，世界上约 50 个国家和地区的青少年会参加国际青少年奥林匹克竞赛，在国际化的比赛中交流经验、提高水平。每个国家都派出一个代表队参加比赛，德国代表队的选拔共有四轮。比赛中，队员们需要解决生物、化学和物理学科中的理论和实际的问题。

③"女生未来日"活动。和许多国家一样，手工业者、消防员、工程师、厨师等职业在德国也主要是男性从事的工作。这一方面是因为男性往往更加满足这些工作所需要的条件，但另一方面也是由于许多女性出于思维定式，从未考虑从事

---

① BMBF. Perspektive MINT. Wegweiser für MINT-Förderung und Karrieren in Mathematik，Informatik，Naturwissenschaften und Technik[R]. Berlin：BMBF，2012：33.

这些工作。为了帮助女性摆脱这一思维定式，勇于选择适合自己的职业道路，联邦政府开展了"女生未来日"活动。在活动中，女生可以获得与技术、自然科学、手工业和信息技术等专业相关的工作信息。此外，企业和机构会邀请相关专业领域的职业女性，向女生们介绍她们一天的工作，包括工作时间、职责范围、工作氛围等。德国教育与科研部（BMBF）和联邦家庭事务、老人、妇女及青年部（BMFSFJ）为"女生未来日"提供了资金支持，欧洲社会基金（ESF）提供了实物支持。经验表明，"女生未来日"活动可以提高女生们职业选择多样性的意识；此外，活动也促使企业在招聘和人员培训时关注机会平等，在培训、进修、管理职位安排时等考虑性别比例。

④"小小研究员之家"基金会。基金会组织孩子们研究世界和日常生活中的一切现象和问题，在全国范围内为孩子们在幼儿园和小学阶段提供自然科学、数学和技术方面的教育。在发现和研究的过程中，基金会负责为孩子们提供专业的教育人员、活动开展的建议以及学习教材，并负责为教育人员提供继续教育。"小小研究员之家"获得了200多个合作伙伴的强大支持，并借此在五年内成为德国最大的幼儿早教项目。在覆盖面上，德国大约一半的幼儿园参加了这一项目，其中约2 000家幼儿园凭借其长期的参与被授予"小小研究员之家"的称号。这一项目的成功经验甚至在国外也得到了借鉴：仅在泰国就有3 000多所"小小研究员之家"小学。①

---

① BMBF. Perspektive MINT. Wegweiser für MINT-Förderung und Karrieren in Mathematik, Informatik, Naturwissenschaften und Technik[R]. Berlin：BMBF，2012：52.

第六章　俄罗斯教育政策与发展趋势

本章报告的时间节点为 2012 年 7 月至 2013 年 6 月，其总体结构由"国家教育基本法与教育总体发展战略""各级各类教育政策"和"教育教学管理职能的相关政策与规划"三个板块构成。所做的政策分析共涉及十份俄罗斯政府此间颁布的教育政策文本，主要从各个政策的出台背景、内容、任务及特点等方面进行不同侧重的分析与梳理。

>> 第一节　国家教育基本法与教育总体发展战略 <<

本板块涉及国家教育发展、国家科技发展总体规划两个方面的政策，主要包括对《俄罗斯联邦教育法》《俄罗斯联邦 2013—2020 年国家教育发展纲要》《俄罗斯联邦 2013—2020 年国家科学技术发展纲要》和《2014—2020 年"创新俄罗斯科学和科教人才"联邦目标纲要》四项科教政策文本的分析。

一、关于《俄罗斯联邦教育法》的正式颁行

《俄罗斯联邦教育法》(Об образовании，简称《教育法》)不仅是现今俄罗斯第一部关于教育的国家大法，也是苏俄历史上首部关于教育的国家法典。这部法令的不断更新完善，从各个角度展示着俄罗斯教育领域中国家的价值取向和政策取向。

（一）《教育法》的颁行背景

1992 年，俄罗斯历史上第一部教育基本法《俄罗斯联邦教育法》颁布实施。由于当时社会环境恶劣，加之人们在思想和观念方面尚未做好充分准备，使得《教育法》在实施的过程中出现了很多问题，违法现象屡见不鲜，个别条款甚至与俄联邦宪法矛盾。俄罗斯政府于 1996 年对《教育法》进行了第一次修订，主要是规范教育私有化尺度，遏制自由主义在教育领域的干扰，逐步恢复国家对教育的责任。同年，俄罗斯第一部《联邦大学及高校后教育法》(О высшем и послевузовском профессиональном образовании，简称《高教法》)颁布实施。进入 21 世纪之后，随着俄国社会环境的逐步稳定，政府每年都对《教育法》以及《高教法》进行补充、完善。

继 2004 年、2007 年对《教育法》进行两次重大修改之后，2010 年 5 月又开始

对《教育法》进行大规模的修订，颁布了新版《〈教育法〉草案》供全民讨论。时任联邦总统梅德韦杰夫亲自委托俄罗斯联邦教育科学部，组织对新法案的社会讨论。人们广泛关注的问题主要集中于免费教育、家庭教育的概念，家长对学校教育的参与，学生助学金数额等。经过社会各方的讨论和建议，修正后的第二版草案于2010年12月公布。2011年7月，联邦教育科学部在官方网站上公布了《〈教育法〉草案》的第三版，供社会各界讨论。经46个俄罗斯联邦主体同意，34个主体给出了自己的修订意见。[①] 2011年10月，俄罗斯联邦国家杜马召开《〈教育法〉草案》听证会，该法的制定者以及有关专家就教育基本法的新方案等问题进一步商讨。2012年5月，联邦教育科学部颁布正式的《〈教育法〉草案》。2012年12月，联邦会议正式通过新版《俄罗斯联邦教育法》，并宣布该法于2013年9月1日开始正式实施。

(二)《教育法》的主要内容及变化

新版《教育法》较旧版《教育法》有很大的修改补充，它将原来的6章拆分，进一步细化，并添加大量的新内容，形成了由15章组成的新格局。

第一章为"总则"。确定本法调节对象，国家对教育权利的保障和实现。删除了原来有关教学语言、教育标准等内容的条款，首次添加法律术语和法律概念，明确教育法体系、法律适用范围，划分联邦、地方、自治市属机构的教育权限。

第二章为"教育体系"。这一章删掉了过去的入学要求、学历证书以及各级教育大纲的实施要求等几个方面的规定，确定了教育体系的结构，并明确了联邦国家教育标准和教育大纲要求及实施大纲的组织形式。该章第一次提到对教育体系中教法、教学资源的保障，并规范了教育领域中的试验创新活动。

第三章为"教育活动参与者"。该章首先对教育活动做出界定，对创建、重组和取消教育机构做出规范，还规定了教育机构的各种类型及机构管理问题。该章第一次提到教育机构的信息公开，以及教育组织机构的权限、责任和义务。最后，该章还对教学组织和个人从教活动做出规范。

第四章为"学生及其家长"。这一章的内容是旧版《教育法》第五章"公民教育权利的社会保障"部分。这章首次添加了教科书和参考书的使用、生活必需品和住宿条件的保障、延长科研假期、提高教育组织领导的法律地位等内容，明确了学生、家长和教师的权利、责任和义务。

第五章为"教师、领导及其他工作人员"。该章首先明确从教的权利，进而确定教师的法律地位、义务和责任，规范了教师的鉴定、教师的技能提升和再培训等问题，对教育机构中科研人员、领导的权利和责任也进行了规范。

---

① Фурсенко. закон об образовании должен быть принят весной [EB/OL]. http：//www. kommersant. ru/news/ 1847213/rubric/7, 2011-12-27.

第六章为"教育关系的变更与终止"。在旧版《教育法》中，有关这方面的规定没有单独成章，而是寥寥几笔散落在不同章节中。新版《教育法》第一次提到教育关系发生改变和终止的问题，并对学生的入学及毕业文凭做出了规定。

第七章为"普通教育"。这一章对学前教育、初等教育、基础教育和中等教育做出规定。该章第一次明文提到国家统一考试的规定，原来教育机构条例中的很多内容也都被添加到这一章。

第八章为"职业教育"。该章首次将初等职业教育从职业教育中剔除，目前的职业教育只包括中等职业教育和高等教育。该章明确了应该对掌握学士、专家和硕士教育大纲的学生进行总结性评定，规范研究生院的招生及论文答辩准备等一系列问题，还首次特别规范了高等教育中教育和科研一体化的形式。

第九章为"职业培训"，第十章为"补充教育"，新版《教育法》将旧版《教育法》中的这些内容单列成章，并进行了细化。

第十一章为"实施某种教育大纲和个别学生获得教育的特殊性"。该章首次明确了在奥林匹克竞赛中展现非凡才能的公民接受教育的问题，并单独阐述了宗教、文化体育、艺术、医疗制造等专业的教育大纲的特点。

第十二章为"教育系统的管理，教育活动的国家调节"，它是旧版《教育法》的第三章"教育管理"。这一章第一次提到了教育管理的信息保障问题，企业主联合会参与教育领域国家政策和管理方案的制订及实施。同时，这一章还包括教育活动的国家调节、许可、认证、监察和教育质量的客观评价等内容，还增加了国家对教育法律执行情况的监察，职业社会组织对教育大纲和教育机构科研组织的认证等内容。这是《教育法》第一次提到社会中立机构对教育的认证问题，体现了教育管理中的开放和民主。

第十三章为"教育领域的经济活动"，即旧版《教育法》的第四章"教育经济"。这一章首先阐明教育领域经济活动的原则，将"依靠联邦、主体和地方预算体系拨款的控制数分配招生名额"单独作为一条阐述，还首次添加了教育机构的智力活动成果、教育投资和教育贷款等条款。在原来的有偿教育服务的规定中，添加了"有偿教育服务的惩罚条款"。

第十四章为"教育领域的国际活动"，首次对国外教育文凭的认证进行规范。

第十五章为"过渡性及终结性条款"，首次对现行联邦法律的条款的实施保障以及对终止的法律条款做出规定。

(三)《教育法》修订的原因及特点

《教育法》修订的原因主要有两个：一是俄罗斯公民对教育民主需求的提高。随着国家整体状况的不断好转，俄罗斯教育事业也获得了快速发展，公民对教育的需求不断增长、分层，公民要求教育公平、提高教育质量、实现教育权利的渴望愈发强烈。而在教育实践中，公民对教育公平和教育权利的诉求的提高，与教育机构人才培养能力和教育质量的落后之间突显出许多矛盾。旧版《教育法》和《高教法》已经不能满足公民日益提高的教育民主化、教育多样化需求，现实需求与法律保障之间已经出现明显的差距，法案修订势在必行。二是俄罗斯教育法律体系本身存在的缺损和矛盾日益明显，《教育法》和《高教法》在技术性上亟待提高。具体而言，首先，旧版《教育法》对"教育"等概念没有做出阐述，以致在《教育法》的执行中产生歧义。其次，部分法律条款出现相互矛盾的现象。再次，在整个教育法律体系中，旧版《教育法》与《高教法》以及其他教育法令之间存在规定重复的情况。最后，在俄罗斯整个法律体系中，旧版《教育法》的某些规定与其同位阶的《民法》《财政法案》之间也存在矛盾。

总之，相比旧版《教育法》，新版《教育法》有非常大的改变，结构和内容都做了很大调整。该法具有突出民主、开放、教育权责明确、教育信息化等特点，其自身的技术性、科学性也有明显提高。很多内容都是教育基本法应具有而过去又缺少明确规定的内容。新版《教育法》承载了提升教育质量的目标和任务，承担着国家发展创新的要求，促成了《俄罗斯联邦 2020 年前社会—经济长期发展方案》和《国家教育优先发展规划"我们的新学校"》的形成。

新版《教育法》自 2013 年 9 月 1 日生效，旧版《教育法》和《高教法》随即废止。新版《教育法》必将为俄罗斯的教育发展带来新的气息，因此，它也成为俄罗斯教育领域 2013 年一个非常重要的事件。

二、政府出台《俄罗斯联邦 2013—2020 年国家教育发展纲要》

俄罗斯联邦政府于 2013 年 5 月 15 日颁布第 792-p 号决议，确认了在 2012 年 10 月 11 日政府会议上通过的《俄罗斯联邦 2013—2020 年国家教育发展纲要》（Государственная Программа Российской Федерации "Развитиеобразования" на 2013—2020 годы，简称《2013—2020 年教育纲要》）。该纲要旨在实施教育领域的国家政策，保障各教育阶段的运行和发展，包括保障学前教育的可获得性，发展教育质量评价体系，促进各联邦主体对教育领域国家政策的实施等。

（一）《俄罗斯联邦 2013—2020 年国家教育发展纲要》颁行的背景

2020 年在俄罗斯国家发展进程表上可谓是划时代的年份。从 2008 年起，俄罗斯多个社会发展主要领域陆续开始颁布本领域到 2020 年前的重大发展规划。例如，2008 年 11 月政府颁布《俄罗斯联邦 2020 年前社会经济发展长期规划纲要》，2009 年 5 月颁布《俄罗斯联邦 2020 年前国家安全战略》，2010 年 10 月颁布《〈俄罗斯联邦 2020 年前石油行业发展总体纲要〉草案》，2011 年 12 月颁布《2020 年前俄罗斯创新发展战略》，2012 年 12 月批准《俄罗斯联邦 2013—2020 年国家科学技术发展纲要》，2013 年 3 月颁布《俄罗斯联邦 2020 年前国家体育运动发展纲要》，2013 年 5 月颁布了《俄罗斯联邦 2013—2020 年国家教育发展纲要》等。俄罗斯这一系列重大发展纲要或发展战略为本领域 21 世纪第二个十年的发展，制定了目标明确、任务翔实、措施系统、监督有序的发展规划。

就国民教育领域来讲，《2013—2020 年教育纲要》堪称俄罗斯十余年内最重要的教育发展纲领性指南。

作为社会整体发展的人力资源生成的必要前提，社会个体成员个性得以充分完善的必要条件，国民教育不仅是构成社会完整形态的重要成分，而且是推进社会生产力发展的重要动力。因此，国家教育发展纲要的制定，一方面要适应国家社会经济发展的需求，另一方面也必须考虑受教者个体发展的多方面需求。《2013—2020 年教育纲要》所体现的 2020 年前教育领域优先发展的国家政策，正是在考虑了一系列战略性文件提出的目标和任务之后制定的。

为了保证国民教育系统的均衡推进，《2013—2020 年教育纲要》细化为五个子项目和两个联邦专项计划。子项目包括：①职业教育发展。②学前教育、普通教育及儿童补充教育发展。③教育质量评价体系及教育体系信息透明度的发展。④吸引青年参与社会实践。⑤《2013—2020 年教育纲要》的实施保障及教育领域的其他措施。两个专项计划是"2011—2015 年'俄语'联邦专项计划"和"2011—2015 年教育发展联邦专项计划"。

尽管教育的深层使命最终在于促进俄罗斯社会的经济发展，但教育的首要任务还在于使每位公民都能够积极发挥自己的社会、文化、经济潜能。为此，教育环境应当保证每个人都能终身接受高质量的教育服务。在保证均衡推进教育的前提下，国家教育政策需要有所侧重地向亟须解决的现实矛盾倾斜。如今，俄罗斯基本教育阶段（普通教育、初等职业教育、中等职业教育和高等教育）的可获得性问题已在很大程度上得到了解决，目前尚存问题的是学前教育。

在俄罗斯独立后的最初十余年间，由于经济危机的长期持续，生活水平的急剧下降，教育经费的严重不足，致使俄罗斯的出生率出现负增长，学前教育机构陷入困境，遭到重创。如今，在社会经济逐渐好转，人口出生率恢复增长的现实下，学前教育规模没能及时恢复，导致学额严重不足，现有幼儿园远远满足不了全部适龄儿童的需要。因此，在教育发展的当下阶段，国家政策的优先领域是保障学前教育的可获得性。

另一个系统性的优先领域是提高各教育阶段的教育质量。此处所指的并不仅仅是按传统标准提高的教育教学质量，还包括保障教育效果与不断变化的人口需求的相适应性，与未来俄罗斯社会和经济发展的任务需求的相一致性；新语境中的高质量教育，不仅是指个人的、均等的教育成果，还包括通过教育体系所形成的整代人的优秀特质，为此需要确定哪些教育内容——无论是个人掌握还是集体共享的知识、特长和方向——对个人的成功和国家社会文化与经济现代化来讲是关键的。

(二)《2013—2020 年教育纲要》的目标、任务及主要措施

《2013—2020 年教育纲要》明确了两大目标和五项任务。

两大目标之一是根据俄罗斯社会经济发展未来任务和不断变化的人口需求，保障高质量的俄罗斯教育；二是为实现国家的创新型社会的定向发展而提高青年政策的实施效率。

《2013—2020 年教育纲要》规定的五大任务如下。

①形成灵活的、对社会负责的、发展人的潜能的、保障当下和未来俄罗斯联邦社会经济发展需求的不间断教育体系。

②发展基础设施和组织经济的机制，保障学前教育、普通教育和儿童补充教育服务的可公平获得。

③使学前教育、普通教育和儿童补充教育的大纲现代化，以促进儿童全面发展，达到现代教育质量和社会化成果；激励教育工作者富有成效地工作，实施现代普通教育标准，改革教育内容、工艺和物质环境，其中包括发展信息工艺。

④在公开、客观、透明、社会专业参与的基础上建立现代教育评价体系。

⑤保障青年社会化和自我实现的高效体系，发展青年潜能。

为了完成上述目标和任务，《2013—2020 年教育纲要》也明确了体现教育领域国家政策的现实和未来方向的具体落实措施。

在中央教育管理层面的主要措施包括：①形成实施教育项目的国家任务，为其提供财政保障。②对联邦教育机构以及能够保障科研方法、教学方法、教育教学方法论研究、教育技术保障等组织所构成的网络进行管理。③责成俄罗斯各联邦主体权力执行机构和地方自治机关对学前教育、普通教育、补充教育以及初等、中等职业教育领域进行全权组织和提供财政保障。

具体教育发展方向上的任务性措施包括：①形成现代职业教育网络结构。②发展一流高等学校网。③推进职业教育大纲现代化；发现并支持天才儿童。④为健康条件受限的公民和残疾人提供受教育条件等。此外，为了发展学生艺术、科学、运动等方面的活动能力，联邦层面将继续推进传统的各项措施，并研究确定新的措施。

(三)《2013—2020 年教育纲要》的实施进程与财政支持

1.《2013—2020 年教育纲要》分三阶段实施

第一阶段为 2013—2015 年，主要是为各教育水平创造各方面条件，保证公民能够平等获得高质量的教育服务。具体包括：①形成保障履行教育领域国家义务的金融经济机制。②保障中小学教育过程中的基础设施符合现代水平要求。③有针对性地消除区域性的教育质量低下问题。④逐步实现与普通教育和学前教育教师签订有效合同的转变。⑤实施学前教育和基础普通教育联邦国家教育标准

（学前教育标准不包含对学前教育项目成绩的要求，而是针对这些教育项目制定监督体系）。⑥将完成初等、中等职业教育的转型，既可通过将薄弱的职业教育机构融入有竞争力的机构这一重组程序，也可通过实施地区职业教育体系发展项目来实现。⑦十所俄罗斯一流研究型大学将获得保障国际竞争力项目的支持。⑧努力完成保障教育体系信息对社会公开的任务。⑨着重关注提高教育机构管理质量的问题。教育机构的管理水平是改革第一步和后续阶段成功的关键，因此，应当切实建立起教育机构管理人员再培训和提高的体系。

第二阶段为 2016—2018 年，主要关注如何在前期创造的条件基础上，全面保障俄罗斯教育的质量和竞争力，加强教育对国家社会经济发展的贡献以及先进经验的推广。具体包括：①通过与教育工作者签订有效性合同的转型，通过教师教育体系的现代化进一步提升师资队伍的质量。②形成先进的教育内容更新机制，创造高科技教育的更好环境。③作为教育体系和独立研究机构自律的基础，形成整体性国家教育质量评价体系的主体组成部分。④形成有社会参与的独立的教育机构工作质量评价体系（包括进行公开排名）。⑤在所有地区都将形成现代化的普通教育、补充教育和职业教育机构网络。

第三阶段为 2019—2020 年，主要侧重不间断教育体系的发展，拓展教育方法，促使教育项目进一步个性化。具体包括：①关注作为保障儿童与青年参与积极社会化活动重要焦点的补充教育服务体系，促进教育服务对象的自我实现。②推进教育机构网、联邦国家教育标准以及信息公开与教学成果评价系统。③最大限度地保证个人教育轨道选择和实现的可能性。④在教育成果质量的关键指标上，使俄罗斯教育达到发达国家的一流水平，在个别方向的指标上则争取处于领先地位。

2. 实施《2013—2020 年教育纲要》的财政支持

2013—2020 年由联邦财政提供的纲要资金保障总额预计约为 4 万亿卢布，平均约占相应年份国内生产总值的 0.85%，详见表 6-1。2013—2020 年的经费分配见表 6-2。

表 6-1　各子项目及联邦专项计划经费

	项目	经费/万卢布	占总经费的比例（%）
子项目与联邦专项计划	子项目 1：职业教育发展	386 480 028.476	85.68
	子项目 2：学前教育、普通教育及儿童补充教育发展	9 367 121.645	12.23
	子项目 3：教育质量评价体系及教育体系信息透明度的发展	1 923 089.816	0.49
	子项目 4：吸引青年参与社会实践	572 278.649	0.15

续表

	项目	经费 /万卢布	占总经费 的比例(%)
子项目与联邦专项计划	子项目 5：纲要的实施保障及其他教育领域的措施	1 615 538.805	0.88
	2011—2015 年"俄语"联邦专项计划（2013—2015 年拨款额）	124 554.5	1.18
	2011—2015 年教育发展联邦专项计划（2013—2015 年拨款额）	3 094 723.45	

表 6-2　2013—2020 年经费分配

年度	经费/万卢布	年度	经费/万卢布
2013	44 693 820.56	2017	49 965 830
2014	39 340 814.15	2018	53 602 010
2015	43 056 920.63	2019	58 477 700
2016	46 959 730	2020	63 125 510
合计	174 051 285.34	合计	225 171 050
总计		399 222 335.34	

计划投入最多的是子项目 1"职业教育发展"，其经费占到了纲要经费总数的 85.68%。子项目 2"学前教育、普通教育及儿童补充教育发展"经费投入占到了 12.23%，其余项目占 0.15%～1.18%不等。子项目经费大体是按照联邦在相应领域投入债务的数额而分配的。2013—2020 年五个子项目的联邦预算拨款额占国内生产总值的比例分别为 0.72%、0.1%、0.02%、0.001%、0.007%。

《2013—2020 年教育纲要》预算支出年均增长速度为 105.5%，而国内生产总值年均增长为 111%。满足以下三方面条件时，纲要支出增速略高于国内生产总值增速，即：①加速提高教育机构(首先是高等教育机构)中教育工作者工资，同时使可预测的平均工资在俄罗斯经济中增长速度变快。②扩大针对大学生的社会支持工具，即社会性奖助学金。③实施与地区教育体系发展有关的措施。

(四)《2013—2020 年教育纲要》实施的预期结果及指标

1. 纲要实施后，预计达到的结果

从整体来看，在顺利实施现代化方案的情况下，使教育领域开支总额(包括财政资金及家庭、企业在教育领域的支出)占国内生产总值的百分比由 4.9%提高至 6.3%。俄罗斯将能够满足健康受限者学习需求的中等、高等职业教育机构及设施的比例从 3%提高至 25%。在现代化和技术发展优先领域全面保障俄罗斯经济所需的高水平人才。不少于 5 所俄罗斯高校进入世界一流大学排名前

100 位。

在儿童及家庭支持方面，将建设支持儿童早期（0～3 岁）发展的基础设施，使需要儿童早期教育支持的家庭能够在居住地中心或通过远程方式获得咨询服务。实施建设幼儿园和发展多样化学前教育的大型项目之后，将消除 3～7 岁儿童排队接受学前教育服务的现象，使学前教育服务覆盖率接近领先国家水平。俄罗斯将建设新型幼儿园，使新的教育空间规划方法和转型具有可能性。

在基础教育层面，2020 年前将保证所有中小学的基础设施达到联邦国家教育标准的合格水平（包括基本设施的完备，自由、快捷地获得现代教育资源与互联网服务）。各地区均将建设具有现代化的、灵活的教育基础设施的新型示范校。俄罗斯将提高俄罗斯学生在国际教育质量对比调查（PIRLS，TIMSS，PISA）中的成绩。俄罗斯将保障高年级所有学生选择侧重专业式学习及个人教育项目轨迹的可能性（包括所有所有制形式的教育机构，以家庭教育、远程教育及自我教育的形式）。每一名残疾儿童均将通过选择远程教育、专门教育或全纳学习的方式接受高质量的普通教育，并将获得职业定向方面的支持。俄罗斯将保证 70%～75%的 5～18 岁儿童参与补充教育项目，其中 50%由财政预算出资。俄罗斯将使所有来自劳动移民家庭的儿童均可参与文化适应和俄语学习项目。

在高等教育层面，由于经济发展对毕业生的特长提出了更高的要求，将出现高质量学业激励机制，以促进大学生学习动机的提高。学习成绩优异的贫困学生将获得最低生活补助。每位大学生在学士高年级、硕士及专家培养项目中均可获得参与本专业研究与开发的机会。优先领域培养的学生将在现代产业中实习，并将获得按专业就业的机会。希望接受世界顶级教育的优秀本科毕业生将可在俄罗斯达到这一目的，因为纲要实施后，将有不少于 5 所俄罗斯高校进入世界大学排名前 100 位，不少于 30 所俄罗斯高校将与国际一流大学举办硕士和副博士研究生联合培养项目。由于教育活动卓有成效的改革，大学中将出现形成语言能力的现实条件和可能性，这将高效促进国际学术交流的发展。俄罗斯将为所有外国留学生提供现代化宿舍。

在社会和雇主层面，纲要的实施将提高民众对教育服务质量的满意度，社会各界（家长、雇主、当地社区）将直接参与到教育组织管理和教育质量评价当中。俄罗斯将为每个公民得以终身接受职业教育、职业技能提升和再培训努力创造条件。公民将可获得关于教育组织及其服务项目内容与质量的完整、客观信息，获得教育领域管理部门的有效反馈。雇主将参与大学管理和高校理事会，使大学管理更加公开，大学对经济需求更加敏感，对教育项目发展和科研现实化做出更有意义的决策。雇主将获得具备现代素养、拥有积极的工作方向和实践经验的人才。

在教师队伍建设层面，切实改革普通教育教师队伍，提升教师职业的吸引力，提高教师人才的专业技能水平。青年专家在工作第一年将通过教育实习来获得有经验的教师的支持，其收入将在当地劳动力市场上具有竞争力。普通教育机构教育人员的平均收入将不低于当地经济平均收入水平，而学前教育机构教育人员的收入则不低于当地普通教育平均收入。积极进行研究与开发、保障教育质量的高校教师将获得能够使其全心全意投入工作的收入。提高副教授和教授职位更替竞争机制的效率，一方面，提高对职位候选人的要求；另一方面，迫使学校竞争优秀教师，为其提供更加优厚的条件。国家研究型大学、联邦大学和各地区职业教育体系一流高校将成为不间断教育体系发展和教育工作者职业技能提升的基地。高教机构将运行有效的自我管理制度，扩大工作人员参与教育机构管理的机会。

在青年品行教育层面，提高青年政策实施效率的举措将直接影响相关领域；协助创造条件，降低未成年人犯罪率；发展跨民族教育和爱国主义教育；传播将志愿活动当作重要的公民教育分支这一实践。

2. 实施效果的量化指标

实施效果的量化指标见表 6-3。

表 6-3 《2013—2020 年教育纲要》各年度指标值

指标名称	单位	指标值									
		2011年	2012年	2013年	2014年	2015年	2016年	2017年	2018年	2019年	2020年
1. 5～18 岁受教育公民比例	%	98.7	98.7	98.9	99	99.1	99.2	99.3	99.3	99.4	99.4
2. 学前教育可得性	%	77	78	85	90	100	100	100	100	100	100
3. 国家统一考试平均分数最高的 10％ 学校与最低的 10％ 学校的平均分之比	比值	1.86	1.84	1.82	1.74	1.7	1.66	1.62	1.58	1.54	1.5
4. 国(市)立教育机构中获得符合现代化要求学习条件的学生占学生总数的比例	%	60	70	80	85	90	95	97	100	100	100
5. 全日制职业教育机构学生接受专(职)业教育毕业一年内就业人数占学生总数的比例	%	40	42.2	44.4	46.7	48.9	51.1	53.3	55.6	57.8	60
6. 补充职业教育覆盖率	%	22	26	30	37	37	41	45	49	52	55
7. 14～30 岁参与青年社团活动青年人的比例	%	18	20	21	22	23	24	25	26	27	28

指标一"5～18 岁受教育公民比例"是国际教育对比测评中表现国家教育体系特点的一项重要指标。

指标二"学前教育可得性"是指 3～7 岁有机会接受学前教育服务的儿童数量与该年龄段儿童数量的比值。提高学前教育覆盖率是近年来俄罗斯教育发展的优先领域之一。消除幼儿园排队状况是维持社会稳定的重要举措。俄联邦总统确定了任务，在 2016 年前消除 3～7 岁儿童排队进入学前教育机构的情况，使该年龄段儿童享有 100％接受学前教育的机会。需要说明的是，由于学前教育并非义务性的，可能有一定比例的公民不使用所提供的机会；此外，由于俄罗斯儿童和经济合作与发展组织（OECD）其他国家的儿童相比，入学时间更晚，所以，提高学前教育覆盖率尤为重要。

指标三是"国家统一考试（ЕГЭ）平均分数（按单科计算）最高的 10％学校与最低的 10％学校的平均分之比"，用以呈现获得高质量教育服务的公平性。纲要中拟施行的措施旨在不降低优秀学校 ЕГЭ 平均分的基础上，缩小学校间教育成果的差距。这一指标可评价该措施的有效性。

指标四是"国（市）立教育机构中获得符合现代化学习条件的学生占学生总数的比例"。这一指标描述了教育基础设施质量（物质技术设施和工艺基础设施）以及联邦国家教育标准对学习条件要求的实施情况。在教育优先国家项目、国家教育倡议"我们的新学校"和地方普通教育体系现代化方案框架下，大规模的普通教育领域投资得以实现。这一指标可评价投资效率。

指标五是"全日制职业教育机构学生接受专（职）业教育毕业一年内就业人数占学生总数的比例"。这一指标描述了国家经济对毕业生的需求，间接表明劳动力培养质量、培养方向（专业）的现实性，以及人才培养结构与劳动力市场需求的相符程度。

指标六"补充职业教育覆盖率"是指 25～65 岁就业人口中接受职业技能提升或再培训人数的比例。这一指标描述职业教育体系的灵活性及其对新领域出现的经济需求做出快速回应的能力，以便发现职业教育中新的目标群体，为国家创新发展和技术革新做出及时且符合新任务要求的贡献。

指标七是"14～30 岁参与青年社团活动青年人的比例"。这一指标可反映青年社会团体的吸引力和青年社会积极性的提高程度。

三、《俄罗斯联邦 2013—2020 年国家科学技术发展纲要》

2012 年 12 月 20 日，俄罗斯联邦政府批准了《俄罗斯联邦 2013—2020 年国家科学技术发展纲要》（Государственная программа Российской Федерации《Развитие науки и технологий》на 2013—2020 годы，简称《2013—2020 年科技纲要》）。该

纲要的目标在于形成有竞争力且高效的研究开发部门，并保障其在俄罗斯经济技术现代化进程中的主导地位。

（一）《2013—2020 年科技纲要》的出台背景

《2013—2020 年科技纲要》是俄罗斯联邦政府 2012 年年底的优先处理项目。在总体背景上，它有着与《2013—2020 年教育纲要》相似的情况，即它也是从 2008 年起，俄罗斯多个社会发展主要领域陆续颁布本领域到 2020 年前的重大发展纲要中的一个。在具体时间上，它比《2013—2020 年教育纲要》甚至还要早半年，或许时间节点上的不同可以在一定程度上体现出国家推进科技发展的迫切程度。

言及俄罗斯科技发展的国家政策，时任总统梅德韦杰夫不止一次在相关会议上表示，俄罗斯向经济发展创新道路的转变离不开现代科学和科学研究潜能，尽管俄罗斯面临一些特定的困难，但俄罗斯拥有深厚潜力是世界共识，因此，世界研究精英对俄罗斯感兴趣亦属必然。近年来，俄罗斯已经吸引了一定的资金用于教育发展，也将努力为科学发展寻求资金。集中资源发展科技基础设施是《2013—2020 年科技纲要》的主要目标之一。① 《2013—2020 年科技纲要》制定的基础是联邦政府关于国家纲要制定、实施及有效性评价的一系列决定，以及 2012 年 5 月 7 日俄罗斯联邦新任总统普京签发的一系列总统令中《关于在教育和科学领域实施国家政策的措施》② 命令，该命令要求 2012 年 12 月批准《俄罗斯联邦基础科学研究长期发展纲要》。③

2012 年 7 月 19 日，由俄罗斯联邦教育科学院负责编写的纲要草案在该部门官方网站上公示。④ 草案的制定人员包括来自国家科学院、高等教育机构、经济领域以及发展研究院等单位的一流学者。同年 10 月，纲要草案通过了社会听证会，在"开放型政府"（Открытое правительство）会议上得到科学家和社会专家的整体认可。这次会议和其他讨论共收到了超过 200 份意见和建议，为最终版本的

---

① Правительством России рассмотрена Государственная программа Российской Федерации "Развитие науки и технологий" на 2013—2020 годы［EB/OL］. http：//xn-80abucjiibhv9a. xn-p1ai/%D0%BD%D0%BE%D0%B2%D0%BE%D1%81%D1%82%D0%B8/2770，2012-11-02.

② Материалыквыступлению Министра Д. Ливанова на заседании Правительства России 1 ноября 2012 года по Госпрограмме "Развитие науки и технологий" на 2013—2020 годы［EB/OL］. http：//xn-80abucjiibhv9a. xn-p1ai/%D0%BF%D1%80%D0%B5%D1%81%D1%81−%D1%86%D0%B5%D0%BD%D1%82%D1%80/2769，2012-11-01.

③ Подписан Указ о мерах по реализации государственной политики в области образования и науки［EB/OL］. http：//news. kremlin. ru/news/15236，2012-05-07.

④ Проект государственной программы Российской Федерации《Развитие науки и технологий》 на 2013—2020 годы［EB/OL］. http：//xn-80abucjiibhv9a. xn-p1ai/%D0%B4%D0%BE%D0%BA%D1%83%D0%BC%D0%B5%D0%BD%D1%82%D1%8B/2475，2012-07-19.

修正提供了参考。2012 年 11 月初，俄罗斯联邦政府就批准《2013—2020 年科技纲要》召开会议，总理梅德韦杰夫在会上明确表示，该纲要的实施必须有助于保障基础科学研究的竞争力水平，要为国家科技发展的优先方向建立储备，发展大学的科学研究，形成统一的研究和开发基础结构，最终达到强化俄罗斯作为科学巨擘的地位。根据俄罗斯联邦政府 2012 年 12 月 20 日决议，《2013—2020 年科技纲要》正式通过。

（二）《2013—2020 年科技纲要》的主要内容

《2013—2020 年科技纲要》主要包括以下内容：①联邦纲要说明。②国家纲要实施环境的总体特征（确认科技优先发展领域、人才保障、财政保障、体制结构和部门组织、物质技术基础、形成科技环境的基本趋势）。③实施国家纲要领域的国家政策重点，目标、任务和任务解决中的目标达成指标，国家纲要领域发展预测，国家纲要基本预期成果描述，实施国家纲要的期限和阶段。④子纲要划分和将实施中的联邦目标规划归入国家纲要的论证。⑤国家纲要和子纲要、部门目标纲要的基本措施的特征概括。⑥国家调节措施的特征概括。⑦在实施国家纲要中，参与合作的国家、社会、科学和其他组织股份公司，以及国家预算外基金会信息。⑧实施国家纲要必需的财政资金总额论证。⑨实施国家纲要的风险分析和风险管理措施描述。⑩国家纲要的有效性评价方法（公式）。⑪6个子纲要、3个联邦目标纲要的说明及附件。

《2013—2020 年科技纲要》负责执行者为俄罗斯联邦教育科学部。国家纲要共同执行者为俄罗斯联邦经济发展部。国家纲要参与者包括：俄罗斯联邦财政部；俄罗斯科学院；俄罗斯科学院远东分院；俄罗斯科学院西伯利亚分院；俄罗斯科学院乌拉尔分院；俄罗斯设计建筑学科学院；俄罗斯农业科学院；俄罗斯艺术科学院；联邦国家预算机构"俄罗斯基础研究基金会"；联邦国家预算机构"俄罗斯人文科学基金会"；联邦国家预算机构"国家库尔恰托夫学院研究中心"。国家纲要的联邦目标项目国家订购者包括：俄罗斯联邦自然资源与生态部；俄罗斯联邦通信署；俄罗斯联邦海运河运署；俄罗斯联邦气象和环境监测局；俄罗斯联邦国防部；高等职业教育联邦国家预算教育机构"莫斯科国立罗蒙诺索夫大学"。

《2013—2020 年科技纲要》由 6 个子纲要组成，其名称及实施目标可归纳为表 6-4。

表 6-4 《2013—2020 年科技纲要》子纲要列表

子纲要名称	纲要目标
1.《基础科学研究》	保障基础研究的高竞争力和高成效性
2.《前沿技术领域搜索和应用问题导向研究及科技储备发展》	进行俄罗斯科技发展优先方向上的研究和开发

续表

子纲要名称	纲要目标
3.《科学研究部门机构发展》	发展高等教育机构的研究活动，激励高校与生产企业的合作，并发展国家研究中心
4.《研究与开发基础部门领域间发展》	建立由世界著名研究者领导的科学实验室网络，实施多个大科学（MegaScience）项目，支持科学城的基础设施建设
5.《科学领域的国际合作》	执行国际协定和其他国际科学项目
6.《国家纲要实施保障》	致力于为国家纲要措施的实施提供技术保障

《2013—2020 年科技纲要》的目标项目包括：联邦目标项目"研究与制定 2007—2013 年俄罗斯科技综合发展优先方向"（俄罗斯联邦政府 2006 年 10 月 17 日批准第 2613 号命令）；联邦目标项目"2009—2013 年创新俄罗斯科学和教育学人才"（俄罗斯联邦政府 2008 年 7 月 28 日批准第 568 号命令）；联邦目标项目"海洋"（俄罗斯联邦政府 1998 年 8 月 10 日批准第 919 号命令）。

《2013—2020 年科技纲要》的任务包括：发展基础科学研究；在科技发展优先领域建立加速科技储备；科学研究部门制度发展，完善其结构、管理和财政体系，科学和教育一体化；保障俄罗斯研究开发部门在国际科技空间中的一体化。

《2013—2020 年科技纲要》的目标指标包括："科学"网站（WEB of Science）数据库索引的俄罗斯世界科学杂志出版物总数中的比重；Scopus 数据库索引的科学杂志中，每 100 项研究中俄罗斯作者出版的数量；"科学"网站数据库索引的每个俄罗斯研究和科学杂志出版物的援引数量；发明活动系数（俄罗斯每一万人中申请的国内发明专利数量）；完成科学研究和开发的组织内，机械和设备总价值中使用 5 年以内的机械和设备比重；Scopus 数据库索引的科学杂志中，与国外学者共同出版的数量占俄罗斯作者出版总量的比重；研究者的平均年龄；39 岁以下研究者占研究者总数的比重；用于研究和开发的内部成本总额占国内生产总值的百分比；用于研究和开发的内部成本中预算外资金的比重；科学工作者的平均工资与当地平均工资的关系；高等职业教育机构用于研究和开发的内部成本的比重。

（三）《2013—2020 年科技纲要》的实施进度及预算分配

《2013—2020 年科技纲要》的实施共分为三个阶段：第一阶段为 2013 年；第二阶段为 2014—2017 年；第三阶段为 2018—2020 年。纲要的预算拨款总额如表 6-5 和表 6-6 所示。

表 6-5 《2013—2020 年科技纲要》的预算拨款总额分配表

年度	预算方案/千卢布	补充资金/千卢布
2013—2020 年	1 603 300 073.60	636 523 858.92
2013 年	145 115 304.90	8 694 741.00
2014 年	156 862 381.10	21 301 940.90
2015 年	170 160 271.10	33 494 741.70
2016 年	192 994 987.88	73 117 134.11
2017 年	209 901 337.34	112 131 071.17
2018 年	228 692 778.97	132 988 957.83
2019 年	242 688 189.42	134 198 834.40
2020 年	256 884 822.89	120 596 437.81

表 6-6 《2013—2020 年科技纲要》统整的三个联邦目标项目财政保障表

序号	联邦目标项目名称	拨款年度/年	拨款数额/亿卢布
1	"研究与制定 2007—2013 年俄罗斯科技综合发展优先方向"	2013	222.077 855
2	"2009—2013 年创新俄罗斯科学和教育学人才"	2013	168.545 89
3	"海洋"	2013	6.550 918

实施《2013—2020 年科技纲要》的预期结果包括：①保障基础和探索性领域工作与相应经济领先国家的研究水平相当的国际研究水平，旨在形成国家经济现代技术基础的高水平国际合作。②将人才和物质资源集中在优先方向，保证建立经济部门需要的科学技术储备。③使俄罗斯进入专利活动领先国家之列。④扩大国家纲要框架下进行的科学研究成果的实际应用。⑤支持和发展国家研究中心作为国家创新体系的基础元素。⑥保障科学、教育和创新活动的有效一体化。⑦一流大学、国家科学院科学机构和国家科学中心内，顶尖学者参与的世界水平基础科学研究规划实施。⑧保障俄罗斯科技综合体在全球创新体系中的有效一体化，确保俄罗斯作为世界科学巨擘的地位。

(四)《2013—2020 年科技纲要》的实施特点分析

在《2013—2020 年科技纲要》实施的第一阶段，2013 年 7 月 22 日，俄罗斯联邦政府第 1287－p 号命令批准了《2013—2020 年科技纲要》的实施计划。当月 31 日，俄罗斯联邦教育科学部在其官方网站上公布了联邦政府命令和实施计划。①《2013—2020年科技纲要》旨在解决俄罗斯科学道路面临的现实问题。这些问题包括：①基础和科学研究成效不足。②商业经济对科学研究和开发兴趣不足，参与少。③因20世纪90年代以来国家缺乏对科学的支持，造成科学人才断代，青年科学人才流失。④本国一流学者工作条件差。⑤本国研究和开发部门与国际科技空间一体化水平低。⑥开展各类科学研究的物质基础落后。《2013—2020年科技纲要》的任务就是解决这些积存问题，形成有竞争力的科学研究和开发部门，保障其在俄罗斯国家经济技术现代化进程中的主导位置。②

《2013—2020年科技纲要》的重点是积极利用俄罗斯此前积累的从事基础研究的潜力，为加速实用研究和开发领域的发展创造条件。纲要的实施将有助于在基础科技研究成果储备、大量新知识的基础上，建立新的生产模式和新技术。由于用于科技储备的研究往往伴有高风险，缺乏对私人投资的吸引力，国家应承担起进行此类研究的责任，研究在很大程度上取决于财政拨款预算。在这个基础上实施规划，对研究周期中的不同阶段采用区别化的支持方式。俄罗斯科学院和其他国家科学院、一流大学、国家研究和国家科学中心在基础研究中扮演关键角色。国家在科技领域政策的重要元素是积极吸引俄罗斯大学参与规划实施，这将有助于一大批有才能的青年学者投身科学，并积极推广先进科学研究成果在经济中的应用。

为解决科技领域面临的当下问题，《2013—2020年科技纲要》提供了一系列基本工作形式：①实现与科学工作者签订有效合同模式，有针对性地支持有效科学机构和成功学者，在工作成就和工资之间建立透明的联系，使科学工作者的工资在2018年前达到当地平均经济水平的两倍。②加强国内研究活动在使用技术平台和创新区域平台机制中的合作。③科学研究活动国际化，扩大国际合作，鼓励俄罗斯和外国从事科学研究的机构间合作。④吸引俄罗斯商业参与科学研究，开发发展科学的多渠道资金来源。

财政保障是《2013—2020年科技纲要》顺利实施的前提。俄罗斯联邦教育科学部制订规划预算方案的基础是联邦预算2013年和2014—2015年计划时期的预

---

① Распоряжение Правительства Россииот 22 июля 2013г. No 1287-робутверждениипланареализациигосударственнойпрограммы Российской Федерации "Развитиенаукиитехнологий" на 2013 годинаплановыйпериод 2014 и 2015 годов[EB/OL]. http：//xn-80abucjiibhv9a. xn-p1ai/%D0%B4%D0%BE%D0%BA%D1%83%D0%BC%D0%B5%D0%BD%D1%82%D1%8B/3547，2013-07-31.

② Материалы квыступлению Министра Д. Ливанованазаседании Правительства России 1 ноября 2012 годапо Госпрограмме"Развитиенаукиитехнологий" на 2013—2020 годы［EB/OL］. http：//xn-80abucjiibhv9a. xn-p1ai/%D0% BF% D1%80% D0% B5% D1%81% D1%81-% D1%86% D0%B5%D0%BD%D1%82%D1%80/2769，2012-11-01.

算方案，及俄罗斯联邦财政部批准的《2016—2020 年国家纲要财政限制》。发展科研的资金主要依靠国家预算，2011 年国家预算资金占研究开发内部支出的 65.5%。未来国家预算主导科研的地位不会发生改变，政府在创新发展战略下要求保持国家预算在科研中的比重，至 2020 年不低于内部支出的一半。

实施《2013—2020 年科技纲要》的两个最基本的量化预期结果包括：①实质性提高 50% 的俄罗斯学者的出版物数量和其在国际数据库中的引用率；用于研究和开发的预算外资金占内部成本的比重翻倍，从 30% 增加到 60%。②实质性减少中年研究者的数量，增加 40 岁以下研究者所占的比重；使科学设备总量中新设备所占的比重翻倍，达到 65%。

现代化的纲要方案将保证俄罗斯进入高水平科技发展国家之列。但其实现有赖于保障科学预算费用总额中基础研究费用所占的最低比重，同时务必加快在建应用科学的研究和开发。

四、《2014—2020 年"创新俄罗斯科学和科教人才"联邦目标纲要》

《2014—2020 年"创新俄罗斯科学和科教人才"联邦目标纲要》（Концепция федеральной целевой программы "Научные инаучно-педагогические кадры инновационной России" на 2014—2020 годы，简称《2014—2020 年创新目标纲要》），是政府批准对《2009—2013 年"创新俄罗斯科学和科教人才"联邦目标纲要》的补充修正版，也是《俄罗斯联邦 2013—2020 年国家科学技术发展纲要》之下的系列目标纲要之一。

(一)《2014—2020 年创新目标纲要》颁布的背景

2008 年 11 月 17 日，俄罗斯联邦政府颁布第 1662－p 号政令《俄罗斯联邦 2020 年前社会经济发展长期规划纲要》，明确强调加强国家创新、经济创新是俄罗斯中长期的发展方向。这段时期前后，围绕人才创新的主题，俄罗斯政府陆续颁布了一系列重要政策文本，例如，《"教育和创新经济的发展：2009—2012 年推行现代化教育模式"国家纲要》，以及《2009—2013 年"创新俄罗斯科学和科教人才"联邦目标纲要》（简称《2009—2013 年创新目标纲要》）等。

旨在为有效培养科学和科教人才，在科学、教育、高技术领域留住青年人才并保持代际传承创造条件的《2009—2013 年创新目标纲要》，经过 4 年的实施，取得了以下一些成果。

在人才培养与吸引方面，《2009—2013 年创新目标纲要》的实施促进了青年留在科学、教育和高新技术领域，平均每年有 5.87 万人参与纲要运行，其中，2012 年参与人数为 6.35 万人，48.5% 是具有科学博士或副博士学位的研究者，

23.6％是研究生，27.9％是大学生。

在促进开展科研项目方面，联邦预算拨款 139 亿卢布，支持 1 300 个科教中心的 1 781 个研究项目。与此同时，联邦拨款 3.212 5 亿卢布，支持参加欧盟在技术和自然科学领域的技术发展与科学研究的 7 个框架大纲下的 35 个研究项目；拨款 4 220 万卢布，支持与德国科学组织合作的系统生物学、生物信息和工业生物技术领域的 5 个科研项目；拨款 2.175 6 亿卢布，支持科教中心与小型创新企业合作完成的 24 个研究项目。

在促进科研国际化方面，由受邀研究者领导的科研集体进行的活动中，青年科学家、研究生和大学生在合作过程中较好地掌握了现代科研方法。2009—2012 年，联邦财政预算拨款 14 亿卢布，支持 708 个研究项目。来自美国、德国、英国、法国、以色列、加拿大和瑞典等 47 个国家的 581 位受邀研究者主持科研项目。2014—2020 年，增加研究项目的数量和金额，继续开展这些措施，还支持发展常年研究者的国际流动的新措施，以提高其技能水平，助其积累学术经验。

在取得教学科研量化成果方面，2009—2011 年参加《2009—2013 年创新目标纲要》的科学工作者共发表了大约 5.6 万篇论文。其中，17％的论文在国外高水平学术刊物上发表，占俄罗斯作者发表总量的 10％；获得 500 项实用新型、工业设计发明专利，300 项计算机软件、数据库登记证书和集成电路拓扑结构证书。2009—2012 年进行了 814 次全俄罗斯和国际学术会议，109 次全俄罗斯和国际奥林匹克竞赛等各种赛事。

2009—2010 年为发展一流大学，俄罗斯确立了"国家研究型大学"的范畴。国家研究型大学的科教工作者在科技期刊上发表的论文数量比 2009 年增加了 1.5 倍，国家研究型大学的留学生人数占在校生的比例增加了 1.5 倍，科研和咨询收入平均增长了 1.7 倍。参加《2009—2013 年创新目标纲要》的学术单位在 2009—2012 年总共发表了约 66 300 篇论文，获得 1 100 项专利。2013 年，纲要将支持 14 所国家研究型大学，2014 年将支持 15 所，这些支持亦包括建设新宿舍楼，保障本科生和研究生的住宿需求，以便吸引年轻学者和教师更新科教系统。

总之，通过从 2010 年和 2011—2012 年对 11 项指标的总结可以看到，《2009—2013 年创新目标纲要》的各项指标均得以高水平完成，既定任务和目标圆满实现。在纲要实施的四年里，俄罗斯在促进科研，尤其是集体性的科研形式方面，在学科研究方向、人才资源、物质技术潜力以及结果上都呈现出多样性的特点。博士、副博士领导的科学团队进行的科学研究活动，对于支持青年研究者及其组成的集体有重大意义。2009—2012 年，联邦预算拨款 121 亿卢布，支持了 6 727 个研究项目，成功将 1.7 万名大学生、研究生、博士生和青年研究者留在科学、教育和高新技术领域。这些措施还将保留，但着重点将放在促进年轻科学家和专家参与的研究项目上，以及物色、吸引、稳定天才青年在科学和科教领域，而这些任务将通过下一个纲要继续落实。显然，出台新一轮"创新目标纲要"是落实俄罗斯国家创新发展主旋律的必然举措。

(二)《2014—2020 年创新目标纲要》的功能与性质

《俄罗斯联邦 2020 年前创新发展战略》确定国民经济的创新发展，基础科学和应用科学、教育是确保国家安全最重要的一个方向。根据《俄罗斯联邦 2020 年前社会经济发展长期规划纲要》，国家经济向创新型发展经济转轨，必须建立有竞争力的国家创新体系，核心要素就是有效地培养具有世界竞争力的科学和科教领域的人才，包括物色和留住有天分的青年在科学界，提高高水平人才的培养质量，科学和科教人才的有效的国内外流动，发展俄罗斯一流大学。

俄联邦总统关于 2013—2015 年预算政策的预算信息中指出，预算政策应该目标明确，包括促进国家的创新发展，同时也提出用于科学和教育领域项目的联邦预算资金不足。受世界经济危机的影响，预算资金可能受限制，这种情况下，应该优先保证科学和教育拨款，其在总的预算中的比例应提高。

《2014—2020 年创新目标纲要》旨在解决《俄罗斯联邦 2020 年前创新发展战略》制定的发展科学、教育、技术和创新领域的人力资本的任务，以及形成研究和开发平衡稳定发展的局面。同时，纲要为《俄罗斯联邦 2020 年前社会经济发展长期规划纲要》的实现、俄罗斯研发领域的人才政策现代化创造条件，包括建立吸引年轻专家进入科学和创新活动的机制。

《2014—2020 年创新目标纲要》是形成发展科学和科教人才综合措施体系的下一个阶段，旨在通过提高财政规模和延长研究项目的方式，强化国家对成功的学术团体的支持，是《2009—2013 年创新目标纲要》的延续。

(三)《2014—2020 年创新目标纲要》的任务、财政支持及目标参数

相较于《2009—2013 年创新目标纲要》，《2014—2020 年创新目标纲要》中有一系列新的内容。

《2014—2020 年创新目标纲要》的着眼点在于提高学术活动的成效，通过采用定向拨款的方式，转向更有成就的学术集体，扩大对年轻研究者的财政资助。采用不同的项目实施工具是《2014—2020 年创新目标纲要》的一个特点，包括签署国家协议和签署以补贴的形式为法人提供资助的协议，以确保其完成研究项目。

《2014—2020 年创新目标纲要》的主要目的是发展科学和科教领域高技能水平人才培养的有效系统，提高他们在国际上的竞争力。该纲要将分两个阶段实施：第一阶段为 2014—2017 年，第二阶段为 2018—2020 年。纲要的主要任务包括：①发展扩大科学和科教人才数量与改善其质量的机制。②提高科学和科教人才的成效，发展促进科学研究和创新活动的机制。③发展俄罗斯内部和国际的科学和科教人才流动。④发展国家研究型大学网络。

《2014—2020 年创新目标纲要》的财政资金为 2 010.2 亿卢布，其中，联邦预算资金为 1 534.8 亿卢布，预算外资金来源为 475.4 亿卢布。俄罗斯教育科学部是《2014—2020 年创新目标纲要》的协调员。

《2014—2020 年创新目标纲要》的核心目标参数与《2009—2013 年创新目标纲要》参数的比较参见表 6-7。

表 6-7 《2014—2020 年创新目标纲要》与《2009—2013 年创新目标纲要》的核心目标参数比较

序号	指标项目名称	2014—2020 年新指标	2009—2013 年旧指标
1	研究者的平均年龄	43 岁	49 岁
2	39 岁以下研究者占总数的比例	35%	32.8%
3	学术水平高的研究者（科学副博士和科学博士）占 39 岁（含）以下参与者总数的比例	17%～17.5%	14.1%
4	稳定在科学、教育和高新技术领域的大学生、研究生、博士生和青年研究者（在读研究生或在高校、科研单位、联邦工业优先领域企业工作）的人数规模	比旧指标增加 1.3 万人	
5	参加科学和技术领域组织的学科奥林匹克竞赛、科学竞赛和其他活动的大学生、研究生、博士生和青年研究者的人数	6 万人	
6	新完成三个基本建设项目（圣彼得堡市校际宿舍管理模式的大学生城，西伯利亚联邦大学的"大学"宿舍综合体，彼尔姆国家研究型理工大学宿舍）的总面积	13.7 万平方米	

总之，《2014—2020 年创新目标纲要》颁行者认为，保证顺利而有效地落实纲要规定的宗旨与内容，有助于整体提高俄罗斯科学工作的有效性，创建一个稳定而均衡的培养高水平科学和科教人才的制度，并实现向这一制度平稳过渡。

>> 第二节　俄罗斯联邦各级各类教育政策 <<

本部分涉及俄罗斯联邦普通教育和职业教育体系的具体政策，分别选择了学前教育、普通教育和高等教育阶段各一类政策予以梳理，它们分别是：《学前教育联邦国家教育标准（草案）》、关于"发现与发展天才青年全国体系"系列政策、《发展俄罗斯一流大学，提高其在世界一流科教中心中的竞争力措施》。

一、学前教育：《学前教育联邦国家教育标准（草案）》

2013 年 8 月 29 日，俄罗斯联邦教育科学部联邦国家教育标准委员会批准了《学前教育联邦国家教育标准（草案）》（Проект федерального государственного образо-вательного стандарта дошкольногообразования，简称《学前标准》)。这是俄罗斯历史上首次根据《俄罗斯联邦教育法》的要求制定的学前教育联邦国家教育标准，对俄罗斯学前教育发展具有重要意义，受到社会各界的广泛关注。

(一)《学前标准》的制定与出台

2013 年 1 月 30 日，标准草案制定工作小组成立，由联邦教育发展研究院 (Федеральный институт развития образования)院长亚历山大·阿斯莫罗沃领导，工作组成员包括教育界、科研院所和社会组织的代表。阿斯莫罗沃在 2013 年 2 月接受采访时表示，《学前标准》旨在满足这一教育阶段家长与孩子的教育需求，保证国家提供的各种相关保障得以切实执行。两个月后，关于《学前标准》制定的广泛的社会讨论开始了，教育界代表和所有关注此问题的公民均有权参与讨论。2013 年 6 月 14 日，俄罗斯联邦教育科学部在其官方网站上公布了《学前标准》草案，由教育科学部出面邀请社会各界参加该标准的讨论，并设置专门的电子邮箱接受各方建议。在不到 20 天时间内，就收到了 300 多份意见和建议。这些建议被拿到教育科学部联邦国家教育标准委员会会议上进行了研究讨论。

2013 年 8 月 29 日，在参考普通教育工作小组提出的 11 份专家建议的基础上，俄罗斯联邦教育科学部联邦国家教育标准委员会批准了《学前标准》。与此同时，新版的《俄罗斯联邦教育法》于 9 月 1 日正式生效，其中，学前教育首次成为俄罗斯普通教育的独立阶段，这不仅充分体现了国家对学前教育在儿童发展中重要性的肯定，同时在客观上也提高了对学前教育的要求。

学前教育机构将以《学前标准》为基础，参考随后将出台的、由有经验的工作人员制定并在联邦层面公示的《学前教育示范教育大纲》，独立制定并批准自己的基础教育大纲。

(二)《学前标准》的核心内容

《学前标准》的核心目标在于：①实现国家保障每个儿童获得高质量学前教育的机会均等。②在实施基础教育大纲的条件、结构和掌握结果的统一教育要求基础上，实现国家对学前教育水平和质量的保障。③保持和维护俄罗斯联邦学前教育相应水平上的统一教育空间。

《学前标准》包括以下三方面的要求：①基础教育大纲结构(包括基础教育大纲义务部分和有关教育关系参与者部分)和内容。②实现基础教育大纲的条件(包括人才、财政、物质技术和其他条件)。③掌握基础教育大纲的结果。

《学前标准》包括七个方面的基本原则：①支持童年多样性，保护学龄前童年作为个人整个发展阶段中重要一环的独特性和自我价值。②儿童完整度过学龄前童年的全部阶段，丰富童年发展。③为每个儿童创造符合其年龄、个体特殊性和天赋爱好的适宜社会环境。④在儿童发展过程中协助儿童和成年人的合作，使儿童与他人、文化和周围世界相互作用。⑤使儿童熟悉社会文化准则，以及家庭、社会和国家传统。⑥使儿童参与不同类型的活动，形成儿童的认知兴趣和认知行为。⑦考虑儿童发展的民族文化和社会环境。

《学前标准》明确提出了需要解决的主要任务：①保护并增强儿童身体和心理健康（包括其情感福祉）。②保护并支持儿童个性，发展每个孩子作为与人、世界和自我产生关系主体的个人能力和创造潜能。③形成受教育者的整体文化，发展他们的德、智、体、美素质，以及创造性、独立性和责任感，形成学习活动的先决条件。④保证学前教育阶段教育大纲内容和组织形式的可变性和多样性，根据教育需要和受教育者的能力形成不同难度和方向层次的教育大纲。⑤形成符合儿童年龄和个体特殊性的社会文化环境。⑥保证每个儿童在学龄前童年阶段不受居住地、性别、民族、语言、社会地位、心理生理能力（包括身体条件）的限制而影响全面发展的平等机会。⑦保证学前与初等普通教育、基础教育大纲的连贯性。⑧确定系统的部门间合作方向，包括教育和社会组织（包括网络）的合作。

《学前标准》的功能在于为以下活动提供依据：①《学前标准》修订与实施。②《学前教育示范教育大纲》的制定。③大纲实施的财政保障标准的制定。④国家（市政）机构对相应教育活动的组织。⑤对教育活动的组织是否符合大纲实施和结构条件标准要求的客观评价。⑥国家和市政关于教育工作者和行政管理人员培训、职业进修、职业能力提高与鉴定活动的组织工作。

这里需要对《学前教育示范教育大纲》做一些解释。该大纲是学龄前儿童积极社会化和个体发展的教育心理学支持大纲，它从整体上确定学前教育的综合基本特征（规模、内容和作为学前教育目标形式的预期结果），以及教育过程的教育组织水平。实施教育活动的机构或组织根据《学前标准》和示范大纲自主确定大纲。在大纲制定中，确定儿童在机构中停留的时间，以及要解决的与教育、教学、组织管理任务量相符的组织工作规程。学前机构可以为儿童组织昼夜间不同停留时段的学前教育班，制定并实施不同的大纲，包括短时、正常和长日制停留儿童班，以及自 2 个月到 8 岁的不同年龄儿童班，包括混龄班。

《学前标准》调节的对象是在教育领域实现教育活动的组织与实施《学前教育示范教育大纲》的参与者之间的关系。该标准对组织的要求适用于实施大纲的国家和私人企业。《学前标准》在联合国《儿童权利公约》、俄罗斯联邦宪法、俄罗斯联邦法律的基础上制定，在制定和实施组织大纲时保证考虑地区、民族、民族文化和俄罗斯联邦民族的特殊性。它不仅能够反映国家、社会及社会文化在学前教育领域的一致期望，而且也是学前组织机构、教育系统专家、受教育者家庭和社会大众的方向标。

（三）关于《学前标准》的特点分析

与其他阶段的联邦国家教育标准相比，《学前标准》对基础教育大纲掌握结果的要求有明显不同。该标准不作为完成相应教育活动和学生培养要求的评价基础。它对于大纲掌握结果的要求以学前教育目标的形式呈现，是儿童完成学前教育水平阶段可能达到的社会和心理特征。目标无须直接评价和评估（监测），亦不作为儿童实际成就正式对比的依据。大纲不对受教育者进行间断性鉴定和最终鉴定。同时，这些目标也不作为教育干部鉴定、教育质量评价、受教育者的阶段性和最终评价、市政（国家）任务完成情况、工作者激励工资分配的直接依据。

《学前标准》规定，学前教育和初等基础教育具有承接性，但童年是具有独立价值的教育阶段，而不仅仅是为上学做准备的阶段。虽然社会上普遍认为学前教育只是在为下一阶段的普通教育做准备，甚至认为幼教机构能教会孩子读、写、算的教育才算是好的学前教育，但是，学术界坚持认为，学前教育阶段是儿童的社会化和个性发展的第一阶段，《学前标准》规定的学前教育基本原则首先体现了学前教育本身的独立性和价值，它将修正社会上将幼儿园小学化的观念和做法。《学前标准》中关于学前教育心理学的核心是儿童与成年人和同龄人的交往与合作，而不是对儿童的单向作用。《学前标准》不允许将学龄前儿童的生活转变为课程教学模式的教育。该标准规定，儿童生活中的学习不仅应当通过儿童游戏的形式呈现，还应考虑幼儿阶段在整个人生发展过程中的价值，儿童发展的年龄规律和个体特殊性，以及童年的社会文化多样性。

《学前标准》体现了国家保障每一个儿童获得学前教育机会的公平性，对原则、目标、任务等多方面内容都有具体要求。标准的制定也充分考虑到某些类别儿童，包括身体健康受限儿童的特殊教育需要，比如，《学前标准》的基本原则包括为每个儿童创造符合其年龄、个体特殊性和天赋爱好的适宜社会环境，应该考虑儿童发展的民族文化和社会环境，等等。《学前标准》的目标明确规定了国家必须保障每个儿童获得高质量学前教育的均等机会，具体包括保证每个儿童在学龄前童年阶段不受居住地、性别、民族、语言、社会地位、心理与生理能力（包括身体条件受限）的影响而获得全面发展的平等机会。在标准内容的各部分也都关注到了健康条件受限儿童的需要、特殊性和发展机会。

尽管《学前标准》已经被批准并即将实施，但俄罗斯业界专家指出，从该标准草案向新标准过渡所需要的时间将不会少于3年。有关人士表示，过渡工作不应操之过急，应该给幼儿园向新的工作体系转变的时间。

二、普通教育：“发现与发展天才青年全国体系”系列政策——

（一）“发现与发展天才青年全国体系”系列政策的出台背景·

苏联时期和俄罗斯联邦积累了与天才儿童、青年工作的丰富经验。自2003年起，为适应联邦目标项目“俄罗斯儿童”中的子项目“天才儿童”框架的要求，政府在所有联邦区建立了天才儿童工作中心，以协调各个教育机构的力量，为艺术、体育及其他领域的天才儿童培养创造条件，为建立天才儿童数据库服务。自 2006 年起，在国家优先发展项目"教育"之下开始实现"国家支持天才青年"发展方向。2012 年 1 月 24 日，俄罗斯联邦教育科学部举行了有关《在全国系统内寻找与支持天才儿童与青年有效机制一体化方案（草案）》的工作会议。该草案规定在俄罗斯政府下成立"寻找与支持天才协调委员会"。在寻找与支持天才协调委员会下成立"寻找与支持天才特别基金"，以筹集来自联邦、地区和个人的资金。

2012 年 4 月 3 日，时任俄罗斯联邦总统梅德韦杰夫批准了《发现与发展天才青年全国体系纲要》（Концепция общенациональной системы выявления и развития молодых талантов，简称《天才纲要》）[1]，该纲要明确了建立"发现与发展天才青年全国体系"的基本原则和基本任务。2012 年 5 月 26 日，俄罗斯联邦政府批准《发现与发展天才青年全国体系纲要综合措施》（Комплекс мер по реализации Концепции общенациональной системы выявления и развития молодых талантов，简称《天才综合措施》），其中规定了发现和支持天才青年的综合措施。2013 年 6 月 18 日，俄罗斯联邦教育科学部网站公布《发现与发展天才青年全国体系纲要综合措施监察结果》（Мониторинг комплекса мер по реализации Концепции общенациональной системы выявления и развития молодых талантов，简称《监察结果》），逐条总结各项措施的具体实施情况。现就三个主要政策分别梳理如下。

(二)《发现与发展天才青年全国体系纲要》明确原则与任务

2012 年 4 月 3 日，俄罗斯联邦总统梅德韦杰夫批准《发现与发展天才青年全国体系纲要》（简称《天才纲要》）。《天才纲要》明确了建立发现与发展天才青年全国体系的基本原则、基本任务及主要职能方向。其主要构成包括以下三部分：总则；发现与发展天才青年全国体系的基本原则与任务；发现与发展天才青年全国体系职能的基本方向。

《天才纲要》指出，每个人都是有才能的，人能否取得成功，在很大程度上取决于他的才能能否彰显，他能否获得机会发挥才能。现代经济有赖于掌握知识、有创新能力的专家，因此，建立在优良传统和现代成功模式上的发现与发展天才青年的工作，是俄罗斯经济现代化的必要元素。每一个人有机会彰显并运用其才能，在事业上取得成功。这不仅将影响其个人的生活品质，也有益于保障国家稳定的经济增长和人口增长形势。

---

① Концепцияобщенациональнойсистемывыявленияиразвитиямолодыхталантов［EB/OL］. ht-tp：//xn-80abucjiibhv9a. xn-p1ai/％D0％B4％D0％BE％D0％BA％D1％83％D0％BC％D0％B5％D0％BD％D1％82％D1％8B/3451/％D1％84％D0％B0％D0％B9％D0％BB/2296/12. 04. 03-％D0％9F％D1％80-827，2012-04-03.

"发现与发展天才青年全国体系"是要发展并实现所有儿童和青年的才能，使他们在选择的职业领域取得杰出成就，并获得高质量生活的机制、纲要和措施的总和。建立"发现与发展天才青年全国体系"的基本原则包括以下几个方面：①儿童、青年的个性兴趣，自由选择职业的权利，关心他的健康优先。②教育的可获得性和开放性。③有高水平人才、优秀的教育机构、先进的教学方法作为支撑。④教学的个性化方式，所有教育层次的连续性和继承性。⑤部门间和网络合作、社会和职业监督，以及国家和社会创意及资源的结合。

"发现与发展天才青年全国体系"的基本任务在于：①为所有儿童和青年不受家庭居住地、社会阶层和经济条件的限制而发展才能创造条件。②支持优秀的教师和教育机构，推广他们的优秀工作经验和先进的教学法。③对有助于儿童、少年和青年表现出杰出才能的教育机构的高水平工作提供支持。

"发现与发展天才青年全国体系"在联邦层面的职能由俄罗斯支持天才青年国家协调委员会实现，其基本职能包括：①发展和完善教育、经济和组织管理机制的法律基础。②发展和完善科学和教育机构的科学和方法基础。③发展师范和管理人才培养体系。④建立致力于解决联邦、地区和地方层次面临任务的措施体系。⑤发展并完善智力、创造力和体育竞赛体系。⑥为青年职业自我实现创造条件。

苏联时期和俄罗斯联邦积累了天才儿童、青年工作有关的优秀经验，包括：①组织智力、创造力和体育竞赛的补充教育和科技创造中心。②扩大学校和大学、文化科学和运动机构之间的合作。③组织不同知识类型的夏令营和冬令营。④支持完成研究项目和科学考察的大学函授学校和夜校。俄罗斯在寻找和支持天才儿童和青年领域的使命在于：建立有效的教育体系，保证所有儿童和青年的学习、教育、发展条件，使他们的长远自我实现过程不受家庭居住地、社会阶层和经济条件的限制。

近年来，俄罗斯实施天才儿童工作大纲的文科中学、实科中学、特殊学校的数量有所增加，数以万计的普通学校学生和大学生得以参加各种竞赛。与此同时，保证天才青年"社会阶梯"的任务在瞬息万变的经济环境中显得特别重要，这一方面必须提高教师和辅导员的职业技能，以保证教育大纲高质量的内容；另一方面也要大力推广有高科技含量的现代化学习环境，整合现代化教育资源。为此，务必将现有寻找和支持天才儿童和青年的机制集合到发现与发展天才青年全国体系中来。

（三）《发现与发展天才青年全国体系纲要综合措施》规定的综合措施

2012 年 5 月 7 日，时任俄罗斯联邦总统普京签署了《关于在教育和科学领域实施国家政策的措施》的命令。① 命令要求在 2012 年 6 月之前制定出发现和支持天才青年的综合措施。2012 年 5 月 26 日，俄罗斯联邦政府批准《发现与发展天才青年全国体系纲要综合措施》。② 该文件由三个类别的 27 项措施构成，详见表 6-8。

表 6-8　《发现与发展天才青年全国体系纲要综合措施》分类列表

序号	具体措施内容
	类别一　与天才儿童、青年工作相关的法律规范和科学方法
1	在学前和普通教育示范教育大纲中，制定保障发现、发展和跟踪天才儿童的专门章节
2	制定并批准艺术领域补充职前普通教育大纲的联邦国家标准
3	制定并批准儿童补充教育机构标准条例，包括艺术和体育培养领域的职前教育发展部分
4	制定儿童艺术学校(艺术形式)实施其艺术领域补充职前普通教育大纲组织活动的建议
5	制定"俄罗斯支持天才青年国家协调委员会"章程，并批准其成员
6	进行科学研究，并制定天才儿童跟踪教育和心理大纲
7	调整并推广与天才儿童包括早期教育工作有关的有效方法、创新技术、教学大纲和形式
8	组织实施体育教育，关注专门与天才儿童、青年工作相关的培训，包括利用远程教育技术的教育机构和特殊组织教育工作者的职业培训和技能提高，考虑制定职业标准
9	组织制定补充教育者职业标准(改为职业等级形式)
10	保障普通和高等职业教育机构在实施致力于天才儿童和少年发展的普通教育大纲时的合作
11	制定并实施《发现与发展天才青年全国体系纲要综合措施》下的地区和市政目标规划
12	为身体健康条件受限儿童设计不同补充教育大纲下的电教资源
13	完善国家和社会组织实施智力和创造力竞赛体系的提案，以保障专家评价和竞赛过程的客观性、公开性和透明性
14	准备关于延长联邦总统命令《2013—2014 年国家支持天才青年措施》的提案
15	准备关于向联邦政府转移提供儿童补充教育的权力提案，包括符合联邦法律的必要财政保障，以及有可能的联邦预算的共同财政拨款提案

---

① Подписан Указ о мерах по реализации государственной политики в области образования и науки[EB/OL]. http：//news. kremlin. ru/news/15236，2012-05-07.

② Комплексмерпореализации Концепцииобщенациональнойсистемывыявленияиразвитиямолоды-хталантов[EB/OL]. http：//xn-80abucjiibhv9a. xn-p1ai/%D0%B4%D0%BE%D0%BA%D1%83%D0%BC%D0%B5%D0%BD%D1%82%D1%8B/3451/%D1%84%D0%B0%D0%B9%D0%BB/2297/12. 05. 26-2405%D0%BF-%D0%9F8，2012-05-26.

序号	具体措施内容
	类别二 与组织、教育天才儿童和青年竞赛支持相关的措施
16	为支持与天才儿童、青年工作的教育工作者及其他专家举行职业技能竞赛
17	向提供体育培养，特别是成功与天才青年和儿童工作的社会组织、教育机构和组织提供协助
18	向科学、技术和体育领域的儿童和青年团体(包括网络团体)提供协助
19	开展儿童和青年体育活动
20	开展儿童和青年智力和创造力竞赛活动
21	支持青年作家和艺术表演者的首次表现项目
22	在国家、私人和社会合作基础上开展职业技能竞赛
23	为国家支持俄罗斯青年学者单独设立俄罗斯联邦总统奖
	类别三 与天才儿童、青年工作的基础结构发展相关的措施
24	制定关于建立儿童补充教育机构现代基础结构的提案，以及机构推广创新大纲和技术的鼓励措施
25	在竞争的基础上，为儿童补充教育机构技术领域的发展建立进修平台(基于2011—2015年教育发展联邦目标规划框架)
26	在竞争的基础上，支持附属于高等职业教育机构的专门化教学科研中心(基于2011—2015年教育发展联邦目标规划框架)，包括为此吸引预算外资金、目标资本
27	建立国家教育信息网站并保证其功能，为儿童、青年、家长及教育者提供永久性基础，包括建立全俄中学生奥林匹克竞赛、中学生奥林匹克竞赛以及其他比赛的优胜者和获奖者的联邦统一数据库，据此为天才青年授予奖项

表6-8所列措施要求完成的时间多数为2012年后半年，部分在2013年或之后每年执行。措施的执行者多数为俄罗斯联邦教育科学部、文化部、体育部、俄罗斯各联邦主体、其他相关权力执行机关等。

(四)《发现与发展天才青年全国体系纲要综合措施监察结果》公布实施结果

2013年6月18日，俄罗斯联邦教育科学部网站公布《发现与发展天才青年全国体系纲要综合措施监察结果》(简称《监察结果》)。① 《监察结果》逐项公布了近一年来27项综合措施的具体实施情况。

以类别一"与天才儿童、青年工作相关的法律规范和科学方法"中的措施1为

---

① Мониторинг комплекса мер по реализации Концепции общенациональной системы выявления и развития молодых талантов[EB/OL]．http：//xn－80abucjiibhv9a. xn－p1ai/％D0％B4％D0％BE％D0％BA％D1％83％D0％BC％D0％B5％D0％BD％D1％82％D1％8B/3451，2013-06-18.

例分析。措施 1 写道：在学前和普通教育示范教育大纲中，制定保障发现、发展和跟踪天才儿童的专门章节。根据措施 1 的要求，俄罗斯联邦教育科学部在学前教育、初等教育、基础教育和中等（完全）普通教育示范教育大纲中制定了致力于发现、发展和跟踪天才儿童的专门章节。这些章节切实包含以下内容：天才儿童的发展，确定了与天才儿童工作相关的大纲目标和任务，工作组织的基本原则及在最大程度上保证学生才能发现和发展的必要信息、物质技术条件。这些专门章节还规定了在建立个性化监控和教育心理学跟踪体系下，发现、支持和发展天才儿童的具体措施，对天才儿童发展的工作模式和预期结果提出了建议。这些专门章节通过了俄罗斯联邦国家独立教育机构联邦教育发展研究院（ФГАОУ 《Федеральный институт развития образования》）的专业评定，并在修订后发送俄罗斯各联邦主体实行教育领域管理的权力执行机关，用于指导相关领域的工作。

类别二"与组织、教育天才儿童和青年竞赛支持相关的措施"下的第 1 项措施写道：为支持与天才儿童、青年工作的教育工作者和其他专家举行职业技能竞赛。为肯定教育工作者的职业成就并提高他们的地位，俄罗斯联邦教育科学部每年举行"俄罗斯年度教师"竞赛。自 2002 年起，每年举行"儿童补充教育自主教育大纲"全俄竞赛。在 2012 年的第 10 届竞赛上，共有来自 61 个联邦主体的 511 项大纲参赛。各联邦主体每年举行"年度教师""年度幼儿教师"职业竞赛。此外，2012 年中，有 6 个地区还举行了其他多种多样的职业技能竞赛，部分竞赛还吸引了其他地区的参与。以沃罗涅日州为例，该州 2012 年举行了"把心灵献给孩子"的儿童补充教育自主教育大纲州级竞赛，以及"为了教师的道德成就"教育工作者竞赛。

类别三"与天才儿童、青年工作的基础结构发展相关的措施"下的第 1 项措施写道：制定关于建立儿童补充教育机构现代基础结构的提案，以及机构推广创新大纲和技术的鼓励措施。为了建立与天才儿童、青年工作的现代化相关的基础结构，俄罗斯联邦教育科学部与俄罗斯体育部一同制定了《2020 年前俄罗斯联邦儿童补充教育发展部门间纲要（草案）》，旨在到 2020 年前实现俄罗斯 5～18 岁青少年儿童参与补充教育大纲学习的人数占该年龄段总人数 70%～75% 的目标。为了完善儿童补充教育的结构与内容，俄罗斯正在筹备建立儿童补充教育发展部门间委员会。与此同时，俄罗斯也要求各地区分别制定并落实与天才儿童、青年工作的基础结构相关的区域性措施。以卡卢加州为例，该州经过社会讨论，由该州教育厅批准了本地区儿童补充教育体系发展纲要，地区行政部门制定并批准了儿童补充教育体系领域网络合作方案的命令，鼓励在地区和市政创新平台上进行创新工作。

三、高等教育：《发展俄罗斯一流大学，提高其在世界一流科教中心中的竞争力措施计划》

（一）相关背景

从世界大学排名可以看出，俄罗斯高等教育在国际高等教育中的地位不容乐观。为了支持俄罗斯一流高校跻身国际一流科学、教育中心，满足俄罗斯经济、社会发展对高水平人才的需求，从 21 世纪第二个十年起，俄联邦政府开始重点支持建设一批一流大学，以期达到推进俄罗斯教育现代化、提高俄罗斯高等教育质量、复兴研究生教育、发展科学、防止高层次人才外流等目的。2009 年 11 月，时任俄罗斯总理的普京宣布从联邦补充财政预算中划拨资金专项，用于支持俄罗斯一流大学建设。他强调：要将"资金用于更新研究和实验室设备、学术交流项目、引进优秀科学家，包括从国外引进我们的同胞，最终这些大学应该在世界教育科学排名中名列前茅，成为国家创新体系的重要组成部分。"联邦补充财政预算资金额度为 900 亿卢布，2010—2012 年每年支付 300 亿卢布。[①]

国家支持一流大学的实施任务包括：①支持莫斯科国立大学和圣彼得堡国立发展项目。②支持联邦大学科学研究过程现代化和创新活动现代化。③支持国家研究型大学的建设。④发展俄罗斯高校与工业企业的合作。⑤吸引知名科学家到俄罗斯高校。⑥发展俄罗斯高校的创新基础设施。⑦支持一流大学和一流科学机构共同实施的科学项目。

2010 年，在圣彼得堡国立大学校长 H. 科罗巴切夫、乌拉尔联邦大学校长 B. 果科沙罗夫和俄罗斯高等经济学校校长 Я. 库兹米诺夫三位校长的共同倡议下，"俄罗斯一流大学联盟"成立了。最初的成员有国立莫斯科大学、国立圣彼得堡大学、几所联邦大学和国家研究型大学。俄罗斯一流大学联盟委员会主席由圣彼得堡国立大学校长 H. 科罗巴切夫担任。2012 年 10 月 29 日，俄联邦政府签署 2006－p 号文件，通过了《发展一流大学，提高其在世界一流科教中心中的竞争力措施计划》(План мероприятий по развитию ведущих университетов, предусматривающих повышение их конкурентоспособности среди ведущих мировых научно-образова-тельных центров, 简称《发展一流大学措施》)。

2013 年 4 月 23 日举行的俄罗斯一流大学联盟常务会议决定吸纳国立莫斯科国际关系学院、俄罗斯民族友谊大学、俄罗斯农业及俄联邦总统国家事务科学

---

① ПОДДЕРЖКА ВЕДУЩИХ РОССИЙСКИХ ВУЗОВ[EB/OL]. http://old.mon.gov.ru/pro/ved/2013-8-7，2013-08-07.

院、国立圣彼得堡电子技术大学为新成员。[①]

(二)《发展一流大学措施》的内容

该措施计划是以任务分解表的形式，从组织经济和法律法规保障、发展活动参与校的人力资本、发展活动参与校的教学和科研活动三大方面做出的规定，明确了23项具体措施及完成时限，以及责任主体和预期结果。

第一部分是关于组织经济和法律法规保障方面的措施，包括14项内容。

①研究国家支持一流大学的措施，包括国家奖励资金的拨付和分配原则、俄罗斯一流大学提高竞争力委员会的章程、竞赛的组织技术和信息保障的实施程序、方法和分析的实施程序。由俄罗斯联邦教育科学部、经济发展部、财政部、司法部和俄罗斯教育科学院负责，2013年1月完成。

②制定旨在提高在世界一流科教中心中的竞争力而获得国家支持的一流大学选拔要求清单。由俄罗斯教育科学部于2013年1月完成。

③确立俄罗斯一流大学提高竞争力委员会的成员。由俄罗斯联邦教育科学部和俄罗斯教育科学院于2013年1月完成。

④制定方法建议，包括根据世界评级机构提供的研究报告，制定出必要的形式和指标。由俄罗斯联邦教育科学部于2013年1月完成。

⑤根据选拔一流大学的要求和国际评级指标，组织获得国家支持资金的竞争性选拔活动。由俄罗斯联邦教育科学部和俄罗斯一流大学提高竞争力委员会于2013年3月完成。

⑥确定参加竞争选拔活动的一流大学名单。由俄罗斯联邦教育科学部、感兴趣的联邦行政机关于2013年4月完成。

⑦研究吸引独立顾问"路线图"，以提高竞赛选拔活动参与校的竞争力。由俄罗斯联邦教育科学部和活动参与校于2013年4月完成。

⑧修改俄罗斯联邦教育科学部关于提供奖励资金的指令，不与完成国家任务挂钩。由俄罗斯联邦教育科学部、经济发展部、财政部和司法部于2013年第一季度完成。

⑨修改与联邦财政拨款相关的联邦政府权力机关的指令，不与完成国家任务挂钩。由感兴趣的国家行政机关、俄罗斯经济发展部、财政部、司法部于2013年4月完成。

⑩按照提高参与校竞争力"路线图"，俄罗斯联邦教育科学部和活动参与校每季度组织举办研讨会，活动参与校每季度向俄罗斯联邦教育科学部汇报"路线图"的阶段成果。

---

① Ассоциация ведущих университетов России пополнилась новыми членами［EB/OL］. http：//edu. garant. ru/relevant/main/470079/2013-8-7，2013-08-07.

⑪完善参与校的管理体系，包括吸引国际水平的专家到活动参与校的管理部门。由俄罗斯联邦教育科学部、感兴趣的联邦行政机关和活动参与校负责，活动参与校每年向俄罗斯联邦教育科学部提交一份报告。

⑫研究和实施提升俄罗斯学术期刊（收录于"科学网，WEB of Science"和Scopus 数据库）论文发表量的措施。由俄罗斯联邦教育科学部、国家科学院和活动参与校于 2013 年 12 月完成。

⑬组织、监督提升俄罗斯一流大学竞争力的活动。活动参与校每年向俄罗斯联邦教育科学部汇报两次。

⑭报告发展俄罗斯一流大学活动方案的实施成果。俄罗斯联邦教育科学部于每年 5 月报告自财政拨款以来至 2020 年间实施的各项活动的情况。

第二部分是关于发展活动参与校的人力资本方面的措施，包括 4 项内容。

①研究形成活动参与校领导班子的人才储备，以及吸引有国内外一流大学和研究机构工作经历的专家到领导岗位的实施方案。活动参与校于 2013 年 8 月向俄罗斯联邦教育科学部汇报成果。

②研究吸引具有在国内外一流大学和研究机构成功工作经验的青年科学教育工作者到活动参与校的实施方案。活动参与校每年向俄罗斯联邦教育科学部汇报成果。

③参与校采取措施，包括在俄罗斯一流大学和科学中心的参与下，实施以提高水平为目的的见习、职业再培训和其他形式的科教人员的国际和国内学术交流项目。此外，要保证参与校每年不少于 2％的科教人员参与学术交流项目。

④开发和实施完善研究生和博士生培养措施，包括形成吸引并加强青年科学人才到活动参与校的有效机制。该项目由俄罗斯联邦教育科学部、俄罗斯教育科学院及活动参与校共同负责，活动参与校每年向俄罗斯联邦教育科学部提交成果报告。

第三部分是关于发展活动参与校教学和科研活动方面的措施，具体包括 5 项内容。

①活动参与校研究并实施支持大学生、研究生、实习生和青年科教工作者的措施。根据相应的项目，每年支持不少于 10％的学生和不少于 10％的实习生、青年科教工作者参加该项目。

②开发并在活动参与校中引进与国内外一流大学和科学组织合作的新教学大纲的措施，到 2015 年至少引进 80 个教学大纲。

③开发并实施措施，以吸引国外一流大学的学生到活动参与校留学，包括通过实施与国外大学和大学联盟开展的合作教学项目。到 2015 年前，每年有 5％的国外大学生在活动参与校留学至少 1 个月。

④在活动参与校中确定和实施符合俄联邦长期基础科学研究项目的科研工作

方案，同时考虑国际基础和应用研究的优先领域。每年由俄罗斯联邦教育科学部、俄罗斯教育科学院及活动参与校共同制订科研工作方案。

⑤以活动参与校为基础，实施与俄罗斯和国外高新技术企业合作的科研与开发项目，包括在活动参与校建立分支机构。要求到 2014 年应有一半的活动参与校有不少于 1 个项目；在 2015 年 12 月，每一个活动参与校有将近 10 个项目。

(三)《发展一流大学措施》的实施状况分析

该政策实施前期主要是俄罗斯联邦政府机关制定相应的法律、法规，成立专门委员会，确立财政拨款事宜，从现有官方报道来看，这几项基本都按照时间进度要求在进行。

2013 年 3 月 8 日由俄罗斯联邦教育科学部公布一流大学选拔通知，并于 6 月 7 日前完成大学申报工作。

俄罗斯总理梅德韦杰夫签署了关于成立提高俄罗斯一流大学国际竞争力委员会的法令，① 2013 年 7 月，提升俄罗斯一流大学国际竞争力委员会组建。按照委员会工作框架，俄罗斯政府于 2013 年划拨 90 亿卢布扶持一流大学，该项资金已经拨付到位。②

很明显，发展一流大学是俄罗斯 21 世纪以来科技强国、创新强国政策的一个重要方面，是培养创新人才的依托，也是提升俄罗斯高等教育国际竞争力的手段。俄联邦政府拟用十年时间，拨巨资重点扶持有实力的 15 所一流大学，并计划到 2020 年前，至少促成其中 1/3 的大学能进入世界百强高校之列。

>> 第三节　教育教学管理职能的相关政策与规划 <<

本部分涉及俄罗斯联邦教育职能部门对阶段性教育工作规划，以及不同类别教育领域实施职能管理的三项政策，具体包括对《俄罗斯联邦教育科学部 2013—2018 年工作计划》《对联邦国立高等职业教育机构活动进行监察的决定》以及《提供与分配联邦政府预算用于俄罗斯联邦主体预算，实现 2013 年地区学前教育系统现代化办法》的内容梳理。

一、《俄罗斯联邦教育科学部 2013—2018 年工作计划》的内容

为完成 2012 年 5 月 7 日第 596－606 号总统命令中提出的任务，俄罗斯联邦

---

① Ведущим университетам России дадут 9 млрд［EB/OL］. http：//www. dni. ru/economy/2013/3/18/249906. html/2013-8-7，2013-08-07.

② Конкурс ведущих вузов на господдержку［EB/OL］. http：//www. ibl. ru/business/new/konkurs-vjedushhikh-vuzov-na-gospoddjerzhku. html/2013-8-28，2013-08-28.

教育科学部在联邦权力执行机构工作计划的框架下，制定了《俄罗斯联邦教育科学部 2013—2018 年工作计划》(《План деятельности Министерства образования и науки Российской Федерации на 2013—2018 годы》)。该计划共有 10 个目标，每个目标下均列出了细化指标和关键事件。

目标 1：俄罗斯联邦教育科学部计划保证年龄在 3～7 岁的每个儿童获得基于联邦国家学前教育标准的学前教育。主要指标是使学前教育机构排队等待学额的数量到 2013 年底前减少到 32.9 万个，到 2014 年末时减少到 16.9 万个，争取 2015 年及以后彻底解决幼儿园排队问题。

目标 2：保证协调学校教育符合学生和家庭的偏好、能力和人生计划，符合俄罗斯未来发展的需要。计划提高俄罗斯学生在国际教育质量对比测评中的成绩，使此后每轮测评成绩均比上一轮提高 3%。此外，细化指标中还包括使用新一代联邦国家教育标准的学生比例由 33%(2013 年)提高至 90%(2018 年)；最优学校和最差学校教育成绩的比值[①] 由 1.82(2013 年)降至 1.58(2018 年)；使对学校感到满意的家长比例由 80%(2013 年)提高至 90%(2018 年)；符合卫生保健条件的农村学校比例由 75%(2013 年)上升至 100%(2016 年及以后)等。

目标 3：建立儿童与青年社会化、发现与发展天才青年的有效体系。计划提高 5～18 岁儿童中接受补充教育的人数占该年龄段总人数的比例，由 2013 年的 59% 提高至 2018 年的 71%。

目标 4：保证职业教育的培养质量和大纲结构符合俄罗斯社会与经济的需要。根据某项国际排名，2013 年 2 所高校进入世界一流高校前 200 名，至 2018 年增加到 8 所高校。按照联邦国家高等教育应用型学士教育标准学习的人数在 2018 年达到 30%(2013 年为 0)。

目标 5：使身体健康受限的儿童与青年具有接受教育的可能性。主要指标是为身体健康受限者提供学习和生活条件的中等、高等职业教育机构数量所占总数的百分比，由 2013 年的 8% 增至 2018 年的 20%。

目标 6：将孤儿和无父母照管的儿童安置在俄罗斯公民家庭，使国家数据库中统计的孤儿和无父母照管儿童的数量由 2013 年的 12.1 万人减少至 2018 年的 6 万人。

目标 7：发展人才资源，克服俄罗斯科学的断代现象。主要指标是使研究者的平均年龄从 47.5 岁(2013 年)降至 44 岁(2018 年)。

目标 8：通过统计科学家工作结果的方式，提高俄罗斯科学工作的效率。在国际科学杂志上发表且被 Web of Science(科学网)数据库引用的文章中，俄罗斯

---

① 国家统一考试成绩前 10% 的学校的平均分与最后 10% 的学校的平均分之比，按单科计算。

研究者发表文章数量占总数的比例由 2.3％（2013 年）增至 2.75％（2018 年）。

目标 9：通过建立现代科研产业，形成科学领域的增长点。计划至 2018 年，在俄罗斯一流高校之下建设 25 个工程技术中心，以实现科学制造的发展和商业化。2013 年此类中心尚未建成。

目标 10：保证教育系统信息公开，形成教育质量评价的独立体系。使用独立教育质量评价工具的教育机构比例由 2％（2013 年）增至 95％（2018 年）。2015 年及以后，使所有高等教育机构均在网络上公布学位论文文本。

需要明确的是，教育体系的系统性指标是使教育活动增加值总额占俄罗斯联邦经济增加值总额的比例由 2013 年的 3.1％增至 2018 年的 3.6％。科学领域的系统性指标是使科学研究和制造活动的增加值总额比例由 1.4％（2013 年）增加至 2.3％（2018 年）。

二、关于《对联邦国立高等职业教育机构活动进行监察的决定》述评

2012 年 8 月 3 日，俄罗斯联邦教育科学部发布了第 583 号政令《对联邦国立高等职业教育机构活动进行监察的决定》(О проведении мониторинга деятельности федеральных государственных образовательных учрежден，简称《高教监察决定》)，明确从 2012 年 9 月开始对俄联邦境内国立高等职业教育机构活动进行监察。

（一）《高教监察决定》的颁布与实施要求

为了落实联邦 2012 年 5 月 7 日第 599 号总统令"在教育科学领域实施国家政策的措施"第一条第四款，2012 年 5 月 17 日联邦政府总统授权的第三条，以及俄罗斯联邦教育科学部行动计划中的第六条的规定，俄罗斯联邦教育科学部决定对联邦国立高等职业教育机构进行监察。开展监察的前期要求包括以下 5 项。

①俄罗斯联邦教育科学部所辖联邦国立高等职业教育机构领导必须在 2012 年 9 月 15 日前，向国家高等教育政策委员会递交学校活动及分校活动的材料，所提交的材料需按照《高教监察决定》中提供的参考格式准备。

②国家高等教育政策委员会获得高校及其分校的活动资料之后，需对高校及其分校活动进行监察，监察结果需在 2012 年 11 月 1 日前提交俄罗斯联邦教育科学部领导。

③根据联邦 2012 年 5 月 7 日第 599 号总统令"在教育科学领域实施国家政策的措施"第一条第四款，责成所辖高教机构网络的管理委员会、国家高等教育政策委员会、国家战略分析预测委员会剔除大学提供的重复数据。

④对《高教监察决定》的实施完成情况，将指定俄罗斯联邦教育科学部一名副部长专门负责监督。

⑤接受监察的各类机构需要通过俄罗斯联邦教育科学部统一的活动保障信息系统提供电子版信息一份，同时提供密封的纸质版信息一份，纸质版的每一页都应有教育机构领导的签字。

（二）《高教监察决定》涉及的监察内容

《高教监察决定》规定，对国立高等职业教育机构活动的监察项目包括六大方面：机构信息；机构教育活动信息；机构科研活动信息；机构人员信息；机构物质－技术和信息设施；机构财政—经济活动信息。

①机构信息。主要对现有高等职业教育机构和分校进行归类和信息采集，见图 6-1。

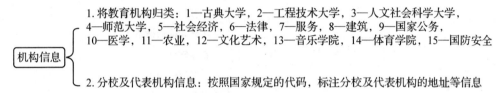

图 6-1 机构信息监察内容

②机构教育活动信息。这个部分主要监察各类教育大纲的实施情况。这些信息包括：在各级高等教育和大学后教育层级中分别实施的教育大纲的种类、数量及所涉及的学生数量；大纲的实施过程中有哪些层级教育使用外语教学等情况。具体见图 6-2。

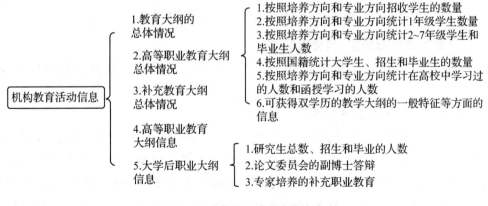

图 6-2 机构教育活动信息监察内容

③机构科研活动信息。具体见图 6-3。

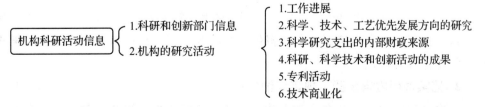

图 6-3 机构科研活动信息监察内容

④机构人员信息。具体见图 6-4。

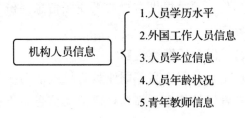

机构人员信息
1.人员学历水平
2.外国工作人员信息
3.人员学位信息
4.人员年龄状况
5.青年教师信息

图 6-4　机构人员信息监察内容

⑤机构物质－技术和信息设施。具体见图 6-5。

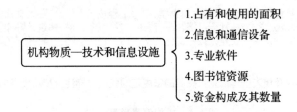

机构物质—技术和信息设施
1.占有和使用的面积
2.信息和通信设备
3.专业软件
4.图书馆资源
5.资金构成及其数量

图 6-5　机构物质—技术和信息设施监察内容

⑥机构财政—经济活动信息。具体见图 6-6。

机构财政—经济活动信息
1.按照获得渠道和活动种类，机构资金的数量
2.工作人员工资信息

图 6-6　机构财政—经济活动信息监察内容

(三)《高教监察决定》的突出特点

与以往的监察项目及内容相比较，此次规定的高教监察内容突出了以下特点。

1. 坚持监察项目的标准化

在此次监察项目中，俄罗斯联邦教育科学部重视信息采集的标准化。在监察各项目之前，根据国家标准分类形式，确定所采集信息的代码。填报的信息中，俄罗斯联邦教育科学部都要求标注代码，做到标准化和统一化。例如，在教育机构归类中，俄罗斯联邦教育科学部确定了各类学校的代码，按照代码对高等教育机构进行归类；高等职业教育中各级教育大纲也设定了代码：1－初等职业教育，2－中等职业教育，3－学士，4－硕士，5－专家文凭(依据专业和方向目录)，6－专家文凭(依据培养方向代码)，7－研究生，8－博士生，9－实习，10－医师，11－技能提高和再培训。在填报信息的时候，按照代码进行信息采集，要求做到信息标准统一。

2. 监察项目内容全面，规定详细

这次监察的项目十分全面和细致，包括高等职业教育机构的教学、科研和经

济活动等多方面，特别是机构教育活动中教学方面的内容更加详细。在"机构教育活动信息"一项中，实施的大纲包括大学后职业教育大纲和高等职业教育大纲两项。大学后职业教育大纲细分为研究生、实习生、医师、博士等教育大纲，高等职业教育大纲又细分为硕士、专家、文凭、学士等几类教育大纲，每类大纲中又具体到全日制和函授两种方式。高等职业教育机构中所实施的教育大纲种类基本全部囊括。在高等职业教育大纲详细信息中，监察的内容涉及所有学生的培养方向和专业方向，还包括在校学生、往届毕业学生和应届毕业学生以及外国学生的各方面具体情况。

3. 重视对高教机构创新及科研方面内容的监察

此次监察项目中，将高校的科研创新活动单独列出一项。教育机构的研究活动具体到工作进展，科学、技术、工艺优先发展方向的研究，科学研究支出的内部财政来源，科研、科学－技术和创新活动的成果，专利活动，技术商业化这六个方面。除了以往关注的科研活动之外，俄罗斯联邦教育科学部将创新部门及创新活动放在重要的监察位置上，例如，监察的内容涉及创新科技中心、创新咨询中心的数量及参与其中的工作人员。专利活动具体细化为发明、商品标识、工业产品、软件开发等项目。监察的内容还涉及技术商业化的问题，其中将技术的转化规范为专利实用模型、非专利发明、工程服务、工业产品等类，并详细登记每类的数量、成本和收入情况。

4. 首次关注外国学生和外国教师的相关信息

在教育机构的人员信息和学生信息中，此次监察首次关注外国学生和外国教师的信息。在第二条第四款中，单独列出外国学生的情况，对来自俄罗斯联邦、阿塞拜疆、白俄罗斯、格鲁吉亚、无国籍及其他国家的学生进行逐一统计，并详细监察各类学生的学费减免情况。第四条第二款将外国工作人员的信息单独列出，具体监察外国工作人员的国籍（是否来自独联体国家）、人员的学位、是否为编制内人员等状况。

三、关于《提供与分配联邦政府预算用于俄罗斯联邦主体预算，实现 2013 年地区学前教育系统现代化办法》的内容

2013 年 6 月 3 日，俄罗斯联邦政府批准第 459 号命令《提供与分配联邦政府预算用于俄罗斯联邦主体预算，实现 2013 年地区学前教育系统现代化办法》（О поддержке из федеральногобюджетамероприятий по модернизации региональных систем дошкольного образования，简称《学前预算分配办法》）。该命令批准《提供与分配 500 亿卢布联邦政府预算用于俄罗斯联邦主体预算，实现地区学前教育系

统现代化措施规则》。①

(一)俄罗斯联邦政府批准命令

为实现地区学前教育系统现代化，俄罗斯联邦政府批准《提供与分配联邦政府预算用于俄罗斯联邦主体预算，实现 2013 年地区学前教育系统现代化办法》。为此，俄罗斯联邦政府责成联邦教育科学部完成两方面工作：①在一个月的时间内，制定并批准《俄罗斯联邦教育科学部与联邦各主体最高权力执行机关之间关于提供与分配联邦财政预算用于俄罗斯联邦各主体预算，实现地区学前教育系统现代化的协议》(简称《协议》)；联邦主体以"联邦政府预算用于俄罗斯联邦主体预算，实现地区学前教育系统现代化的补贴"(简称补贴)，为财政保障来源的预算支出，以及使用补贴结果关键指标达成情况的形式统计。②在俄罗斯联邦教育科学部规定的预算分配范围内，保证执行该部门有关监督地区学前教育系统现代化措施的实施，并提供操作支持的职能。

联邦政府预算用于俄罗斯联邦主体预算，实现地区学前教育系统现代化的财政来源是俄罗斯联邦教育科学部在相应财政年和计划阶段规定的联邦预算。

(二)俄罗斯联邦主体申请补贴的办法

补贴应用于俄罗斯联邦主体实施地区学前教育系统现代化综合措施(即"路线图")的共同财政支出。提供补贴的俄罗斯联邦主体的甄选标准是俄罗斯联邦主体扩大普及 3~7 岁儿童学前教育工作的相应需求。

为获得补贴，俄罗斯联邦主体需要满足以下条件：①俄罗斯联邦主体预算有用于主体支出义务的预算分配。②俄罗斯联邦主体预算有已批准的保障在 2016 年前 3~7 岁儿童完全普及学前教育的综合措施，即：为补充学前教育组织学额购置设备；通过高效利用学前教育组织和其他组织场所，增加学前教育组织和其他组织的补充学额；向学前教育系统返还用于其他目的的学前教育建筑；重建、大修和维修学前教育组织建筑；建立学前教育组织建筑；为实现学前教育大纲获得建筑和场所；支持非国立学前教育部门的发展；发展提供学前教育的其他形式。③保证达到地区法律规定的相应指标和协议指标。④俄罗斯联邦主体有贯彻学前教育联邦国家教育标准的计划，其中规定了在学前教育组织内建立学额，对教育人才加速培训工作，贯彻学前教育联邦国家教育标准条件下提高学前教育组织教师和管理人才职业能力的相关内容。⑤完成综合措施中有关学前教育发展指标的部分。

为实现综合措施，俄罗斯联邦主体可以提前安排向地方预算的支付转移

---

① О поддержке из федерального бюджета мероприятий по модернизации региональных систем дошкольного образования[EB/OL]. http：//xn-80abucjiibhv9a. xn-p1ai/％D0％B4％D0％BE％D0％BA％D1％83％D0％BC％D0％B5％D0％BD％D1％82％D1％8B/3387，2013-06-03.

工作。

《协议》包含以下内容：①俄罗斯联邦主体关于该主体批准的综合措施和确定的执行支出义务的法律规定。②补贴数额，使用补贴的期限和条件。③提供补贴结果的指标。④对俄罗斯联邦主体遵守补贴条件的监管规则。⑤按照俄罗斯联邦教育科学部规定的使用补贴及指标达成的报表提交期限和规则内容。⑥未达成指标的俄罗斯联邦主体面临的后果。⑦提供补充学额的阶段性计划。⑧俄罗斯联邦主体权力执行机关与地方自治权力机关签署补贴协议的义务。⑨俄罗斯联邦主体最高权力执行机关有向俄罗斯联邦教育科学部提交有关执行协议条件检查的信息和文件的义务。

(三)补贴计算公式

《学前预算分配办法》确定的由联邦预算提供的俄罗斯联邦主体补贴金额的计算方法经过了广泛的社会讨论，并通过了俄罗斯联邦地区间预算关系完善工作小组的许可。该工作小组成员包括俄罗斯联邦政府代表、俄罗斯联邦议会国家杜马议员、俄罗斯联邦议会联邦委员会成员。补贴计算利用了俄罗斯联邦国家统计局关于 2016 年 1 月 1 日居住在俄罗斯联邦主体领土上 3～7 岁儿童数量的预测数据，以及俄罗斯联邦财政部关于补助分配后俄罗斯联邦主体预算保障水平的数据。

俄罗斯联邦教育科学部公布了按照计算方法得出的俄罗斯联邦主体间补贴分配方案。俄罗斯联邦主体应在最短时间内确定：在指标基础上补贴金额计算的正确性；俄罗斯联邦主体有方案规定用于学前教育系统现代化的预算水平。

1. 俄罗斯联邦主体的共同财政支出义务水平

俄罗斯联邦主体使用联邦预算资金履行保障综合措施而实施的共同财政支出义务水平计算公式为 $y_i = \dfrac{0.5}{U_i}$。其中：

y_i 表示俄罗斯联邦主体的共同财政支出义务水平。

0.5 表示俄罗斯联邦主体在实施综合措施财政保障中共同财政支出义务的平均水平。

U_i 表示俄罗斯联邦主体在当前财政年，按照俄罗斯联邦政府 2004 年 11 月 22 日第 670 命令规定的俄罗斯联邦主体调整预算保障补助分配方法，分配补助后的预算保障水平。

俄罗斯联邦主体的共同财政支出义务水平不应高于俄罗斯联邦主体支出义务的 80%，不低于其 20%。

联邦教育科学部用于评价利用补贴有效性的依据是以下补贴成果指标的达成度：在实施已批准的综合措施过程中，用于实现《学前教育示范教育大纲》的学额，超过 2013 年 5 月 1 日确定的学额，以及每个学额的费用；获得学前教育的

3～7 岁儿童数量；学前教育机构教育工作者的平均工资与该联邦主体普通教育领域平均工资的比较关系；国立（市政）学前教育组织在过去 3 年提高职业技能或职业培训的教育和领导工作者的份额提高，至 2016 年学前教育组织的教育和领导工作者提高至 100％。

为确定分配补贴的数额和日期，联邦主体国家最高权力执行机关依据相关要求，向联邦教育科学部提交有关补贴形式和日期的申请，联邦教育科学部据此下达命令。申请应包括：补贴数额；通过补贴实现的新增学额数量；联邦主体有关综合措施的法律信息；联邦主体担负综合措施财政保障义务的预期时间及相应补贴划拨进度表；联邦主体关于确定其支出义务财政保障总额的预算证明。

此外，俄罗斯联邦教育科学部根据联邦预算现金支出，预测确定补贴的数额和日期信息。

2. 补贴数额计算公式

补贴数额计算公式为：$S_{ir} = S \times \dfrac{n_{i2016} \times \dfrac{1}{U_i}}{\sum_j^m \left[n_{i2016} \times \dfrac{1}{U_i} \right]}$，其中：

S_{ir} 表示提供俄罗斯联邦主体 i 的预算补贴数额。

S 表示联邦预算用于地区学前教育系统现代化，根据联邦有关预算的法律在联邦主体之间的预算分配在当前财政年和计划期间的资金数额。

n_{i2016} 表示居住在俄罗斯联邦主体 i 到 2016 年 1 月 1 日的 3～7 岁儿童数量。

U_i 表示俄罗斯联邦主体 i 在相应财政年分配补助后的预算保障水平。

m 表示俄罗斯联邦主体的数量。

俄罗斯联邦政府确定联邦主体间的预算分配。

联邦主体权力执行机关每季度在下一统计季度月份 15 日前，向联邦教育科学部提交有关补贴使用报告，按照联邦教育科学部确定的形式，提供补贴使用成果指标的达成情况。若联邦主体未按规定提交报告，则将被停止提供补贴。若联邦主体未能达到预计补贴使用成果指标，或联邦主体未能履行其相应支出义务，或联邦主体在下一财政年的补贴需求有所减少，则俄罗斯联邦财政部将其列入减少补贴数额之列，联邦教育科学部将按规定减少其补贴数额。若补贴未能全部使用，按照规定回归联邦预算。若补贴未按其目标使用将依法追缴罚金。

俄罗斯联邦教育科学部和俄罗斯联邦财政预算监督局对联邦主体使用补贴的情况进行监管。

总体来说，本章涉及的俄罗斯教育法令政策文本起止时间是 2012 年 7 月至 2013 年 6 月，从上述十份不同层级、不同类型的政策文本中，我们不难发现一个共同的特征：绝大多数政策文本在出台背景中，首先都与一个时间点以及彼时的重要政策文本——2012 年 5 月 7 日俄罗斯总统签署的《关于在教育和科学领域实施国家政策的措施》总统令有关。因此，在对此章做总结的时候，有必要特别交代一下 2012 年 5 月俄罗斯政坛的重大变故。这就是，在此之前担任了四年俄罗斯联邦总理的普京，继 2000 年、2004 年两度出任俄罗斯联邦总统之后，于 2012 年 5 月 7 日第三次就任俄罗斯联邦总统。同日，他也毫无悬念地与几个小时前离任总统职位的梅德韦杰夫完成了总理与总统的角色对调。

俄罗斯顶层这种国家核心首脑角色的再次"完美"对调，不仅仅是职务与权力的对调，而且再次向世界证明了从普—梅组合到梅—普组合，再到普—梅组合的轮回。这一回归为俄罗斯持续实施方向一致、节奏稳定的国家发展政策提供了坚实的保障。因此，俄罗斯联邦的国家发展战略、各个社会领域的发展战略，包括国民教育改革的政策与措施，都明显呈延续性特点。

在宣誓就职的当日，普京总统签署了一系列关乎国家发展走向的重要政策文本或命令，第 599 号命令《关于在教育和科学领域实施国家政策的措施》涉及的内容，不仅是对俄罗斯联邦之前教育发展战略的继续，也是部署和落实新阶段教育现代化战略的具体化任务，其中的主题词"创新发展""人才，包括天才儿童的培养""加大教育投入""集中完善学前教育物质基础"等内容，既是 2012—2013 年度的主要任务，也是前后一段时间内俄罗斯教育改革的重要方面。

第七章　日本教育政策与发展趋势

>> 第一节　与儿童、育儿相关的三项法律 <<

一、与儿童、育儿相关的三项法律的主旨与目标

(一)主旨

与儿童、育儿相关的三项法律是指《儿童、育儿支援法》《关于全面开展学前儿童教育、保育等的促进法部分条文修正法》[①]《与〈儿童、育儿支援法〉和〈关于全面开展学前儿童教育、保育等的促进法部分条文修正法〉施行相关的法律》[②]。此三项法律的制定基于自民党、公民党和民主党三党的共识，旨在确立监护人对育儿负有首要责任的基本前提下，全面促进学前儿童学校教育和保育的开展，加强对地区儿童教育和保育的援助。

(二)目标

这三项法律是与儿童和育儿相关的法律，目的是让学前儿童的学校教育和保育制度更加完善，学校教育和保育的效果更加显著。具体目标如下。

①设立托儿所、幼稚园和认定孩童园共通的给付金(设施型给付金)，以及面向小规模保育等的给付金(地区保育型给付金)。

②改善认定孩童园制度(改善幼稚园和托儿所一体化的认定孩童园)。

③加强对地区儿童、育儿的援助(监护人支援、地区育儿支援基地等)。

④各市町村是实施主体。

⑤由社会全体分担费用。

⑥调整政府的推进体制。

⑦设立儿童、育儿会议。

---

①　内閣府. 就学前の子どもに関する教育、保育等の総合的な提供の推進に関する法律の一部を改正する法律[EB/OL]. http：// law. e-gov. go. jp/htmldata/H18/H18HO007. html，2014-08-22.

②　内閣府. 子ども・子育て支援法及び就学前の子どもに関する教育、保育等の総合的な提供の推進に関する法律の一部を改正する法律の施行に伴う関係法律の整備等に関する法律[EB/OL]. http：// law. e-gov. go. jp/htmldata/H24/H24HO067. html，2014-08-22.

二、具体改善措施

(一)给付金支援的形态、对象及范围

给付金支援分为设施型给付金、地区保育型给付金和儿童补贴三种形态。设施型给付金是通过认定孩童园、幼儿园、保育所进行统一给付，而私立保育所按现行规定，由市町村支付其委托费，同时征收利用者的费用。地区保育型给付金适用于小规模保育、家庭保育、家庭访问保育、事业所内保育。无论是设施型给付金还是地区保育型给付金，都应该包括早晚和休息日的保育工作。设施型给付金和地区保育型给付金的对象都需要经过市町村的认证许可。

给付金支援的给付范围包括：地区育儿支援基地事业、幼儿暂时托管、婴儿家庭访问事业、延长保育的事业、生病及病后儿童的保育事业、课后儿童俱乐部。

(二)修订《认定孩童园法》，设立幼保合作型认定孩童园

修订《认定孩童园法》的目的，一是指出从前的幼保结合型认定孩童园是单一设施，其认可、指导和监督等需一体化；二是确立其作为学校及儿童福利设施的法律地位。不强制所有的幼儿园和保育所实现这种转变，而是尝试用政策予以引导和推动。设立主体是国家、政府、学校法人、社会福利法人，不允许企业等参与其中。此外，幼保结合型认定孩童园在财政措施方面同认定孩童园、幼儿园、保育所共通的设施型给付金一样，实行一体化，确保了稳定的财政来源。

在现行的制度条件下，幼儿园是根据《学校教育法》设立的，保育所是根据《儿童福利法》设立的，因此，两者依照各自的法律进行指导和监督，各有各的财政来源。而新创设的幼保合作型认定孩童园根据《认定孩童园法修正法》的规定，属于单一设施，不仅指导、监督一体化，而且财政措施也将一体化。

新型幼保合作型认定孩童园的具体制度设计如表 7-1 所示。

表 7-1　新型幼保合作型认定孩童园的具体制度设计

项目	内容
设立主体	国家、地方政府、学校法人、社会福利法人
认定主体	都道府县知事（公立）申报；（私立）认证； 权限向大城市(指定城市·中心城市)移交(需要认定时，市长提前与都道府县协商)； 除了不合格和供给过剩而需要调整的情况外，都给予认定
监督	介入检查，劝告改善，命令改善，命令停止事业，命令关闭学校，取消认定
听取审议会的意见	（公立）命令停止事业，命令关闭学校——事前听取意见； （私立）认定设立，取消认定，命令停止事业，命令关闭学校——事前听取意见

续表

项目	内容
所管及教委的参与	无论公立、私立均由地方公共团体领导统一管理； (公立)领导进行事务管理或执行时需听取教育委员会的意见； (公立、私立)领导必要时可以向教委寻求帮助
教育、保育内容的标准	制定《幼保合作型认定孩童园保育要领(暂称)》
设立标准	将现行的幼保合作型认定孩童园的标准作为基础
配置教职员	园长、保育老师、学校医生、学校牙科医生、学校药剂师、学校厨师(必须设立)； 副园长、主任、首席保育老师、指导保育老师等(任意配置) (保育老师原则上要有幼儿园教师资格证和保育员资格)
公立教职员的身份	(公立)基本上按照《教育公务员特例法》规定的教育公务员条款进行
研修	(公立)充实研修(《教育基本法》第九条)、给予研修机会等； (私立)充实研修(《教育基本法》第九条)
政治行为的限制	(公立)(设施)禁止政治教育和其他政治行为(《教育基本法》第十四条第二款)； (教师)与国家公务员受同样限制； (私立)(设施)禁止政治教育和其他政治行为(《教育基本法》第十四条第二款)
评价、信息的公开	自我评价(义务)； 相关者评价及第三方评价(努力的义务)
保健	制订保健计划，设立保健室，健康诊断，停止出席制度，临时休业制度
灾害互助给付金	作为给付对象
名称使用限制	幼保合作型认定孩童园之外的设施不得再用此名称
税制	根据现行幼儿园和保育所采取的措施，对 2013 年度以后的税制改革进行探讨

(三)改善保育相关的认定制度

在认定制度的前提下，灵活应对大城市不断增大的保育需求。对社会福利法人和学校法人以外的主体进行客观认定，综合考虑其经济基础、社会威信、社会福利事业的知识经验等条件的满足与否。在此基础之上，除了不合格和供给过剩需要进一步调整的情况外，都予以认定。在实际认定中，都道府县要与市町村进行协商，确保市町村儿童、育儿支援事业计划的整合性。此外，市町村在确认给付对象之前，需先对认定设施和事业的利用者数量进行限定。同时还需对设施和事业进行指导和监督，以保证给付的合理性。

现行制度下的保育所，全部由都道府县进行认定。在新制度中，一部分保育所由都道府县认定，且认定中要与市町村协商，这类保育所的给付金类型属于设施型给付金。而诸如家庭保育、小规模保育等保育的认定由市町村进行，其给付金类型属于地区保育型给付金。

三、儿童、育儿支援制度的特点

(一)强化了保障措施

新制度是根据客观的标准，对保育的给付对象的必要性进行认定的体系。原有缺乏保育的条件被废除，根据父母的就业情况决定给付的时间长短。一旦被认定给付，与市町村协定，接受服务。

原有制度将费用保障限定在认定保育所，即使满足认定条件，也会因为财政负担有所阻碍。另外，原有的只限于保育所和家庭保育的费用保障的对象扩大到小规模保育、事业所内保育、家庭访问保育，而认定的标准和保育所相同。

新制度设施的保障由公费支出。先前的制度中，各部门机构的费用自己掌控，相对分散，不能够形成持久稳定的财政支援。

新设立的幼保合作型认定孩童园制度不仅使支付体系一元化，保证了多样化设施类型的公平对待，还实现了以客观、统一的认定标准和监督体系进行认定和监督。

(二)强化了市町村的责任

在新制度中，市町村的责任和义务是制订儿童、育儿支援事业计划，在把握地方的具体情况下，进行认定和给付行为，而且新制度在给付对象和范围上都有所扩展。

>> 第二节 《大学改革实行计划——作为社会变革引擎的大学建设》① <<

一、大学改革的背景

当今日本社会面临高龄化和少子化的激化、地区社区的衰退、发展中国家发展带来的竞争压力以及东日本大地震带来的问题，日本不得不改革——为了通向一个充满活力、可持续发展的社会。而大学作为培养社会改革人才的"知识基地"，承担着研究和创新的使命。

面对社会对大学改革的期待，大学到底应该培养怎样的人才呢？

---

① 文部科学省. 大学改革実行プラン—社会の変革のエンジンとなる大学づくり—[EB/OL]. http：// www. mext. go. jp/b _ menu/houdou/24/06 _ icsFiles/afieldfile/2012/06/05/1312798 _ 01 _ 3. pdf，2012-06-05.

①能够终身学习、自主思考和行动的人才。

②活跃于国际社会，具有创新能力的人才。

③能够跨越不同语言、年代、立场的差异进行交流的人才。

相应地，大学应该成为怎样的大学呢？

①培育基础扎实，具有自主开拓人生和社会未来能力的学生的大学。

②全球化进程中世界知名的大学。

③能够创造世界性研究成果的创新型大学。

④作为地区复兴核心的大学。

⑤作为终身学习基地的大学。

⑥发挥社会知识基础作用的大学。

二、大学改革的方向

（一）在急剧变化的社会中重构大学的职能

1. 大学教育质量的提高和大学入学考试改革

改革的具体内容是：大学和研究生教育向培养自主学习、思考、行动的人才方向转型（增加学习时间，创造良好的学习环境等）；在保证高等教育质量的同时，促进大学入学考试向基于兴趣、能力等多方面综合评价的方向转换；根据产业构造的变化和新的学习需求来推进社会人的再学习。

2. 应对经济全球化的人才培养

改革的具体内容是：推进研究基地的大学形成，推动学生双向交流（扩大日本学生海外留学，吸引留学生），推进大学的国际化；在入学考试中活用 TOEFL/TOEIC（托福/托业）考试，增加英语授课；推进产学合作，培养国际化创新型人才，从根本上强化"卓越研究生院"等研究生教育机构的功能；推进秋季入学的改革，实现教育体系的国际化。

3. 作为地区复兴的核心的大学建设(Center of Community，COC)构想

改革的具体内容是：强化地方与大学的合作；强化大学的终身学习职能；为地方创造就业岗位，帮助解决地区问题。

4. 强化研究能力：世界性研究成果的创造及技术革新

改革的具体内容是：加速支援，以促进大学研究能力的提高；重点支援研究基地的形成、发展；促进大学研究体系和环境的改革，推进产学官合作和国际化思维的构建。

（二）为重构大学职能而加强大学的管理

1. 促进国立大学改革

改革的具体内容是：国立大学任务的重新定义及制定《大学改革实行计

划——作为社会变革引擎的大学建设》(简称《大学改革实行计划》);确立校长的领导地位,建立更加有效的评价;促进各大学之间的合作,并为此做出制度安排;在大学和学部之外重新编制(如按职能和地区形成大学群)等。

2. 调整大学改革的推进体系和基础

改革的具体内容是:完全公开大学的信息,从根本上改革评价制度,开发客观的评价指标;创立新的行政法人以保证质量。

3. 保证财政基础和张弛有度的资金分配

改革的具体内容是:促进和支援大学的积极经营;充实国家财政支援,进行张弛有度的资源分配;促进资金的多样化筹措。

4. 自始至终保证大学质量

改革的具体内容是:通过对设置基准、设置认可审查、认证评价、《学校教育法》等的改革,建立保证大学质量的体系;对经营上有问题的学校法人,通过详细分析、实地调查、经营指导机制,促进早期经营决策。

三、改革的具体举措

日本将《大学改革实行计划》分为三个阶段实施:第一阶段为改革的初期(2012年),这一时期主要是召开国民会议,探讨必要的制度和组织的合理性。第二阶段为改革集中实行期(2013—2014年),这一时期主要是设立改革实施必要的制度及支援措施。第三阶段为改革检验、深化发展期(2015—2017年),这一时期主要是对改革进行评价、检验,促进改革的深化发展。

(一)培养能够自主学习、思考、行动的人才,提高大学教育质量

改革拟通过以解决课题为核心的教育方式,促进大学教育质量的转换。主要通过增加学习时间和保证学习质量的路径推进。要保证学习的质量,必须在课程的改革上下功夫。首先,使教育课程体系化。将学生修读的课程作为一个整体,明确学生能力、技能的培养与各个科目之间的关系。其次,组织化教育的实施。这有两方面的内容:一是所有教师应主动参与教学;二是教师之间应加强沟通与交流。再次,充实教学计划。应充分考虑课程的课前准备和课后开展,以及课程科目之间的关联来安排课程。最后,改善教学管理。按照《大学改革实行计划》的三个阶段,2012年开始实施的改革措施有:实施由文部科学省下达的有关掌握教育方法和学习环境情况的"紧急调查";在全国各地开设大学教育改革相关的论坛(座谈会);提供环境援助,带动私立大学的教育研究;通过基础经费灵活分配,强化管理并加速教育改革。2013年开始实施的改革措施包括以下几个方面:学生自主化学习的教育方法的革新;提高教师教学能力的援助;得到世界高度认可的教育体系的建设。

（二）改革大学入学考试，通过测试了解学生的兴趣和能力

如图 7-1 所示，按照原有的教育体制将评价指标、能力、兴趣等都集中于入学考试，这样使得大学教育和高中教育都受到入学考试的深刻影响。入学考试成为衔接前后教育的重要环节，既影响高中教育的学力、兴趣、能力的评价，也影响大学招生的评价指标和招生质量。而改革后的制度大大缩小了入学考试的影响范围，将学生的学力、眼界、兴趣等归入高中教育评价体系中，而入学考试仅仅作为判断应试者的能力、素质的标准之一，大学将根据高中教育反映的学生情况和入学考试对学生进行综合评价和选择。

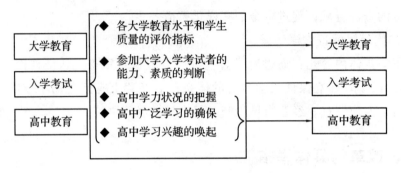

图 7-1　大学入学考试改革

这一入学考试改革将原有的书本知识为重心的一次性考试，转变为以考生的兴趣、能力、素质等多方面综合评价为基础的考试。实现这一转变，需要改革的是入学考试制度。具体而言，导入水平测试，统考的资格考试作为参考；开发能够体现学生思考力、判断力、知识活用能力等的新型试题；对填报同一类大学的考生进行共同选拔；设置有助于考生与大学之间相互理解且别出心裁的考试方式。

（三）根据产业结构的变化和新的学习需求，推进社会人的再学习

当下的社会人要实现再学习还存在着一定的问题。这些问题包括：没有针对繁忙的社会人的教育途径；教育资源还是偏向于大学等学校；认可度高且与社会人的工作相联系的教育项目还比较少等。

以上问题的主要解决手段是在利用信息与通信技术（Information and Communications Technology，ICT）教育方式和修读证明制度的同时，构建产业界与大学的对话、合作平台，实现信息的共享和传播。利用现代通信手段进行教育，不仅打破了传统的教育环境的局面，也使得教育的传播范围大大扩展。修读证明制度的活用，不仅有利于保证再学习的质量，也可以佐证个人职业发展中一段重要的经历。比如，面对企业急需的高度专业化人才，大学培养的博士人才却与产业界所需要的人才有所出入。在此情况下，一方面，可以鼓励公司内部优秀人才获取大学的学位，提高专业能力；另一方面，可以开发产学合作项目，让优秀员

工在获取学位的同时能够通过再学习，提高技能和素质。

(四)培养应对经济全球化的人才

应对经济全球化的策略有以下几个目标：通过考试提高语言能力；推进海外留学和交流；强化教师的国际化教学能力；扩大外国教师的招聘；入学、毕业时间的弹性化。

日本借助经济全球化的趋势来培养人才，从 2012 年开始强化大学作为国际性的研究基地的建设，同时加强学生之间的双向交流。一方面，通过丰厚的奖学金吸引国外学生；另一方面，设置本国学生奖学金等，以支持他们到海外交流和留学。

为了实现国际化教育，加强英语授课，在入学考试中活用 TOEFL/TOEIC等，鼓励学生学习英语，与国际接轨。另外，对国内入学时间进行调整，充实教育内容，导入国际化的教育体系。

而在产学合作培养人才方面，以培养能够活跃于国际舞台、引领世界的国际化人才为重要目标。具体的措施是：通过"博士课程卓越领先项目"，实现建立"卓越研究生院"的构想；通过产学官共同召开的"圆桌会议"，共同探讨和支援国际化创新人才的培养。

(五)强化大学 COC(作为地区复兴的核心)机能

大学与地方的脱节导致了地方问题不能得到很好的解决，而大学生又不能够学以致用；教师作为个体，与地方虽有接触，但也没能形成组织来改变地方的状况。建立 COC，就是将大学作为地方复兴的核心力量。大学通过对地方问题的研究，在改善地方现状的同时，也有助于提升大学的研究能力，培养学生的学习兴趣，拓宽学生的见识。这种课题解决型的研究，对于大学生实践能力的培养和地方实情的把握都有帮助。此外，这些研究与实践经历也利于他们今后的就业。

大学 COC 的目标有三：为地方创造就业机会；促进地方复兴(恢复活力)；振兴地方产业。

(六)强化大学的研究能力

日本的研究能力在国际上处于相对较低的水平。1998—2000 年平均的论文被引用份额，日本占世界的 7.5%，为世界第 4 位；中国所占份额为 2.1%，为世界第 13 位。而 2008—2010 年平均的论文被引用份额，日本占世界的 5.9%，降至世界第 7 位；相比之下，中国的份额上升至 9.2%，为世界第 4 位。通过分析，发现导致日本研究能力相对下降的突出原因有两个：一是日本大学的研究环境存在问题。具体而言，研究者平均每人的研究支援者少，派遣海外的研究者少，且长期的更少，国际共同研究著作少，民间的研究资金近年来减少，研究设备得不到及时的更新。二是校长解决全校范围内的问题所能使用的资源和权限不足。

解决日本研究能力的下降问题，具体要从以下三个方面入手：①促进校长领导能力的发挥，推动研究。具体而言，国家根据各项指标对研究型大学进行支援。②通过解决不同类别的课题积累改革实践经验。具体包括：促进研究体系和环境的改革；推动产学官合作；促进国际化思维的构建。③集中投资和援助有研究能力的基地。具体包括：重点支援研究基地的形成和发展；充实科研经费。

(七)促进国立大学改革

国立大学的改革内容分为两部分：第一部分是改革的方向；第二部分为制度层面的建设。关于改革的方向问题，从 2012 年开始提出改革的基本方针的同时改革实施模型；2013 年集中实施改革。2012 年提出的改革基本方针为：重新定义教师培养、医学、工学的任务；为促进改革而进行体系改革，包括大学预算的重点支持，大学间合作，促进组织的改革等。2013 年制订改革计划，通过各大学对于任务的再定义，确定改革的方案。国立大学改革的一个重点是第二部分的制度层面建设。制度层面建设包括实施国际性战略计划和实现大学之间合作的多样化制度层面的建设。国际性战略计划的实施是指日本国内大学与国外大学合作，通过互派教师、提供教材、开设课程、建立共同的研究科等方式实现真正的合作。而实现大学之间合作的多样化制度层面建设的其中之一是按照地区或者学科分类建立一个大学群，设立一个新的国立大学法人，统一协调、管理多个学校，改善教育环境和质量。另一个是设立由国公、私立大学等共同组成的教育研究组织，可以成为"教养教育实践中心"，促进教育研究多样化进行。

(八)从根本上对评价制度进行改革

现存的评价制度存在一些问题，例如，现行的认证评价都以符合法令的最低标准为中心；大学面对复杂多样的评价，导致评价疲劳；认证评价的制定缺乏社会各界的参与。要解决现存的评价制度的问题，须从以下几个方面努力：对特定教育研究活动进行评价；开发客观评价指标；重视学习成果的评价；根据大学情况简化评价；对认证评价与国立大学法人进行一体化评价。

(九)公开大学信息

主要有四个方面：大学将教育信息用于对自身活动的把握和分析中；构建公开发表基础信息的机制，减轻评价机构、政府部门获取信息的负担；对国内外公开信息，方便入学者和企业相关人员了解大学的教育活动情况；大学改革运营组织，从企业、教育相关人员等处获取意见、建议，改善经营状况，加强信息的公开化。

(十)开发客观的评价指标

根据评价领域开发不同的评价指标，具体可参见表 7-2。

表 7-2 评价指标设计

研究力	教育力	国际性	多样性与流动性	地区贡献
研究业绩：论文数，论文被引用率，国际合著论文数	教育环境：学生、教师比例，学生、职员比例，学生和助理的比例，学生的个人教育经费，图书馆提供服务的时间	留学人数和比例：留学生数和比例，外国教师人数和比例，日本人在外留学的人数和比例	留学生的数量和比例，外籍教师的数量和比例	地区人才培养：地区的企业，公共机构，行政部门的就业情况，在地区实习的情况，地区面向就业人员开设的讲座等
研究资金、研究环境：获得科研经费的多少，受委托的大型研究情况，研究员的流动，年轻研究员的培养	教学体系与教育内容：计划书的标准化，活用度，教育活动经验	英语能力：英语授课，学生的英语能力，有出国经历并能用英语授课的教师比例	研究生出自本校本科生的比例，教师出自本校的比例	支援终身学习和地区共同体：开设公开讲座的情况和效果，与地方共同开展的学习机会，地方学生的志愿者活动
产学合作：与企业的共同研究，受委托研究的数目和金额，专利情况	教育成果：企业的评价，职业与培养方案的关联度	与海外大学合作的双学位实施状况	女性教职员的比例	为带动地区产业发展所做的贡献：与当地企业进行共同研究的情况，是否有地区复兴中心，其活动效果如何
		教师国际合著论文数	残障学生的比例	

(十一)创立新型行政法人

2011 年 9 月至 10 月，行政刷新会议设立了与独立行政法人改革相关的分科会。文部科学省指出大学方面的独立法人（如大学入学考试、大学评价、学位授予机构、国立大学财政经营中心、日本学生支援机构、日本学术振兴会）作为"进行大学支援的法人"，在大学运营上，应该建立反映大学相关者意见的机制。经过政务等相关机构的协商，2012 年 1 月 20 日，内阁会议通过了《独立行政法人制度及其组织重新评估的基本方针》。

其中，具体的大学合作型法人的改革方案预计在 2014 年 4 月创设。其要点包括：将大学入学考试与大学评价、学位授予机构合并，继承被废止的国立大学财务、经营中心的业务；实施体现学习水平的试题开发，以及负责掌握学习动向的全国调查、认证评价和学位授予等业务；通过两个法人的合并，强化大学生从入学到毕业的一贯的教育质量的保证职能。

(十二)根据国立大学的政策目的，实现基础经费的重点分配

对具有潜力的大学进行重点支援，促进各种潜力大学群的形成，强化大学的国际竞争能力。具体分配经费的方式是按照 PDCA（Plan-Do-Check-Action，计

划—执行—检查—行动)四步骤进行的。计划有三个重点：明确政策目的(急需培养人才的领域，该领域的顶尖大学和高水平大学)；选定方法(根据课题经费、论文引用率、毕业生的未来等)；支援的内容(对选定的学科和专业重点分配资金)。行动有两个重点：发挥校长的领导能力(校长亲自参与计划，对优势学科和专业重点分配)；将其定位为大学的任务(根据中期目标和计划进行变更)。检查是指对行动进行检查与评价。行动主要是对实施的情况进行审视，重新调整方案或选定新的领域，开发客观的评价指标，以促进新一轮项目的改善。

(十三)确立财政基础和实施张弛有度的资金分配

这里的资金分配更多地指向私立大学。私立大学承担了日本高等教育约八成的分量，是构成日本"坚实中间阶层"的基础。为了支援私立大学，2012 年实施的改革包括两个方面，即促进教育研究的资金分配和加强管理方面的资金分配。2013 年以后的改革方向则集中在三个方面：提高本科课程的教育质量；强化大学在地区复兴中的作用；推进与国内外产业界、大学等进行的共同研究。

(十四)始终保证私立大学质量

主要从教学和学校经营两个方面保证私立大学的教育质量。2012 年实施的改革有两个方面：确立保证教育质量的体系(设置基准的明确化，设置审查的高度化，后期审查的充实，认证评价的改善)；促进早期经营判断的体系(详细分析经营状况，强化实地调查，进行阶段性的经营指导，促进经营判断的早期进行)。

>> 第三节 《关于综合提高教职生活整体所需的教师素质能力的策略报告》[①] <<

一、学校的现状与课题

伴随着经济全球化、信息化、少子化、高龄化等急剧的社会变化，日本社会出现了各种复杂的、棘手的问题。而在学校教育中，人才的培育要求也发生了变化，需要及时做出应对。

为响应经济合作与发展组织(OECD)对于培养 21 世纪人才的要求——生存能力，日本明确将 2008 年修订的《中小学学习指导要领》的核心定位在学生的"生存能力"培养上。这些能力不仅包括基础、基本的知识和技能的学习，思考力、判断力、表现力等的培养和学习意愿的提高，还包括多方面的人际交往能力的培养

---

① 中央審議会. 教職生活の全体を通じた教員の資質能力の総合的な向上方策について(答申)[EB/OL]. http: // www. mext. go. jp/component/b. menu/shingi/toushin/ _ icsFile/afildfile/2012/08/30/1325094 _ 1. pdf, 2012-08-30.

等。在大学，则体现在课题探究能力上。而这些能力的培养需要通过丰富多样的交流活动和合作型学习研究，此外，还需要教师的指导。另外，欺凌、暴力、拒绝上课等行为的应对，特别支援教育的充实，信息与通信技术的活用，以及学生能力的培养等，都对教师培养提出了更高的要求。尤其在教师队伍当中，新教师面临的问题相对严峻。学校各种复杂问题的应对，新的学习方式的转变，也要求教师指导能力的充实和提高。而对新教师来说，问题还在于老教师大量退休，学校规模变小，学校的组织和人才都不足，没有充分的时间和精力去应对复杂的学校问题。从根本上来说，教师必须做出以下两方面的改变：学会应对社会变化，持续不断地扩充知识、提高技能；不断探究和学习，达到硕士水平，树立一种勤学求知的教师形象。同时，为了在教职生活方面不断给予这些教师支援，教育委员会和大学有必要协调合作，对其进行一体化改革。

二、教师应具备的素质能力

根据《关于综合提高教职生活整体所需的教师素质能力的策略报告》对当前变化做出的指示，教师应满足以下三方面的要求。

①具备敬业精神、探究能力及不断学习的能力。即具备使命感、责任感，热爱教育事业。

②具备高水平的专业知识和技能。包括：学科和职务方面的专业知识；创新实践指导能力；学科指导、学生指导、年级管理等实践能力。

③具备综合性社交能力。即拥有丰富的内涵和社会性，具有交流能力、团队合作能力、与地方和社会多样化主体间相互协作的能力。

三、教师素质能力改革的方向

成为教师之前的教育在大学，而成为教师后的研修在教育委员会。教师培养的一个重要改革方向就是要从这样的分工中脱离出来，通过教育委员会与大学的协作，进行教职生活的一体化改革，构建体系，帮助和鼓励那些不断学习的教师。

(一)教师培养改革的方向

所培养的教师应达到硕士水平，是具有高度专业素养的工作者。

如何应对欺凌、暴力、拒绝上学等学生指导方面的问题，如何充实特别支援教育，如何对待外国儿童和学生，如何申请和运用信息与通信技术等，当下学校面临着各种复杂棘手的问题。而要处理这类问题，对新教师来说相当困难。因此，要培养新任教师教科指导、学生指导、年级管理等方面的实践能力，以及团队合作等解决问题的能力。但在此之前，学校的师资培养职能由于教师的大量退休、学校规模的缩小和学校事务的繁忙而有所下降，仅仅依靠学校培养教师有一定的困难。而将大学的研究生院作为教师再学习和进修的新路径，效果显著，超越传统的通过本科教学培养教师的方式，可在大学与教育委员会的合作下，探讨在研究生院进行教师的理论与实践活动。另外，随着日本大学入学率的上升，高等教育大众化，欧美各国硕士学位以上的人占据社会管理阶层的相当一部分，芬兰和法国已经实行了要求教师学历硕士化的政策。今后经济全球化的发展将更加迅猛，跨国人才的流动将更加频繁，因此，日本教师高学历化的改革势在必行。

1. 对一般研究生的要求

本科毕业后直接进入研究生院的学生，通过本科 4 年的学习具有一定的专业基础，在硕士阶段应积极投身于学校的实地学习中，完成为期 2 年的理论研究和实践。在此基础上，了解学校管理，增强实践信心，能在硕士毕业后胸有成竹地开始教学工作。

2. 对在职教师读研的要求

在职教师读研，需要在教职研究生院中，在大学教师的理论指导下，与其他学校的教师、社会人士、在校研究生等有各种经历的人一起学习，相互合作，获得新的学习体验。同时，通过理论性的学习，反思之前的实践活动，形成自己的理论，在今后学校进修时作为计划负责人及指导主事等，在学校及教育委员会中起核心作用。

3. 中小学与大学合作实习、进修互助

把中小学校作为研究生实习和进修的基地，将校内进修与研究生学习紧密联系起来。同时，大学教师定期访问合作校，为合作校教师及其周边学校的教师开展一体化的培训。此外，本科毕业后直接进入研究院的学生可以在合作校中学习如何进行课程研究、如何对学生进行指导等。

(二)教师资格制度改革的方向

日本设立了一般资格证、基础资格证、专业资格证。

一般资格证是证明教师探究能力、求知能力、学科和教职相关的高度专业化知识、创新实践指导能力、交流能力等方面的资格证书。完成大学四年和硕士一到两年课程的学习后可以取得。

基础资格证是证明教师的使命感、对教育事业的热爱、学科相关的专业知识技能、教职相关的基础知识技能等的资格证书。学士课程修完后可以获得。

专业资格证是证明教师在特定领域经过反复实践和深入研究获得的高度专业化知识和技能的资格证书。领域为学校经营、学生指导、升学指导、学科指导（每个学科）、特殊教育、外国学生教育、信息教育等。专业资格证的颁发对象是拥有一定教龄和经验的教师，可以通过接受研究生院的教育、参加国家实施的进修、参加教委与大学合作开展的进修等途径取得。评定时与学位的取得无关。

一般资格证的取得有三种不同的方式，具体可见图 7-2。

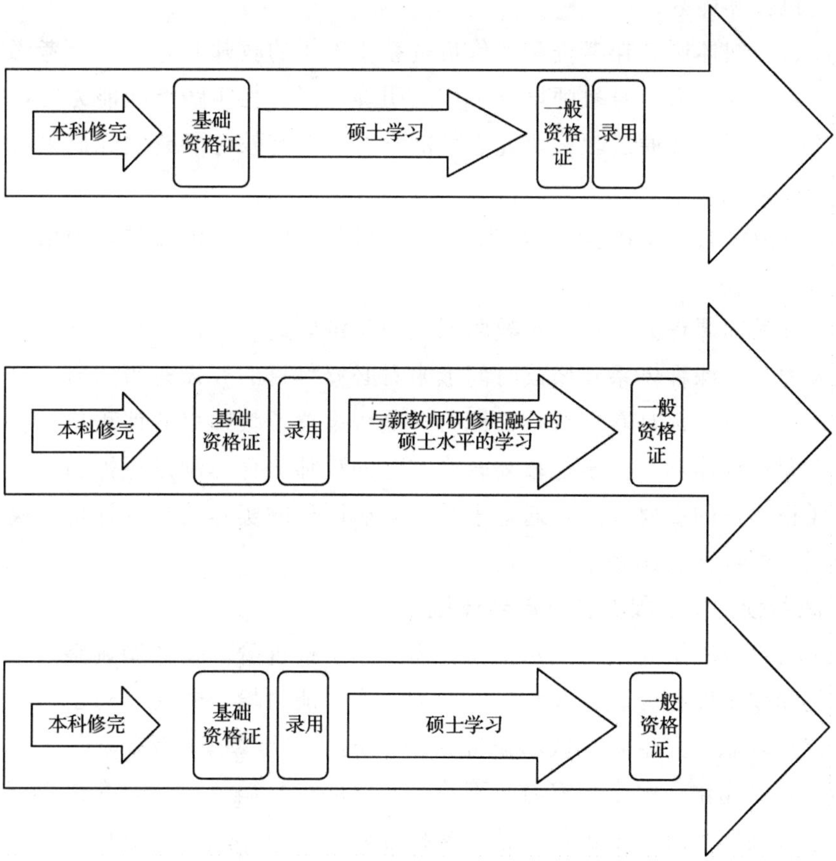

图 7-2 一般资格证的获取方式

在完成本科课程后，可以首先获得作为教师基本要求的基础资格证。而要取得一般资格证，可以直接通过硕士学习取得，也可以先进入教师岗位，之后或通过在职硕士的形式，或通过相当于硕士水平的进修方式来取得。无论哪种方式，都要求教师具备硕士或相当于硕士学力的水平。

四、教师素质能力改革的具体措施

（一）教师培养与录用各阶段的措施

教师培养与录用各阶段的改革措施有以下几个方面：充实本科教学中的教师培养；改善硕士生阶段的教师培养体制；改善新教师的进修；改善教师录用方式。下面重点介绍前两项措施。

1. 充实本科教学中的教师培养

日本以教师达到硕士水平为目标制定改善措施，提出以下几项改善措施。

①改善教师培养的课程。以研究生水平为目标，在本科阶段以教师职业实践

演习为中心，培养必需的素质能力。通过对中小学的支援和志愿活动，获得在学校实习的机会和体验。

②改善组织体制。在考查和评价负责教职工作的教师时，应综合考虑其在该领域的实际研究成果、对教师培育工作的明确认识、为实践指导能力的培养做出的贡献等。在职教师通过教职研究生院的学习且拥有教育研究实际成果和指导能力后，予以优先录用。

在一部分综合大学内设立"教职中心"等机构，作为积极促进教师培养课程和行动的机构。

③保证教职课程的质量。对教职课程的认定应进行严格的审查，具体包括以下几个方面：从课程体系和修读时间上来看必修科目的开设是否适时、合理；能否确保任用的教师都具有实践指导能力；是否设置了教师培养课程委员会；是否具备了教职指导体制；大学与教委合作实施的教师培育体制是否恰当。评价是保证教职课程质量的重要一环，通过事后对教职课程的实际效果的评价，决定该校教职课程是继续开展还是予以取消。

2. 改善硕士生阶段的教师培养体制

为了实现教师培养的硕士水平化，需要切实推进阶段化体制调整，包括教职研究生院和硕士课程的教育改革，以及创新实践能力培养的模式构建。

①扩充教职研究生院。教职研究生院从设立起至 2013 年有 5 年了，在教学指导和教学专业化、中小学实习、理论与实践的往复循环上还存在诸多问题。日本应在原有基础上对制度进行调整。学校经营方面要注意在新形势下出现的国际化、特殊教育、信息与通信技术的应用情况，同时，鉴于学校欺凌、暴力、逃课的严重问题，学生指导方面也需要加强努力。

②重新审视国立学校教师培养系的硕士课程。国立学校教师培养系的硕士课程根据研究生院设立基准，教学科目等依据专业领域的教师数量是固定的，需要改革的是将组织变得灵活、可操作，加强与其他大学的合作，机构统一等，强化教师培养机构的运作，建立教育研究体制。

③重新审视国公、私立大学的一般硕士课程。在培养中学和高中教师上，国立学校教师培养系以外的国公、私立大学的一般硕士课程所占比重非常大。因此，需要改革一般硕士课程的教师培养课程，考虑与硕士课程的平衡，提供在学校实地实践的机会，加强与教职研究生院的合作。

④重新审视专修资格证，推进实践科目的必修化。获得专修资格证的人，在研究生院所修得的与学科、教职相关的学分至少有 24 个，但这并不代表其一定有较高的实践指导能力。今后，在平衡理论和实践课程方面应加大力度。

⑤推进国公、私立大学的本科、硕士课程之间，大学之间的合作。具体包括：由国公、私立大学合作，共同开设硕士课程；与以教职研究生院为中心的其

他国公、私立大学硕士课程合作；国立学校教师培养系的教职研究生院、硕士课程之间合作；综合大学内部教职研究生院与其他硕士课程合作。

（二）在职教师及管理层进修的措施

①推进大学与教育委员会合作进行的在职进修项目化、学分化，教师资格证更新制度。

②推进为掌握管理能力而设的管理职务的职能开发体系化建设。

>> 第四节　《推进共生社会的形成——构建全纳教育体系的特殊教育报告》[①] <<

一、共生社会的概念及法律保障

（一）共生社会的概念

共生社会是指能够让至今未能充分参与社会的残障人士等积极参与和贡献的社会。这种社会强调尊重相互之间的人格和个性，是相互认可各自的多样性的全员参与型社会。

（二）共生社会的法律保障

2006年，第61届联合国大会通过《残障权利公约》（*Convention of the Rights of Persons with Disabilities*），这是国际社会在21世纪通过的第一个人权公约。日本于2007年9月签署了该条约。2009年12月，以内阁总理大臣为本部长，包括文部科学大臣在内的全体内阁成员设立"残障人士制度改革推进本部"，以五年为期对残障制度进行集中改革，对综合调整、基本方针的制定进行讨论。本部下设"残障人士制度改革推进会议"。2010年6月，该会议总结了第一次意见报告书。2010年7月，受文部科学省指示，中央教育审议会初等中等教育分科会设立"特殊教育特别委员会"。2011年修订了《残障人士基本法》，有关残障人士的教育可见第十六条的规定。

第十六条　根据残障人士的年龄和能力以及特殊特点，国家和地方政府应使其能够接受充分的教育。为尽可能地使残障儿童学生和非残障儿童学生一起接受教育，国家和地方政府必须对教育内容及方法进行改善和充实。

国家和地方政府为达成前项目标，必须为残障儿童学生及其监护人提供充分的信息，并尊重他们的意向。

---

① 文部科学省. 共生社会の形成に向けたインクルーシブ教育システム構築のための特別支援教育の推進（報告）[EB/OL]. http：// www. mext. go. jp/b ＿ menu/shingi/chukyo/chukyo3/044/houkoku/1321667. html，2014-10-16.

国家和地方政府必须通过积极推进残障儿童学生与非残障儿童学生的交流与共同学习，促进两者之间的相互理解。

国家和地方政府对残障人士的教育必须进行深入调查研究，确保人才及其素质的提高，提供恰当的教材，完善学校设施及其他环境。

二、构建共生社会的计划

短期：对有关就学商谈、就学地方决定的相关制度进行改革；充实教职员的进修；对当前必要的环境设施进行调整；健全"适当调整"的机制；确保必要的财政来源。

中长期：根据短期计划的进展状况，探讨追加环境设施和提高教职员的专业性的具体措施；以迈向共生社会、构建全纳教育体系为终极目标。

(一)就学商谈和决定就学学校的相关问题

根据学生个体的教育需求，在幼儿早期开始进行教育商谈和就学商谈，让监护人和幼儿本人了解更多信息。同时，幼儿园和监护人之间需要加深相互了解，对教育的需求和必要的支援有共同的理解。此外，幼儿、监护人与市町村教委和学校在教育需求和必要支援方面达成共识也是十分必要的。

从婴儿期到幼儿期，在医疗、保健、福利等部门合作下，早日确立学生接受专业的教育商谈和支援体制，以提高教育效果。

改变以往学生根据就学标准进入特殊学校的原则，改为根据残障的状态，本人的教育需求，本人和监护人的意见，教育学、医学、心理学等专业人士的意见及学校、地方的具体情况决定就学学校。市町村教委应为本人、监护人提供充分的信息，最大限度地尊重学生本人和监护人的意见。

(二)保证残障儿童接受充分教育的"合理考虑"及其基础环境的建设

为了让残障儿童能够和正常儿童一样接受教育，根据他们自身特殊的需要，日本拟在学校设置、体制、财政方面进行保障。在"合理考虑"制度的实施上（根据《残障人士权利相关条约》第二十四条第一款），应尊重人的多样性，最大限度地发掘残障人士的身心能力等。从合理考虑的角度而言，要合理考虑学生的情况，家长、教师、校长、地区的教育委员会的情况，根据各自的要求，通过协商，达成相对一致的意见，同时通过相互了解和理解，减少在责任上的推诿问题。共同理解的达成是开展家校合作、地区各个部门合作的基础。

在此基础上对地方的基础环境设施进行建设，保证必要的财源。这些需要国家、都道府县、市町村等共同为构建全纳教育体系做出努力。另外，还需要得到普通民众的理解和支持，优先建设全纳教育体系的各项环境措施。

"合理考虑"还需要进行定期的成果评价，根据结果调整支援计划和指导计划。从这一角度而言，必须建立 PDCA 的良性循环的评价体系。

（三）增加学习场所，促进学校间的合作

多样的学习场所是指普通班级、面向残障儿童的特别指导、特殊教育的班级、特殊教育学校等。在普通班级通过人数少的班级规模及多位教师同时指导等方式，改善指导方法。特殊教育的对象有各种不同的需要，面对多样化的需要，教师的能力有限，因此，应建立以校长为核心的校内支援体制，举全校之力支援残障儿童。例如，可以在普通教师队伍外增加适合特殊教育的学校咨询师、学校社会工作者、语言听觉师、作业疗法师、理学疗法师、看护师等专业人士。

由各都道府县教育委员会牵头，加强地区特殊教育中心的功能，通过对教师的培训等提高教师队伍的质量。特殊教育的学校需要具备特殊教育相关的商谈、指导等职能。整合区域性的这些教育资源，充分发挥其作用是保证全纳教育顺利展开的重要条件。

日本拟通过学校、地区、教育委员会等合作，促进学校与学校之间、年级之间等的相互交流和共同学习。这对特殊儿童学生和正常儿童学生来说都具有重要的意义：丰富体验，培养社会性，充实内心世界，促进共生社会的形成，同时让他们懂得尊重社会的多样性。该报告还提倡加强校际之间课程开发、学生指导等信息共享和相互协作，促进特殊学校正常化。加强与医疗、保健、福利、劳动等部门的合作，在相关行政机构的协调下，建立广泛的区域性网络。

（四）提高教职员的专业性，充实特殊教育

作为全纳教育体系的重要一环，教师必须有一定的特殊教育知识和技能，尤其是要充分了解特殊儿童学生的身心状态。不仅在教师培养的大学阶段就要开始培养教师的专业性，在已经成为教师之后也要通过进修等方式进一步丰富和提高基础知识与专业技能。

要求所有的教师都精通多种专业显然是有困难的，因此，学校可以根据自身的需要适当聘用外部人才，以确保学校作为一个整体的专业性。在确保学校的专业性方面，以校长为首的管理层的领导能力不可或缺。另外，对学校进行援助的教育委员会的指导主管也发挥着重要作用。从这个角度来看，有必要对学校管理层和教育委员会的指导主管等进行培训，以提高学校的管理能力和指导能力。

目前，特殊教育教师获得特殊学校教师资格的占 70%，因此，要想提高特殊教育质量必须先提高教师的专业化水平。已经取得教师资格的教师，需要参加资格法认定讲习课以及之后的进修培训等，进一步提高专业性。

共生社会的重要内容就是要让残障人士也能够积极地参与社会，为社会发展做贡献。从学校的角度来讲，增加对残障人士教师的任用，也有助于共生社会的形成。

>> 第五节 《在长寿社会中进行终身学习 ——构建"幸福老龄社会"》[①] <<

一、现状

日本是当今世界上最长寿的国家。与此同时，在不断激化的少子化和高龄化的影响之下，日本迎来了"超高龄社会"。日本拟通过对百岁人生的规划，将终身学习的理念贯彻到高龄化社会中，彻底摆脱"高龄社会"的消极意义。老年人向来被看作社会保护的对象，因而他们似乎很难有施展拳脚的一席之地。但实际上，有八成老年人是充满活力的，他们拥有丰富的知识和人生阅历，以及浓厚的兴趣爱好。通过终身学习的理念，促使他们参与到社会活动中，不仅可以让老年人的生活更加丰富多彩，防止老年人感到孤独或人生意义的缺失，防止疾病的发生以及社会关系断绝导致的孤立无援状态；同时也可以促进地区、学校、社会的发展，为地区社会注入活力，增强代际交流等。

二、构建"幸福老龄社会"的理念基础

(一)终身学习理念是构建"幸福老龄社会"的理念基础

所谓终身学习，是指学习者自发进行的自由而广泛的学习。它不仅包括根据自身的兴趣和学识修养进行的活动，还包含通过与社会的接触而给自身的人生观和价值观带来变化的活动。

(二)构建"幸福老龄社会"的意义与作用

①创造人生价值。即通过学习活动和地区活动创造人生意义，实现第二次、第三次人生。

②解决地区问题。即通过自主和合作学习，成为解决地区问题的旗手，为地方注入活力。

③构筑新的社会关系。即通过学习活动和地方活动，加强与社会的联系，防止社会关系的断绝导致的孤立无援状态。

④保持健康，预防护理。即通过活动身体振奋精神，保持身体的健康，预防疾病，护理身心，为减少社会保障费用的支出做贡献。

---

① 文部科学省．長寿社会における生涯学習の在り方について—人生 100 年いくつになっても学ぶ幸せ「幸齢社会」[EB/OL]. http：// www. mext. go. jp/component/a_menu/education/detail/_icsFile/afieldfile/2012/03/08/1319112_1. pdf，2012-03-08.

三、构建"幸福老龄社会"的基本方向与具体措施

(一)基本方向

1. 充实学习内容及方法，为学习者提供更多参与、策划和学习的机会

充实学习内容及方法的前提是老年人有自主学习的意愿，以及有自主选择的选项。要反映老年人的意志，必须开发适合老年人的学习项目，而最了解自己学习需求的老年人自主参与学习项目的开发本身就是一种学习的方式。况且，老年人在开发学习项目时可以注入他们那个年代的许多观点和经验，以及现在缺失的古典和传统的教育内容。另外，地方性问题的解决也是学习的重要内容。通过解决地方性的问题，不仅可以加深对地方的热爱和了解，也可以丰富学习的内容，体现了老年人的社会参与和社会贡献，体现了他们个人和团体的价值。至于学习方式的选择，可以考虑结合时代特点的电子、网络等工具的利用。

2. 考虑各个年龄段的特点，根据年龄段和性别进行相应的终身学习

现在的小学生、初中生大多是小家庭的子女，与祖父母等老年人接触的机会也很少，因此，他们尊重、照顾老年人的经验以及对生死的认识都相对较少。与老年人接触，就是要学习老年人的人生经验，了解他们对生死、人生意义和价值等的认识。这可以促进代际交流，有助于社会的和谐和稳定。而对成年的青壮年来说，他们与老年人的年代相对较近，通过与老年人的交流和学习，可以丰富他们对人生的认识和理解，获得勇气和信心。与此同时，青壮年可以照顾老年人，促进老年人的身心健康。

3. 帮助学习困难的老年人，提供爱心援助的终身学习

学习有困难的老年人，应该和其他老年人一起学习，共同参与学习和活动，减少孤独感和排斥感，唤起学习的兴趣。政府、企业、非政府组织等全力帮助这些学习有困难的老年人学习，这也是全民学习和终身学习的重要一环。

4. 促进相关机构相互协作

即促进与大学的合作，促进与教育委员会和相关统领机构的合作，促进与地方组织及非营利性组织的合作。

大学对于地方的直接支援是可行和有效的。大学生到地方作为志愿者和老年人进行交流学习，不仅能够充实自身的体验，也可以丰富老年人的学习体验。大学可以开设公开讲座或者组织活动，为老年人提供多样化的学习机会。广播大学可以通过现代通信技术，以网络授课或网络广播等形式促进老年人的学习。教育委员会更多的是促使终身教育的相关部门密切关注老年人的学习，促进地方问题的解决，增强地方活力。非政府组织可通过招募志愿者、提供资金等方式帮助老年人学习。

5. 促进学习成果的活用，提供地区活动、就业劳动等场所

学习成果的活用，不仅关系到学习的循环和资源的循环利用，也关系到老年人生活质量的提高与否。因此，通过学习实践获得的经验和知识技术要进行普及、宣传和推广。

6. 建设配套设施，构建专业人才协同合作的结构

硬件设施的建设是最基本的前提，而培养和录用更多专业或致力于这方面的人才是促进老年人学习的重要条件。

7. 促进代际交流，传承知识、经验，为老年人创造更多的活动机会

老年人不仅有丰富的知识和经验，还有很多自己的思考和认识。不同年代人之间的交流，使得知识、经验和传统得到继承，不同年代之间的理解也能够进一步加深。

(二)具体措施

①为应对高度化、多样化的学习需求，为参与活动的学习者开发和提供学习项目。

②收集学习活动及地区活动相关信息，进行信息的电子化，提供一站式服务。

③在与相关机构的合作中，培养和训练相应的人才。

④充实人才储备和学习志愿者登记制度，充实学校支援和育儿支援等老年人的活动场所。

(三)相关机构的作用

①社会教育设施：成为地区学习、活动的基地。相关的设施有公民馆、图书馆、博物馆、体育馆、男女共同参与计划中心、老年人大学等。根据地方的实际情况，为老年人提供学习的机会和场所。其中，公民馆是地方居民的聚集场所，应将其作为终身学习和其他学习的场所，充分利用。另外，鼓励知识和经验丰富的老年人积极发挥优势，在公民馆、老年人大学开设讲座，或担当博物馆的引导员等。

②学校：为地方居民的学习活动提供支援、提供场所。可以开放空闲教室作为学习场地，此外，可以活用学校人才，为老年人学习提供人才支援。

③大学：提供专业化、学术性强的学习内容，培养领导人才。大学开展公开讲座等为老年人和地区居民提供学习机会，同时实现领导人才的培养，为地方和社会做贡献。

④民间组织：提供活动机会，将活动与兴趣相结合。

⑤企业：促进工作、生活的平衡。

⑥市町村：促进相关机构的合作，提供多样化的机会。

⑦都道府县：支援市町村率先实行的措施和环境建设。

⑧国家：制定基本方针等，缩小地区间的差距。

四、结语

在从前大量生产和消费的社会里，日本通过扩大生产和追求效率来保障生活物质层面上的稳定。在这样的社会里，每个人不是孤立的，而是集体中的一员，具有整齐划一性。然而，现在日本社会正从物质丰富的社会向每个个体都能够富有生命力地生活的社会转变。多元价值观背景下不同文化的人实现相互交流，形成和创造新的价值。

这样的社会里，每个人都根据自己的价值和需要不断学习，不断创造新的价值，不断变化，不断实现自我的发展，构建更加和谐美好的社会。为此而进行的学习才是终身学习。长寿社会是日本将要迎来的一个新社会，这个社会不仅是老年人的社会，也是生活于此的所有人的社会。终身学习也是这个社会里生活的所有人的坚持自我，为构建富于变化和价值丰富的社会而进行的学习。

但是，日本当前对于长寿社会的应对的制度还没有完全建立起来，人们的意识也没有达到社会所要求的标准，相反，少子化、高龄化加剧了人们的困惑，对从前社会的架构产生动摇和不安。如今紧要的课题是如何让老年人能够摸索新的生活方式，支撑其保持尊严的、心灵丰富的社会建设。这是新时代终身学习的重要课题，也是本节讨论的重点。

日本希望通过这些方式促使长寿社会中的每个人进行终身学习，成为有活力、有魅力的"幸龄者"，不论何时都能以积极乐观的态度度过充实的人生；此外，希望通过发挥"新社会"的人力和财力的作用，带动地区社会的发展。

>> 第六节　《学校安全推进计划》① <<

一、中小学生安全问题的现状

中小学生安全问题包括生活安全、交通安全、灾害安全、事件安全等方面。根据独立行政法人日本体育振兴中心的调查显示，在小学的休息时间和初高中课外活动中，负伤事故在 2010 年约 113 万起，与 30 年前相比增加了约 30％。由校园安全引发的死亡事故在 2010 年就发生了 74 起。加之近年来陌生人入侵学校，威胁学生和教师的安全事故增加，情况不容乐观。就交通安全而言，2011 年包

---

① 文部科学省．学校安全の推進に関する計画．[EB/OL] http：// www. mext. go. jp/a_menu/Kenko/anzen/_icsFiles/afieldfile/2012/05/01/1320286_2. pdf，2012-05-01.

括成年人在内的交通事故约发生 69 万起，受伤者约 85 万人，死者达 4 612 人。中小学生的自行车安全事故的发生率大大增加。至于灾害安全，1995 年阪神大地震，2004 年新潟中越地震，2011 年 9 月的台风灾害以及 2011 年东日本大地震，都有为数不少的中小学卷入其中。

面对众多的安全威胁，《学校保健安全法》于 2008 年修订，并在 2009 年实施。根据此法，学校必须制订、推行安全计划，并对学生和教师进行安全训练。学校还须加强与家长、警察局的联系，确保学生的安全。

二、今后学校安全的方向

在学校管理下发生的事故、灾害等导致中小学生受伤、死亡的案例依旧非常多。特别是在学校受伤的学生大大增加，《学校安全推进计划》旨在减少学校中的受伤事件，尽最大努力减少死亡人数。

同成人的安全教育不同，中小学生的安全教育与他们未来的安全意识和能力的培养相关，通过长期的教育，可以使他们对安全有强烈的意识。而且，中小学生的安全意识还可以在危急关头引导安全意识不足的成年人行动。因此，从长期角度来说，学校安全教育对构筑下一代安全文化具有重要意义。

关于学校的安全教育指导，应依据《学校保健安全法》和学习指导要领进行指导。《学校保健安全法》主要是确保教育活动时的安全环境。学习指导要领则侧重在教育活动中进行恰当的指导，在各个学科中进行安全指导，并培养学生应对安全问题的能力。

为确保学生的安全，学校应在校长等管理人员的领导下，制订学校安全计划，进行体制建设。因此，《学校保健安全法》要求所有学校制订安全计划，并充实其内容。

面对自然灾害、学校内外不法侵入等事件，学校内外的突发事件等的安全管理，根据《学校保健安全法》，学校根据具体情况制定突发事件应对要领，并且加强这方面的训练，以确保学校安全的实现。

三、推进学校安全的措施

（一）关于学校安全教育的措施

学校在各学科、道德课、特别活动、综合学习时间等教育活动中进行综合性的安全教育，确保学生掌握保护自己安全的能力。具体需要培养哪些能力呢？

①加深对日常生活中的事件、事故、自然灾害等现状、原因及预防方法的理解，对现在和将来的安全问题有准确的思考、判断和恰当选择行动的能力。

②能够预测日常生活中的各种潜在的危险，在考虑自我和他人安全后采取安

全行动，同时改变危险环境。

③尊重自我和他人的生命，认识到建设安全放心社会的重要性，积极参与学校、家庭及地区社会的安全活动，并做出贡献。

学校学生应当培养的能力与《教育振兴基本计划》的关键词"自立、协作、创造"有相通之处。学校的生活安全、交通安全、灾害安全，每个都是重要课题，应该不偏不倚地实施。

以自主行动的态度及互助的视角推进安全教育。国家通过研究和实践开发有利于个人自主行动，且对安全放心社会贡献意识很强的教育方法，做成典型，在学校和各地区进行推广。文部科学省编撰指导安全教育的教师用参考资料，与最新典型成果一起供学校教师使用。

大学等研究机构与青少年振兴机构、民间团体积极开发供学生使用的体验活动项目，向全国的青少年教育设施提供信息，进行广泛的普及和教育。

学校通过实际案例对学生安全教育进行指导；学校与地方部门相互协调，开展防灾减灾训练，确保学生对专业的安全教育有实际体验和认识。

(二)充实学校设施及设备

从彻底应对安全策略而言，国家加强内线电话、监视摄像头、紧急电话配置，以及允许学生或教师持有催泪弹，应对入侵的各种安全隐患。

学校要活用科学技术手段，建立信息的及时发布和提供机制。

(三)推动学校安全工作有组织地进行

国家尽早制订学校安全计划，并收集学校实施的信息。研究机构对安全事故等进行分析，为学校提供分析的结果，为安全教育的推进提供参考。为保证安全教育有组织地进行，对学校安全计划进行 PDCA 循环检查，促进安全教育的评价，以及评价结果的活用，进一步推进安全教育的开展。

(四)推进学校与社会、家庭的安全合作

为确保学校内外学生的安全，学校、家庭、自治会、商店组织、大学生志愿者等通过共同协作来保障学生安全。学校在生活安全、交通安全、灾害安全相关的专业知识培训方面，与交通部门、民间组织等开展合作。学校与气象部门、防灾部门的合作也在计划之中。

构建安全信息网络是一大课题。国立学校、私立学校、地方政府在安全信息的交流、交换、共享，以及共同制订安全计划方面应携手合作。从防灾减灾的角度而言，安全教育特别需要地方政府以及社区组织的参与和合作，通过一系列的活动，加强学校与地方社区组织之间的关系，加强防灾减灾过程中地方社区组织的重要性。建立学校、家长、社区共同参与的学校支援地区本部，作为灾害的应对组织，此外，还应加强与公安和消防部门的合作。

（五）国家和地方政府的体制推进措施

国家和地方政府继续承担援助和指导的作用。在学校安全问题上，政府进行调查研究，为学校提供相应的研究成果，强化学校的安全体制建设。对学校的安全状况进行调查分析，政府根据结果制订相应的安全推进计划，确保学校安全教育朝着改善的方向前进。

国家和地方政府要定期听取学校的意见和建议，在制订安全计划时充分得到学校的理解和支持。

国家和政府还应在财政和人事等方面支持学校的安全教育。用财政保证学校安全设施的完善和安全教育的充分开展；通过人事安排，安全教育进一步成为学校教育的重要组成部分。

第八章 韩国教育政策与发展趋势

2013 年对韩国国民来说是具有重要意义的一年。朴槿惠新政府上台，把国家发展目标设定为"开创国民幸福、充满希望的新时代"。朴槿惠在总统就职演说中将"经济复兴""国民幸福""文化昌盛""构建和平统一基础"作为新政府四大施政方针。在该方针下，韩国逐渐摆脱以国家发展为中心的政策设计，摒弃行政主导的管理模式，将每个国民追求幸福的权利放在首位，力求建构国民幸福、国家发展的双赢局面。韩国历来十分重视教育，新政府施政理念的变化自然会影响到教育领域。韩国在 2013 年出台一揽子教育改革方案，方案的设计原则从过去强调"人才培养为国家"转向"人才培养为谋求个人幸福"。本章主要分析韩国教育部 2013 年度工作报告及其他若干教育政策，为相关研究提供参考。

>> 第一节 《幸福教育，创造性人才培养 ——2013 年国家课题实施计划》<<

一、《韩国教育部 2013 年工作报告》的出台背景

2012 年 12 月，韩国教育部制订并颁布了《幸福教育，创造性人才培养——2013 年国家课题实施计划》[①]（简称《韩国教育部 2013 年工作报告》），提出了 2013 年韩国教育的主要政策及改革目标和内容。

报告是基于对韩国教育现状的评价和对现存问题的反思来设计的。韩国教育部认可了 2012 年的工作成绩。

①在 2009 年的 PISA 中，韩国学生取得了阅读理解成绩居第 2 位、数学成绩居第 3 位、科学成绩居第 4 位的傲人成绩，因此，可期待 2012 年的 PISA 也会有可观的结果。

②2012 年在中小学导入首席教师制、大学导入学术休假制等有利于完善各级各类教育的教师制度，进一步提高教师的工作积极性，持续提升教师的科研、

---

① 韩国教育部. 幸福教育，创造性人才培养——2013 年国家课题实施计划［EB/OL］. ht-tp：//www. moe. go. kr/2015happymoe/2015happymoe07-1. html，2013-01-31.

教学水平。

③加大国家奖学金的发放力度，增加对高等教育的经费支持，增设了硕士、博士课程，从而进一步扩大国民的终身学习机会。

与此同时，教育部也对目前存在的问题进行了诊断。比如：①依然存在应试教育和全方位的教育竞争，导致学生及家长感觉学业压力过大，学生失去对学习的兴趣。在 TIMSS 的调查中，只有 23% 的韩国小学生表示对学习感兴趣，初中生则只有 8%，青少年的幸福指数为 69.29，在 OECD 国家中居较低水平。②大学入学考试制度纷繁复杂，阻碍学生升入自己希望的大学。③私人投入的教育费（课外补习费）和大学学费过高，导致学生及其家庭经济负担过重。④对教师的工作要求高、工作量大，导致教师超负荷工作，与此同时，损害教师利益、侵犯教师权力的现象仍然存在，降低了教师对本职工作的满意度，影响了其工作热情。

由此，教育部认为应进一步完善教育制度，摆脱单一的学历竞争模式，使教育最大限度地发挥所有人的潜能。为此，应促使各级各类教育机构开发出多样化的教育模式，适应各类学生的教育需求，从而实现每位国民的幸福。教育部依此提出 2013 年的工作重点：①建设能够让孩子们放飞梦想和个性的教育。②帮助学生找到适于自己的发展道路。③消除教师的后顾之忧。④减轻学生及其家庭的学费负担。⑤支持地方大学特色化发展。⑥建构终身学习体系，为学习者提供在其有生之年可不断学习的教育机会和环境。

二、《韩国教育部 2013 年工作报告》的主要内容

（一）完善学校教育，真正培养学生的梦想，释放其潜能

总目标：彻底改革应试教育，建设能够忠实反映教育本质的教育课程；设置学生本位的课程体系；建设适合每个学习者需要的生涯教育体系；实现能够发挥每个学生潜能的教育；摆脱学校暴力，消除使学生陷入危险的教育环境；建设学生得以安全成长的教育环境；减少班级平均人数，使教师在工作过程中能够关注到每个学生。

1. 使学生放飞梦想、释放潜能的教育课程改革

①导入"初中自由学期制"。考虑学生的身心发展特点和学习内容的连续性，选择初一第二学期或初二的第一学期作为"自由学期"。自由学期制在现行的教育课程体系内实施，旨在提高课程设置的自由度。在自由学期内，学校从学生的兴趣与个性特点出发，设置多种文化、艺术、体育、生涯教育类课程，并实施灵活的课时管理和模块学习等课时分配模式，学生可自由选修自己喜欢的课程，不受年级、班级限制。在教学过程中，导入学生自主调查、发表、讨论、实习、课题实施等教学方法。教育评价则减少笔试评价，在《学校生活记录簿》中记入多样化

的学习活动过程及结果，并将其作为升学评价依据。

政府为自由学期制的稳定实施提供相应的政策支持。例如，在地方教育行政机构内设置政策咨询小组，教育部内则设置自由学期制支持中心，保持中央与地方的行政及财政联系，以保证中央的支持力度。各地开发适于本地区的自由学期实施模式，在全国选定 37 所实验学校，开发实施指南和实验课，并将其普及到全国的初中。面向全社会加强宣传力度，定期培训在职教师和学生家长，消除社会对自由学期制的疑虑，提高对新教育理念的认识。

报告规划从 2016 年开始全面实施自由学期制，并为减少学生的应试负担，将全国初中学业评价科目从目前的 5 科减少为 3 科。同时，取消全国小学学业评价，由地方教育机构自主进行小学阶段学业评估，多渠道、多方面保证自由学期制的顺利实施。

②在各级各类学校加强人格教育中心课程。改革教学内容、教学方法、评价方法，使学生通过学校生活培养健全人格。为此，学校建立德目体系，在课程内容中反映这些德目，将过去以知识传授为中心的课程改为合作学习、讨论学习等学生中心、参与中心的课程。探索新的学业评价模式，将项目评价和学生间互评结果反映在学生评价中，使学生间合作学习的过程及结果充分反映在学生学业成绩之中。通过加强对各地中小学教育课程设置和管理的相关咨询，研发与普及优秀个案，加强教师培训等方法，切实加强中小学生人格教育。

③完善"止于教科书"的学习体系，使学生不再需要教辅材料。开发以核心知识体系为主干的教科书模式。加强书籍型教科书与数码教科书之间的内在联系，创建教科书中心的学习环境，使学生借助数码教科书不受时间、地点限制的特点自主学习。促进数码教材开发，2013 年 5 月选定 144 所试点学校进行实验，优先开发中学社会、科学、英语教材。

2. 帮助学生自主建立个性化的生涯规划

通过生涯规划咨询和体验活动等，帮助学生自主规划自己的未来。为此，《韩国教育部 2013 年工作报告》提出了以下几个具体举措。

①至 2014 年，将向所有中学派遣生涯规划指导教师（原文为"进路指导教师"），利用就业信息网站等进行个性测试，向学生提供生涯规划咨询服务。至 2013 年年底，向全国 4 550 所（占总体的 84％）学校分派生涯规划指导教师，提供 6 种生涯规划心理测试量表，开设"聪明咨询"等相关咨询网站。

②修订相关法律、法规。听取家长、学校、专家意见，修改《初中等教育法》，使中学获准启用小学阶段的生涯规划活动和学生特点记录材料，以便向学生提供连续、深入的生涯规划指导。

③尝试开发与自由学期制相结合的学校生涯规划教育项目，建立"生涯规划课—进行性向测试及咨询—职业体验"三者有机连接的教育模式来培养学生选择

的能力，使他们学会制定符合自身素质和特点的生涯规划。

④加强课程之间的内容联系，在其他课程中渗透生涯规划和职业理解教育。

3. 丰富和完善学校体育，培养全面发展的人

①配备体育专门人才，进一步充实学校体育。制定小学体育教师增派方案，进行教师培训，提高小学体育课质量。向初高中增派专业体育教师，确保在中学开设选修课，开展学生喜爱的特定体育活动。

②营造"每人一项运动"文化。为此，在全国范围内重点扶植3000个中小学体育小组，使其成为全国体育示范小组，鼓励中小学乃至地方教育厅定期举办长跑大会；增设女学生体育小组，增加女生体育项目，增加更衣室，特别改善女生的体育活动条件。

③增加中小学体育活动基础设施，建造多用途体育馆，建设多样化的学校操场（天然或人造草坪、磨砂土等）。

4. 杜绝学校暴力，建设零危险的教育环境

①加强中小学基础建设，保护学生安全，将各地中小学的校外半径200米以内设定为"学生安全地带"，进行责任管辖。教育部、绿色食品安全处、警察厅等部门密切合作，在学校及周边设定"学校环境卫生净化区""绿色食品区""上下学区域"等，并进行综合管理。继续扩大学校安全相关基础设施建设，增派安全方面的人员，增加摄像头。将学校暴力事件发生频率较高的学校指定为"生活指导特别支持学校"，进行模块式集中改造。比如，增派学校咨询师、学校安全环境设计师、安保人员，或减少班主任的课时量等，切实保证学校安全。

②暴力事件发生后，向施害人、受害人提供咨询治疗，帮助他们尽快恢复。阶段性地增派专业咨询教师，以便向学生提供及时的咨询指导。以小学一年级、四年级、初中一年级、高中一年级学生为对象，定期进行"学生情绪、行为特征抽查"，完善高危学生早期发现、早期治疗的制度，并根据抽查结果，与医院及专门机构进行沟通，加强对特殊学生的特殊教育。

③从学生的实际需要出发，加强学校暴力预防教育活动。持续积累并向中小学提供校内暴力预防教育优秀案例；完善试运行中的"相处教育项目"，将其开发为学校暴力预防教育示范项目，并根据各中小学的具体情况进行阶段性普及。各教育相关部门之间加强合作，积极创建学生自行解决矛盾冲突的环境，加强"伙伴间咨询""伙伴间调节""学生自治法庭"等教育项目的宣传和实施力度。

④加强学校暴力预防对策方案的探索，从根本上解决问题。

5. 创建教师专心从教的环境

①减少班级人数。对各市、道教育厅进行现状调查，根据结果制订班级新增计划，使韩国的学校班级人数达到OECD国家先进水平（OECD国家平均班级人数为小学21.2名、初中23.4名；韩国的目标：小学从目前的24.3名减少至23

名，初中从目前的32.4名减少至25名）。从课业指导、生活指导等教育条件比较差的学校中选出部分学校，自2014年开始优先增加班级，减少各班级人数。最大限度地利用现有设施，有效减小教室压力。新设学校时考虑地区资源平衡，根据周边学区的班级规模来设定新学校的班级人数。

②逐年减少师生比。在全国范围内制定教师资源配置方案，使师生比达到OECD国家平均水平，并阶段性地增加教师人数直到2020年(OECD国家平均师生比，小学为15.9名、初中为13.7名；韩国的目标：小学自2013年的20.3名减少至2014年的19.7名、2017年的18.1名，初中从2013年的18.4名减少至2014年的17.4名、2017年的14.7名)。同时，为解决因产假等造成的教师紧缺问题，除聘请临时教师外，探索增加教师编制的方案，尽量少聘代课教师，避免造成学生及家长对学校的不信任。

③减轻教师的行政工作负担。各级各类学校调整教务行政人员的工作，以减少班主任的行政工作。建立和启用市、道学校教育统计管理系统，减少10%的学校统计相关行政工作。开发出学校易于使用的会计系统，减少教辅工作，从而减少班主任的行政工作。

④开发新的教师评价制度，使所有专心从教的教师都能得到优厚待遇。改善教师评价指标，探讨将教师的能力开发评价、业务成绩评价、其他成果评价等各种教师评价统一为一个评价系统的可能。

6. 简化大学入学考试程序和内容，减轻高考负担

①简化大学入学考试的评价内容，制定以《学校生活记录簿》、"小论文""学生修学能力考试"为主线的大学入学评价方式。制定、公布大学入学考试简化方案，促使各大学简化大学入学考试程序和方法，建立以高中课程内容为中心的评价方式。

②增加农/渔村地区学生、低收入家庭学生、在职学生的入学比例，力求体现教育公平原则。

③建立全国统一、标准化的报名系统，让学生填写一次申请即可申报所有大学，无须分别申请各大学。

(二)建构能力中心的社会基础，面向未来培养人才

总目标：与开发、普及"国家从业资格标准"(National Competency Standards，NCS)工作相结合，改革教育内容，设置多样化教育途径，培养企业真正需要的实际能力；通过大学特色化建设加强高等教育力量，培养出企业和地方发展需要的优秀人才；迎接百岁时代，建构国家终身学习体系，扩大国民参与个性化终身教育的机会，培养人生后半期所必需的能力。

1. 建构国家从业资格指标体系，加强教育与就业的联系

国家从业资格标准：由国家制定统一标准，界定从事各行业所需要的基本能力(知识、技术、态度等)。

建构国家资格框架(National Qualification Framework，NQF)。该框架是指多种能力指标(学历、经历、资格等)之间可以进行互通评价和资格转换的指标系统。

①以职业需要为中心改编教育、培训过程。2014年之前制定出各行各业的从业资格标准体系。为此，由"企业人力管理集团""职业能力开发院"等机构合作成立"国家从业资格标准开发小组"，下设20余个分组，集中开发各领域的从业资格标准体系。标准开发后，以它为依据，改革各级各类学校教育课程，并编制出《国家从业资格标准体系的开发与应用指南》，使学校以国家从业资格标准为基础，设计教育及培训课程，实施评价。与企业及企业行会合作，指定特定高中、大专进行管理，尤其指定一批国家从业资格标准为基础的教育(就业)中心大学，并促使其改编教育课程。最终的目标是制定能够将学校教育、终身教育、职场教育、学分认证教育等整合为一的国家资格框架。比如，研发出在职教育和终身教育都可转换为学分的转换体系。

②制定以学校学习为主也可获得职业资格的"学分型资格"制度。综合、系统评价学校教育，制定出新的资格制度，只要修满相关学分就可获得职业资格，而无须进行其他审定。修订《资格基本法实施令》，在特色高中、达人职业高中、大专等教育机构优先进行课程改革，充分利用国家从业资格标准体系，以此设置教育、培训课程，逐步建立"学分—资格—培训"为一体的管理体制及就业渠道。

③积极推进以从业资格和能力为中心的雇用制度，应聘不受学历影响。在教育部所属机构和部门率先建立从业资格评价试运行方案。

2. 加强职业教育，培养各行业专门人才

①完善高中职业教育体制，加强教育与就业之间的联系。根据《国家从业资格指标体系的开发与应用指南》，直至2014年前完成职业高中课程改革，即以国家从业资格标准为中心改编高中课程。与各相关部门进行密切合作，找出国家和地方战略发展需要哪些行业的高端人才，在第8次达人职业高中选定项目中重点扶持这些职业教育专业，以培养该行业高端技术人才。

②建构有效的职业教育体系，使希望"毕业即就业"的所有高中学生都能接受适于自己的职业教育。促进全国特色高中建设，增加"特定职业定向培养"的招生名额；扩大普通高中在校生接受职业教育的途径和机会；调查分析普通高中的"委托职业教育"课程实施状况，探索完善这类课程的具体方案，为那些希望高中毕业即就业的学生提供更多接受职业教育的机会。

③完善继续教育制度，便于高中学历的劳动者接受在职继续教育。建设、完善"先就业、后升学"制度，要求各大学在本、专科招生过程中增加在职学生名额；按照行业需要指定部分大学，使这些大学的招生制度更能反映"先就业、后

升学"者的学习需要。以高中学历劳动者为对象，在职业技术领域制订专业学士、学士（国内学习）—硕士、博士（国外学习）的公费留学生选拔计划。

3. 将大专建设成高等职业教育的中坚力量

①重点建设100所特色大专，建构行业核心人力资源培养体系。遴选100个特色大专、特色专业进行倾斜投资，重点培养受企业欢迎的各行业优秀人才。以国家从业资格标准为基础，改编课程体系，将大专逐步改建为以企业需要为中心的教育机构。

②实现大专职能的多样化转型，积极推进弹性学制等制度改革。通过弹性学制、增加学位课程种类等改革，加强终身教育体系，以适应受教育者的个性化需求，应对老龄化社会的到来。为此，根据各大专院校的学科特点，导入非学历课程和学历课程兼具的多层级课程体系，尽力减少对办学模式的限制。

③建立"技术达人研究生院"，使行业高端技术在职人才通过研究生院教育成为该领域技术名将。

④扶持一批大专成为"终身职业能力培养旗舰学校"，将学校的所有课程改为职业教育课程，加强大专的终身教育职能。同时，根据职业种类和能力要求，设置长、短期多样化的课程体系，并导入随时入学制，以符合受教育者需要。不仅如此，以成人为对象，设置以职业能力培养为主的非学历课程，实施创业教育、资格教育，与中小企业合作进行教育和实习。

⑤实施"面向世界"项目，加强大专毕业生的海外就业。实施GHC（Global Hub College，国际化重点大学）计划，即以外国留学生和国内大专生为对象，在驻外企业进行符合当地需要的个性化教育后，支持他们在海外就业。

4. 加大对地方大学的支援力度

①集中建设各地方大学的特色专业。制订"地方据点大学培养计划"，使地方大学成为培养优秀人才、促进地方企业发展、为地方增加工作机会的中坚力量。制定"地方大学特色化"项目，选定具有竞争力的"名牌地方大学"、强势学科和专业，将部分地方大学培养成为世界水平大学。建立2013年度"产学联合旗舰大学建设计划"（LINC），首先完善第一批地方大学。

②加强对地方大学毕业生的聘用与引进。建立并颁布《地方大学建设方案》，内容包括据点大学培养、地方人才"升学—就业—安居"事业等，为地方大学发展注入活力。具体措施包括：为部分地方大学的特定专业设立奖学金，吸引优秀学生进入地方大学；促使各地方在新兴城市的行政部门扩建过程中增加地方大学毕业生的雇用比例；持续增加地方人才的公务员录用比例；提高地方公务员的薪酬待遇；创造条件，增加地方人才在政府各部门的就职比例。

5. 加大财政支持力度，促进大学特色化发展

①通过特色大学建设计划，建设一批各具特色、具有全球竞争力的大学。由

官方和民间专家共同组成"大学发展规划小组",制定宏观的高等教育发展战略和高等教育财政支持方案。考虑各大学的优势专业、企业界的需求等因素,在各学科领域集中建设特色大学,与此同时,促使大学进行内部办学模式改革,集中资源,重点建设优势学科。

②增加高等教育经费投入,使其达到 GDP 的 1‰。制定支持地方大学和大专发展、增加国家奖学金规模、培养创造型人才等一系列政策法规,重新调整高等教育财政投入结构,为实现创造型经济培养多种人才。

③增加大学财政、审计制度的透明度,确保国民对大学的信任和支持。为此,首先,制定私立大学财政、审计制度透明化指标,推进私立大学"小金库公开化"进程,以明确私立大学的财政管理责任。其次,修订《教育相关机构信息公开特例法实施令》,在私立大学信息公示条款中加入财政审计透明度指标。最后,为增加国立大学的财政管理透明度,制定《国立大学财政会计法》,建立国立大学资源的高科技管理系统(ERP),以提高国立大学财政管理透明度和管理效率,同时开发审计管理系统,将大学的诸业务(人事、财政、教学、科研等)与审计业务迅速简便地连接起来。

④通过大学评价体制改革与大学结构改革不断提高大学竞争力。在定量指标外开发出定性指标来评价大学的教育质量、办学目的、类型、地域特点等,以此促进大学特色化建设;修订相关法规,为大学结构改革提供相应的法律依据;对管理不善的大学实施从削减经费到勒令停办的处罚(包括政府经费削减、学费贷款限制、判定管理不善、停办)。

⑤根据大学类型和办学条件,积极探索不同的产学研联合模式。制定《大学产学联合小组职能强化方案》,使各大学的产学联合小组在产学研项目实施过程(包括科研经费管理、技术转移、创业支持等)中充分发挥其职能;加强产学研联合单位之间的人员交流,例如,聘用或指定产学研联合专职或兼职教师,实施双聘教师(一教师属于两个或多个研究机构),将教师派到产学联合企业、研究所等;通过明确政府部门之间的职能界限及区分,系统衔接从创业教育到创业企业成长的各个环节,逐步形成青年创业的良性循环生态体系。

6. 迎接百岁时代,构建国家终身学习体系

①逐步建设在线、非在线的终身学习综合性支持系统。建立多途径、多渠道的终身学习支持系统,使学习者不受时间、空间限制进行学习。例如,建构多渠道、多层次的"终身学习综合信息服务网",通过智能手机等多种技术工具,将各机构开发的终身学习内容无障碍地提供给学习者,并为此修订《终身学习法》,同时为各地方政府建构本地区的终身学习信息网提供经费与技术支持。考虑居民需要,各地提供具有地区特色的终身教育内容体系。例如,在全国 16 个地区示范性地设立幸福学习支持中心,创造条件,使终身学习设施不足的偏僻地区居民也

能够自由学习，并逐步扩大其范围；扩大以大学为中心的地区终身教育模式，其内容和形式体现当地居民和企业界的多种需求；选定大学、地方政府的支持项目时，重点考察项目是否符合本地需要。

②根据人生阶段、社会阶层等因素，为居民提供个性化的终身学习支持体系。为青年一代建设"面向成人型大学"，加强职业教育，以适应在职工作者的继续教育需求；为壮年一代提供"提前退职""创业""跨行转职"等支持项目，使他们通过自主学习来扩大就业和成功机会；为老年人提供自主的终身设计机会，提供兴趣闲暇、健康、医疗等旨在提高生活质量、适应社会变化的教育内容；为薄弱群体提供基础学习机会，以低学历人群、辍学者、失业女性、军人为对象，保障他们的学习权利，帮助他们尝试第二人生；在地方政府的成人阅读理解教育项目中选出优秀项目，提供重点支持。

（三）减轻教育费负担，保障平等的受教育机会

总目标：保障受教育机会，任何人不因经济、文化、地域差异放弃梦想；通过实施幼儿园和高中阶段学费支援项目、个性化学费制度等，减少家庭的子女教育费负担，提供使所有学生实现自己梦想、发挥自己潜能的教育；通过完善学校的"照看"服务，使低年级、双职工家庭能够放心将子女托管给学校，减少他们的育儿负担。

1. 扩大"放学后照看服务"的覆盖范围

①加强幼儿园的"放学后照看"职能。调整幼儿园课程实施时间，从目前的3～5小时到原则上要求5小时。将"幼儿之家"的保育时间从早上7:00延长至22:00，在正常幼儿之家的保育时间8:00～18:00以外，额外提供"清晨照看""放学后照料""晚间照料"等特殊照看服务，以适应双职工等具有特殊需要的人群。

②完善小学的"放学后照看"服务。改革以"受益者负担"为原则的现行"放学后照看服务"收费制度，从2014年开始，逐步向所有申请者提供15:00～17:00的免费"放学后照看"服务。另外，对需要延长照看时间的双职工家庭、低收入家庭、单亲家庭子女提供无偿照料服务至22:00，包括晚餐及照料服务。将从2014年开始向低年级小学生实施该服务，后逐步扩大至其他年级。

③按照学生及家长需要建立范围更广、内容更多的学生照看服务体系。为此，逐步形成中央至地方的一整套"放学后照看"服务体系；改建或新建由社会机构创办的"照看服务"委托机构，以确保讲师数量，提高服务质量，减轻学校负担。

2. 实现没有学费负担的幼儿教育、中小学教育

①逐步强调幼儿教育的公共性，减轻幼儿入园费负担。2013年将阶段性地提高3～5岁幼儿入园补助。补助额度：2012年向所有5岁儿童提供20万韩元/月，向低收入人群的3岁和4岁儿童分别提供19.7万韩元、17.7万韩元的入园补助，

而 2013 年将向所有 3～5 岁儿童提供 22 万韩元/月的入园补助。修订《幼儿教育法》，确定私立幼儿园入园费上限标准。阶段性地提高私立幼儿园教师待遇。面向因幼儿园课程改革需要所增设的幼儿园进行在园教师培训。

②阶段性地实施高中免费教育。将目前由不同部门发放的高中学费补助等助学资金统一到市、都教育厅教育预算中，考虑各地教育财政状况，制订高中教育免费实施计划。

③通过完善"公共教育正常化"制度，减轻家庭的补习费负担。制定、修订系列法律、法规，首先制定《促进公共教育正常化特别法》，要求教育系统的所有评价，包括校内学业评价、高中入学考试、大学入学考试等各类考试内容不超过教育课程规定范围，尤其是教科书的内容范围；禁止超前教育（先于中小学课程计划的教育），初中、高中及大学入学考试试题中禁止出现可能导致学生超前学习的试题。另外，出现违规现象则严厉惩处责任人；挑选多年来补习需求比较高的科目（修学能力考试、英语、数学），开发教育电视台的教育教学节目，在全国免费播放，降低对学生对私立补习机构的依赖。

3. 减轻大学学费负担

①根据家庭收入情况，实施大学学费半价政策。2013 年开始，将国家学费补助发放对象扩大至第 8 级低收入家庭，并上调各级收入群体的学费资助金额。见表 8-1。

表 8-1　低收入家庭子女接受大学学费国家补助的等级及金额

等级	补助金额	等级	补助金额
基本保障级（第 1 级）	450 万韩元	第 5 级	学费的 25%
第 2 级	学费的 60%	第 6 级	学费的 20%
第 3 级	学费的 40%	第 7～8 级	学费的 15%
第 4 级	学费的 30%		

2014 年开始，根据家庭收入逐步提高"低收入家庭半价学费"受惠比例，对因生计从事临时职业的经济困难家庭子女实施免除成绩门槛来发放学费资助的政策；为缓解多子女家庭的学费负担，制定相关资助标准，从第 3 个子女开始全额资助大学学费。另外，为进一步扩大半价学费的实施范围和资助力度，2014 年制定详细的半价学费政策实施规则。

②扩大学费贷款普及范围，减少学生的债务负担。学费贷款利息调整至低于最近五年的物价平均上涨率，切实降低学生的利息负担；赋予所有第 8～10 级低收入家庭子女学费贷款的资格，一般贷款人在服兵役期间免除其贷款利息。为保证上述政策的顺利实施，修订《韩国奖贷学财团成立相关法》《就业后偿还学费贷

款特别法》。

③增建大学生宿舍,下调住宿费,免除外地学生的生活费负担。与国土资源部等相关部门以及地方政府进行协商,用多种形式在大学校园内增建学生宿舍,以增加学生宿舍容量。目前,在国土资源部和教育部的共同协商下,已制订"2013—2017年大学生宿舍增建计划"。另外,通过由不同主体分担所需财政等途径,在大学校园内增建一批学生宿舍,例如,国立大学内建BTL宿舍①,私立大学内建财政性保障宿舍,校外建公共学生宿舍。不仅如此,政府还与相关部门协商校园外学生宿舍用地。2013年首先建设一批大学生幸福宿舍(可容纳2 000名学生,预算510亿韩元)、学生综合福利中心(可容纳1 000名学生,预算258亿韩元)。通过实现私立大学内学生宿舍基建费低息贷款和提高管理透明度,切实实现降低住宿费的目标。

④实施"希望之梯奖学金"工程,支持大学生毕业后在中小企业就业。创造条件,促进大学生应聘中小企业;设立专项奖学金,为企业量身打造人才,并为大学生创造工作机会。例如,设立"中小企业现场实习—就业型"奖学金,每年资助1 100万韩元/人。在选定奖学金授予对象时,优先考虑通过产学联合旗舰学校现场实习支持中心参加实习的学生。春夏学期各选出573名学生,奖学金总额达到9 450万韩元。

4. 加强对残障学生、多元文化家庭学生、朝鲜移民学生的支援

①大幅改善残障学生的受教育条件。增加特殊教育教师岗位,确保正式在编的教师数量达到法定的95%以上;增建特殊学校和增设特殊班级,缓解残障学生远距离通勤带来的不便;规定大学必须为残障大学生安排"助学志愿者",帮助解决残障学生学习中的困难。(残障大学生数量增加:2012年为2 494名,2013年为5 000名。)

②增加多元文化学生、朝鲜移民学生的受教育机会。增设预备学校,从2012年的25所增加至2013年的50所,特别班级从2012年的13所增加至2017年的120所,强化多元文化家庭子女的语言教育,帮助他们尽快适应韩国社会。为增设多元文化特别班级修订《初中等教育法实施令》。对教师和在校学生加强多元文化理解教育,消除他们对多元文化家庭学生的歧视和偏见。根据朝鲜移民学生的特点和条件,为他们设计个性化教育支持体系。例如,向朝鲜移民学生数量较多的学校阶段性地派遣专门的咨询师,发现和挖掘艺术、体育、数学、科学等领域的优秀人才并进行特殊培训;开发和普及适合朝鲜移民学生的标准教材。

---

① BTL,是Build,Transfer,Lease的首字母。BTL宿舍是指民间企业建成后租给国立大学,由国立大学进行管理并转租给学生的宿舍,其租赁权在企业,所有权及管理权在大学。

三、2013 年亟待各部门加强合作、合力解决的课题

(一)通过促进体育、文化艺术教育，使学生放飞梦想，发挥潜能

学校体育和文化艺术教育有利于培养学生的创造力，陶冶学生的情操，营造幸福的校园文化，使学生孕育梦想和发展才能。教育部主要掌管学校内的学生需要，文体部主要负责校外的社会人力、物力管理，应加强两部委的合作，提高教育效果。例如，充分利用文体部于 2005 年制定的《文化艺术教育支持法》，2012年教育部、文体部合作制定的《学校体育振兴法》。

此外，在体育、文化艺术教育、自由学期制的教育计划制订过程中，充分考虑学校要求的同时加强各部门间的联系，整合各种资源和力量。在体育领域主要侧重于增加讲师力量，增设学校体育活动小组，扩充学校体育设施等；在文化艺术教育领域主要侧重于聘请艺术讲师进行统合教育，增加艺术小组活动，增加融合课程项目等；初中自由学期制相关教育项目的开发过程中，支持新合作领域的挖掘和开发，在各学校图书馆普及文体部选定的优秀图书，支持学校实施媒体教育，将学校空间改造成文化空间等。

综上所述，这些教育事业发展计划应得到各部门的努力合作和支持，共享并充分利用体育文化设施相关信息，开发和实施学生真正需要的教育项目。

(二)实现 0～5 岁保教国家完全责任制

幼儿教育全国共同课程项目实施已经两年，但因幼儿教育制度、管理制度的二元结构导致各种问题亟待改进。例如，幼儿园在幼儿教育上存在长处，但缺乏照顾功能；"幼儿之家"则擅长保育，但缺乏幼儿园式的教育项目。因此，在这个问题上，教育部负责的幼儿园和福利部负责的"幼儿之家"应密切合作，共同解决保教问题。

为此，应建立具体的合作计划，尽早形成由教育部、福利部等相关部门和民间机构共同参与的合作体系，共同推进保教统合。对自 2012 年 3 月开始实施的3～5 岁阶段性幼儿教育全国共同课程项目进行评价，找出制度改革的具体问题。另外，应在全国各地方的试验区适用幼保统合案例，评价其结果，选出最佳案例，为全国普及做好制度建设。教育部与福利部在试验区的选定管理等方面进行持续协商，积极进行法律修订等准备工作。通过相关部门之间的协商，确定适当的整合时期。相关部门一起修订法律，签订中央与地方的组织、人力、预算等方面的协议。

(三)推进大学特色化建设，促进国家均衡发展

迄今为止的大学特色化建设政策虽然卓有成效，但仍无法充分体现大学的多样化、类型化、地区特色等。在强化国家发展动力，构建创造型经济社会，以提

供更多工作机会等方面，特色大学建设和加强地方大学作用等政策都将发挥不可替代的重要作用。因此，各级政府机构的大学相关政策以及财政支持项目之间必须形成有机的合作体系，集中资助符合地区产业发展特点的大学的优势学科及领域，加强其教育、研究力量。相反，对于那些管理不善的大学，在控制其财政投入规模的同时，增加专项基金来促进其发展，建立有效的成果管理模式。此外，还应鼓励大学设立符合产业发展需要的专业，加强企业精神教育，促进大学知识技术的产业化。不仅如此，建立跨部门的"创业人才支持制度"，跟踪和支持创业全过程，资助初期创业基金。为广泛形成地区人才雇用态势，要求各地方公共机构率先提出本地区人才起用目标，采取设立雇用地区人才奖金等切实的优惠措施。为此，应特别制定相关制度，监督地方行政机构遵守地区人才雇用比例，使其达到30％的相关规定，完成公务员地区人才雇用目标。

（四）将学历中心社会转变为能力中心社会，建构国家力量体系

国家职务能力标准的开发和利用是需要多部门、多机构精诚合作的。资格政策审议会下设立"国家职务能力标准管理委员会"，致力于国家职务能力标准的开发、管理和应用方案的研发。因此，该委员会应由教育部副部长、雇用部副部长、相关各局的局长、民间研究机构、教育界及产业界的主要人士共同组成。教育部和雇用部合作开发出适用于所有职务的"国家职务能力标准"，企业界、学界、教育界专家以及其他各行业代表也应积极参与职务能力标准的开发、教育、应用全过程，建构全方位合作的国家职务能力开发管理体系。在此基础上，建立有效的试运行体系，从2014年开始在教育领域试用职务能力标准。然后，教育部与雇用部合作，共同选定试运行对象的职务标准和实验学校。

四、2013 年即将制定或修订的法律、法规

①制定《促进公共教育正常化特别法》，禁止幼儿教育、初中等教育阶段的"超前教育"，禁止在任何考试中出现诱发提前学习的试题内容。

②修订《初中等教育法》，阶段性地实施高中免费教育，制定标准课时制度。

③修订《学校保健法》，为学生进行情绪、行为发展筛查，以加强治疗和照顾；进行学校暴力预防相关教育。

④修订《韩国奖贷学财团成立相关法》《就业后偿还学费贷款特别法》。

⑤修订《幼儿教育法》，实施幼儿园托费涨价上限制。

⑥修订《高等教育法》，制定关于公费留学的相关规定，使普通高中毕业生也可以以在职人员名义进入大学，增加在职人员的公费留学机会；进行大专学位课程和修业年限多样化改革。

⑦修订《初中等教育法》，在中学阶段可参考小学的职业教育活动和特长

记录。

⑧修订《地方大学支援法》，支持和奖励报考本地大学，建立本地区人才雇用目标制。

⑨修订《资格基本法》，制定和调整部分课程的学分型资格证书制度的细节。

⑩修订《终身教育法》，建立综合的终身学习网络体系，重整终身教育设施和类型。

⑪修订《学校保健法》，将学校外半径 200 米以内区域指定为学生安全区域来加强护卫。

⑫修订《私立学校法》，明确私立学校支出中的募捐资金用途。

⑬修订《教育相关机构信息公开特例法实施令》。

>> 第二节 基础教育相关改革政策 <<

一、自由学期制

（一）自由学期制实施的背景

近年来，针对受教育者的兴趣和潜能实施个性化教育成为世界教育的潮流，也成为现代教育的重要任务。但是，韩国长期受到知识中心教育桎梏的影响，背诵和填鸭式教育充斥学校，导致学生高分低能，学习兴趣和幸福指数较低。据韩国延世大学社会发展研究所于 2012 年进行的一项调查显示，韩国中小学生的幸福指数在 23 个 OECD 会员国中排第 23 位。因此，韩国政府认为有必要通过彻底的教育改革使学生发挥自己的潜能，以适应不断变化的环境。韩国政府试图在公共教育内寻找新的突破点，这就是自由学期制的实施背景。

（二）自由学期制的具体措施

将初中一年级的第二学期或二年级的第一学期设为自由学期，开设多种选修课，使学生不受年级、班级限制，自由选择课程；学校也可根据本校师资力量和地区发展需要，开设多种多样的课程。例如，很多学校将通过自由学期制扩大和加强职业素养教育，改善职业素养教育由于时间、人力、物力等资源的限制而被搁置的状况。另外，采用探究式为主、其他方法为辅的复合型教育方法，培养学生探究学习的能力，提高学生对创造的兴趣。

（三）自由学期制政策的制定、颁布和实施经过

①2013 年 1 月至 2 月，自由学期制正式被纳入为国家项目。

②2013 年 3 月 28 日，韩国教育部根据《幸福教育，创造性人才培养——2013年国家课题实施计划》，颁布选定的国家项目及其实施构想，其中包括自由学期

制的相关内容。

③2013 年 4 月 5 日，制订并颁布自由学期制的建构计划和方案。

④2013 年 4 月 12 日，选定 42 所自由学期制试点学校，指定 KEDI(韩国教育开发院)为自由学期制指导中心。

⑤2013 年 4 月 26 日，成立自由学期制政策咨询委员会及推行委员会。

⑥2013 年 4 月，听取和收集各地方教育厅对自由学期制的意见，召开现场专家会。

⑦2013 年 4 月至 5 月，韩国教育部内各部门召开自由学期制政策讨论会。

⑧2013 年 4 月 26 至 5 月 26 日，召开各地方教育厅厅长、副厅长会议，进行细节讨论。

二、学校安全保障计划

(一)实施背景

近年来，韩国的学校暴力现象剧增，成为社会问题。韩国政府分别于 2012 年和 2013 年进行学校暴力状况调查，2013 年参加调查的学生比例由 2012 年的 73.7％增加到 81.7％。其中，回答自己曾遭受暴力的学生比例由 8.5％减少到 2.2％。所有类型暴力均呈现减少的趋势(2012 年进行的两次调查中出现 560 起暴力案件，2013 年进行的调查减少到 210 起)。值得忧虑的是，在强令服从、语言暴力等外显的暴力现象大幅减少的同时，集体孤立、网络欺辱等隐蔽的暴力比例呈现增加的倾向(见图 8-1 和图 8-2)。因此，韩国政府将消除学校暴力、保障学生安全作为 2013 年的重要教育政策。

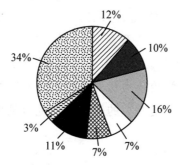

☑集体孤立 ■暴殴\监禁 ▨抢夺钱物 □跟踪骚扰

▧网络欺辱 ■强令服从 ▨性骚扰/性侵犯 ▨语言暴力

图 8-1 2012 年韩国中小学校内暴力现象发生状况

资料来源：韩国教育部官方网站，http：//www.schoolinfo.go.kr/ei/pp/Pneipp _ a01 _ s1，2014-12-13.

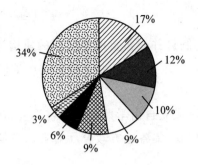

图 8-2 2013 年韩国中小学校内暴力现象发生状况

资料来源：韩国教育部官方网站，http://www.schoolinfo.go.kr/ei/pp/Pneipp_a01_s1，2014-12-13.

（二）实施过程

2013 年 7 月 23 日，政府在总理主持下召开第 5 届学校暴力对策委员会，审议并签署了《现场中心的学校暴力对策方案》。该方案作为朴槿惠总统提出的"根除四大恶"国家核心课题之一，由法务处协助实施。为此，韩国在全国中小学教育课程中导入学校暴力预防教育，并要求各地教育部门持续、系统地实施该教育。

（三）《现场中心的学校暴力对策方案》的内容

《现场中心的学校暴力对策方案》的主要内容如下：①奖励各地中小学自发实施暴力预防教育，资助 3 000 所左右的"培梦学校"进行相关实验，探索校内暴力的解决方案。②根据各地区学校暴力的不同特点，组织"同学关系修复周"等活动。③设立专门的被害学生保护、治愈机构，对转学、退学的加害学生提供针对性教育。④对藏匿、瞒报、谎报等现象进行严肃处理。⑤优先鼓励、积极推动"伙伴保护""学校周边及青少年易受攻击地区巡查"等学校和社区自发举行的各种暴力预防活动。⑥定期颁布学校暴力状况调查，对不同类型的学校暴力提出对策建议。⑦建立有效机制，使遭受暴力的学生放心地得到保护和治疗，对施暴学生进行耐心教育。

三、高中特色化办学政策

2013 年，韩国高中摆脱过去只有特殊目的高中和职业高中、普通高中三大类高中的情况，拟将高中办成多样化、特色化、适应不同人群不同需要的"不拘一格培养人才"的地方。以下是 2013 年拟形成的高中入学政策。

①普通高中。普通高中是全国最普遍的高中类型，2013 年全国共有 1 525 所普通高中。由于韩国目前尚有不少地区的普通高中仍然适用"平准化"政策（不选

拔，按照学区划片入学的高中入学制度），因此，普通高中的入学考试分为"适用平准化政策的学区"和"适用非平准化政策的学区"。"适用平准化政策的学区"主要集中在首尔、釜山、仁川等 28 个人口比较密集的大城市，入学形式主要是学生先提出志愿，后由所在学区统一随机分派的方式。"适用非平准化政策的学区"主要是指人口稀疏、无法适用平准化政策的地区，例如，偏远农村学区内只有一所高中，学生一般无可选择。普通高中为后期招生，学生可根据自己的兴趣先申请其他三种类型高中，如都未能如愿，后期可申请进入普通高中。

②外语高中和国际高中。韩国的特殊目的高中属高中阶段精英教育范畴，外语高中和国际高中属于特殊目的高中，主要培养国际化时代的外语精英和国际事务精英。全国目前有 31 所外语高中和 7 所国际高中。这些高中是在道一级行政区域（相当于中国的省级）进行招生的。如果学生所在地区没有外语高中或国际高中，学生可跨地区申请。外语高中和国际高中属于前期申请类学校，学生一旦报考，就不得同时申报其他前期申请类学校。而且，学生考上这两类高中，就不得进入普通高中等后期申请类学校。

自 2011 年开始，这两类学校取消了"一考定入学"的笔试方式，而是采取各种学校及社会活动经历评价、自我探究学习经历评价、面试、论述型笔试等方式。2011 年后还通过考查学生的平时成绩和表现（韩国称为"内申成绩"）、面试等形式，选拔具有自主学习潜能的学生。

③科学高中。科学高中与外语高中、国际高中一样，属于精英教育学校，主要以培养科学类人才为目的，全国共设有 20 所。科学高中也属于前期申请类学校，学生不得同时报考其他前期申请类学校，一旦考上，也不可进入其他后期申请类学校。

科学高中也从 2011 年开始进行入学评价方式的改革，主要通过考查学生"自主学习能力"和"科学创新能力"来确定录取与否。"自主学习能力"由各科学领域专家组成的审查委员会通过"校长推荐—面试—考查初中平时成绩—面试"的程序进行甄别；"科学创新能力"则通过举办各种科学类活动进行甄别，并通过"校长推荐—参加科学活动—考查平时成绩和科学活动表现"等严格的审查程序，综合评价学生的创新能力。不少科学高中还自行开发了评价工具。

④艺术、体育高中。艺体类高中自 20 个世纪 50 年代开始就以特殊目的高中的形式存在，在全国范围内招生。全国目前共设有 27 所体育类高中和 14 所艺术类高中。该类高中主要通过平时成绩和表现、面试、实际表演等形式进行评价。各学校根据本校特点制定出不同的评价体系和标准，学生需提前查清标准再报名。

⑤达人职业高中。达人职业高中是李明博时代的产物，可谓是职业高中里的佼佼者，目的在于培养受过高端职业教育的熟练技术工人。目前全国共设有 34

所达人职业高中。达人职业高中在全国范围内招生，全员寄宿制，是所有前期申请类学校中最早招生的学校。达人职业高中主要通过平时成绩和面试来确定录取与否。为了体现达人职业高中的特色，学生的学科成绩考查比例降至 50％ 以下，面试成绩比例则提高至 10％ 以上，主要考查学生的人品和特长等。学生如果未能考上，可报考前期申请类的其他高中。

⑥职业特色高中。近年来，韩国大力加强职业中等教育和职业高等教育，甚至在 2013 年的教育部工作报告中提出要将所有地方大学和大专变成职业高等教育机构。从这个意义上说，韩国在全国大力建设职业类特色高中就不足为奇了。韩国目前有 470 所职业特色高中，也属于前期申请类学校，有的只在道内招生，有的则在全国范围内招生。筛选方式主要包括平时成绩和表现考查、面试、体检。

⑦体验类特色高中。体验类特色高中是在大自然中学习、实习为主的高中，主要针对那些无法完全适应一般意义上的高中的学生。该类高中或公立或私立，全国设有 24 所。有的高中在全国招生，有的则在道范围内招生，也属于前期申请类学校。体验类特色高中的招生方式比较多样，有的学校只通过书面材料的审查进行招生，书面材料包括自我介绍、父母介绍、初中成绩和表现（类似中国的成长记录册）、面试、推荐等；有的学校只凭借初中平时成绩、面试进行选拔。

⑧自律型私立高中。这类高中在全国有 49 所，属于另一类特色高中，可不完全遵循国家课程，用灵活多样的课程设置吸引学生报名，也因此在入学考查中禁止进行笔试。这类高中主要通过对学生自我学习能力的考查进行选拔。

⑨自律型公立高中。办学性质类似自律型私立高中，全国设有 116 所学校，分为"高中平准化适用区学校"和"高中平准化非适用区学校"。适用区学校采用先报名后派位的方法，非适用区学校自行选拔但不得笔试。2012 年，部分自律型公立高中也通过考查学生自主学习能力来选拔学生。

>> 第三节 高等教育相关改革政策 <<

一、大专转型政策：大专的高等职业教育职能

韩国的高校主要分为 2～3 年制的大专和 4 年制本科。由于四年制大学连年扩招，大专失去了吸引力，办学深受困扰。近年来，韩国政府提出"扶植大专，将其发展成为高中后职业教育主力"的政策方向，2013 年更是加大了对大专的支持力度。其大专转型计划内容可参见表 8-2。

表 8-2　韩国 2013 年大专转型计划

核心议题	主要特点	目标
100 所特色大专建设计划	扶植一批特色大专。在对大专及相关学科进行评估的基础上，集中扶植一批特色大专，培养创造型经济发展所需要的技术人才	①培养知识产业及创造型经济的核心人才，每年培养 15 万名。②建设 100 所特色大专。③将大专就业率从 61％提高至 80％
弹性学制计划	①根据不同产业特点及发展需要，实施 1～4 年的弹性学制，设置长短期多种课程。②鼓励早期就职，加强在职人员的职业继续教育	适应知识社会需求，建构高端职业人才培养体制
培养企业技术达人的高职研究生院	①建立特殊的职业研究生教育体系，培养高端职业技术人才。②将熟练技术人才、奥运会等国际竞技获奖者培养为职业达人。③为达人职业高中等优秀职业教育机构毕业生提供高端的继续教育机会	①每年培养 100 名职业达人。②在全国 4 大区各建 1 所职业研究生院
终身职业教育大学	①综合管理非学位课程与学位课程。②以国家从业资格标准（NCS）为基础的 100％实习式课程。③扩大终身职业教育机会。④扩大转职学生、在职学生的入学比例	①根据企业需要，每年培养 3 万名职业技术工人。②全国 16 个道各设 1 所终身职业教育大学
迈向世界计划	①为大专学生量身定做有利于海外就业的课程。②为外国留学生设计适合他们的就业课程。③为海外韩国企业工人设计职业课程	①为拥有海外子公司的国内企业培养 600 名技术工人。②扶植 60 所职业学校

资料来源：韩国教育部官方网站，http：//www. moe. go. kr/web/100071/ko/board/list. do? bbsId＝337，2013-12-19.

二、地方大学特色化建设政策

（一）政策实施背景

近年来，地方大学办学危机堪忧。占韩国高等教育机构 63％的地方大学面临严重的生源、财源危机。韩国经济、社会、文化、福利、基础设施等社会资源过度集中于首都圈（2011 年首都圈集中着全国人口的 49.2％，制造业的 50.8％），地方空巢、人才流出等现象比较严重。韩国预测，由于适龄人口的持续减少，2018 年开始将出现高中毕业生数少于大学预计招生数的现象。面对这样的危机，韩国政府提出地方大学改革计划，要将每一所地方大学建设成为特色大学，为当地发展提供基础。

政策主要通过地方大学的特色化转型，为各地方的发展注入新鲜活力。另外，为了地方的长期发展，应创造条件吸引优秀人才定居。总之，要重新定位地方大学的功能，将地方大学建设成为各地终身学习、文化、福利的中心。

（二）具体政策内容

老龄化社会应帮助各地居民实现终其一生的自我发展，提高他们的职业潜能。为地方发展提供智囊作用，提升各地方的综合价值。在各地设立著名大学，本身就可以有效提高地方居民的自豪感和认同感，从而实现国家的和谐均衡发展。地方大学特色化建设政策的内容可参见表 8-3。

表 8-3　地方大学特色化建设政策的主要内容

举措	具体内容
促进地方大学个性化发展，调整地方大学结构	①重点发展符合大学特点和地方特色的特定领域。 ②重点建设引领地方发展的大学和学科。 ③建立促进地方及大学特色化发展的评价制度
加强对地方大学的财政支持	①提高教育水平，培养出"教得好"的地方大学。 ②与地方合作，建立多样化的产学联合模式。 ③加强研究力量，引领创造型经济
改革地方大学人事制度，引进优秀人才	①改革地方大学招生制度。 ②加大对地方大学学生的资助力度。 ③为地方的人才雇用提供优惠政策。 ④加大对地方大学教授、研究人员的行政、财政支持
地方大学职能转换	①将地方大学的核心职能设定在为地方创建雇用机会上。 ②促进地方的终身教育发展。 ③起到地方的文化、福利据点作用
加强基础建设，扶植地方大学	①制定地方大学培养特别法令。 ②建构大学—企业—地方政府—中央政府之间的合作体系。 ③加强地方政府各部门之间的合作，促进地方大学发展

资料来源：韩国教育部官方网站．"地方大学培育方案"政策公示资料［EB/OL］．http：//www. moe. go. kr/web/100072/ko/board/，2013-10-19.

三、大学入学考试报名程序简化政策及大学入学制度发展方案

（一）改革背景

韩国的大学招生主要依据三大类评估来进行。首先是反映中学平时学习、活动情况的《学校生活记录簿》。记录簿也分为三大内容：一是学业成绩，要求详细记录平时成绩、期中与期末成绩等；二是社会活动内容，记录包括参与学校活

动、班干部、志愿者服务活动等情况；三是反映学生特点的材料，以及阅读情况和其他反映学生特点的记录等。其次是"大学修学能力考试"。该考试类似于中国的高考，由韩国教育课程评价院统一出题，考查学生基础教育阶段的基本学习能力，作为大学入学考试的主要依据。最后是大学自行组织的笔试、论述、面试等各类考查。由于这些考查形式繁杂，内容深难，学生饱受煎熬，每年一度的修学能力考试更成为举国关心的事件。为此，简化大学入学考试制度，成为韩国2013年教育改革的重要内容，更因牵涉千家万户学生的未来而受到社会的广泛关注。

(二)改革目标

1. 总目标

①探索一种简单明了且可预测的大学入学考试程序，减轻学生及家长的负担。

②政府提出大学入学考试方式的改革方向并确立制度框架，最大限度地尊重大学的自律原则，减少行政干预，尽量通过财政支持等形式，积极引导大学发展出有利于学校教育正常化的入学考试制度。

③建立高中、家长、大学、政府等共同参与的合作制度。

2. 具体目标

(1)简化大学入学考试方式，减轻备考负担

①尊重学生的选择权，同时通过大学入学考试方式的设计原则和体系等政策，引导大学简化入学考试程序。

②根据不同招生时期(定时、随时)的需要，制定不同的大学入学考试实施形式。

③要求大学在以核心能力评估为中心的、标准化的大学入学考试体系内制定相应的考试方式。

④由教育部提出考试科目、评价标准等，引导大学简化大学入学考试程序，并积极向全社会进行信息宣传和公开，使家长与学生及时了解。

(2)提高大学入学考试方式的稳定性和可预测性

①要求大学提前公布入学考试程序和方法。

②要求大学事先公布具体的招生计划。

③大学入学考试实施计划一旦颁布，除特例外不准变更。

(3)扩大以建设和谐社会为目的的招生比例

①扩大弱势学生的入学比例，确保大学选拔到真正符合该宗旨的学生。

②改革财政支援制度，实现各大学学生来源的多样化，确保各地区、各阶层、各种类型的高中学生均衡地进入大学，这有利于社会和谐发展。

(三)改革措施

①完善《学校生活记录簿》的反映内容。改革大学入学考试的评价方式，使

《学校生活记录簿》充分反映出学生的梦想和特点。为使《学校生活记录簿》在大学入学考试中成为重要的评价依据，应提高高中阶段各科目成绩的可信度，充实和完善各科目记载的内容。

②探索合理、有效的大学修学能力考试模式。2015 年停止实施各类英语水平考试，国语和数学考试考虑到教育课程设置和学生的利益实施至 2016 年，并于 2017 年全面停试。2017 学年度开始的修学能力考试将根据中小学的办学方针、教育课程发展方向、各教育领域之间的平衡等因素提出新的考试方案。总的来说，韩国将全面降低修学能力考试的适用范围，并整体降低修学能力考试难度。

③实施大学单独入学考试，尽量反映学生特点和高中特色。尊重大学自主考试，同时引导大学尽量采用《学校生活记录簿》作为评价标准；控制过度依赖小论文评价的方式，引导大学尽量在教育课程内容范围内进行论述能力评价；缩短不定期招生的报名期限，以免家长和学生混淆；缩短定期招生的招生日程，确保大学顺利进行新学期准备，按时开学；推迟全国统一的修学能力考试日程，以保障高中第二学期的教学活动顺利实施。

④计划设立大学入学管理服务机构。设立大学入学报名的服务机构——"大学入学服务中心"，暂时设在大学教育协议会内，适当时期可独立运作。在大学入学服务中心内部设立由高中、大学、学生家长、政府等多个利益相关部门和人员参与的咨询机构——"大学入学合作委员会"，站在中立的立场，支持大学入学考试方式的进一步完善，实现稳定且可预测的大学入学考试模式。

⑤建构大学入学考试综合服务体系，简化各种繁杂手续。提高学生及家长的大学志愿提交效率，减轻其负担；建立相关制度，提供综合性服务，简化大学入学的各种手续。

⑥支持那些为公共教育的正常发展做出贡献的大学，而不是管制。

2013 年是新政府施政的第一年，其制订的计划自然体现出政府的雄心和来自国民的期待。这些改革计划和工作计划能否一一实施，实施的效果能否得到国民的认可，还需要进一步追踪。

第九章　印度教育政策与发展趋势

2012 年是印度第十二个"五年计划"（2012—2017 年）的开局之年。在 2012—2013 年，印度政府在教育领域出台了一系列的法律、法规和政策，试图对未来五年的教育发展进行布局。《国际教育政策与发展趋势年度报告 2013》在 2011—2012 年度的研究报告中分析了印度政府在该年度出台的政策，包括《早期儿童关怀和教育质量标准（草案）》《儿童早期教育课程框架（草案）》《儿童早期教育和小学低年级教育综合文凭计划：课程框架建议》。在 2012 年 6 月之后，印度政府继续颁布多个教育政策文本，进一步提出了印度教育发展的规划和改革诉求。本章进一步分析和梳理 2012 年 6 月至 2013 年 6 月期间，印度在教育领域颁布的法律、法规、政策和相关报告，以期勾勒出该国教育发展的政策走向。

>> 第一节　《社区学院计划：概念与框架》<<

一、《社区学院计划：概念与框架》的出台背景

印度在高等教育领域积极推动职业教育，试图通过教育形式的变革和灵活的学习方式提升年轻人的就业技能。为回应经济发展对年轻人的知识技能的要求，在《国家职业教育质量框架》（*National Vocational Education Qualifications Framework*，NVEQF）下，印度启动了"社区学院"（Community College）建设项目。"社区学院"体现了终身教育的理念，借鉴了很多国家在社区学院方面成功的经验，被认为是印度职业教育的范式转变。

2012 年 2 月 22 日，印度人力资源发展部高等教育司在邦教育部部长会议上提出了关于"社区学院"的概念，并获得了与会人员的一致认同，希望能从 2013 年开始在印度成立社区学院。3 月 30 日，印度人力资源发展部组建了以阿查那·彻特尼斯（Archana Chitnis）为主席的"社区学院建设委员会"。该委员会将拟订相关计划，邀请专家和学者参与，为人力资源发展部提供决策建议。

2012 年 6 月 22 日，"社区学院建设委员会"向邦教育部部长会议提交了题为《社区学院计划：概念与框架》（*Concept and Framework of the Community College Scheme*）的报告。以该报告为蓝本，印度政府决定在 2013—2014 学年建立 200 所社区学院进行试验。

二、《社区学院计划：概念与框架》的主要内容

(一)导论部分

《社区学院计划：概念与框架》首先提出了对教育的认识，认为无论过去还是未来，教育都是一种独特的投资。对于印度来说，人是国家资源的重要部分，需要得到培养、教育和不断发展，教育活动需要持续一生。其次，《社区学院计划：概念与框架》认为，每个国家都要建立自己的教育体系，以满足个人发展并带来国家潜在的发展。印度有 50％以上的人为 30 岁以下，被认为是世界上最年轻的国家。人口统计显示，处于工作年龄(15～59 岁)的人口比例将从 2001 年的 58％提高到 2021 年的 64％。据估计，到 2025 年，印度将拥有全球 25％的劳动力。为了迎合未来发展的需要，印度应建立一个高质量、费用可承受、弹性化和相互关联的教育体系。最后，《社区学院计划：概念与框架》分析了印度人口增长面临的教育压力。印度目前人口超过 12 亿，劳动力人口超过 5 亿，而且每年以超过 2％的速度增长。如何为这么庞大的劳动力群体提供工作机会，是印度必须持续面临的问题。目前，印度失业人口大约为 4 600 万，在未来的 8～10 年内将达到 5 000 万～6 000 万。显然，教育系统的完善有利于解决这一问题。

(二)印度的高等教育体系

《社区学院计划：概念与框架》指出，尽管目前印度能够利用公共资金来支持普通高等教育体系的发展，但职业教育的费用越来越高，对普通公民来说难以承受。当经济发展越来越需要有技能的劳动力时，供需之间的矛盾就会日益突出。从技术学院中走出来的毕业生中，只有 25％能够就业，这使得问题更加严峻。印度目前的高等教育机构忽视了劳动力市场的需求，它强调的是印度的文化传承。高校课程体系需要根据社会和经济的发展做出调整，这就需要在高校和产业之间建立良好的互动。

印度的高等教育体系在课程设置、教与学的安排、学习的场所和课程的选择等方面非常严格。如果学生由于种种原因只学习了三年的学位课程就离开，那么他将两手空空。基于技能的短期课程的学习对那些来自农村的学生谋职更加有用，因此，需要增加那些适应市场和经济发展的课程与教育形式。当前，自谋职业或在非正式机构中就业占据印度就业市场的很大比重，因此，为各种人群提供更加适应就业的课程显得尤为迫切。这就呼唤在高等教育阶段建立更加弹性和开放的课程体系，这也有利于毕业生在就业之后再回到高等教育体系，进一步提升自我和学习新的技能。

(三)解决方案

《社区学院计划：概念与框架》指出，一个国家经济的崛起与其教育体系有着

不可分割的联系，因为教育为其培养了有技能、懂知识、具有创造力的劳动力。印度政府将人的技能发展与弹性化学习形式予以整合，出台《国家职业教育质量框架》，以此拓宽技能取向的高等教育课程。目前，全球范围内的高等教育都致力于提供社会流动和终身学习的机会，因此，印度的想法是在借鉴国际社区学院经验的基础上建立200所社会学院进行实验。2012年2月22日，邦教育部部长会议签署了这一计划。为此，会议决定建立一个委员会来提供相关的概念和文本，这样200所学院就可以在2013年运行了。2012年3月30日，印度政府批准成立该委员会，委员会主席是阿查那·彻特尼斯，另外还有8位成员和1位会议召集人。该委员会除了召开会议讨论相关事务之外，还到美国参观了3个州（马里兰州、弗吉尼亚州、伊利诺伊州）的一些社区学院，并参加了美国社区学院联合会会议，以获得一手经验。

(四)社区学院的特征

社区学院关注技能发展（Skill Development）。《社区学院计划：概念与框架》指出，技能发展是世界范围内（如美国、德国、加拿大、英国、中国）教育体系的内在要求，尽管有的国家在中小学水平上强调技能发展，而另一些国家在大学水平上强调技能发展。在推进技能发展的教育方面，世人最熟悉的当推差不多一个世纪前美国建立的社区学院。这些学院提供的教育层次要高于中学水平，但低于大学的学位教育水平。它强调技能的培训，关注当地经济和社区的需求，帮助受教育者获得职业并促进社会流动。在未来技能发展方面，社区学院提供的教育也是弹性的，不设年龄限制，能够满足终身学习的需求；它们致力于成人教育，帮助学术能力欠缺的学生获得适合自身的发展；在入学方面，社区学院允许大学的学生同时学习社区学院的课程，缩短了课程的时间并减少了学费。

社区学院是一种系统创新，致力于以较低的收费满足学生的需求。在美国，社区学院的收费标准大约是普通本科院校的1/3。社区学院1/3的费用来自学费。联邦、邦和地方政府可以共同分担社区学院的预算需求。公司的捐赠、基金以及培训机构获得的经费也可以用来满足社区学院的经费需求。

社区学院可以由与其相关的部门来管理，管理方式可以是正式的，也可以是非正式的。一些学术和管理部门代表了社区。社区学院有多个校区，在30分钟之内可以驱车到达某一地点进行学习。社区学院优先对待当地的学生，尤其是那些边缘化的群体，如少数民族、文盲、偏远地区和低收入家庭等。学院与工业之间的密切联系和互动将给课程带来及时的更新，基于技能发展的课程在本质上将是"动手做"式的课程。

(五)建议

考虑到印度的国情不同于美国，委员会认为在印度的社区学院的建设过程中不能照搬美国的模式，甚至学院的名称也可以不叫"社区学院"，而是用另一个更恰当的、本土的名称予以指代。在这方面，委员会提出的主要建议如下。

①这些学院提供的课程应该包含综合性的知识和技能要素。社区学院的课程可以转化为目前三年制的学位课程。这些课程应该被模块化，总的学分要达到获得学位的要求。由于学位对某一学科的学术性知识的认可，大学也要对每一个学科的学分数量进行精确描述。技能部分的课程设置可以参考"国家职业标准"（National Occupational Standards）。学位的授予只取决于学生对学分的获得，而不是学习课程的时间。在这一体系中，学生将有能力以自己的节奏来学习——平均来说，普通学生将在三年内获得学位，而成绩优异者所用的时间更短。

②这些学院将对学分的认定采取特别的措施。学生在 12 年级之后进入社区学院，他们可以选择学习其他学位课程，只要能提供相关的证明。社区学院的所有课程将与《国家职业教育质量框架》的标准契合，这样，在普通教育和职业教育之间的流动就可以实现了。

③社区学院也为学生在不同阶段提供无障碍短期证书课程，这样就可以允许那些非常规的学生入学了。学院的课程主要是基于技能的，主要关注劳动力市场和终身学习的需求。学习结果在本质上要与《国家职业教育质量框架》的要求一致。

④这些学院应该提供有关保护和更新传统技术和课程，认可传统行业的价值。这些传统技能应该以恰当的方式被认可和证明。

⑤除了要为劳动力市场做准备外，社区学院应该同样关注社区企业的发展。

⑥社区学院的所有课程必须模块化，并基于学分设计。应允许学生在没有完成所有学分时退出，并在他方便的时候再回来学习。

⑦为了模块化学习而设计的课程将由这些社区学院的董事会来开发，并与当地的技术技能标准相一致。学院董事会代表学院与各种经济机构（包括商业机构、服务机构、农业部门等）建立联系。

⑧由于社区学院要服务于社区，来自当地的学习者应获得一定的优惠和政策倾斜。如果注册的学生数量超过学院能够容纳的数量，那么将采取"先到者先接受服务"的原则来决定录取名额。学院的课程和教学材料等将根据当地的情境用地方语言来编写。

⑨在技术迅速过时的时代，技术知识的恰当性非常重要，因此，需要对课程进行周期性的监督、评估和更新。

⑩有关技术的课程在授课时要做到"面对面"。这样，社区学院需要一些实践基地，从而开展"动手做"的实践活动。

⑪为了成功地完成课程实施并保证学生获得相关技能，社区学院需要合格的、足够数量的师资。因此，学院只是保持一定数量的正式职员，剩余的职员将通过兼职的方式从企业或劳动力市场上获得。

⑫教师的知识和技能标准也要像课程一样不断更新，社区学院需要与大学合

作，为教师提供培训机会。

⑬社区学院应在课程设计、课程实施、评价、结果宣示等方面拥有完全的自主权。一旦社区学院获得完全的功能，它们就应该能够代表自己开展工作。当然，这需要获得州政府和其他部门的支持。

⑭中央政府应该建立国家监督委员会，对社区学院方案的实施进行监督。

⑮建立这些社区学院的资金应该由各州政府来分担。但是，鉴于社区学院与企业的联系，也应鼓励企业为社区学院的建立提供资金支持。

⑯社区学院的建设模式将致力于满足学习者对高等教育的需求，提供有技能的劳动力和管理者，并满足学习者终身学习的需求。

⑰中央政府与州政府一起合作，共同组织地方工作坊、全国和国际研讨会来促进学院的管理者和地方权力部门、企业、专家学者之间的联系。在国家和州层面需要强有力的监督机制对社区学院方案的运作予以指导。

⑱为实施上述建议，需要通过立法来进行。印度政府应该开发一种法律模式，以促进各州在其自身的基础上接纳社区学院。

三、对《社区学院计划：概念与框架》的简要评析

印度发展社区学院的计划是与该国经济和社会发展的实际情况分不开的，体现出印度教育改革越来越现实，越来越关注社会矛盾并致力于解决这些矛盾。印度近年来经济发展迅速，作为"金砖国家"之一，其在世界经济舞台上受到关注，在经济领域取得的成就也足以让其自豪。但印度庞大的人口规模、较低的教育水平和贫富差距使其面临一些巨大的社会矛盾。而要解决这些社会矛盾，必须在提高教育水平、改善普通人的就业状况方面做文章，因此，《社区学院计划：概念与框架》的出台也就顺理成章了。显然，社区学院与以大学为代表的正规高等教育是有着根本差别的：大学教育追求精英化和学术性，而社区学院职能着眼于技能培训和职业准备。印度大部分青年人并不能进入精英型的大学深造，而社区学院就是一个现实的选择了。因此，可以预见，社区学院在印度的发展有着广阔的前景，必将为改变印度目前的教育状况发挥重要作用。

>> 第二节　《国家职业教育质量框架》<<

一、《国家职业教育质量框架》的出台背景

随着经济的不断发展，印度劳动力市场的需求发生了一些变化，劳动力的供需矛盾日益突出。为了解决这一矛盾，近年来，印度强化了职业教育的发展，职

业教育的方式也在发生变化，例如，2012 年上半年倡议建设社区学院等。职业教育的发展需要一个国家层面的质量标准，用以规范和引导职业教育和培训机构的发展。2012 年 9 月 3 日，印度人力资源发展部发布了《国家职业教育质量框架》（*National Vocational Education Qualifications Framework*，NVEQF），根据知识和技能的水平描述了职业教育的质量，规定了特定领域的学习应达到的职业标准。

在该框架中，技能水平是根据学习结果来界定的，也就是通过正式教育或非正式教育，学习者应该拥有的能力。这是一个国家层面的综合性的教育和能力框架，将为职业教育和普通教育建立联系。《国家职业教育质量框架》的关键要素是：提供符合国家标准的职业教育的国家原则；在职业教育和市场之间提供多元入学和毕业途径；在职业教育内部提供连续性的教育和培训；在职业教育和普通教育之间进行转换；与企业和雇主合作等。

二、《国家职业教育质量框架》的主要内容

（一）《国家职业教育质量框架》包含的要素

①国家职业标准。每一种工种都需要国家职业标准，以明确相关的技能要素。

②多元途径。《国家职业教育质量框架》是由一系列技能/能力水平构成的，这些水平根据学习结果来界定，也就是学习者通过正式教育或非正式教育而获得的各种教育和培训的结果。

③对先前学习的认可。这主要是针对工作一段时间后又接受职业教育的人而言的。拥有相关经验的机构将获得授权，对学习者原有的学习水平予以评估和认可。

④企业参与。鼓励企业和雇主积极参与制定职业教育的标准，设计职业教育课程，实施并评价课程。此外，企业还将在职业技能知识方面为职业教育机构提供支持。

⑤基于能力的课程资源包将包括课程大纲、学生手册、培训者指南、培训手册、教师质量和多媒体资源包及电子邮件。职业教育的课程应该是模块化的，允许学习者根据自己的速度学习。

⑥学分积累和转换。基于能力的课程模块将使学生的入学和退出更加灵活，将鼓励基于成就的学习活动。这种多元化的入学和退出体制将允许学生找到工作后再接受教育。

⑦能力建设。积极为教师和培训者提供能力标准和能力建设的方案设计。目前，印度师资力量相对不足，因此允许多种教育机构为教师提供在职培训。

⑧鼓励分享不同教育组织已经拥有的资源，包括资金和经验。鼓励企业参与教育机构的活动，这样接受职业教育的学生就可以对企业进行参观并有机会进行实践活动。

⑨职业教育机构也要传授理论知识，尽管更多地要传授技能。与职业教育相关的机构如学校董事会等要对技能类知识的提供单位进行鉴定和注册，以保证技能的传授。

⑩能力为本的教育和技能训练需要一种质量保证体系，为保证高质量的教育和技能培训，国家应该开展有效的评估活动。

（二）《国家职业教育质量框架》的实施

为有效实施该质量标准，印度人力资源发展部将成立一个协调委员会。该委员会将出台一些有关职业教育的指导纲要，以更新职业教育方案，并鼓励企业参与职业教育活动。在邦水平上，各邦也应成立类似的协调委员会，以促进各地职业教育的发展。

地区技能委员会（Sector Skill Councils）具体负责实施职业教育质量标准，包括开发课程、培养职业教育师资、进行教学评估和技能认证等。该委员会将开发"地区质量框架"，目的是研究已经存在哪些技能、当前劳动力市场的需求以及未来的技能需求等。

在国家职业教育质量标准之下开发出来的各种教育方案将以不同形式从国家、邦以及私人机构获得资助。同时，向社会和企业界广泛宣传职业教育的理念和取向，提高社会对职业教育的认识。

三、对《国家职业教育质量框架》的简要评价

《国家职业教育质量框架》是在印度重视职业教育、努力弥合劳动力供需之间的差距这一大背景下出台的，显示了印度为所有职业教育提供一个全国统一的质量标准的努力。应该说，这种努力对于提升印度青年人对职业教育的认同、激发企业界参与职业教育活动具有积极的意义。然而，印度各地的普通教育和职业教育的水平差异很大，长期以来也缺少一个统一的质量标准体系，再加上印度无论是国家层面还是邦层面对职业教育的投入都很有限，因此，该质量标准框架的落实也必然会遭遇一系列的障碍，能否真正发挥应有的引领作用，还需要其他相关配套措施的支持。

>> 第三节 《技术支撑下的学习标准： 远程传播技术观察报告》<<

一、《技术支撑下的学习标准：远程传播技术观察报告》的 出台背景

印度是一个技术大国，对技术的发展非常重视。在印度，有一个专门研究技术发展的组织，称为"国际交流传播联合会"（International Telecommunication U-nion，简称 ITU）。该组织开展了一个名为"远程传播技术观察"（Telecommunica-tion Technology Watch）的项目，致力于跟踪技术的最新发展，发布相关的研究报告，以促进技术行为的标准化。2012 年 9 月，国际交流传播联合会颁布了一个报告，即《技术支撑下的学习标准：远程传播技术观察报告》（*Standards for Technology-enabled Learning：Telecommunication Technology Watch Report*，简称《观察报告》）。这是一个研究报告，它的作者是马丁·阿道夫（Martin Adolph），国际交流传播联合会远距离传播标准局（ITU Telecommunication Standardization Bureau）的一位研究人员。《观察报告》认为，教育必须利用信息与通信技术（ICT），技术可以作为一种工具来帮助人们进行学习，而且技术的应用可以使教育更加有效。《观察报告》分为六部分：①导论：技术促进教育的普及、平等和质量提升。②基于技术的学习：移动技术、平板电脑和便携式电脑。③人人可以自由学习。④教师的教学和课堂管理。⑤教育信息技术的发展趋势。⑥结论。

二、《技术支撑下的学习标准：远程传播技术观察报告》 各部分的主要内容

（一）导论：技术促进教育的普及、平等和质量提升

《观察报告》认为，教育是人人应该享受的人权的基础。个人和社会发展的关键在于教育，有了好的教育，才有好的未来。教育可以提升生活的品质，终结贫穷和疾病的怪圈，为可持续发展奠定基础。教育和学习不局限于正式的课程、学校和大学，在学习化社会和知识经济时代，社会的发展依赖于综合的教育，包括非正式教育和个人的终身学习。在技术的支撑下，信息与通信技术是知识传授和终身学习的重要手段。通过技术，印度政府不但计划将各地的所有高等教育机构联系起来，而且计划将所有村镇联系起来。《观察报告》凸显了信息与通信技术在教育中的应用的典型个案，关注信息与通信技术如何作为知识交换的媒介而支持

传统的科目并促进教育管理。《观察报告》还对技术标准和技术支持教育的标准化活动方式进行了评论。

(二)基于技术的学习：移动技术、平板电脑和便携式电脑

在本部分，《观察报告》描述了教育信息传播技术的设备。当然，对设备种类的划分比较模糊，例如，收音机和 DVD(数字多功能光盘)播放器也具有教育价值，正如 MP3 播放器、数码相机和录像设备一样。《观察报告》指出，移动技术已经在商业、银行、医疗、农业和教育中得到了广泛的应用。移动学习(mobile learning)能够克服学习地点的局限，可以在任何地点进行，具有灵活性。而平板电脑和便携式电脑可以代替传统的笨重的纸质书本，而且可以给学生的学习带来及时的反馈，具有突出的优点。《观察报告》进一步指出，联合国教科文组织倡导全民教育和终身学习，信息传播技术有助于提高教育的普及水平，提升教育质量，为人们带来高质量的学习和教学，并带来教师专业发展和更加有效的教育管理。该组织重视对移动技术的应用，倡导以此为教与学活动提供支持。

(三)人人可以自由学习

《观察报告》指出，信息传播技术的设备只不过是信息技术教育的一个方面，对相关的教育内容、管理手段和实施策略进行讨论和研究同样具有意义。在这方面，开放教育资源(Open Educational Resources)对于拓展学习资源就具有重要意义。在过去，学习资源只是提供给正式注册的学生使用，现在，在技术的帮助下，数字化学习资源可以在更大范围内得到推广，越来越多的教学大纲和课程通过网络和开放教育资源的传播变得更容易获得。例如，麻省理工学院推出了一种"开放课程软件"(Open Course Ware)，可以为本科生和研究生提供网上课程，包括"计算机科学和项目导论""古典机械""线性代数"，很多门课程已经翻译成西班牙语、葡萄牙语和中文。

(四)教师的教学和课堂管理

《观察报告》指出，在技术的支持下，很多资源和工具都可以用来对教育内容、课程结构、教室管理和学习过程的评价进行分析，包括 FrontlineSMS、Moodle、Interactive Whiteboards等。FrontlineSMS(Frontline Short Message Service，译为"前线短信服务")是一种短信服务系统，它允许集团成员通过文本信息进行交流，可以实现一台手机或电脑向多台手机发送信息并进行信息收集，在地域广袤、交通信息设施落后的地区具有很好的应用前景。Moodle(音译为"魔灯")是一个课程管理系统，它遵循一定的教育原则来设计资源软件包，可以帮助教育工作者创建高效的在线学习社团。Interactive Whiteboards 即交互式白板，人们可以在白板上书写，白板也可以将书写的内容输出和呈现。

(五)教育信息技术的发展趋势

《观察报告》认为，标准化可以实现信息传播技术资源和工具的交互性、延展

性和重复利用性，这些都是信息传播技术在教育中得以运用的关键特性。学习技术的标准并不包括教学设计、教学规范、文化风俗、学习目标或特定的学习内容，而是关注评估、学习质量、能力界定、媒体平台等。

（六）结论

《观察报告》最后进行了总结。指出，学习领域中的信息传播技术包括了硬件、软件、服务和媒体研发，很难确切地界定其边界。我们不断看到一些基于移动技术和网络技术的革新性产品和服务的出现。多媒体、便于使用的界面、丰富的社会网络等是这些产品的核心特征。为了让学习者、教育者和社会认识到信息传播技术在教育中的价值，人们需要合作并参与技术革新的过程，去鉴别出现的学习技术，提出学习标准和技术指南。学习资源的使用者和提供者需要对远程学习标准进行不断升级和更新，只有借助精良的标准、政策和措施，一个国家的教育体系才能成功地运用信息传播技术。在教育技术的实施过程中，国家行政人员和教育行政人员在技术标准化过程中扮演着关键的角色，技术标准将推动出台一种综合性的国家或地区的信息传播技术教育政策；但是，为了持续发挥其积极影响，人们需要为技术标准配备能够实施、使用和管理教育信息传播技术的人力资源。

三、对《技术支撑下的学习标准：远程传播技术观察报告》的简要评价

《观察报告》是印度学术研究机构发布的一份研究报告，它关注信息传播技术的发展，以及如何将远程教育技术运用于人们的学习。可以说，这个报告看到了印度在技术领域的优势，并试图将技术与学习结合起来，在面向未来的教育改革中提供更多的可选择的机会。但正如该报告分析的那样，这只是一个有关应用技术促进学习的设想，它提供的是一些信息技术教育的理念和设想，分析了一些可以用于教育、教学和学习的信息技术设备。至于如何真正运用它们以促进人们的学习，该报告并没有提出可操作的建议，因此，报告中分析的技术虽然先进，具有很大吸引力，但它与技术的实际应用之间还是存在一定的差距，如果要真正实现在技术支撑下的学习，需要付出更多的努力，对各种信息传播技术的教育应用价值进行检验和试验。

>> 第四节　《促进高等教育机构公平发展的规定》<<

一、《促进高等教育机构公平发展的规定》的出台背景

2012 年 12 月 17 日，印度大学拨款委员会颁布了《促进高等教育机构公平发展的规定》(*Promotion of Equity in Higher Educational Institutions Regulations*，简称《公平发展规定》)，要求将该《公平发展规定》在印度所有高等教育机构中落实。由于印度种姓复杂、宗教信仰不统一，高等教育领域的不公平问题比较突出。《公平发展规定》是印度政府为规范高等教育机构、提高高等教育公平性而颁布的，对于指导印度高等教育的发展具有重要意义。

《公平发展规定》界定了一些主要的概念，特别分析了高等教育中的"歧视"(discrimination)，指出，任何带来不公平的行为(如区别对待、排挤、限制等)都属于歧视行为，包括：根据种姓、宗教、语言、种族、性别等决定学生接受何种水平的教育；为特定学生或学生群体增加一些不符合人类尊严的条件；根据学生或学生群体的种姓、宗教、语言、种族、性别等建立或维护隔离性的教育制度。

二、《促进高等教育机构公平发展的规定》的主要内容

(一)印度高等教育需要采取措施反对歧视

《公平发展规定》指出，每一所高等教育机构都应该采取恰当的措施去维护学生的利益，使其不至于因为种姓、宗教、语言、种族、性别等因素而受到歧视；在所有高等教育机构中消除歧视；让来自各种社会背景的学生感受到公平和公正。

(二)高等教育领域要避免偏见

任何高等教育机构不得根据学生的家庭背景和来源对其进行分类。为此，需采取一些措施：高等教育机构不能对学生的出身进行划分；不能违背高等教育入学的基本规定；接受处境不利的学生提出的入学申请；根据学生的表现授予学位和证书；等等。

(三)高等教育机构应该禁止骚扰或危害任何学生

禁止在班级公开学生的种姓、宗教或家庭背景；禁止在班级以任何理由给学生贴标签；禁止将学生的低学业成就与其种姓、宗教和家庭背景建立联系；在实验室里，不能置学生的懒散于不顾；不能为个别学生或某些学生在阅览室占座位；不能根据学生所看的书籍、杂志等而对其进行区别对待；在使用运动器材时不能因为学生的种姓、宗教和家庭背景而予以区别对待。

（四）对学生的评价不能因为其种姓、宗教、语言、性别等因素而区别对待

不能给予学生的作业和试卷不恰当的评价，或者给予特定学生不公正的分数；不能针对任何学生而推迟对其学业成绩的反馈。

（五）高等教育机构应确保学生不因种姓、宗教、语言、性别等因素而受歧视

在宿舍、阅览室、操场、餐厅等场所，禁止将处境不利学生跟其他学生分开；禁止对处境不利学生开玩笑；不能强迫学生消费；不能强迫学生参加某种文化活动或某项体育运动。

（六）高等教育机构应在对待所有学生方面提升公平性，禁止对特定群体的学生持有偏见

高等教育机构应该建立"机会均等单元"（Equal Opportunity Cell），并任命一名反歧视官员，而该官员不能来自大学或学院的教授群体。

（七）高等教育机构应积极提出执行程序和机制，在 6 个月内落实《公平发展规定》

高等教育机构要对隔离、歧视等进行明确界定，对学生提出的申诉有义务在 6 天内给予答复。

（八）高等教育机构应分步骤对公众进行宣传教育，说明公平的重要性

高等教育机构应该将如何禁止偏见和歧视的措施在机构网站上公布出来，提高公众关于公平的意识，避免高等教育机构中不公平现象的发生。

（九）从事歧视活动的人要通过程序接受惩罚

在接到书面投诉后，反歧视官员就要启动一系列行动，如果必要的话就进行初步调查。收到反歧视官员的建议后，高等教育机构需要根据事实做出公正的回应。惩罚力度应该与做出歧视的危害程度相对等。

（十）关于对歧视行为的投诉

《公平发展规定》界定的对歧视行为的投诉，是由学生或学生家长以书面的方式提出，并标明该歧视行为是否发生在高等教育机构中。在申诉书中，对歧视行为要进行详细描述。申诉书应提交给反歧视官员。高等教育机构应该提供一份申诉书的格式并予以公开，上传到机构网站上。

（十一）关于上诉

任何人对反歧视官员的建议感到有疑问或受到其伤害，都可以在高等教育机构签署惩罚命令的 90 天内提出上诉。

三、对《促进高等教育机构公平发展的规定》的简要评价

《公平发展规定》是印度大学拨款委员会规范高等教育办学秩序的一个重要文件。种姓制度在印度历史上很早就有，它是阶级分化和阶级压迫的产物。按照这

种制度，每个人一生下来就属于特定的种姓，有着特定的等级，并从事相对应的职业，而且是世袭的。各种姓之间界限森严，不能通婚，不能交往，甚至不能同席而坐。直到今天，种姓制度仍然在印度社会中顽固地存在着。印度高等教育中，高等级种姓对低等级种姓的歧视现象由来已久，不公平问题已经严重影响到印度高等教育的发展。近年来，印度政府秉持社会正义和教育公平的思想，强调补偿性和积极的反歧视原则，大学拨款委员会颁布的《公平发展规定》就是其中的一个表现。《公平发展规定》在不少方面不仅做出了原则性的规定，而且提出了可操作性的实施策略，这为印度高等教育机构切实做到反对歧视和偏见、提升公平和公正提供了重要的依据，也标志着印度高等教育在促进教育公平方面迈出了坚实的一步，对于印度在基础教育阶段提升教育公平也具有示范作用，其实施效果值得人们期待。

>> 第五节　《大学和学院教师及其他学术人员准入最低标准》<<

一、《大学和学院教师及其他学术人员准入最低标准》的出台背景

2013 年 6 月 13 日，印度大学拨款委员会颁布了《大学和学院教师及其他学术人员准入最低标准》(*On Minimum Qualifications for Appointment of Teachers and Other Academic Staff in Universities and Colleges*，简称《教师准入最低标准》)。该标准制定的出发点是为选拔和确认准备进入高校的候选人所具有的知识、能力和品质提供一个基本的参照框架，为此，大学拨款委员会研制了学术成就指标(Academic Performance Indicators)体系，运用该指标体系考核和选拔候选人。该指标体系分为五部分，各部分及其比例是：①科研论文和报告等，占 30％。②科研专著等书籍，占 25％。③科研项目，占 20％。④科研指导，占 10％。⑤课程及学术会议，占 15％。

为了让该指标体系更加可信，大学应该根据新情况进行修订，但不能改变指标体系的结构。为了更好地对候选人进行选拔，大学可以提出最低的分数要求，也可以增加一些新的考查内容。

《教师准入最低标准》特别提到了如何选拔大学的副校长。副校长应该拥有最高水平的能力和道德素养。被任命的副校长应该是一位卓越的学术人才，在大学中被聘为教授 10 年以上，具有在研究机构或学术组织中担任相当职务的经验。大学应该成立审查委员会，由 3～5 名成员构成，成员的选择也要经过严格的程序产生。副校长在审查委员会的推荐下最终由校长来任命。

二、学术成就指标体系的主要内容

(一)与教学、学习和评价有关的活动

基于教师的自我评价，学术成就指标的分数描述包括如下方面：与教学有关的活动；基本知识；考试的分数；对教学改革和课程的贡献。要获得教师职位，这个领域的分数不能低于 75 分（总分 125 分）。自我评价的分数必须有相关的客观证据予以证明。该领域各部分的具体说明如表 9-1 所示。

表 9-1 与教学、学习和评价有关的活动考核

序号	活动的描述	最低分数/分
1	讲座、研讨会、辅导学生、教学实践等	50
2	根据大学拨款委员会的标准，做讲座等教学活动	10
3	根据课程计划进行备课或传授知识，为学生提供额外的学习资源等	20
4	在教与学方式上进行改革，更新教学内容，提高课程的品质	20
5	考核责任（监考、出题、阅卷等）	25
	总分	125
	最低分数要求	75

(二)与课程整合、拓展相关的专业发展活动

在教师个人自评的基础上，学术成就指标体系的第二类分数用来描述教师在课程整合、拓展等方面的专业发展活动。该部分要求的最低分数是 15 分，总分 50 分，具体如表 9-2 所示。

表 9-2 与课程整合、拓展相关的专业活动评价

序号	活动的描述	最低分数/分
1	对学生学习的课程进行整合与拓展，包括增加一些文化活动，与科目有关的活动，以及提出建议和咨询等	20
2	参与学术和管理活动，与他人合作，承担相关责任	15
3	专业发展活动，包括参加研讨会和学术会议，接受短期培训和学习培训课程，担任助教，给学生讲课等	15
	最低分数要求	15

(三)研究和学术贡献

学术成就指标体系对教师的研究和学术贡献也提出了要求，但具体分数根据教师的层级有不同的要求。印度大学拨款委员会根据学术领域，大致将教师划分为两种专业领域：①工程、工业兽医和科学及医学。②语言、艺术、人文、社会科学和管理科学。不同的专业领域要求的最低分数不同，主要考核方面如表 9-3

所示。

表 9-3　不同专业领域的研究和学术贡献评价

学术成就指标	工程、工业兽医和科学及医学	语言、艺术、人文、社会科学和管理科学	基本要求
研究论文需要发表的杂志类型	重要的参考性杂志（如进入索引期刊，影响因子高）	重要的参考性杂志（如进入索引期刊，影响因子高）	每篇 15 分
	非参考性杂志，但属于有学术声望的刊物	非参考性杂志，但属于有学术声望的刊物	每篇 10 分
	提交学术会议的完整论文（摘要不算）	提交学术会议的完整论文（摘要不算）	每篇 10 分
学术著作和章节	由国际性出版机构出版，并受到同行评价	由国际性出版机构出版，并受到同行评价	专著 50 分，撰写章节 10 分
	具有国际水平的出版社或国家级、邦一级出版社出版的著作	具有国际水平的出版社或国家级、邦一级出版社出版的著作	专著 25 分，撰写章节 5 分
	地方出版社出版的著作	地方出版社出版的著作	专著 15 分，撰写章节 3 分
	为由国际性出版社出版的学术专著撰写章节	为由国际性出版社出版的学术专著撰写章节	每章 10 分
	为国家级出版社出版的学术著作撰写章节，或著作由外国专家主编	为国家级出版社出版的学术著作撰写章节，或著作由外国专家主编	每章 5 分
研究项目			
受资助的项目	重大项目，筹集资金超过 300 万卢比	重大项目，筹集资金超过 50 万卢比	每个项目 20 分
	重大项目，筹集资金为 50 万～300 万卢比	重大项目，筹集资金为 30 万～50 万卢比	每个项目 15 分
	普通项目，筹集资金为 5 万～50 万卢比	普通项目，筹集资金为 2.5 万～30 万卢比	每个项目 10 分
咨询类项目	筹集资金最少 100 万卢比	筹集资金最少 20 万卢比	每 100 万卢比 10 分
结题项目：质量评价	结题报告（被资助单位采纳）	结题报告（被资助单位采纳）	重点项目 20 分，普通项目 10 分
项目成果	专利技术或转化为产品	转化为政府的政策文本（包括中央政府和邦政府）	国家水平的每项 30 分，国际水平的每项 50 分
受邀做讲座或在学术会议上做报告	国际性	国际性	每次 10 分
	国内	国内	每次 5 分

三、对《大学和学院教师及其他学术人员准入最低标准》的简要评价

高等教育的发展有赖于一大批高素质的高校教师，他们是高校发展的人力资源基础。近年来，随着印度重视高等教育、培养高科技人才的呼声日益高涨，高校教师队伍建设也备受重视。《教师准入最低标准》为印度高校选拔高水平师资提供了可能。应该说，《教师准入最低标准》更多地关注高校教师的科研能力和学术成果的发表，这反映了世界各国在高等教育教师队伍建设方面普遍的做法。该标准将教师的学术能力数量化，提出了学术成就指标体系，为选拔高校教师提供了较客观的评价尺度，有利于真正选拔出高质量的专业人才补充到高校中。

>> 第六节　《国家监督委员会关于少数民族教育的报告》 <<

一、《国家监督委员会关于少数民族教育的报告》的出台背景

早在 2012 年 3 月 5 日，印度人力资源发展部下设的国家监督委员会召开了一次会议，会议决定组建一个以萨拉·胡森(Siraj Hussain)为主席的常务委员会(Standing Committee)。该常务委员会的任务是监督印度人力资源发展部有关少数民族政策的落实情况，根据少数民族的需求提出建议和意见，提出监督少数民族政策的监督机制。为此，该常务委员会多次召开会议，讨论信仰不同宗教的少数民族特别是穆斯林如何参与教育的问题。由于印度教育的差异性，各种不公平现象对少数民族教育产生了一些影响。2013 年 4 月 15 日，印度人力资源发展部颁布了《国家监督委员会关于少数民族教育的报告》(*Report of the Standing Committee of the National Monitoring Committee for Minorities' Education*，简称《少数民族教育报告》)。《少数民族教育报告》分析了有关少数民族参与教育的相关信息数据，申明少数民族应该享有的教育权利，考查了当前印度少数民族教育政策的可操作性。

《少数民族教育报告》共有 10 章，我们将选择如下章节予以简单介绍：关于少数民族的界定及受教育水平；小学阶段穆斯林儿童的教育地位分析；高等教育状况分析；《宪法》和其他法律的有关规定；《提高伊斯兰学校教育质量框架》和少数民族教育机构建设。

二、《国家监督委员会关于少数民族教育的报告》的主要内容

(一)关于少数民族的界定及其受教育水平

根据 1992 年印度国家少数民族委员会的定义，印度将信奉伊斯兰教、基督教、锡克教、佛教和拜火教的人群划归为少数民族。人口统计显示，2001 年以来，少数民族人口占据印度总人口的 18.41%，如表 9-4 所示。

表 9-4　印度少数民族人口及百分比

序号	信奉的宗教	人口数量/人	占总人口的比例(%)	占少数民族人口的比例(%)
1	伊斯兰教	138 100 000	13.4	72
2	基督教	24 000 000	2.3	12.7
3	锡克教	19 200 000	1.9	10.14
4	佛教	7 955 000	0.80	4.19
5	拜火教	69 000	0.007	0.04
		总数：189 324 000	总比例：18.41	总比例：99.07

统计显示，印度信奉伊斯兰教的穆斯林在少数民族中占据了多数，其中有 6 个邦穆斯林人口的比例超过了全国平均比例。

少数民族的受教育水平不容乐观，具有基本文化素养的人所占的比例比较低，如表 9-5 所示。

表 9-5　印度信奉不同宗教的少数民族具有基本文化素养的人口比例

宗教类型	男(%)	女(%)	总比例(%)
伊斯兰教	75.3	53.7	64.8
基督教	67.6	50.1	59.1
锡克教	84.4	76.2	80.3
佛教	75.2	63.1	69.4
拜火教	83.1	61.7	72.7

《少数民族教育报告》指出，穆斯林人口居住在农村偏远地区的比例很高，但这些地区儿童受教育的比例低于全国水平。特别是女孩，50.5%的女孩居住在农村地区，没有接受教育，只有 6.2%的农村穆斯林女孩接受了中等教育。

(二)小学阶段穆斯林儿童的教育地位分析

《少数民族教育报告》指出，小学阶段学校离学生居住地不能太远，能够得到一致认可的距离标准是学校与低年级小学生家距离在 1 千米之内，与高年级小学生家距离在 3 千米之内，这被称为合理的距离。调查显示，总体而言，印度儿童

小学低年级上学的距离在 1 千米之内的占 92％，7％在 1～2 千米。而穆斯林儿童的上学情况跟这一调查结果一致。对小学高年级的儿童而言，上学路程在合理距离之内的占到了 93％，穆斯林儿童的上学情况与这一结果也是一致的。

但是，常务委员会的部分成员也指出，在一些偏远农村地区，为数众多的穆斯林儿童没有学可上，尤其是没有女子学校，因此，这些地区的女孩辍学率相当高。调查也发现，农村地区的穆斯林儿童进入小学高年级的比例比其他地区要低。与城市儿童相比，农村地区穆斯林儿童要走更远的路才能去上小学高年级。

在入学方面，穆斯林儿童上小学的人数从 2005—2006 学年的 1 580 万增加到 2011—2012 年的 2 550 万。在小学高年级，穆斯林儿童的上学比例也得到了快速提高，从 2006—2007 学年的 350 万人增加到 2011—2012 学年的 720 万人。从性别来看，小学低年级男孩与女孩的入学比例差不多，但到小学高年级，辍学的男孩要比女孩多。

《少数民族教育报告》得出了一些结论，包括：国家应该以偏远农村少数民族的入学作为关注目标，在偏远地区为少数民族学生开办更多的学校；小学阶段穆斯林儿童的上学情况与其人口统计学的特征是一致的，但在小学高年级，穆斯林儿童的入学率低于穆斯林人口在总人口中的比例，不同地区的差异性也很大；在小学高年级阶段，辍学的穆斯林男孩要比女孩多，说明男孩辍学的理由更多，需要引起关注；绝大多数的儿童（包括穆斯林儿童）进入了政府办的学校，这意味着要提高小学的质量必须充分关注公立学校的建设；等等。

（三）高等教育状况分析

《少数民族教育报告》指出，由于缺乏相关的全国性的数据，很难说明穆斯林孩子上大学的具体情况，但《少数民族教育报告》引用了有关学者的一些研究成果，这些成果显示，穆斯林孩子上大学的入学率并不高，但在绝对数量上近年来有所上升。在 2004—2005 学年，穆斯林孩子上大学的人数占同龄人的 6％，到 2009—2010 学年则上升到 11％。因此，需要采取一些措施，鼓励少数民族的青年人上大学，提高大学和学院学生的民族多样性，应该为少数民族学生提供奖学金、宿舍等，这样，他们就不会因为贫穷而放弃上大学的机会。

也有一些学院是由少数民族建立的，他们试图保持少数民族的特征而为属于其群体的人保留更多的上大学机会，但这也面临一系列问题。全国性调查显示，穆斯林的毛入学率为 8.7％，而非穆斯林的毛入学率为 16.8％，两者获得学位的比例也存在很大差异。

（四）《宪法》和其他法律的有关规定

《少数民族教育报告》指出，印度的《宪法》从一开始就是保护少数民族利益的。例如，《宪法》第二十九条规定，印度境内的任何公民和团体都有权利使用和保留自己的语言、文字和文化；任何教育机构都不能以种族原因拒绝任何公民入学。《宪法》第三十条规定，所有少数民族，不论信奉什么样的宗教和使用什么样的语言，都有权利建立和管理教育机构；不能因为种族原因而对某些学校进行歧视。

除了《宪法》外，1986 年颁布的《国家教育政策》也指出，有些少数民族在教育领域已经落后了；根据教育公平和社会公正的原则，应该对这些群体的教育情况给予充分的关注和重视；在教科书编写等课程方面也应注重少数民族的需求。

《少数民族教育报告》分析了保护少数民族教育权益的基本机制，包括：①在政府主导下评估少数民族的进步。②对《宪法》和其他法律提出的保护少数民族权益的措施进行监督。③中央政府和邦政府要为有效保护少数民族权益不断提出建议。④调查、研究和分析有关少数民族的经济、社会和教育发展状况。

（五）《提高伊斯兰学校教育质量框架》和少数民族教育机构建设

2008 年，印度颁布了《提高伊斯兰学校教育质量框架》（*Scheme for Providing Quality Education in Madrassas*），目的是提升伊斯兰学校的教育质量水平，使穆斯林在正规教育领域达到国家普遍的教育水准。为此，它提出：①提升教师教授主要科目的能力，如科学、数学、语言、社会科等。②每两年对教师培训一次，使其掌握新的教学方法。③在伊斯兰学校设立图书馆，为教师提供教学材料。

在少数民族教育机构的建设方面，《少数民族教育报告》分析了建设少数民族教育机构的意义：①通过增加学校的基本设备，促进少数民族教育发展，从而使更多少数民族孩子从中受益。②关于少数民族机构建设的方案涵盖全国，但少数民族人口占 20％以上的地区具有优先权。③少数民族机构建设的方案鼓励为女孩、有特殊需要的儿童，以及不能进入学校的少数民族儿童建立学校。

三、对《国家监督委员会关于少数民族教育的报告》的简要评价

印度是一个拥有多种宗教和多个民族的国度，这为印度的教育带来了不少挑战，当前教育领域的很多问题都来源于宗教和民族问题。《少数民族教育报告》正是针对突出的少数民族教育问题提出的，它对于促进少数民族地区学校的发展、提升少数民族儿童的科学文化素养具有积极的作用。少数民族儿童在教育方面容易受到忽视，而且他们往往居住在偏远的农村地区，这更对少数民族儿童的入学问题带来了消极的影响。《少数民族教育报告》敢于正视印度在少数民族教育方面存在的问题，对少数民族在小学、中学和大学教育方面的状况进行了深入探讨，提出了一些有益的建议和措施，对于印度少数民族教育未来的发展具有积极的影响。

第十章 东南亚教育政策与发展趋势

>>第一节 菲律宾教育政策与发展趋势<<

为了提升基础教育的质量，加快与国际社会接轨，2012 年 6 月，菲律宾公立学校开始实施 K—12 基础教育体制，其中"K"指 1 年学前教育，"12"指 6 年初等教育、4 年初中教育和 2 年高中教育。从此，菲律宾 K—12 基础教育体制替代了以往 10 年制的基础教育体制，开始为国民提供 13 年的免费义务教育。

一、K—12 基础教育改革的缘由

菲律宾是一个发展中国家，其教育体制基本沿袭了美国的教育模式。早在 2006 年，菲律宾政府就推出了《菲律宾全民教育 2015 年行动计划》（*Education for All Plan of Action 2015*），这不仅是为了促进每个菲律宾国民的全面发展，更是为了促进整个菲律宾社会和经济的进步。然而，菲律宾面临的是基础教育年限短、学生课程压力大、教育质量低下、学生学习能力较差的状况，难以培养出具有 21 世纪技能的全面发展人才。基于上述原因，菲律宾教育部开始实施 K—12基础教育体制。

菲律宾 K—12 基础教育体制是政府进行基础教育改革的一项重大决策，其实施内容主要包括：制定基础教育发展目标；调整基础教育组织结构；聚焦基础教育课程发展；深化各级基础教育改革；构建基础教育评价制度；完善基础教育保障机制。

二、K—12 基础教育改革的目标

菲律宾 K—12 基础教育体制旨在培养具有 21 世纪技能的学生，并为他们进入大学或就业做充足的准备。因此，学生毕业前必须掌握基本的能力，其中包括：读写能力、计算能力、解决问题的能力等；在情感上得到全面发展，能过上有意义的生活；具备社会意识，能积极主动地参与到公共事业中，为构建和谐进步的人文社会做出贡献；拥有健全的身心和基本的道德精神素养，懂得欣赏周围的人、世界和环境，为有一个菲律宾国民的身份而感到自豪。

三、K—12 基础教育改革的步骤

菲律宾 K—12 基础教育体制实行之前，学前教育不属于义务教育的范围，因此，小学对学生入学前是否接受过学前教育没有要求。菲律宾 K—12 基础教育体制和《幼儿园法》(*Kindergarten Act*)规定，5 岁幼儿必须接受 1 年学前教育才能进入小学学习。由此，学前教育就具有了一定的强制性。菲律宾 K—12 基础教育体制分阶段进行，有条不紊地从 10 年制过渡到 12 年制。2011—2012 学年，菲律宾公立学校普遍开始实施学前教育。2012—2013 学年，小学一年级学生和初中七年级学生将学习新制定的课程。这种分阶段实施的做法，可以为学校提供足够的教学设备及其他的教学资源准备，为 2016—2017 学年顺利开展高中教育做准备。

四、K—12 基础教育课程与教学改革

相比 2002 年的基础教育课程(Basic Education Curriculum)和 2010 年的中等教育课程(Secondary Education Curriculum)，菲律宾 K—12 基础教育课程培养目标的侧重点有所变化。2002 年颁布的基础教育课程旨在提升学生的学习质量，培养学生的终身学习能力。2010 年颁布的中等教育课程除了注重培养学生的基本读写能力外，开始注重培养具有全球竞争力的人才。2012 年实施的 K—12 基础教育课程则更加强调培养具有 21 世纪技能的全面发展人才。K—12 基础教育体制学科课程主要包括语言、数学等，注重强化学生的危机意识、气候适应能力和通信技术能力等多方面的能力；课程内容基于当地的文化、历史和现实，并根据学生的发展要求进行相应的调整。

学前教育是菲律宾 K—12 基础教育体制的第一阶段，也是幼儿进入小学一年级的必经阶段。学前教育课程主要针对幼儿的生活需要进行主题教育，注重培养幼儿的生活技能，为幼儿的学习生活做准备。教学内容的主题主要涉及幼儿自身、家庭、学校、社区。教学语言以母语为主，使用多种语言进行教学。教学活动基本以玩耍为主，同时还有一些其他的活动，比如，听讲故事、口语互动交流、小组讨论和肢体反应等。在幼儿进入一年级学习之前，菲律宾教育部将对每个幼儿进行入学评价测验，帮助幼儿做入学准备。菲律宾 K—12 初等教育改革主要体现在教学语言、课程设置和考试评价方面。以往初等教育的教学语言以菲律宾语和英语为主，而 K—12 初等教育的教学语言是以母语为主的多语言教学，特别是小学一年级到三年级，母语将成为学生学习的一个科目。小学一年级起，学校还将开始教授音乐、美术、体育与健康等课程。随着学习进程的加深，课时会进行相应的调整，例如，减少英语、菲律宾语、数学等课程的教学时间，增加

当地语言的教学时间。在考试评价上，小学六年级毕业考试将取代全国水平考试。菲律宾 K—12 中等教育改革主要体现在教育结构、课程设置和考试评价方面。在 K—12 基础教育改革之前，菲律宾中学为 4 年制，学生年龄在 12～15 岁。在 K—12 中等教育里，中学为 6 年制，其中，初中 4 年，高中 2 年。2010 年的中等教育课程中，所有的科目都按照三个步骤教学，即确定预期结果、组织教学材料和计划教学。K—12 中等教育课程则采用螺旋式教学法，在学生已有能力的基础上循序渐进地教学，帮助学生更好地掌握知识、提升能力。在考试评价方面，初中十年级毕业考试将取代全国水平考试，而十二年级的高中毕业考试既是中等教育的结束，又是高等教育的开始。

五、K—12 基础教育评价制度的改革

菲律宾 K—12 基础教育评价以学习者为主体，评价内容包括 21 世纪技能所必备的研究性、分析性、实践性、创新性等认知因素，以及价值观、学习动机、学习态度、行为特征、人际交流等非认知因素。评价制度主要包括课堂评价、学习成果评定和国家评价机制。课堂评价用来了解学生的学习情况及教师的教学效果，并通过使用先进的评价工具和评价技术确保评价的有效性、真实性。该评价注重对学生理解能力和技能的评价，而不仅仅是注重知识内容本身的积累。学习成果评定是跟踪评估学生学业是否取得进步的质量保障工具，促进学生自我反思，并对自己的学业负责。为了确保教师教学和学生学习的标准化，菲律宾教育部还将评价标准分成四个层面，包括实质性知识内容、认知操作过程、知识理解力以及知识的运用能力，所占比重分别为 15％、25％、30％、30％。学习成果评定可以帮助教师了解学生真实的能力水平，有效地进行教学。国家评价机制是教育领导者制定教育政策的指南，意在促进学生的进一步发展。K—12 基础教育体制将采用笔试和真实性评估相结合的形式，对三年级、六年级、十年级和十二年级学生进行测试；在十年级末进行全国结果性评价，考查母语教学对学生学习的影响；在十二年级末，对学生整个基础教育阶段取得的成就进行评价。

六、K—12 基础教育改革的保障机制

为确保 K—12 基础教育体制的顺利实施，菲律宾政府不断完善其保障机制。教育部采用选择性发展模式（Alternative Delivery Modes）和选择性学习系统（Alternative Learning System），以保障每一个菲律宾国民接受基础教育的权利，特别是那些处于弱势的学生。菲律宾基础教育和文化委员会主席桑迪·奥坎波指出："我们将大力支持政府实施 K—12 基础教育改革，这不仅包括为基础教育提供经费支持，而且赞成通过《2012 年基础教育法案》，确保基础教育的全面发

展。"强化师资队伍也是实施K—12基础教育改革的保障措施。K—12基础教育阶段的教师应具备基本的知识、技能、品质和价值观，同时能将21世纪技能融入教学中。教师要根据国家和学校的教育发展目标，运用各种媒体技术进行教学，并不断提高教学水平；要培养创新性思维和批判性思维，不断拓宽知识面，树立终身学习理念；要能根据不同学生的学习发展需求，灵活地组织各种活动，处理各种问题，为学生的发展创造机会，培养具有国际竞争力的人才。例如，为强化师资队伍，菲律宾教育部和科学技术部共同为来自全国的1 530位七年级教师提供了培训。

>> 第二节　马来西亚教育政策与发展趋势 <<

经济全球化的过程无疑影响了每个国家，给不同的国家、地区带来了不同的挑战。马来西亚在过去的一年里主要对以下几个方面进行了改革：①复杂的语言教育纷争。②各界发动力量，关注边缘群体。③大力发展职业教育。④大力发展高等教育。⑤延长义务教育年限。

一、单一国文教育政策改革及其存在的问题

马来西亚教育部于2012年9月推出的《2013—2025年教育发展大蓝图初步报告》(简称《2013—2025年大蓝图》)，继续贯彻"民族国家"理念，而且进一步提出，从2014年起，在华文小学和淡米尔文小学四年级开始采用与国型小学一样的国文课程和考试，把学习国文的时间从现在的180分钟增加到570分钟。众所周知，华文小学是以华语、华文作为主要教学和考试媒介及行政语文，国文在华文小学是作为第二语文。如今，在华文小学实行与国型小学同样的国文科课程和考试，显然是加重华文小学学生的负担，同时也剥夺了学生学习其他科目和进行课外活动的时间，违反了全人教育理念，将严重影响学生的学习成果和身心发展，进而影响华文小学的本质与特征。《2013—2025年大蓝图》强调，每个学生至少必须掌握国语和英语两种语言，同时也鼓励学生掌握其他的语言，但完全没有提及华文小学学生和淡米尔文小学学生也必须掌握各自的母语。

很明显，《2006—2010年首要教育发展大蓝图》和《2013—2025年大蓝图》都在落实《1956年拉萨报告书》[①] 单一化教育政策的"最终目标"，以实现单一源流学校的教育制度，建立单一民族国家。

有关人士希望教育部尽快解决当前华文教育的八大诉求，并再次吁请国会议

---

① 拉萨指马来西亚时任教育部部长阿都拉萨。

员给予协助，纾解民困。以下是有关诉求：①华文小学师资严重短缺问题。②不具有华文资格的教师仍被派到华文小学的问题。③全面承认华文独立中学统考文凭。④华文小学董事注册申请遭刁难，严重耽搁处理及发出董事注册证，以及非法篡夺董事会权益等问题。⑤改正关丹中华中学批文，以符合华文独立中学体制。⑥批准昔加末等地区设立华文独立中学。⑦华文小学发展拨款问题。⑧实施拨款和拨地兴建华文小学的正常机制。①

二、鼓励社会团体参与弱势及边缘群体孩子的教育工作

根据企业社会责任（CSR）计划，马来西亚国家石油公司（PSIP）已经通过了4所学校在柔佛边佳兰帮助弱势群体和边缘的学生，以提高这些学生的整体学术表现。马来西亚国家石油公司携带装备来帮助弱势和边缘的学生拥有较强的学术基础，创先争优，开创他们未来的学术之旅。自2002年成立以来，全国53所学校和超过20 000名学生从该计划中受益。根据该计划，弱势群体和边缘的小学二年级及中学一年级学生进入学校，每周补习英语、科学和数学。马来西亚国家石油公司说，学生们也有机会参加一些非学术活动，这旨在促进其员工志愿者进行正面人物建设。另外，马来西亚设立了一个马来西亚互联网中心，根据马来西亚通信及多媒体委员会（MCMC）的倡议，帮助农村学生通过信息技术识字。由政府提供服务，帮助学生学习功课，也使学生能够搜索更多信息。②

三、制定政策，积极倡导非马来族裔学生报读技职院校

马来西亚政府积极促进华裔学生积极报读技职院校。马来西亚人力资源局训练中心（ILJTM）从2012年10月1日起接受2013年1月入学申请，马来西亚行动方略联盟技职教育行动委员会促请华裔及各族群主动集中报名，争取机会入读，提高非巫裔以及全民在政府技职院校的就读率。马来西亚行动方略联盟技职教育行动委员会主席陈正锦发文告说，多年来，尽管国立技职院校并没有实施固打制（一种给予马来人的特权），但每年报读政府技职教育学院的华裔、印裔以及其他族群的子弟屈指可数。马来西亚设有500多所政府技职院校，逾20万技职学生

---

① 马来西亚华校董事会总会．对教育部《2013—2025年教育发展大蓝图初步报告》的建议［EB/OL］．http：//www. djz. edu. my/resource/index. php? option＝com _ content&view＝article&id＝6481：2012-10-052013—2025&catid＝166：2012-10-05-06-40-56&Itemid＝102，2012-10-05.

② KUALA LUMPUR. Dr 2aiedi Suhaili Sworn in As Senator［EB/OL］. http：//translate. google. com. hk/translate? hl＝zh-CN&sl＝en&tl＝zh-CN&u＝http%3A%2F%2Feducation. bernama. com%2F，2014-05-06.

中，华裔与印裔学生仅各占1％，学生族群比例失衡现象严重。[①]

2015年，马来西亚将能够在八个统筹处(JTM)培训机构生产40 000熟练工人。JTM和正在运行的兼职课程模块化和定制的形式，能提高行业工人的技能，直至2013年9月，马来西亚人力资源局训练中心已经通过1 824家公司的短期课程培训61 177人。同时，已准备好一个叫作JobsMalaysia的系统，根据失业的毕业生学历，劳工处帮助毕业生注册并进行工作匹配。[②]

四、减免研究生以上教育学费，提升国家研究与创新能力

经济全球化给每个国家和地区都带来了不同的挑战，许多国家积极通过社会转型应对挑战，其中重点是发展高等教育，增强研究和创新的能力。根据马来西亚高等教育部的一项提案，高校中的哲学博士可享受免除或降低学费的待遇。高等教育部副部长拿督赛夫丁·阿都拉(Datuk Saifuddin Abdullah)解释道："这项举措旨在到2023年将博士人数提高到60 000人。"他提到高等教育部将按照2011年预算案，为目前在读的7 610名学生和11 170个将要设置的学生名额，在称为"我的大脑15"(MyBrain 15)的项目上花费4.84亿马来西亚林吉特(约合1.56亿美元)。赛夫丁称，为了提高高校的研发水平，政府已在"第十个大马计划"(the 10th Malaysia Plan)下为2011年和2012年配置了7.41亿马来西亚林吉特(约合2.39亿美元)。这笔资金高于"第九个大马计划"的3.15亿马来西亚林吉特(约合1.02亿美元)，且不包括分配给5所涉及研究活动大学的额外4亿马来西亚林吉特(约合1.29亿美元)。[③]

五、延长义务教育年限，提高国民教育水平

马来西亚计划从2015年开始，要求年满5岁的儿童入学就读小学一年级。目前，马来西亚小学入学年龄为年满6岁。此外，马来西亚也计划将国民义务教育的年限从目前的6年延长至9年。马来西亚教育部认为儿童有能力适应这项改变，因为统计显示，2009年共有70万名儿童接受学前教育，他们都有能力掌握基础的读、写、算等技能。

---

① 王海波.马来西亚官员促华裔学生积极报读技职院校[EB/OL].http：//news. cnwest. com/content/2012-10/01/content _ 7356304. htm，2014-06-01.

② KUALA LUMPUR. Dr 2aiedi Suhaili Sworn in As Senator[EB/OL]. http：//translate. google. com. hk/translate? hl＝zh-CN&sl＝en&tl＝zh-CN&u＝http％3A％2F％2Feducation. bernama. com％2F，2014-05-06.

③ 茅艳雯.马来西亚：50岁以上哲学博士学位研究生或减免学费[EB/OL].http：//www. cdgdc. edu. cn/xwyyjsjyxx/zxns/zxzx/269674. shtml，2014-05-07.

马来西亚教育部副部长魏家祥认为，全球有 29 个国家的儿童是年满 5 岁入学，因此，年满 5 岁入学的建议是可行的。不过，要落实这项政策，必须先解决教室与师资不足以及相关经费等问题，所以政府在两三年内还无法落实儿童年满 5 岁入学的措施。①

综上所述，马来西亚这个国家也在经济全球化的影响下发展着自己的教育。政府不断关注弱势群体，且快马加鞭地发展职业教育和高等教育，以促进经济的快速发展。但是马来西亚对于"独爱"马来语的政策也令人深思，究竟是单一的语言对于一个国家的发展比较有利，还是多元文化教育有利于一个国家的发展与和平呢？正如一些华文的拥护者所说的那样，我们应该摈弃单一化教育政策和"大熔炉"思想，同时，尊重马来西亚是一个多元民族、多元文化、多元语文、多元教育源流和多元宗教信仰的国家的事实。

>> 第三节　泰国教育政策与发展趋势 <<

2015 年，泰国将正式加入东南亚联盟，这给泰国劳动力市场和社会经济发展带来了新的发展机遇，也给泰国教育改革提出了新的课题。作为东南亚地区的大国，泰国东盟身份的定位使得其将承担起作为东盟教育中心的重要地位，引领整个东盟教育的发展。为此，泰国教育部积极行动，在《国民教育计划（2002—2016 年）》的总体精神指导下，出台了《泰国教育部教育发展战略（2012—2015 年）》。该战略通过了多达 31 项教育政策，广泛涉及各级各类学校各个领域的深化改革，确立了以下教育部改革目标：①提高泰国人民有限的英语能力。②建立一个东盟的身份。③处理文盲问题。④促进在东盟自由投资及私人办校的权利。⑤建立东盟高等教育间的学分抵免制度。⑥促进及支持在东盟地区设立社区学习中心。⑦提高职业教育品质，以促进劳动力市场与东盟就业。⑧基础教育课程的标准化。②

2012 年 7 月到 2013 年 6 月，泰国教育部围绕改善与东盟共同体的整合，在纲领、政策的指导下，加速落实相关措施，以期切合东盟的高品质教育需求，成为东盟教育的领跑者。

---

① 范超：大马教育部副部长：马来西亚华教未来是光明的［EB/OL］. http：//www. modedu. com/msg/info. php？InfoID=49092，2014-06-13.

② Thailand Basic Education Committee Office. Thailand's Ministry of Education Development Strategy（2012-2015）［EB/OL］. http：//www. moe. go. th/moe/th/news/detail. php？NewsID＝45763 &Key＝news_research，2014-04-02.

一、教育服务国际化、自由化

为了迎接加入东盟，泰国教育部从语言、资历架构、法规、学制等多方面改革，使得泰国教育贴近东盟国家的教育需求，营造国际化、自由化的教育市场。

由于东盟国家大多以英语进行国际交流，为此，泰国特别强调英语教学，力求 2015 年使 80％的泰国学生流利地说英语。泰国教育部基础教育署（OBEC）核拨 150 亿泰铢，聘请上万名以英语及其他语言为母语的外籍教师来泰任教。鼓励学生选修多样性的外语课程，如汉语、日语、韩文及许多邻近国家的其他语言。在语言学习过程中，尤其注重学生对东盟国家文化的了解，使泰国学生具备东盟国家全方位的知识。

同时，应东盟 2018 年前建立区域内共通资历架构的进程，泰国已着手建立自身资历架构，涉及 200～300 个专业技能的测量，并与学习记录挂钩，正式及非正式的学习课程与活动皆可纳入计算，使东盟国家学生学分得到相互承认，促进区域内教育自由化。①

另外，泰国教育部将松绑相关法规，使教育服务市场能够较自由化，私立教育委员会办公室（The Office of the Private Education Commission）将外国教师签证有效期从一年延长至两年。

泰国各级学校及教育部已准备好随东盟会员国的规定改变开学日期。按照泰国高等教育署和泰国基础教育署的要求，泰国各大学 2014 年新学年的开学月将从原来的 6 月延至 8 月或 9 月，泰国中小学的开学日期将从 5 月 16 日延至 6 月 10 日，② 以便与东盟国家及国际接轨。

二、课程改革注重实用和效率

针对泰国教育投入大但收效甚微，泰国青年缺乏国际竞争力的现状，泰国教育部对学校课程进行了全面改革，希望通过长期的调整过程，改变传统重视死记和学生听教的教学模式，发展"以学生为中心"的高品质课程，增强学生创新能力、思考能力及解决问题的能力，增强教师及学生间的互动，以提高学生学习效果。

首先，从课时方面给学生减负。现在泰国中学生每年上课时数为 1 200 小时，小学生为 1 000 小时，从 2013 年度上学期起，泰国中小学生每年上课时数将

———————————

①　The Government Public Relations Department. Liberalization of Education for ASEAN Integration[EB/OL]. http：//thailand. prd. go. th，2014-04-08.

②　The Ministry of Education Foreign Office. Thailand Schedules of the Opening Date of Education at All Levels[EB/OL]. http：//ts-db. wto. org/default. aspx，2014-04-08.

按照联合国教科文组织的建议时数一年 800 小时实行。同时，泰国的小学生和中学生将开始减少家庭作业，并将同时调整各课程教材内容及增加课外活动时数，以减轻学生的学习负担，增加学生课外自学时间与空间，解决学生"学太多、知太少、心理负担太重"[①] 的问题。

其次，在减少课时的同时，泰国教育部还对课程设置进行改革，建立一种以项目为基础的学习理念，学生可以在参与不同领域的项目中学到知识，而不是被"关在教室里"。[②] 其中，强调幼稚园至小学阶段课程应该着重培养语言及沟通技巧，中学阶段学生则有更多弹性选择他们有兴趣的课程，一般课程如泰语及世界历史应该是必修课，但是一些更高阶的课程就可以作为选修课。学校应该强调学习如何解决现今的社会问题，培养学生的创造力及运用资讯科技的能力。

此外，对小学六年级、初中三年级及高中三年级学生施行 O-Net 考试，以分阶段跟踪和保证学生素质。O-Net 考试中，在每个级别需先评估学生的学习表现，相关成绩将作为确保教育的品质及申请大学的依据。教师可以将学生的考试成绩作为他们未来晋级的教学表现指标。在初始阶段，O-Net 成绩与学校平时考试成绩的比例为 20∶80，但未来将逐年加重 O-Net 成绩的比例，直到全国所有学校的比例达到 50∶50。[③]

三、技职教育发展速度加快

为了应对将来东盟成为单一市场后，泰国能教育出足够数量的技术人员，满足市场的需要，技职学校的改革即成为泰国迎接东盟整合的重要驱动力量。为此，泰国针对技职教育发展的步伐大大加快，定下在 2016 年以前泰国技职学生与接受普通教育的学生 50∶50 的目标，使学生能够选择继续就读学士课程并获得学士文凭。[④] 也就是说，泰国教育部重点鼓励技职学校转型为大学。为了配合这一目标的实现，泰国教育部颁布了多项优惠政策，以促进技职教育的发展。

第一，加大财政投入，提升技职学校品质。泰国教育部已积极开展提升 197 所小型技职学校(指那些只有 1 200 名及以下学生的学校)品质及教导优秀技职学生的改革，从 2013 年起，三年内投入 1.5 亿泰铢，为这些小型技职学校解决财

① Songporn Tajaroensuk. Quality Learning Foundation[EB/OL]. http：//en. qlf. or. th，2014-05-12.

② Songporn Tajaroensuk. Quality Learning Foundation[EB/OL]. http：//en. qlf. or. th，2014-05-12.

③ G. William Skinner. Leadership and Power in the Chinese Community of Thailand[EB/OL]. http：//thailand. prd. go. th，2014-06-03.

④ The Ministry of Education Foreign Office. Vocational School Development Planning[EB/OL]. http：//www. moe. go. th/moe/th/news/detail. Key＝news18，2014-06-02.

政短缺、增加教师、提高学生素质及发展管理系统等问题。

第二，争取国际资源，扩大学生视野。泰国教育部技职教育署（OVEC）及商务部国际贸易谈判司为促进泰国贸易在东盟经济共同体的流通性，共同合作，启动职业大使计划，将选拔 90 名学生。[①] 此活动将促使技职体系学生对东盟经济共同体有更多了解，了解东盟对他们本身及社会的影响，也能使学生加强英语及东盟其他语言的运用能力，协助他们学习如何创业。

第三，多部门协作，推进技职教育切合市场需求。针对渔业等行业缺乏适销人才的问题，技职教育署将成立一个由四单位联合的委员会，成员分别来自技职教育署、泰国商会、企业界及专家学者，共同研议如何产出所需人才，以适应劳动力市场的需求。[②]

第四，纵向贯通，打造一体化职技课程。从 2013 年 3 月起，泰国开始在一些技职学校开设大学部的课程，一些私人企业也被要求必须接受学生前往实习及训练。在开始阶段，开设大学部的课程及学生实习与训练课程会在 28 个领域展开，如电气、电子、汽车零件及旅游等，每间教室、每个领域最多可收 30 位学生。[③]

四、私立教育受到重视

泰国教育部部长 Phongthep Theokanjana 向私立教育委员会办公室（Office of the Private Education Commission）说明教育部重视私立学校教育，并且特别关注以下政策。[④]

①教育预算。如果私立学校能以较低的收费达到同样优良的教育品质，则能提供给家长及学生更多的教育选择机会，教育部也会鼓励多兴设私立学校，而不是继续设立更多新的公立学校。同时核准特定行业营业税豁免原则，以促进正规私立学校的设立。

① The Thai Ministry of Education of Vocational Education. Ambassador Career Plan of Thailand［EB/OL］. http：//www. en. moe. go. th/index aec-vocational-ambassadors ＆ catid ＝ 1：news＆Itemid＝42，2014-06-02.

② The Thai Ministry of Education of Vocational Education. Ambassador Career Plan of Thailand［EB/OL］. http：//www. en. moe. go. th/index aec-vocational-ambassadors ＆ catid ＝ 1：news＆Itemid＝42，2014-06-02.

③ The Thai Ministry of Education of Vocational Education. Ambassador Career Plan of Thailand［EB/OL］. http：//www. en. moe. go. th/index aec-vocational-ambassadors ＆ catid ＝ 1：news＆Itemid＝42，2014-06-02.

④ Office of the Private Education Commission. Promote the Development of Private Education Plan［EB/OL］. http：//www. en. moe. go. th/index. more-workers-for-fishery business-oves＆catid＝1：news＆Itemid＝42，2014-05-22.

②校园暴力。要求所有人重视校园中学生使用枪支互殴及暴力问题。

③国际学校。泰国拥有许多国际学校，希望邻近国家如越南、缅甸、老挝及柬埔寨等国学生能到泰国读国际学校，以为 2015 年东盟共同体社会文化交流铺路。

④私立学校教师待遇。政府已将获得学士学位的私立学校教师待遇调高至每月 1.5 万泰铢，泰国教育部正在协助那些有财务问题以致无法提高教师待遇的私立学校。

⑤基础教育阶段学校教师考试日程。基础教育署将改变取得公立学校教师资格的考试时间。目前，私立学校教师一旦在学期中参加考试取得教师资格，须立即辞职，以便到公立学校任职，导致私立学校学期中欠缺教师。因此，教师资格的考试时间将改至开学前，以避免这种情形发生。

五、将弱势群体教育纳入进程

此次教育改革是泰国教育部的一次彻底且全面的改革，力图克服教育发展的诸多"短板"问题，如妇女儿童、残障人士、泰南地区教育等。

1. 妇女群体

泰国教育部与国家妇女角色发展基金委员会合作，于 2013 年 4 月 10 日启动全国东盟知识中心，提高全国女性的英语和东盟小语种语言能力与技巧，提高泰国女性在东盟区域内的竞争能力。对象范围不限于职场中打拼的职业女性，还包括从商、从农、保姆、佣工以及在校学生中的女性群体，帮助她们学会东盟小语种中的至少一种，并把学习到的语言发展为提升个人事业的有效工具。学习分为四个主要课程，每个课程 100 小时。课程初期将以学习和训练正确的发音开始，之后还包括听、说、文化艺术等具体课程。基础课程完成后，学生将进入中级和高级课程。经过系统性的学习，学生将具备良好的对话能力和语言技巧。①

2. 学前儿童群体

泰国教育部核定《2012—2016 年国家学前儿童策略计划》（刚出生至小学一年级前的学生），该计划包括四个主要策略：①2016 年后，90％的新生学前儿童适龄发展。3 岁的学前儿童可赴学前儿童学习发展中心学习，且所有 6 岁的泰国儿童将依《义务教育法》的规定就读小学一年级。②为使学前儿童持续不断发展并维持健康，所有孕妇应该从食品及药品中摄取足够的碘。③新生儿及学前儿童都将享受来自父母或监护人的全方位、高品质的照顾。④教育部将设定实际的目标，

---

① Thailand Base the Ministry of Education. National Education Policy of Thailand[EB/OL]. http：//www.omfcom.gov.cn/article/i/jyjl/j/201303/.shtml，2014-05-05.

为新生儿及学前儿童提供全面且广泛的发展计划。①

3. 技职贫困学生

泰国教育部为使高中及技专校院毕业且家境清寒无法支付学费的学生能继续就读大学，设立高中及技专校院学生的奖学金计划，每年为每人提供 5 000 泰铢。②

4. 泰南学生群体

针对泰南动乱，泰国南部各省行政中心合作，正在制定《2013—2016 年泰南基础教育管理策略》，以确保社会安全，提高基础教育的品质。同时推出一个"培养学校计划"③，泰国南部的高级中学学生将前来曼谷著名学校学习，以利于他们进一步就读大学。学生们也将出席相关活动，以促进对泰国文化的认同，并促进泰南人与其他泰国人团结一致。

5. 残障人士

泰国教育部核准一个管理残障人士教育的五年计划，为全体泰国残障人士提供高品质、终身且平等的教育机会。该计划涵盖多个方面内容：开展研究；课程发展；教学管理；评鉴与评估残障人士的需求；提高教导残障人士的教育人员及管理人员的品质与数量；提升学校和学习中心的品质与数量；制定有关残障人教育管理机制及行政制度；为残障人士的教育而改革相关财政及预算系统等。④

综上可以看到，2012—2013 年泰国教育紧紧围绕《泰国教育部教育发展战略（2012—2015 年）》的指引，进行全方位、彻底的革新。由于涉及面相当广，政策落实讲究缓慢求进，并协同多部门力量开展，特别强调在解决教育问题中革新教育，在革新教育中促进社会发展。

>> 第四节 新加坡教育政策与发展趋势 <<

众所周知，新加坡是一个极其重视教育的国家。在最近一年来，新加坡的教育政策法规主要从以下几方面实施：①颁布《想要的教育结果》发展方案。②教育人性化、生活化。③鼓励社会服务学院开设大专课程。从 2012 年 7 月到 2013 年

---

① Thailand Base the Ministry of Education. Children Education of Thailand[EB/OL]. http：// www. en. moe. go. th/index. php? option＝com_ content&view，2014-06-02.

② Thailand Base the Ministry of Education. Children Education of Thailand[EB/OL]. http：// www. en. moe. go. th/index. php? option＝com_ content&view，2014-06-02.

③ Thailand Base the Ministry of Education. Children Education of Thailand[EB/OL]. http：// www. en. moe. go. th/index. php? option＝com_ content&view，2014-06-02.

④ Thailand Base the Ministry of Education. Children Education of Thailand[EB/OL]. http：// www. en. moe. go. th/index. php? option＝com_ content&view，2012-02-27.

6 月，新加坡教育围绕以下三点进行了改革。

一、新加坡教育发展新蓝图：《想要的教育结果》发展方案

2012 年，新加坡教育部公布了 21 世纪《想要的教育结果》发展方案。具体内容是：教育工作者渴望每一个新加坡人能通过并完成他们的正规教育。这个想要的教育结果使教师建立一个共同的目的，驱动教育部的政策和规划，让教育部得以了解新加坡的教育系统正在努力进行的方向。新加坡教育系统下培养出的人才体现了教育的预期结果，即他有一个良好的自我意识感，一个完整、公正的道德指标和必要的知识与技能来承担未来的挑战；他要为他的家庭、社区和国家负责；他对周围世界的美丽予以赞赏，拥有一个健康的心态和身体，对生活有极大的热情。

(一)具体培养目标

①一个自信的人，具有很强的是非之心，有很强的社会适应性和弹性，知道自己的判断，具有独立和批判的精神，并能与他人进行有效的沟通。

②一个对自己学习负责的自主的学习者，有对学习的坚持不懈的追求与努力。

③一个积极的贡献者，能够在小组中积极工作，主动锻炼，能够预测和计算风险，追求卓越和创新。

④一个根植于新加坡且关心社会的公民，有很强的公民意识，在改善周围的他人的生活中扮演一个积极的角色。[①]

(二)关键的阶段性成果

随之而来，新加坡教育部根据《想要的教育结果》这一总纲领，制定了一系列"关键的阶段成果"。关键的阶段成果是指教育系统下，学生在每个关键阶段所期待的培养结果。关键的阶段成果表现出教育服务部门立志通过小学、中学、大专来发展新加坡的学生。每一个阶段的教育水平建立在之前的阶段上，为后续奠定了基础。例如，小学学生开始通过学习知道和爱新加坡。如此一来，强化他们的新加坡信念，他们会明白通过新加坡的中学教育里什么才是对新加坡最重要的。[②] 他们会成长为令新加坡骄傲的人才，而且意识到祖国在全球背景下的高等教育水平。

上述改革蓝图是新加坡教育部旨在帮助学生发现自己的天赋，充分发挥潜

[①] Singapore Ministry of Education. The Plan of Want Education Results[EB/OL]. http://www.igo.cn/2010/news/lxxw/zjsd/2012/02/27/62483. shtml，2012-02-27.

[②] Singapore Ministry of Education. The Plan of Want Education Results[EB/OL]. http://www.igo.cn/2010/news/lxxw/zjsd/2012/02/27/62483. shtml，2012-02-27.

力，开发学生持续一生的学习热情。新加坡有一个强大的教育体系，新加坡学生的高目标和他们取得的好结果是被世界各地认可的。新加坡为培养未来年青一代一直不懈努力。这是一个带来巨大机会的未来，特别是在亚洲，但它也会带来很多至今无法预测的变化。学校和高等院校的任务是给年青一代开发技能、培养性格和价值观的机遇，使他们能够让新加坡更好地向未来前进。近年来，新加坡不断使教育体系更加灵活和多样化，其目的是为学生提供更多的选择，以满足其不同的兴趣和学习方式。学生能够选择学习内容和学习方式，发挥更大的学习主动性。新加坡也努力给学生更广泛的教育，确保他们在课堂内外的全面或整体发展。这些教育方法将使新加坡能够培养年青一代，为他们的未来形成不同的技能。新加坡设法帮助每个孩子找到自己的天赋，使他们对走出学校施展能力有充分信心。新加坡将鼓励学生追随自己的爱好，在学术领域、体育和艺术领域促进人才多样化。[①]

二、教育人性化、生活化

新加坡教育部实行分流制的初衷是为因材施教，却造成学生压力过大，甚至被冠上标签，有家长因此建议让学生按自己的步伐学习，"准备好了"再参加会考。也有家长建议以科目分班制取代，依据学生个别科目的能力来分班上课，或让能力较强的学生在课后上增益班。这一来，学生在上大部分的正规课时还能与不同能力和背景的学生一同学习。教育部举行全国对话会第二阶段首个与教育相关的对话会，吸引了约 90 名公众报名参加。教育部的相关人员认为，学校教育必须培养学生对学习的热爱，让每一名孩子可以依据自己的步伐学习并发挥潜能；竞争是必要的，但不能过度，避免导致学生变得过于自我，如何取得良好的平衡才是最重要的。

三、鼓励社会服务学院开设大专课程

新加坡社会服务学院最新开设的课程作为国家社会服务理事会的一项最新的战略发展举措，致力于拓展社会服务方面的人才来源。文凭课程旨在让学员掌握全面的社会服务部门的基本知识。课程还传授针对概念化的实践和不同客户群的服务执行技能，这些客户包括老年人、残疾人、需要帮助的家庭，以及处在危险中的年轻人。该课程的毕业生可以提前获取社会服务学院颁发的高级大专证书，最终获得新加坡管理学院的社会工作学士文凭，从而变成一名社会工作者。为培

---

① Singapore Ministry of Education. The Plan of Want Education Results[EB/OL]. http：//www.igo.cn/2010/news/lxxw/zjsd/2012/02/27/62483.shtml，2012-02-27.

养高技能人才应付未来经济转型的需求，政府致力于提升大专教育的素质，花在大专教育上的估计开支在新财政年增加近两成。

在新财政预算案中，政府共拨款 534 亿新加坡元给各公共部门。教育部是仅次于国防部获得最高拨款的政府部门，预计开支为 116.4 亿新加坡元，这比 2013 年的实际拨款多出了 10.5%，也是过去拨款 10 年来最多的一年。单是大学领域的开支已高达 32.7 亿新加坡元，比 2013 年的 26.4 亿新加坡元多出 24%，大部分拨款用在各大学的营运和发展开支上。

综上所述，新加坡在不断完善自己的教育，使得教育不断民主化、最优化。另外，新加坡也将对师资进行调整，未来新加坡的教师资格将普遍达到硕士学历。

>> 第五节 印度尼西亚教育政策与发展趋势 <<

印度尼西亚是东南亚的大国之一，作为发展中国家，印度尼西亚一直非常重视教育在国家发展中的推动作用。2012 年 7 月至 2013 年 6 月期间，印度尼西亚教育改革与实践风起云涌、异常活跃，在教育的各个领域全面加快教育现代化的发展步伐，取得了巨大的成绩，当然也存在着一些值得思考的地方。

一、印度尼西亚的"教育支持行动"

(一)"教育支持行动"的背景

2003 年第 20 号法案《国家教育制度法》有关国家教育体制的条款规定，公民的基础义务教育年龄为 7～15 岁。第三十四条第二款规定，中央政府和当地政府应保证基础义务教育的免费性。与此同时，第三款规定，义务教育由国家负责，由教育机构、当地政府和社区组织。该法案规定的影响在于，中央政府和地方政府必须为所有基础义务教育学生(小学和初中)提供教育机会，平等对待所有教育团体。

完成九年义务教育计划的一个衡量指标是小学和初中的毛入学率。2005 年，小学毛入学率达 115%，而 2009 年初中毛入学率达到 98.11%。因此，普通九年义务教育的实现比达喀尔《全民教育》(*Education for All*)中的声明提前了 7 年。"教育支持行动"(Educational Support Plan)[①] 始于 2005 年 7 月，该计划在加速实现九年义务教育中起到了至关重要的作用。因此，从 2009 年开始，政府开始对

---

① Indonesia base the Ministry of Education. Educational Support Plan[EB/OL]. http://www. kemdiknas. go. id/，2013-04-01.

"教育支持行动"的目标、途径及方向做出调整，以提高其质量。

2012 年"教育支持行动"的机制改变。2011 财年，"教育支持行动"资金在区/市一级改变了调节基金形式的机制。从 2012 财年开始，"教育支持行动"资金将通过同样机制调拨，但由省级政府牵头。

(二)了解"教育支持行动"

根据 2009 年第 69 号法案《教育部全纳教育发展草案》规定，该行动用来规范非个人教育支出，使之成为宏观教育资金的一部分，以便通过"国家教育标准"这种规范的方式来开展持续的教育活动。

(三)"教育支持行动"的目的

总体来说，"教育支持行动"旨在减轻公共教育负担，提高九年义务教育的质量。

"教育支持行动"的具体目标如下：①免除所有小学、初中、国家许可职业学校、职业家政中学、职业技术中学用于教育运作的费用，但国际试点学校和国际标准学校除外。对国际试点学校和国际标准学校征税时，需考虑到它们的非营利教育的目的，因此，税收必须适度。②免除所有贫困学生的全部费用，无论是在公立学校还是私立学校。③减轻私立学校用于学生的教育运作负担。

(四)"教育支持行动"的对象和大援助计划

"教育支持行动"的对象是印度尼西亚所有省份的所有小学和初中、社区独立的学习活动，无论是公立学校还是私立学校。"A 计划组""B 计划组"不包括"教育支持行动"的目标。2012 财年由学校接收的基于"教育支持行动"的整体教育支出，以学生人数为准，按下列规定计算：①小学：每生每年 580 000 印度尼西亚卢比。②初中：每生每年 710 000 印度尼西亚卢比。

(五)"教育支持行动"的调拨时间

2012 财年，"教育支持行动"的资金提供时间是 2012 年 1 月至 12 月的 12 个月，即 2011—2012 学年第二学期和 2012—2013 学年第一学期。资金以 3 个月为一个周期，即 1 月至 3 月，4 月至 6 月，7 月至 9 月和 10 月至 12 月。对于偏远地区的学校，"教育支持行动"资金以 6 个月为周期。偏远地区的确定由财政部和教育文化部负责。

(六)"教育支持行动"的资金使用

"教育支持行动"资金用于以下用途：①购买教科书，以替换损坏或弥补不足。②资助新学生入学的所有费用，如注册登记费、复印表格、行政登记和重新登记、旗帜制作，以及与此直接相关的活动，如影印机、委员会的消费、接纳新生的加班费和其他相关的费用，实现"免费学校"。③资助补助性学习、自主性学习、承接性学习、改进性学习、考前巩固性学习，青少年的体育、艺术、科学教育，童子军，青年红十字会，学校医疗事务，以及其他类似的，例如，参加比赛的学生、教师的交通和住宿费用，复印机购买费用，购买体育器材的费用，音乐、艺术、比赛的报名费。④资助日常测试费用，通常包括学校的考试，学生的学习成果，例如，复印/复制，改卷费，教师准备和学生相关的报告应得的酬劳。⑤购买消耗性材料，例如，购买书籍、粉笔、铅笔、纸、实验材料、学生登记书、库存书、报纸订阅/教育杂志、学校每日所需的饮品和快餐，以及办公设备。⑥支付账单和服务，如电力、水、电话、互联网、调制解调器（包括新安装的）。在学校房屋没有电，而教学过程中需要用电的，允许购买一台发电机。⑦校舍维修费用，如买油漆、修理漏水屋顶、修卫浴/学生的厕所、修理门窗、置办家具、做学校卫生、修理地砖/陶瓷，以及其他学校设施的维修。⑧支付名誉教师的每月酬金和教育人员的酬金。对于小学校，"教育支持行动"会帮助支付给管理人员一些费用。⑨教师专业技能的进修，如培训。对于学校接受赠款和发展补助金的，在同一财年内不得再以同样目的使用"教育支持行动"资金。⑩资助贫困学生往返学校的交通费用，资助贫困学生所需的制服、鞋/文具等。从更经济的角度考虑的话，也可购买简单的运输工具作为学校的资产（如自行车、小船等）。⑪"教育支持行动"资金的管理工作，如办公用品（包括打印机墨水、CD 和闪存盘），复制文件，邮寄，"教育支持行动"基金存入银行的费用和会计人员的交通支出。⑫为学生的学习活动购买电脑（台式机/工作站）和打印机。每财年每次最多 1 套。⑬上述第 1 项至第 12 项经费满足后，"教育支持行动"资金仍有剩余的，可以用来购买教学用具、教学媒体、打字机和学校办公家具。

（七）禁止使用"教育支持行动"资金的情况

禁止使用"教育支持行动"资金的情况如下：①以营利为目的的长期储蓄。②转贷给他人。③资助的活动并非学校优先考虑，且需要大笔资金的，如参观考察、实地考察之类。④由大雅加达首都特区、日惹特区、亚齐特区或其地方组织的资助活动，学校方面没有多余的支持，学校仅提供参与这些活动的学生与教师的花费。⑤教师的奖金和常规交通费用。⑥为教师和学生购买服装（非名单内的学校）。⑦用于中度和严重疾病的康复治疗。⑧建造建筑或新房间。⑨购买非教学活动使用的设备、资料。⑩投资股票。⑪资助已经由政府中央基金或当地政府全额、固定资助的活动或项目，如合同制教师、助理教师。⑫资助和学校运作不相关的活动，如国家公共假期中的庆典、宗教庆典及日常活动。⑬资助区、市、省教育厅及国家教育部以外机构所组织的培训活动、社会活动以及"教育支持行动"的辅助项目。

（八）使用"教育支持行动"资金时应注意的事项

使用"教育支持行动"资金的注意事项如下：①资金的使用优先考虑用于学校的运作。②最多 20％的资金用于公立学校的开支。学校教师的名誉酬金要考虑学生和教师人数的比例，并与教育部 2010 年第 15 号《关于区、市基础教育的法规》一致。③学校已收到印度尼西亚教育部资助的，不得以同样目的获取"教育支持行动"资金。④用于购买商品、服务的支出不超过 1000 万印度尼西亚卢比。⑤用于教师交通费和补助的资金只能是在学校义务教学活动之外，且必须适当有限。该限度由区政府决定，综合考虑社会经济、地理位置及其他因素。⑥若学校在特定季度获得"教育支持行动"的资金大于或小于应得数额，例如，某季学生人数统计错误，则学校必须立即报告教育主管部门。此外，教育主管部门必须正式致函小学、初中的直接负责人，信函内容包含下季度要调配更多或更少的资金。⑦银行汇划业务的费率取决于学校用于教育事务的资金数额。

（九）"教育支持行动"的法律依据

2012 年的"教育支持行动"资金管理和分配方案基于以下法规：①2011 年 7月财政部部长第 201 号法规《印度尼西亚联邦共和国教育经费使用条例》和 2012财年"教育支持行动"拨款。②2011 年教育部部长第 51 号法规《中等教育条例》，2012 财年"教育支持行动"基金的使用和财务报表的技术规范。③2011 年内政部部长第 62 号法规《关于"教育支持行动"管理准则》。

二、高等教育人才培养改革

2012 年以来，印度尼西亚在高等教育改革方面硕果累累，但有些教育改革政策也引起了不少非议和反对。2012 年下半年，印度尼西亚教育与文化部所属的全国教育总理事会发布了一项颇具争议的高等教育人才培养改革政策，要求全国范围内的大学本科生和研究生必须在相应的学术期刊上发表论文。这项政策于2012 年 8 月开始实施。该政策明文规定，作为一项毕业的指标要求，大学本科生必须在国家级的学术期刊上发表论文，研究生则必须在国际性的期刊或网上发表论文。这一政策的出台并不奇怪，因为教育与文化部曾经也发布过类似的政策，要求研究者将其研究成果发表在权威的学术期刊上。这项规定类似于海外的许多顶尖高校的规定，显然是为了与国外高校的人才培养方式接轨。然而，这项规定其实太过苛刻，假使大多数教学人员本身缺乏研究与写作能力，又如何能够让他们的研究成果得以发表呢？印度尼西亚私立大学联合会公开反对全国教育总理事会的这一规定，认为发表学术论文不应成为毕业生毕业的先决条件。该协会建议这一政策仅适用于追求硕士或博士学位的学生。[①]

如果说这一政策有助于提升科学研究的氛围，并鼓励学术研究行为，那么全国教育总理事会的这一强制性论文发表政策作为追求教育质量的行为值得称道。然而，在没有理解错综复杂的内部因素之前就简单地实行这一政策，显然是轻率

---

① Setiono Sugiharto. Imposing a 'Publish or Perish' Policy[N]. The Jakarta Post，2012-02-25.

和不明智的。印度尼西亚私立大学联合会反对这一政策规定是合理的，因为几乎不可能让数量巨大的本科生和研究生所撰写的学术论文都发表在国家级的学术期刊上，通常，这些期刊每卷接收文章数量不超过 14 篇。此外，论文评审是出了名的耗费时间的过程，因为论文的评审经常涉及多位独立审稿人，更不用说作者所要经历的论文修改阶段了。因此，考虑到本科生和研究生相对缺乏研究与写作经验，对他们来说，在国家级的学术期刊上发表论文将是一个非常困难的过程。正是这种情况，促使全国教育总理事会发布一项政策，推动攻读博士学位的学生发表国际性的期刊论文作为毕业的要求。

需要注意的是，对印度尼西亚的博士生来说，要在国际性的期刊上发表论文也并非易事；对本科生和研究生来说，要在国家级的期刊上发表论文就面临更大的挑战。这些挑战可以分为外部的和内部的。在内部，大多数与博士生一起研究的教授既缺乏研究经验，也没有国际性的学术论文发表。因此，他们本身在国际性期刊上的限制，使他们无力帮助被其指导的对象在国际性期刊上发表力作。同时，大多数国际性的期刊都将英语作为唯一的媒介语言，精通标准的书面英语成为发表论文的必要条件。然而，大多数学者和学生在英语书面能力方面显得不足，这将影响他们在国际性期刊上发表论文的尝试。在外部，母语为非英语的人在试图加入国际学术圈时经常面临着排斥，这些学术圈常常被西方学者垄断。

鉴于这些内部和外部的挑战，推行"不发表则灭亡"的学术政策将带来令人担忧的结果，因为它将对大多数人造成巨大的压力和无尽的恐惧——他们还不习惯发表论文的约束。教育与文化部应该以提高国民教育的质量获得称道，而不是盲目地出台政策却不顾学生方面的实际情况。

三、雅加达推行 12 年义务教育政策

为了提高教育质量，雅加达政府已经正式宣布首都的学生将被要求完成 12 年的学校教育。州长 Fauzi Bowo 表示，政府已经决定在现行九年基础教育的基础上再延长 3 年的学校教育年限。"9 年义务教育开展得相当好，所以我们决定延长教育年限。"目前，城市政府运用中央政府的教育项目，提供必要的设施，确保每个学生完成初中教育。在 12 年义务教育政策下，城市将考虑小学、初中、高中教育和师资。州长宣称，政府将着手制定相关文件，以延长义务教育的年限。2012 年，从政府分配的 10.4 万亿印度尼西亚卢比（约 11 亿美元）经费中取 30.76％的份额计算，则有 3.19 904 万亿印度尼西亚卢比的预算，用作推行 12 年义务教育的经费。雅加达教育机构负责人 Mulyanto Taufik Yudi 说，这座城市已经开始为 102 033 名学生支付高中教育实践资助（BOP）计划的费用。这些学生分

布在 106 所高级中学，还有 44 700 名学生在 49 所高级职业学校。①

高中教育实践资助总共 1876.4 亿印度尼西亚卢比，相当于每年每个学生 90 万印度尼西亚卢比，每年每个职业学校学生 180 万印度尼西亚卢比。Taufik 说："我们将每年逐渐增加教育操作基金，旨在到 2015 年所有高中学生均达到一个新的水平。"该机构主席表示，根据 12 年义务教育计划项目的安排，城市将投入教育实践资助基金到州初级、中级、高级教育，同样也资助私立小学和初高中教育，私立学校的学生将获得等量的经费资助。

四、印度尼西亚课程改革走向极端②

印度尼西亚政府决定从根本上改革当前小学课程，用宗教、爱国主义课程取代科学课程，这给下一代造成的影响将是在未来若干年中可能减弱印度尼西亚在经济方面的竞争力，以及在引进外资方面的吸引力。印度尼西亚公立小学系统课程方面发生的翻天覆地的变化，将给印度尼西亚的天主教徒、佛教徒、新教徒等少数民族群体带来更大的困扰。

印度尼西亚政府关于当前小学课程的激进改革在宗教暴力事件上升、教育系统的有效性下降的背景下，是一个具有逻辑合理性的必然选择。但是改掉科学、社会科学课程的做法有可能过激，从而造成迷茫的一代，这将导致印度尼西亚经济实力下降，社会不稳，宗教激进。

2012 年 11 月，印度尼西亚的教育部副部长 Musliar Kasim 解释说，印度尼西亚教育系统进行课程改革是绝对必要的，因为"现在许多学生没有养成宽容他人、同情他人的性格"，学生负担的加重和暴力事件的不断增加就很好地说明了有必要扩大课程改革。政府官员宣称，学生需要学会变成好公民，这只有通过灌输更多的道德感来实现。

因此，印度尼西亚教育部起草了一份决议，以改变这个国家当前的教育系统。一份草案曾经在 2012 年的 11 月和 12 月颁布并修订。第一个草案因为没有提供有意义的材料，并缺乏如何改变当前课程以实现预期目标的充足材料而失败了。

具体来讲，改革尝试意味着科学类课程将合并，学生更多的时间将花在宗教课程以及培养爱国主义情感上，然而，减少或缩小科学课程与改善学生的人格之间缺乏明确的联系。

---

① Andreas D. Arditya. Jakarta Launches 12-year Compulsory Education Program[N]. The Jakarta Post，2013-11-03.

② Timothy W. Coleman. Education Reform in Indonesia Likely to Backfire[N]. The Jakarta Globe，2013-11-11.

2012 年发布的《经济学家》信息部的报告中，印度尼西亚的教育系统显现出惨淡的情形。事实上，报告冠名为"认知技巧之术和教育成就"。它提供了一个各国教育产出与各国相对表现的快照图，印度尼西亚的相关指数分类置于末位。实际上，删除科学课程并将其置换成强制性的宗教课程带来的鼓励民族主义的倾向，将可能使改革适得其反。

印度尼西亚是一个巨大的群岛国家，人口有 2.4 亿，是世界上拥有穆斯林人口最多的国家，约占整个世界穆斯林人口的 88%。然而，印度尼西亚并非伊斯兰国家，允许其他几个注册的（或"官方"的）宗教进行宗教活动，宗教暴力事件经常发生。根据人权组织研究报告，"宗教冲突在印度尼西亚呈现上升趋势"。虽然印度尼西亚近年来的反恐努力已经很成功，但是日益严峻的反恐形势使得宗教冲突仍然是社会的不稳定因素。为此，印度尼西亚政府意欲通过教育系统的课程改革增加宗教教义，向学生灌输民族自豪感，化解学生日益激进的意识形态。但是，用宗教课程替换科学课程，无疑将会弱化其公民在未来的竞争能力。教育在社会发展中扮演着非常重要的角色，能够促进一个国家参与全球范围内的竞争。印度尼西亚通过简单的课程改革，有可能饮鸩止渴，与改革期望背道而驰，这对印度尼西亚教育系统，乃至整个国家的发展是非常危险的。

五、印度尼西亚未成年人保护形势严峻

印度尼西亚国家儿童保护委员会(Komnas PA)，一个位于雅加达的儿童权利非政府组织宣称，在 2012 年有 2 637 起针对儿童的家庭暴力报道，较前一年的 2 509 起有所上升。印度尼西亚的儿童保护专家 Pitoyo Susanto 认为，虐待儿童的报道被严重低估，如今只是冰山一角，因为公众将虐待儿童问题当作家庭内部问题来处理。"人们仍然相信这是一个私人的事情，"Susanto 说，"如果邻居知道隔壁是怎么回事，他们不会干涉。甚至在报道的案件中，我们可以看到，虐待已经持续很多年了。"印度尼西亚大学儿童保护中心的主任 Santi Kusumaningrum 认为，如果家庭成员或幸存者将虐待事件公之于众，将会受到指责和非难。其结果是"家庭被要求搬出村子或者社区，学校甚至拒绝接受这个孩子"[①]。

在印度尼西亚的学校里，性骚扰和虐待事件也时有发生，显现出学校教育的污点。大量涉及学生和教师的性骚扰案件，说明印度尼西亚学校在培养和发展学生自尊和尊重他人的能力方面还十分欠缺。雅加达 Atma Jaya University 大学的 Clara Ajisuksmo 认为，一种阻止学校里性骚扰事件发生的方法就是通过增强对学生的生殖健康教育。她强调生殖健康教育不应该作为性教育来对待，后者在印

---

① Child Protection a Low Priority in Indonesia [N]. The Jakarta Globe，2013-09-08.

度尼西亚的文化语境下具有消极的意义。①

六、印度尼西亚法院取缔"歧视性"的国际学校

印度尼西亚宪法法院做出裁定，要求废止政府建立国际标准学校（SBI），原因是这些学校过分强调英语而歧视印度尼西亚语。法院做出这一裁决是回应印度尼西亚腐败调查组以及大量的教育积极分子所指责的政党将教育商业化，并允许学校在提高教育质量的幌子下乱收费用。法院在宣判书中说："全国教育系统的2003年的法律第五十条第三项违反了1945年的《印度尼西亚共和国宪法》。国际标准学校试图获得国家标准状态和常规学校，这是具有歧视性的。只有来自富裕家庭的学生有机会在国际标准学校就读，这是精英学校，而那些家庭贫困的学生只能在普通的学校学习。"法院认为，学校要求使用英语违反了宪法，应当予以取缔。②

---

① Setiono Sugiharto，Clara R. P. Ajisuksmo：Promoting reproductive health education[N]. The Jakarta Post，2013-09-19.

② Webadmin. Indonesian Court Annuls 'Discriminatory' Ruling on International Schools[N]. The Jakarta Globe，2013-11-08.

第十一章 拉丁美洲教育政策与发展趋势

》第一节 阿根廷《2012—2016 年国家义务教育与教育培训计划》《《

《2012—2016 年国家义务教育与教育培训计划》(*Plan Nacional de Educación Obligatoriay Formación Docente 2012—2016*)[①] 是阿根廷教育部与联邦教育委员会在 2012 年颁布的一项国家教育战略计划，联邦教育委员会第 188 号法案已签署通过了这项计划。它成为下个五年内指导阿根廷义务教育及教育培训体系发展的纲领性文件，具有重要的意义。

一、《2012—2016 年国家义务教育与教育培训计划》的出台背景

阿根廷于 2003 年起开始了重塑政治体系的计划，取得了丰硕的成果。尤其在构建新型教育体系方面取得的进步推动了整个国家的进步，为社会生活的不断提升提供了信心和动力。制订一个国家层面的具有导向性的教育战略规划，同时在国家框架内维护教育权利的行使，是保障教育体系发展与进步的关键措施。但实施计划的前提是政府要在联邦层面实现其行政权力的集中化，同时在其他层面创造相应政治环境，以保障未来发展目标的实现。

了解阿根廷在过去十年中的发展历程，能让我们站在更理想的角度去理解这一计划的制订。2003 年 5 月 27 日是具有历史性意义的一天，时任总统基什内尔(Kirchner)决定采取一系列强有力的措施，解决恩特雷里奥斯省(Entre Rios)内漫长的教育冲突。提高教师工资标准、设置新的教学阶段等措施都是为了应对教育体系面临的挑战而制定的。阿根廷政府也颁布了一系列阶段性的教育计划来进一步推动教育事业的发展。

首先，在第一阶段 2003—2006 年，阿根廷政府颁布了一系列决议来保证教育事业发展所需的政治及社会环境建设，尤其对处于极端脆弱的家庭环境中和被

---

① Mimisterio de Educación. Plan Nacional de Educación Obligatoriay Formación Docente 2012—2016 [EB/OL]. http：//www. me. gov. ar/doc _ pdf/PlanNacionalde. pdf.

社会边缘化的人群，更是给予了最大程度的关注。这一阶段的教育政策的核心是：建立国家教育政策体系；保障所有阿根廷公民的受教育权；集中力量在教学方法优化、行政体制建设等方面；加强学校环境建设，同时强化教师传递阿根廷文化的重要使命，坚持对阿根廷教育体制发展有益的教学理念等。除了行政法令的颁布，阿根廷政府还通过了一系列法律，如《国家教育法》《教育财政法》《职业技术教育法》等，同时，在法律层面确定保障教师工资水平和建立 180 天学时等措施。这些都是旨在优化、革新和巩固阿根廷教育体系的有效手段。

2006—2009 年，主要的法律条款都已渐入正轨，各种教育项目、计划有条不紊地进行，教育体系建设初见成效。这一阶段，在《教育财政法》的框架下，阿根廷各联邦州之间达成了一系列双边协定及教育规划模型，主要涉及完成教育目标的资源的分配。同时，联邦政府还出台了教育专项计划与改善项目，针对教育体制的历史遗留问题以及最突出的不公平现象，制定工作手册指导处理紧急情况和教育体制的结构性问题。这一时期还将建设教育机构、学校等基础工程放在了重要地位。具体来讲，所关注的重点有：保障教学时间；重新制定教师工资标准；设置专项拨款，重新配置学校资源；建立国家教育培训体系；尽可能地将所有学生、教师、教育机构纳入数字教学模式；努力提升各级各类教育普及率等。

2009—2012 年阶段的重要政策成果是制订了《2009 年义务教育计划》（*Plan de Educación Obligatoria 2009*），它主要是为了改善阿根廷公立学校的学习及教学条件，在联邦政府开发的行政体制框架内发挥作用。在阿根廷教育部及各州政府教育行政机关的配合下，建立联合应对机制，共同面对《国家教育法》提及的挑战和问题。这一计划也是平衡中央与地方工作的杠杆，是协调各级教育机构工作的指导方针。该计划采取的政策措施具体来说有两类：一类是为优先入学所制定的政策；另一类是针对提升教学质量的政策。

下一个五年，阿根廷教育体系面临的挑战是如何做好教育体制性改革，在巩固过去十年间教育发展取得的成果的同时，不断深化、扩大教育政策的影响力。阿根廷教育体系发展成果可以从一系列相关数据中得到体现，从而很清晰地在整体上把握阿根廷教育政策的发展趋势。

2003 年，阿根廷国民教育开支占到了 GDP 的 3.64%，到 2011 年达到了《联邦教育法》规定的 6.47%。义务教育阶段教师平均工资水平增长了约 665%，新建学校 1 880 余所，另外，翻修、扩建、重装学校达 5 914 所。在职业技术教育领域内有 3 812 所专业教育机构得到了资金支持并更新了教学设备。同时，政府设立"优化计划"（Planes de Mejora）资助了 8 249 所初中，"联通平等计划"（Programa Conectar Igualdad）为中小学生筹集了 4 500 万本书籍以及 200 多万台笔记本电脑。从 2008 年起，全国范围内参与教育培训的人员注册率增长超过 29%。社会边缘人群在得到教育机会方面有了很大的改善：2001 年的全国文盲率为

2.6%，到 2010 年降为 1.9%；与此同时，全国中小学学生注册率提升了 248%。

统计数据显示，阿根廷义务教育阶段物质条件有明显的提升，但对于教学理念和方法的提升过程关注还不够。

《2009 年义务教育计划》的首要目标就是保障四年义务教育的普及（2001 年的普及率为 48%，2010 年的普及率为 70%，2010 年五年义务教育的普及率为 91.1%）。总体来讲，学龄前儿童的教育普及率从 2001 年到 2010 年增长约 17.2%。考虑到这期间 3～5 岁儿童的出生率在持续降低，所以，这一增长是很可观的。初等教育的普及率几乎达到 100%，6～11 岁儿童的入学率高达 99%。目前，阿根廷义务教育阶段的首要任务是改善那些入学率低于全国平均水平的地区的状况。从《国家教育法》颁布起，中等教育的学生注册率相较 2001 年增长了约 8%。12～17 岁青少年有 89% 在校读书，82.2% 的人在中学就读。2003—2010 年学习职业技术教育的学生数从 324 437 人增至 628 248 人，新建各类职业技术学校 274 所，原有的学校也在基础设施和教学设备上有了很大的改善。整个教学思路注重加强与社会生产及劳动力市场之间的联系，更加注重学生的实践过程。

《2009 年义务教育计划》的次要目标是将学校建设为一个向所有青少年开放的公共空间，为他们提供高质量的教育活动。它不仅要求政府注重保障学生入学的权利，更对学生能够高质量地完成学业给予适当帮助。2001—2010 年，由于多项教学计划和教育项目的开展实施，留级、辍学人口已有了大幅下降。在初等教育领域，按时毕业学生的比例有了很大提升，约 91.3% 的儿童都能在规定年限内完成学业，这一比例比 2001—2002 学年提升了 4.6%。全国人口中接受过完整义务教育的人口比例在过去十年增长了 40%，由 8 641 458 人增加到 12 159 506 人。这些数据可以说明自 2003 年起实施的各项政策发挥了应有的作用，但同时也反映了教育发展阶段中仍存在的问题。新的阶段应该强化提升针对青少年中等教育的各项教育计划的功能，扩大中等教育的覆盖范围，提升中学毕业率，向失学青少年提供继续学业的机会，改善各类教育机构的教学环境等。因此，为了继续《2009 年义务教育计划》的政策措施，巩固已取得的成果，阿根廷制订了《2012—2016 年国家义务教育与教育培训计划》。

二、《2012—2016 年国家义务教育与教育培训计划》的内容

（一）《2012—2016 年国家义务教育与教育培训计划》的目标

基于已经取得的教育成果，《2012—2016 年国家义务教育与教育培训计划》一方面要求继续深化教育体制改革，另一方面是要追求新的更大的进步。这一计划体现了政府决心建立有效的联邦统一机制来促进整个阿根廷教育体系的巩固和优化。政府在这一框架下提出了一系列有创新性的政策目标，希望重新认识、提

升阿根廷教育环境，保障全体公民的受教育权。

这些目标并不仅仅代表了阿根廷教育"未来的方向"，而且还是解释、界定这些"方向"的工具。它们体现了义务教育本身的要求，想要解决教育中存在的问题，代表了全体阿根廷公民的权利。因此，需要考虑各方面的需求和利益，包括教育体系、教育行政部门、教育机构、教师、学生、家庭及社会团体等的需求和利益。具体来讲，《2012—2016 年国家义务教育与教育培训计划》的目标主要包括以下内容：①促进义务教育各阶段覆盖率的提高，保障公民从出生 45 天起到完成义务教育规定学习年限期间的入学、再学及毕业的权利。②提高儿童及青少年的教育和学习的成效。③坚持和巩固保障学生完成学业的社会政策。④扩大阿根廷教师的职业培训机会及优化工作环境。⑤在教育体制、教学理念及教学设施上强调创新。

(二)《2012—2016 年国家义务教育与教育培训计划》的结构

按上述目标来讲，该计划在纵向结构上以义务教育的不同阶段作为分类标准：学前教育(4～6 岁)、初等教育(6～12 岁)、中等教育(12～14 岁)和教育培训。教育体系中各级各类教育制定的不同的行动纲领都在该计划中有所体现，而且该计划将这些内容有机地结合起来。同样，对于那些正在进行或是已经完成的教育政策，尤其是那些关于提升各级各类教育注册率的举措，该计划也都有提及。其他侧重点包括性别教育、毒品防治教育、公民道德教育和"教育与记忆"政策等也都有所体现。整个计划包括许多分支项目，详细描述了各行动计划及所期望取得的成就。

根据其行动纲领的侧重点不同，这些政策被分为两个模块。

第一个模块的政策主要涉及如何提升义务教育入学率。它们的目的是强化各个教育项目的实施，以改善教育教学条件，同时深化教育体制的改革。

第二个模块主要包括各级各类教育政策的发展：义务教育年限的延长、政府参与度的提高、教育法制体系及教育评价体系的建设等。

整体上讲，《2012—2016 年国家义务教育与教育培训计划》综合了阿根廷教育未来的发展方向，使得各项行动纲领具体化，为阿根廷教育的未来勾勒了一幅蓝图。

(三)《2012—2016 年国家义务教育与教育培训计划》的具体内容

1. 第一模块：行动纲领、成就及责任

(1)学前教育

目标一：提高 0～5 岁儿童的学前教育覆盖率。

目标二：制订教育专项计划，优化教育及学习条件。

目标三：为具有特殊教育需求的儿童制定入学政策，强化学前教育体制管理。

（2）初等教育

目标一：优化初等教育各阶段（入学、再学、毕业）的条件。

目标二：制订教育专项计划，优化教育及学习条件。

目标三：强化体制管理，扩大教育战略范围，涵盖所有在学及不在学的儿童。

（3）中等教育

目标一：优化中等教育各阶段（入学、再学、毕业）的条件。

目标二：制订教育专项计划，优化教育及学习条件。

目标三：强化体制管理，扩大教育战略范围，涵盖所有在学及不在学的儿童。

（4）青年及成人教育

目标一：保障青年及成年人得到基本文化普及的权利，并保障他们完成初等及中等教育的权利与机会。

目标二：巩固教学与学习成果。

目标三：强化体制管理。

（5）职业技术教育

目标一：在谈论社会发展、经济增长的时候，突出职业技术教育的战略特征。它有利于社会包容，能帮助年轻人更好地进入劳动力市场，能够对社会危机、科技进步的需求和经济增长做出正确的回应。

目标二：从教育质量、教学效果等方面强化职业技术教育，建立相关培养体系，将中等职业教育与高等职业技术教育相关联，吸纳不同的培训机构与项目。

（6）教育培训

政策一：在联邦框架下，健全和发展国家教育培训体系。

政策二：实现教育培训的统一评估。

政策三：强化课程发展。

政策四：增强教育培训体系的实际功能，保证机构硬件环境升级，同时强化机构间的合作，促进教育职业及教育研究活动的进步。

政策五：吸引更多人从事教师职业，帮助学生进入相关机构实习、工作，同时帮助相关机构宣传它们在社会、政治、经济与文化中扮演的角色。

政策六：强化教师培训过程中数字资源的运用。

2. 第二模块：横向政策

目标一：延长义务教育的年限。

目标二：完善政府及教育司法体系建设。

目标三：深化教育评价政策的实施。

目标四：促进有关教育数字化的政策体系建设。

目标五：帮助建立教育初级培训与继续教育之间的联系。

三、对《2012—2016 年国家义务教育与教育培训计划》的简要分析

在过去很长一段时间内，阿根廷社会对于教育未来的发展一无所知。但现在，阿根廷可以很自信地说这些疑虑和迷茫都已变得日渐清晰。阿根廷教育体制全面而独特，它所秉持的教育理念和目标面向千千万万的学生、教师与家庭，是真正的"全民教育"。之所以能够取得这样的成就，原因在于整个社会能够意识到教育是他们共同的职责，而并不只是教育工作者们的工作。换句话说，阿根廷社会现在正处于齐心协力，共同发展教育的和谐状态。一个扎实、稳定并具有完善的社会法律保障的教育体系是国家建设美好未来的助推器。在建设这样的教育体系过程中，需要详细考虑最终目标、实施过程、覆盖区域、占有资源及规章制度等方方面面的因素，做到整体规划，落实细节。

《2012—2016 年国家义务教育与教育培训计划》一方面表达了社会集体对教育活动的意愿与需求，另一方面也突出了教育体系要求社会不断成熟、不断支持的愿望。从这种互动性层面来讲，国家在制定教育战略时要综合考虑成就与挑战之间的关系，兼顾发展的机遇与挑战，实现教育体系的利益最大化。但是从政治意图及教化能力等层面上讲，《2012—2016 年国家义务教育与教育培训计划》表达的是要实现全体公民素质的提升，所以说是包含了一种新的期待。《2012—2016 年国家义务教育与教育培训计划》的重点包括：加大义务教育普及率；优先学前教育初级阶段的发展；为青年与成人提供接受教育的机会；实现教育培训的分级管理；加大投资，保障所有人接受平等、高质量教育的权利。

另外，《2012—2016 年国家义务教育与教育培训计划》在制订的过程中广泛征求不同目标人群的意见，充分考虑到了不同主体的利益。联邦教育委员会(CFE)就这一计划进行了长时间的讨论，对最令普通民众关心的政策重点做出了详细解释和界定。未来一段时期的工作重点是谨慎处理遇到的挑战，落实那些已经成形的想法和计划。阿根廷总统克里斯汀娜对《2012—2016 年国家义务教育与教育培训计划》的评价是最能准确概括其意义和作用的："在这一计划中，我们不会降低对未来的憧憬，我们不会减少教育资源和降低教育质量。在教育领域内，我们秉持维护全体人民受教育权的信念，面对国旗发誓，将在这一事业中倾注更多的爱。"

>> 第二节　委内瑞拉《关于教育委员会的规定》<<

一、《关于教育委员会的规定》出台的背景

委内瑞拉玻利瓦尔共和国（República Bolivariana de Venezuela，简称委内瑞拉）位于南美洲北部，是南美洲国家联盟成员，首都加拉加斯（Caracas）。作为世界上石油生产和出口大国，委内瑞拉属于拉美地区经济较发达的国家之一。

第二次世界大战以后，为了适应政治民主化和经济现代化的需求，政府对其教育体制进行了改革。1948 年，委内瑞拉对《国民教育法》进行了修改，颁布了《国民教育组织法》，重新肯定了对小学实行免费义务教育的制度，提出了教育民主化和教育机会均等的原则。20 世纪 70 年代初又进行教育改革，修订了小学教学大纲，改变了中学体制，把中学教育分为基础教育和多样化职业教育两类，并在大学教育中增设了一些与生产实践密切结合的工程学院。1980 年，议会通过新的《教育组织法》，确定了现行教育体制。

委内瑞拉政府对 6～15 岁儿童实行义务教育，且委内瑞拉已被联合国教科文组织宣布为无文盲国家。政府规定，全国所有学校必须在教育部立案，并按统一规定课程教学。2009 年修改教育法，将"21 世纪社会主义"纳入中小学教学大纲。2010 年注册的大学生达 12 万人。

虽然委内瑞拉已经建立了相对完善的教育体系，可是随着经济社会发展，委内瑞拉的国情也发生了很大的变化。由于民主观念深入人心，人民参政议政的愿望强烈，已有的行政管理部门已经不能满足人民的需求。人民希望自己也能够参与国家教育政策的制定，并且对教育系统各部门的工作进行监督。在这样的情况下，为了制度化、系统化地建立一个全民参与的体系，委内瑞拉教育部（Ministerio del Poder Popular para la Educación）部长办公室（Despacho de la Ministra）于 2012 年 10 月 16 日在加拉加斯发布了第 58 号决议，即《关于教育委员会的规定》。

二、《关于教育委员会的规定》的内容

委内瑞拉教育部在《关于教育委员会的规定》中提出，要建立一个由父母、代表、管理人员、学生、教师、行政人员以及教育机构的工作者组成的"教育委员会"（Consejo Educativo），并在文件中明确了委员会中各组织的职责、目标和工作内容。

下文对《关于教育委员会的规定》的内容进行简要介绍。

（一）基础条款

教育委员会应当遵守《关于教育委员会的规定》的各项规章制度，其下各部门应当按照要求完成自己的工作。政府通过在基础教育系统中拥有领导地位的部门——教育部，保证为人民（父母、代表、管理人员、学生、教师、行政人员以及教育机构的工作者）提供长久且全面的教育，从而确保和学校管理相关的活动得以规范实施。

1.《关于教育委员会的规定》的目的

《关于教育委员会的规定》建立在《委内瑞拉玻利瓦尔共和国宪法》相关条款的基础上，旨在规范和改进教育管理活动中的原则、价值观和操作流程，为教育委员会在教育系统下的教育机构管理提供参照标准。

《关于教育委员会的规定》对政府教育管辖范围内的所有教学计划、方案、设计、活动和服务都进行了规范，包括如何策划、实施、追踪、控制、监测以及评判。

2. 原则和价值观

教育委员会必须遵守的原则包括：参与式民主，责任和共同责任，正义与社会公平，独立、自由、解放思想的教育，追求和平，有社会意识，尊重人权，平等友爱，可持续性发展，男女平等，民族自豪，忠于国家，保护领土和主权完整，和拉美及加勒比地区其他国家和睦相处，尊重人民的自决权和他们对幸福生活的追求。

最基本的价值观包括：尊重生命与爱，兄弟和睦，合作共存，诚实守信，宽容忍让，发挥自身的社会作用，顾全大局，工作认真负责，尊重不同种族，承认文化平等之下的跨文化。

3. 教育委员会的定义

教育委员会是具有社会性、民主性的执行机构，它负责（或与其他部门共同负责）公共教育政策的管理，统筹、协调各机构内部、机构之间以及机构和社会组织之间的工作。

教育委员会是不同社会群体形成的和教育机构相关的整体，它受宪法和国家教育职权的约束。其下各部门在教育过程中应当遵守委内瑞拉教育体系的法律规定。

4. 教育委员会的结构

教育委员会由父母、代表、管理人员、学生、教师、行政人员以及教育机构的工作者组成。这些教育机构包括学前教育、初等教育、中等教育和职业中等教育，即基础教育囊括的所有形式。① 此外，与教育机构有关的各个社区组织的自然人、法人以及发言人也可以加入。

5. 教育委员会的目标

①发展和保卫全面持续的、面向全体的、民主解放的、转型后的、免费的义务教育，并将此作为对人权的保证和追求公平的基本社会责任。此处的公平是指：平等的条件和机会，无歧视，无年龄、性别差异，不考虑个体的潜力、民族、语言和文化的差别以及地域特点和国家特点。

②推动对公民全面教育，加强思想道德建设和社会人文建设，保障社区生活中的和谐，以及公民的公共义务和权利。

③从集体学习的结构入手，在课程过程中深化"基本纲领"：环境和全面健康，跨文化研究，人权和和平的文化，语言，解放的工作，国家主权和国家的全面防御，信息科学技术。②

④保证教育委员会的组织工作，以及它在基础教育系统下各种级别和形式的职能。

⑤为社区综合教育项目(PEIC)的组织、计划、执行、控制、推进和测评提供积极和负责参与的空间，把学校当作公共事务的中心，把社区当作学校事务的中心。

6. 教育委员会的任期及上任时间

教育委员会各部门的任期为一年，从选举后开始，可以连任。辞职或者罢免需要在任期一半之后。

教育委员会在选举后或者取得下属所有分委员会的一致同意后即刻上任，并且在 45 天之内到所在地的相关政府部门以及教育部下属的中心教育团体领导机构注册。

7. 教育委员会的组成机构

教育委员会下属的机构包括：父母、代表和管理人员委员会，学术委员会，安全和全面防护委员会，信息与通信委员会，环境健康委员会，运动、体育活动

---

① 根据委内瑞拉的《教育组织法》，该国教育体制如下：基础教育系统包括学前教育、初等教育和中等教育。高等教育系统包括大学本科和研究生两个部分。学前教育是指对 0～6 岁儿童的教育过程。初等教育则是从 6 岁开始直到学生取得初等教育毕业证书。中等教育分为两类，每一类都有相应的学位证书；基础中等教育学制为 5 年，职业中等教育则为 6 年。

② "基本纲领"(Ejesintegradores)是委内瑞拉在"玻利瓦尔国家课程体系"中提出的概念，是指为达到"玻利瓦尔教育体系"目标，在学习过程中对知识和经验的组织、结合方式。它通过整合在基础教育子系统下各级国家课程中不同领域的知识得以实现。换句话说，它是一种整合的策略，让学生尽量接近理想的知识体系，从课程体系规定的教育目的出发培养学生。它包含理论的、实际的、发明的以及价值论的内容。教和学的过程都应当以"基本纲领"为指导。

和体育教育委员会，文化委员会，基础设施和教学环境委员会，学生委员会，社会监督委员会，学校代表大会以及其他委员会。此外，所有在基础教育系统内的教育机构(从学前教育到中等教育)的领导小组，都可以在教育委员会人员任职时投出一票。与教育机构有关的各个社区组织的自然人、法人以及发言人也可以加入。

8. 教育委员会的职责

①按照社区综合教育项目(PEIC)和学习项目(PA)的规定，参与制定促进社会发展的相关教育战略措施。

②促进教育机构内部以及相互之间的合作，加强学校管理，保证基础教育系统中学生组织的稳定。

③具备环保意识，可持续地协调发展，保护环境多样性、社会多样性，保护环境，合理地利用自然能源。

④公共和私人教育机构的所有代表和负责人应当遵从《委内瑞拉玻利瓦尔共和国宪法》和其他法律的规定，构思和实施关于社区和学校和谐发展的决议和规定，并在教育委员会大会上提出，以请求通过。

⑤在教育、课程和管理方面，按照"西蒙·玻利瓦尔国家项目"和政府公共政策的规定，采取社会监督的机制，用一种积极、参与、负责的方式来评测公共教育机构和私人教育机构的教育计划、项目和方案。

⑥促进关于沟通的文化建设，对社会沟通、公共沟通、私人沟通等沟通方式的内容进行学习、理解、批评总结和思考，从而促进人与人之间的和谐共生，加强领土和国家概念。运用国家拥有的资源进行社会监测，建立与其他机构的共同责任。

⑦在地方、省市和国家的范围内系统化、社会化地传播教育管理中的实践结果并创新。

⑧组织公立和私立教育机构的发言人召开会议，就教育管理方面的事务集体讨论并做出决议。

⑨全面培养教师、家庭和社区制定教育政策和设计与"基本纲领"相关课程的能力。"基本纲领"课程的内容包括：环境和全面健康，跨文化研究，人权与和平的文化，语言，解放的工作，国家主权和国家的全面防御，教育管理框架下的信息科学技术。

⑩在公立和私立的教育机构提供的教育服务的质量方面，向教学管理提供支持，按照自身特点，结合相关法律、法规，产生机构内部、机构之间与政府、社区和其他公共企业的沟通机制。

⑪推进各项有利于教育和培训的公共计划、项目和政策的实施。

⑫支持关于餐饮服务的战略、组织和运作的建设，按照国家相关公共政策，

保证食品安全，提供健康、美味、安全的食品。

⑬协调各小组之间的工作，以确保在学校、家庭、社区和其他社会性的教育机构中进行关于道德价值观、多元文化、身份意识、多元社会文化、社会和生物多样性、归属感和相关历史地理，以及其他关于委内瑞拉公民身份（包括加勒比海沿岸身份，拉丁美洲身份和世界身份）的教育。

⑭发展和捍卫人民接受全面的、公平的、义务的、自由的、面向所有人的教育的权利，促进机会和条件的公平，不分民族、性别、肤色、信仰、文化等，一视同仁。

⑮协调、指导和实施一切教育机构内的可以提升效率、效益的教育管理活动。

⑯每季度向学校代表大会呈递关于校园管理的进步与总结的报告。

（二）对教育委员会的规定

教育委员会是由教学过程中发挥关键作用的群体的代表组成的机构。教育委员会发挥专门的作用，即依照《国民教育组织法》和其他相关法律的规定，满足人的潜力的需求并对其进行开发。

教育委员会应当统筹和促进教育机构、社区机构和社会机构的参与和合作，保证全体公民享受全面教育的权利。

教育委员会的代表由选举产生，而候选人来自在教学过程中发挥关键作用的群体。之后，他们会被提名至学校代表大会，并由学校代表大会中的大部分人决定他们的去留。发言人的责任是按照团结自律、互帮互助、公正透明的原则，对学校代表大会和国家的利益负责，统筹、协调和推动各个委员会提出的计划、议案和项目。

（三）关于学生委员会

学生委员会是由私立或者公立的教育机构中注册在校的学生组成的集体组织。学生人民政权（Poder Popular Estudiantil）和教育委员会一起，在民主、和平、尊重、包容和团结的氛围下，积极主动地负责各教学及公共的计划、议案和项目。

学生委员会由来自基础教育系统下的各种形式和级别的教育机构的学生代表组成。这些学生代表应当通过学生委员会行使职权。

学生委员会的职责如下。

①积极主动地参与各项教学及公共活动、计划、议案和项目，在民主、和平、尊重、包容和团结的氛围下，作为社会主体行使权利，履行义务，促进教育机构的和谐和良好运作。

②监督各教育机构召集代表召开例会及特别会议。

③组织加强国民的身份意识，保护和继承国家环境、历史和文化底蕴的

活动。

④共同承担维护教学设施的责任，包括材料、设备、家具和其他属于教学机构的不动产。此外，应当降低安全隐患，做好安全防御工作。

⑤参与社区综合教育项目(PEIC)、学习项目(PA)和类似的由教学机构组织的关于学习的项目的制定活动，在家庭、学校和社区间沟通，从而保证各方面的诉求都能够实现。

⑥与其他教学机构沟通、合作，促进学生委员会的组织和发展，形成本地性的、地区性的、国家性的学生网络。

⑦将学生委员会的组织经验系统化，并通过不同的方式传播这些地方的、地区的、国家的甚至国际的组织经验。

⑧每季度向学校代表大会起草并呈递关于活动管理的报告。

(四)父母、代表和管理人员委员会

该委员会是一个由社会团体参与的机构，秉持尊重和反思的态度，在教育相关的原则、信念、态度和价值观的形成中发挥作用，并把家庭、学校、国家和社会的责任在地方、地区和国家的层面具体化。

父母、代表和管理人员委员会的职责如下。

①代表应出席由教育委员会召开的例会和特别大会，并参与做出决定。

②参加由教育委员会和其他国家公共委员会组织的教育、社会、经济、文化、艺术、体育和娱乐活动。

③参加社区综合教育项目(PEIC)的制定、实施、控制、跟进和测评。

④组织、推动和实施关于教育机构的不动产、家具和基础设施的养护和维修的谈话日程。

⑤加强家庭、学校和社区的联系，协助幼儿、少年、青年和成年人教育教学过程中的综合教育服务，参与行动计划的建设和实施。

⑥在本地、地区和国家范围内推广和系统化教育管理中的实践和创新。

⑦每季度向学校代表大会起草并呈递关于活动管理的报告。

(五)学术委员会

学术委员会是负责对教育相关人员进行全面和长期培训的部门。它支持学习潜力开发，促进相关人员的职业素养、实践能力和知识的建设与创新。

学术委员会由长期培训、研究委员会的代表、学生、行政人员、领导、教师和学校职工组成。

学术委员会的职责如下。

①在生态、环境、文化、娱乐、体育、社会生产、农业粮食、健康、通信等方面，推动教育委员会所有工作人员长期和全面的培训，提高人员研究和创新的素质，培养具有社会责任感和主权意识的公民，为社会向人文民主的价值观的转

变做出贡献，增强公民对于国家身份、加勒比身份和拉丁美洲身份的认同感。

②提高对公民进行培训的人员的业务素质和知识水平。

③和教育委员会的其他人一起，参与对教育管理人员能力的评价。

④根据历史地理背景和当地、地区和国家的情况，推动课程的进程。

⑤和教育委员会其他部门一起，积极主动地参与教育管理。

⑥在本地、地区和国家范围内推广教育管理中的实践和创新，并使之系统化。

⑦每季度向学校代表大会起草并呈递关于活动管理的报告。

（六）信息与通信委员会

信息与通信委员会是通过公共和社区媒体网络，推广、传播和沟通教育方面的变化的机构。该机构由学生代表、领导、教师、管理人员和人民政权的社区组织职工构成。

信息与通信委员会的职责如下。

①在教育机构和社区中推动各种通信方式和途径的形成，包括纸质媒体、电台和电视。

②利用信息与通信技术，组织、协调和指挥教学活动。

③参与机构、社区中通信系统的创建和组织，参与用户委员会的创立，从而保护儿童、少年、青年和成年人的通信权利。

④参与和协调公共、社区媒体的活动，从而支持和宣传促进社会责任感、和谐共生、爱、尊重的教育、社会与文化活动和项目。

⑤推动志愿的用户委员会的创立，加强对社会媒体传播信息的批判性思考。

⑥在本地、地区和国家范围内推广和系统化教育管理中的实践和创新。

⑦每季度向学校代表大会起草并呈递关于活动管理的报告。

（七）安全和全面防护委员会

安全和全面防护委员会应当尽职尽责地实施预防、安全、防御和保护活动，秉持彼此尊重、互相体谅、一同参与的原则。

该委员会由父母、学生代表、教师、领导、管理人员、社区机构的工作人员等组成。

安全和全面防护委员会的职责如下。

①在教育机构内建立和协调全面促进、防御、保护、预防工作，连接学校、家庭和社区之间的共同活动。

②推动教育委员会长期培训的活动，培养全面防御、预防和保护儿童、少年、青年和成年人的文化，帮助他们应对威胁、脆弱和其他各种风险。

③统筹协调各种维护儿童、少年、青年和成人安全的活动，保卫教育机构。和以下保护国民安全的机构合作：玻利瓦尔国家警卫处、消防局、国家保卫处、

道路交通局、玻利瓦尔国家军事部、居民安全委员会、战争委员会、国家反毒品办公室、何塞·菲力克斯·里瓦斯基金、国民安全两百周年组织，以及其他组织。

④促进全面风险管理集体组织的形成，制定应急预案、安全标识、战略地图，为儿童、少年、青年和成年人以及教育机构提供安全保护。

⑤推动和建立预警系统，模拟紧急意外场景演练，联合机构和社区一起应对风险。

⑥对教育机构的财产、人员伤亡进行清点，并与主管机构协商相关解决方案。

⑦推动教育机构和社区机构中有利于儿童、少年、青年和成年人全面长期发展的文化、娱乐和体育方面的活动。

⑧在本地、地区和国家范围内推广和系统化教育管理中的实践和创新。

⑨每季度向学校代表大会起草并呈递关于活动管理的报告。

(八)环境健康委员会

环境健康委员会是促进环境保护的机构，保证全面健康，在团结的基础上发扬友爱、责任、合作共生的精神。

该机构由父母、学生代表、教师、领导、管理人员、社区机构的工作人员等组成。

环境健康委员会的职责如下。

①在《环境和安全整体纲要》（*Eje Integrador Ambientey Salud Integral*）的框架内，借鉴当代和先前的与家庭、学校、社区环境及健康有关的保护经验和知识，开展活动，促进本地、地区和国家发展。

②通过开展保护和促进儿童、少年、青年和成年人全面健康的活动，加强社会对学校的职责，和其他机构合作，如社区内部使命计划、区委会联合组织、全面医疗中心、医院、国家营养学会以及其他机构。

③促进对教育过程中发挥关键作用的人物的全面、长期的培训，让他们能够批判性和创造性地参与教育机构的食品系统和环境保护工作。

④通过教育机构对食品服务的监测、追踪、控制和测评，在家庭、学校和社区中培养个体和集体关于本土的、健康的、安全的、平衡的、有营养的、美味的食品观念，全面保护公众健康。

⑤通过使用替代医学推进预防性健康教育，比如，地方、地区和国家的民间智慧和祖先智慧。

⑥创建环境和生态组织，保护环境，保护民族文化、环境和国家主权。

⑦在本地、地区和国家范围内推广和系统化教育管理中的实践和创新。

⑧每季度向学校代表大会起草并呈递关于活动管理的报告。

（九）运动、体育活动和体育教育委员会

运动、体育活动和体育教育委员会是出于教育和社会目的，秉持国民身份、民主参与、主权、公正、诚实、自由、尊重人权、平等、忠于国家和它的象征、性别种族平等、合作、责任感、团结和保护环境的方针和价值观，负责推动旨在促进、组织、鼓励和管理体育活动和体育教育的行动的组织。

该机构由父母、学生代表、教师、领导、管理人员、社区机构的工作人员等组成。

运动、体育活动和体育教育委员会的职责如下。

①和人民政权体育部合作，共同计划、实施和测评教育机构的体育活动和体育教育。

②创建体育活动组织，加强学生、家庭、教育社区和周边社区的全面健康。

③通过社区和国家机构的计划、项目和方案，保证体育和体育教育的发展。

④创造有利于体育文化、优质生活和不同领域中运动技巧发展的构成社会意识的生活方案。

⑤维护教育机构内的体育设施。

⑥在本地、地区和国家范围内推广和系统化教育管理中的实践和创新。

⑦保证各项计划、方案和设计，保证所有的学生群体都能参与系统化的体育实践、体育活动和体育教育。

⑧每季度向学校代表大会起草并呈递关于活动管理的报告。

（十）文化委员会

文化委员会通过各教育机构和教育中心的本地的、地区的和国家的活动，负责组织、领导和推动对文化的认识，促进全面教育，在包容精神之下，发展人的创造力、表现力和娱乐能力。

该机构由父母、学生代表、教师、领导、管理人员、社区机构的工作人员等组成。

文化委员会的职责如下。

①促进国民身份意识的建设，恢复历史，发现和保护他们的"根"。

②推动长久、全面的，可以把学校转变为社区活动的活力中心的文化项目。

③组织和发展支持学校和文化网络系统的文化项目，该网络系统属于所有组织和参与社区活动的机构。

④组织和参加促进社区综合教育项目（PEIC）的发展和稳定文化活动，以及促进教学管理中教育社区参与的文化活动。

⑤发展和统筹课程改革基本纲领中的文化活动。

⑥激发学生、领导、教师、父母、社区代表的创造力和表现力，识别和响应普通人民、印第安人和非洲裔委内瑞拉人的文化，尊重他们的语言、世界观、价

值观、常识、经验和构成国家价值观的社会组织方式。

⑦在本地、地区和国家范围内推广和系统化教育管理中的实践和创新。

⑧保证各项计划、方案和设计，保证所有的学生群体都能参与系统化的文化活动实践。

⑨每季度向学校代表大会起草并呈递关于活动管理的报告。

（十一）基础设施和教学环境委员会

基础设施和教学环境委员会负责组织、促进、计划和评估机构内部和机构之间，对教学机构的国家财产和基础设施的建设、扩大、复原、捐献和维护行为。

基础设施和教学环境委员会由父母、学生代表、教师、领导、管理人员、社区机构的工作人员等组成。

基础设施和教学环境委员会的职责如下。

①从以下各方面规定教学环境的特点：地理位置、土地类型、交通设施、物资设备、电路系统、医疗设施、环境、绿化、捐赠（设备和动产），以及其他方面。

②向学校代表大会起草并呈递对可能出现的情况的讨论的预备方案，以在需要时提供可能的解决方法。

③推动和保证现有的、将来的校园基础设施符合校园物质设施建设的便利规则和质量要求。

④组织和发展维护教育机构的物质建设、设备、家具和其他财产的长久性使用，以及关于校园基础设施的安全、保护和监视的工作。

⑤和主管机构以及社区机构一同计划和发展应对风险和灾难的管理活动。

⑥在本地、地区和国家范围内推广和系统化教育管理中的实践和创新。

⑦每季度向学校代表大会起草并呈递关于活动管理的报告。

（十二）社会监督委员会

社会监督委员会负责在关系集体利益的计划、项目和行动实施前、中、后期，基于正义公平、透明负责、效率诚实的原则，保证教育管理中所有的资源都得到合理利用，对教育管理进行预防、监测、跟进、控制和测评。

社会监督委员会由教育委员会下属各委员会和社区组织的代表组成。

社会监督委员会的职责如下。

①预防、监测、跟进、控制和测评教育管理中各项关系集体利益的计划、项目和行动在教育机构内的构思、发展和实施。

②测评由社会组织成员提出的和各教育委员会下属委员会管理的有关方案，并以合适的方式告知学校代表大会。

③公开和教育委员会有关的法律支持，并保证它的实施。

④监察校历工作的完成，教育和学术过程，和课程相关的方针，工资的公正

和教育机构的注册、登记和统计。

⑤监测、跟进、控制和测评教育机构中财产、服务和基础设施的质量和性能，以及和食品服务相关的过程（投入、供应、处理和分发），卫生，食物的加工和质量，菜单提供和承包服务等。

⑥建立发现、处理、向有关机构报道和跟进教育机构在教学、管理和法律方面的违规行为的机制。

⑦在本地、地区和国家范围内推广和系统化教育管理中的实践和创新。

⑧每季度向学校代表大会起草并呈递关于活动管理的报告。

（十三）学校代表大会

学校代表大会是教育委员会中参与、审议和决议的最高机构。它完成基础教育子系统中法律、法规的要求。

学校代表大会由和教育管理有关的，在教育过程中发挥关键作用的代表组成。学校代表大会采取少数服从多数的制度，决议由多数代表做出。

学校代表大会的职责如下。

①根据国家教育政策，通过并使社区综合教育项目（PEIC）的各项计划、项目和资源合法化。

②在学年开始 3 个月以内，通过教育委员会的注册文件以及相关职务规定。

③规定各委员会委员免职的标准，参照《委内瑞拉玻利瓦尔共和国宪法》（1999 年），《教育组织法》（2009 年），《儿童和青少年保护组织法》（2007 年），以及《人民政权法律体系》（2010 年）等保护公民权利的法律规定。

④讨论、通过或废除社区综合教育项目（PEIC）内的，有关基础设施、娱乐、体育、社会生产、健康、通信的项目，并将其和国家组织与社区组织的项目连接起来。

⑤讨论并就反对、通过或取消教育委员会的项目和财务取得共识。

⑥了解、讨论并就反对或合法化教育委员会的共同协议达成共识。

⑦推动与社区组织在社会经济和社会文化方面的合作，发挥《国家经济和社会发展计划》（*Plan de Desarrollo Económico y Social de la Nación*）中规定的委内瑞拉社会生产、政治和教育的模范作用，符合社区和国家项目的现实要求。

⑧根据请求，在任期一半之后罢免委员会委员。

学校代表大会分为普通和特别两类。普通代表大会每三个月召开一次，处理、控制和跟进学校管理。特别大会则是在教育委员会需要时召开。每个学年的前 15 日召开第一次大会，选举教育委员会成员。此外，大会应当作为教学管理中积极参与的社区部分，构成学校的内部组成部分。

第十二章　大洋洲教育政策与发展趋势

>> 第一节　新西兰教育政策与发展趋势 <<

新西兰教育部于 2013 年 10 月发布了《2013 教育部年度报告》(*The Ministry of Education Annual Report 2013*)，这是一份关于新西兰 2012—2013 年度(2012 年 7 月 1 日—2013 年 6 月 30 日)教育改革与发展的报告。报告指出，2012—2013 年度对于新西兰的教育发展而言是充满挑战的一年。在这一年里，一方面，新西兰的各项教育事业取得了巨大的进步；另一方面，在某些关键领域，新西兰依然是捉襟见肘。[①]

2012 年 6 月，新西兰政府提出了十项发展目标，其中有三项内容涉及教育领域。为了更好地落实这三项目标，新西兰教育部将 2012—2013 年度的工作重点确定为：提高所有学生的学业成绩并重点关注那些特定学生群体的教育需求。[②] 基于以上工作重点，新西兰在 2012—2013 年度明确了两项优先发展行动：一是完善四类特殊学生群体的教育系统；二是实现教育对经济的最大化贡献。[③] 为实现上述工作重点，完成两项优先行动任务，新西兰在过去的一年里开展了多项有针对性的实验计划，强调不同部门、机构之间协同合作，高度重视家长、家庭、社区及企业在教育发展中的重要地位，联合了多种力量完善教育系统，改善了学校的基础设施建设。

在 2012—2013 年度，新西兰定位了教育发展的核心目标，即促进教育体系更好地服务于全体新西兰人，帮助每一名儿童和青年充分地展现自己的潜能。《2013 教育部年度报告》紧扣这一目标，详细介绍和梳理了新西兰于 2012—2013 年度在教育领域实施的重要举措，其具体内容如下。

[①]　The Ministry of Education，New Zealand. The Ministry of Education Annual Report 2013 [R]. Wellington：The Ministry of Education，New Zealand，2013：4-5.

[②]　The Ministry of Education，New Zealand. The Ministry of Education Annual Report 2013 [R]. Wellington：The Ministry of Education，New Zealand，2013：4-5.

[③]　The Ministry of Education，New Zealand. The Ministry of Education Annual Report 2013 [R]. Wellington：The Ministry of Education，New Zealand，2013：8.

一、新西兰教育部对政府指导的回应

教育是促进社会团结和经济繁荣的关键，它深深地影响着新西兰的所有家庭。青年人通过接受初等教育和高等教育获得的资格证书及各种技能，可以帮助其更好地进入职业市场，从而为新西兰的经济发展贡献力量。要实现这一目标，新西兰就需要为所有儿童和青年提供高质量的教育。

2012 年 6 月，新西兰政府为公共部门设立了十项目标，其中有三项内容涉及教育领域，具体见表 12-1。

表 12-1　教育方面的三个目标领域

序号	领域	公共服务目标	当前状况
1	提高儿童早期教育的参与率	到 2016 年，98％的入学儿童都能接受高质量的早期教育	从 2012 年 6 月到 2013 年 6 月，参与率增长了 0.7％
2	提高达到全国教育成绩 2 级证书水平的 18 岁青年的数量	到 2017 年，85％的 18 岁青年能够取得全国教育成绩 2 级证书或同等资质	从 2011 年到 2012 年增长了 2.9％
3	提高获得高级资格证书的青年的数量	到 2017 年，55％的 25～34 岁成年能取得 4 级或以上水平的资格证书	从 2011 年的 51.8％增加到 2012 年的 52.6％

资料来源：The Ministry of Education，New Zealand. The Ministry of Education Annual Report 2013[R]. Wellington：The Ministry of Education，New Zealand，2013：10-11.

针对政府为教育领域设定的三个目标，新西兰教育部做出了如下回应：①提高毛利学生、太平洋岛族裔学生、有特殊教育需求学生以及来自经济不发达地区学生的学习成绩。②实现教育对经济的最大化贡献。[①] 为了实现以上两个承诺，新西兰教育部也做出了积极的转变，以保证新西兰年轻的学生们都能在最大程度上实现自己的潜能。其具体内容如下。

1. 新西兰教育部采取的一系列行动

新西兰教育部在早期教育领域采取了以下措施。

①在 12 个社区组建行动小组，深入挖掘社区内的各方面知识。

②在高需求社区创办 36 个托儿所。

③在儿童早教参与率最低的社区设计三个新的"优先家庭参与"（Engaging Priority Families）方案。

---

① The Ministry of Education，New Zealand. The Ministry of Education Annual Report 2013 [R]. Wellington：The Ministry of Education，New Zealand，2013：10.

④为满足 2008 年的规章制度，超越预期目标，重新批准 766 个早教服务机构。

在高中教育和大学教育阶段，教育部提高了取得成绩的资格要求。

①与所选中学共同努力，提高那些在 2012 年没有取得资格证的学生的 2 级成绩。

②与新西兰学历管理委员会一起落实全国教育成绩证书（National Certificate of Educational Achievement，NCEA）和 Whänau 计划。

③为教师、领导和校长的专业学习与发展投入 7 500 万美元。

④实施五项职业路径，发展企业与教育的合作伙伴关系。

⑤为学生提供 8 500 个免费名额，培养他们就职或深造的基本技能。

⑥在全国范围内创建 23 个"青年保障"（Youth Guarantee）网络项目，改善青年人的学习发展状况。

2. 开展部长间跨部门座谈

这一座谈活动为跨部门讨论提高教育成绩的关键问题提供了机会。这些座谈会成员参与了许多教育事件的讨论，如先前公布的《国家标准数据简报》（*Pre-release Briefing on National Standards Data*）和《2013—2014 年教育预算的分享信息会》（*Budget 'Lock-up' Sharing Information on the Education Budget for 2013/2014*）等。

3. 参与跨机构方案制定

(1)社会部门论坛

教育部是社会部门论坛的关键机构，社会部门论坛的成员还包括社会发展部、司法与教育部、卫生部、商务部等多个部门的领导人员。

(2)推进社会部门实验

在 2012—2013 年度，教育部与其他机构一起构建了新的实验地点，推进社会部门实验。在国家层面上，教育部对计划、治理和项目管理有所帮助；在地区层面上，教育部也参与了地区的咨询小组，了解了实验社区的情况。

(3)儿童行动计划

儿童行动计划是一个跨部门的合作项目，它旨在减少受虐待和受忽视的儿童的数量，改善濒临危险的儿童的生活状况。

(4)青少年心理健康计划

教育部主要是通过"人人成功"（Success for All-Every School，Every Child）和"积极学习行动"（Positive Behaviour for Learning）等计划，为儿童和青年人提供特殊教育服务。

(5)熟习和安全的工作场所

在这个项目上，教育部的主要关注点在于高等教育系统如何回答以下问题：

①培养更多高技能的职工。②对企业的需求做出回应。③提出高质量的规定。④给学生提供信息，使他们做出继续深造或求职的决定。

二、2012—2013 年度的优先行动项目

新西兰在 2012—2013 年度主要聚焦于以下两个优先行动项目：①提高毛利学生、太平洋岛族裔学生、有特殊教育需求学生以及来自经济不发达地区学生的学习成绩。②实现教育对经济的最大化贡献。

（一）具体内容

1. 优先行动一：提高毛利学生、太平洋岛族裔学生、有特殊教育需求学生以及来自经济不发达地区学生的成绩

一些数据显示，新西兰教育系统中针对某些特殊群体的运作情况十分不理想，这是新西兰在教育发展上特别需要强调的一个问题。[①] 新西兰的教育系统必须满足这些学生的需求，并以能够反映和体现他们的身份、语言及文化的方式来开展教育活动。改善这群学生的学习成绩是新西兰教育部当前要优先考虑的项目，这一问题的解决将有助于提升新西兰整个教育系统的水平。

在一些关键性目标上，如儿童早期教育参与目标和全国教育成绩 2 级证书目标等，欧洲裔学生和亚裔学生的成绩已经达到或接近目标水平，而毛利学生和太平洋岛族裔学生的成绩远没有达到。这体现了一个教育均等方面的问题。

针对上述情况，新西兰设计了"学生成绩效能"（The Student Achievement Function）来帮助学校改进毛利学生和太平洋岛族裔学生的成绩。而目前获得这一项目支持的学校已经明显地看到了毛利学生和太平洋岛族裔学生成绩的提升和进步。

2012 年，新西兰教育部在有着高比例毛利学生和太平洋岛族裔学生的中学开展了一项旨在提高 NCEA2 级成绩的试点工作，并为学校落实提高 NCEA2 级成绩的项目提供了一定的支持。尽管该项目主要面向的是需要提升成绩的毛利学生和太平洋岛族裔学生，但就结果来看，这些项目不仅提高了毛利学生和太平洋岛族裔学生的成绩，同时也提高了其他学生群体的成绩。总的来说，这一试点工作收到了非常好的效果。

2. 优先行动二：实现教育对经济的最大化贡献

教育对经济增长与发展有着极其重要的作用，要最大限度地发挥教育促进经济增长的功能，就需要所有儿童和青年人都掌握一定的知识和技能，从而使他们

---

① The Ministry of Education，New Zealand. The Ministry of Education Annual Report 2013 ［R］. Wellington：The Ministry of Education，New Zealand，2013：17.

充分发挥自己的潜能，为新西兰的经济和社会发展做出贡献。

在 2012—2013 年度，新西兰教育部进行了一系列的调整和改革，其目的在于使青年人获得求职所需的知识、技能及资格证书。同时，教育部也开展了跨部门的行动计划，以期提高向劳动力市场输出的技术工人的能力。此外，新西兰教育部还联合其他机构共同开展了一系列活动，以加强高等教育、研究、知识转换及国际教育部门的业绩，从而为实现政府制定的经济增长目标做出贡献。

3. 提高新西兰教育部的工作业绩

新西兰教育部在新西兰教育发展体系中充当着核心调控员的角色。它的工作目标就是为所有新西兰人提供更好的公共教育服务，给政府在教育方面的投资以最大的回馈。

在 2012—2013 年度，新西兰教育部的工作业绩也有了一定程度的提高。具体表现为：教育部提高了自己的能力，使部门能更有效地为所有儿童和青年带来更公平的结果；教育部改变了与政府部门的互动方式，确保更好地致力于实现政府设定的宏伟目标；教育部更加关注教育经费的使用情况，确保将其投入优先行动项目中来。[①]

(二)未来走向：转变教育部的角色

接下来，新西兰教育部将进行角色的转变，实施一系列积极的改变计划，其目的在于为新西兰的青年创建最好的发展平台。教育部还将加强与其他教育部门的合作，在不同部门之间分享知识和实践的经验。同时，新西兰教育部也将定期为部长跨部门座谈提供支持，借助跨部门的讨论、协商来提高教育部的领导力，并就提高学业成绩方面听取座谈小组的一些意见和建议。总之，新西兰教育部在未来发展中将更加强调团队合作，期望通过跨组织和跨部门的协作来改进最终的教育结果。

三、对特殊学生群体的关注

新西兰主要将毛利学生、太平洋岛族裔学生、有特殊需求的学生以及来自经济不发达地区的学生界定为特殊的学生群体，并对其予以高度重视和关注，采取了一系列有针对性的措施，以改善他们的学习成绩。

(一)具体内容

1. 提高毛利学生的成绩

(1)恢复"加速成功"(Accelerating Success)策略

在 2012—2013 年度，新西兰公布了政府制定的用于改善毛利族教育发展现

---

① The Ministry of Education，New Zealand. The Ministry of Education Annual Report 2013 [R]. Wellington：The Ministry of Education，New Zealand，2013：16.

状的策略内容。这一策略包含提高毛利学生成绩的两个重要因素：①有效治理下的质量条款、领导能力和教学活动。②来自家长、毛利组织、社区和企业的强大支持与贡献。[①]

（2）提出"2013—2017 年毛利语教育策略"（Māori Language in Education Strategy 2013—2017）

在 2012—2013 年度，新西兰实施了毛利语教育策略，并在教育部门内充分肯定了毛利语的价值和优先性。此外，新西兰教育部还专门撰写了一篇关于如何提高毛利语学生成绩的文章，以期为 2013—2017 年毛利语教育策略的实施提供更多的信息。

（3）强调理解、接受和认识

理解、接受和认识是新西兰政府部门开展卓越教育活动的导向。在 2012—2013 年度，新西兰成立了 60 个工作坊，增加了 7 个国家级毛利组织，并给这些组织提供机会，让它们在促进毛利学生取得教育成功方面扮演更加重要的角色。[②] 另外，新西兰还在罗托鲁瓦成立了新的儿童早教中心，并为学龄儿童引入了一个科学学习计划，这些活动都将帮助解决罗托鲁瓦地区儿童早期教育参与的问题。

（4）提高部门应对毛利族问题的能力

在 2012—2013 年度，新西兰构建了测量收益框架（Measurable Gains Framework），这个工具可以帮助确定如何更好地提升毛利学生的成绩。在这个项目中，所有项目管理者都需要在其项目文件中使用这一工具，并且按月报告进展。

从 2012 年 10 月起，新西兰所有教育部门都开始引入职业胜任力框架（Tātai Pou Competency Framework），该框架设定了部门职员在提高毛利学生成绩方面所需要的重要能力。截至 2013 年上半年，约有 2/3 的职员都已在他们的个人发展规划中包含了这些能力。

2. 提高太平洋岛族裔学生的成绩

（1）太平洋岛族裔教育计划（Pasifika Education Plan）

新西兰在 2012—2013 年度回应了 2011 年审查太平洋岛族裔教育计划所提出的问题，并公布了这一计划下一阶段的任务。太平洋岛族裔教育计划是基于某些已获得成效的行动而提出，例如，太平洋岛族裔的一些家长、家族及社区广泛参与到教育中来。该计划针对提高太平洋岛族裔儿童和青年的成绩设定了许多宏大

---

① The Ministry of Education, New Zealand. The Ministry of Education Annual Report 2013 [R]. Wellington: The Ministry of Education, New Zealand, 2013: 17.

② The Ministry of Education, New Zealand. The Ministry of Education Annual Report 2013 [R]. Wellington: The Ministry of Education, New Zealand, 2013: 18.

的目标，它对于实现更好的公共服务目标也起到了关键的作用。

(2)太平洋岛族裔早期学习移动延伸服务(Pasifika Early Learning Mobile Outreach Service)

新西兰教育部联合太平洋岛族裔事务部，为太平洋岛族裔早期学习移动延伸服务提供资金。这一服务帮助提高了太平洋岛族裔社区对儿童早期学习的关注和意识，并使社区能更好地参与到儿童早期学习活动中来。除提供资金外，新西兰教育部还选定了某些承包人来开展这项服务，并明确了参与这项服务可能遇到的问题。

(3)开展"NCEA 太平洋岛族裔计划"(The NCEA ma le Pasifika programme)

新西兰学历管理委员会(New Zealand Qualifications Authority)在太平洋岛族裔地区开展了 NCEA 太平洋岛族裔计划，该计划旨在提高太平洋岛族裔家长对 NCEA 的了解和认识。在 2012—2013 年，新西兰有 24 名训练者面向 2 037 个太平洋岛族裔家庭创办了 44 个工作坊，其中 99％参与到工作坊中的家长表示他们更加了解了 NCEA，也对与学校探讨这一问题更自信。[①]

(4)其他发展项目

新西兰教育部向太平洋岛族裔地区的学校介绍了新的太平洋岛族裔教育计划，其目的在于使他们明确如何更好地服务于太平洋岛族裔学生。此外，教育部还向这些学校介绍了许多其他的发展项目，如综合考勤服务项目(Integrated Attendance Services Project)，以及克赖斯特彻奇教育更新计划(Greater Christchurch Education Renewal Programme)等。通过这些项目，太平洋岛族裔学生将拥有更大的发展空间，从而提高学业成绩。

3. 提高有特殊教育需求学生的成绩

新西兰针对有特殊教育需求的学生的成绩，提出了"人人成功"(Success for All-Every School，Every Child)计划，该计划帮助实现了政府构建全纳性教育体系的愿景。

"人人成功"计划主要涉及以下三个工作领域：①为了保证所有计划的成功，重视问责制、制度革新以及对学校的支持。②成立全纳性教育工作组，强化学校的全纳性实践。③积极开展学习行动计划，为学校、教师、家长和学生提供各类项目。

(二)未来走向

新西兰将为那些能够在教育领域取得优异成绩的儿童和青年提供高质量、及时的专业化教育服务。此外，为了更好地实现全纳性教育目标，满足特殊学生的教育需求，新西兰还将开发更多、更完善的项目、资源、工具。

---

① The Ministry of Education，New Zealand. The Ministry of Education Annual Report 2013 [R]. Wellington：The Ministry of Education，New Zealand，2013：18.

四、儿童早期教育

定期参与高质量的儿童早教项目能够显著提升个体未来在教育上取得成功的可能性，这一点在弱势家庭的儿童身上体现得更为明显。因此，应该确保所有家长和儿童都参与到高质量的早教项目中，充分满足他们的需要，肯定他们的身份、语言和文化，使他们能够怀着极大的热情参与进来。①

(一)具体内容

核心内容：维持并提高儿童参与早教项目的水平，改善儿童早教项目的质量。

1. 提高儿童早教项目的参与率

过去一年里，新西兰在提高儿童早教项目的参与率上取得了很大进展，教育部联合各个地区的力量共同致力于解决儿童早期教育问题。新西兰儿童早教项目的参与率在 2012—2013 年度达到了近十年之最，其中尤为值得肯定的是，有更多的毛利族儿童和太平洋岛族裔儿童也参与到了儿童早教项目中。

2. 教育部与社区、相关组织及其他部门相互协作

在 2012—2013 年度，为了更好地促进儿童早教事业的发展，新西兰教育部与社区及相关组织构建了策略性伙伴关系。同时，教育部也大力支持采用创新方法来完善早教项目，例如，在课业研究中心和体育俱乐部开设托儿所，补充移动性资源；在商场、公园和一些空地举办游乐日活动，充分发挥早期学习的价值和益处，这些游乐日活动成功地激发了家长和儿童参与早教项目的兴趣。此外，新西兰开展的儿童早教项目也充分考虑到了不同民族的身份、文化及语言特性，例如，教育部和太平洋岛族裔事务部的合作，促进了奥克兰地区太平洋岛族裔家庭的早教学习活动。

3. 改进参与质量，提供更多信息

在 2012—2013 年度，新西兰进一步完善了早期学习信息系统（Early Learning Information System），它将为儿童参与早教活动提供更好的质量和更多的信息。在 2013 年早期，新西兰针对一小群儿童进行了国民学号（National Student Numbers）分配的试点工作，随后给接受早期教育的每一名儿童都分配了这样一个号码。新西兰教育部还倡导为儿童早教项目构建一个更简洁、更透明的资助体系，从而保障有更多的早教资源惠及毛利族儿童、太平洋岛族裔儿童和来自不发达经济地区的儿童。

---

① The Ministry of Education，New Zealand. The Ministry of Education Annual Report 2013 [R]. Wellington：The Ministry of Education，New Zealand，2013：20.

4. 为提高早教项目的参与率提供更多支持

在 2012—2013 年度，新西兰在对早教活动有高需求的社区创办了 36 个托儿所，这些托儿所为 694 名儿童提供了早期教育服务。新西兰教育部则针对早教参与率较低的社区提出了三项全新的计划，借助这些计划，又有 884 名儿童参与了早教活动，其中有 386 名儿童已经成功地完成早教学习，顺利升入了小学。[①] 此外，通过"强化社区参与项目"(Intensive Community Participation Project)，新西兰许多落后地区的早教活动也得到了很好的开展。

(二)未来走向

在未来的日子里，新西兰教育部将加速与早教参与率较低社区的合作，帮助它们利用自己的资源，满足儿童对早期教育的需求。同时，政府和一些私人机构也将加大对儿童所在地区的投入。

针对一些质量不佳的早教服务项目，新西兰政府还将加大对专业发展绩效的投入，从而保障构建有质量的儿童早期教育体系。另外，新西兰也将进一步完善从儿童早教机构过渡到正规学校之间的活动，尤其是要完善与毛利族儿童、太平洋岛族裔儿童和不发达经济地区儿童相关的过渡活动。

五、中小学教育

掌握基本的读、写、计算技能和知识是新西兰的青年人参与教育活动，获取重要资格证书的基础。教学质量和家长、家庭的参与对新西兰儿童和青年人的学习结果也有着巨大的影响。借助现代科学技术，在课堂以外开展学习活动则会使新西兰的学生变得更加活跃、积极，同时也有助于他们成为卓有成就的地球村村民。

(一)具体内容

核心内容：提高中小学教育质量，帮助学生获取更多的核心技能和资格证书。

1. 提高学生成绩，尤其是毛利学生、太平洋岛族裔学生、有特殊教育需求学生以及来自经济不发达地区学生的成绩

(1)关注读写成绩和计算成绩

新西兰公共成绩信息(Public Achievement Information)的数据显示毛利学生和太平洋岛族裔学生的成绩与新西兰其他地区学生的成绩仍然存有显著差距。[②]

---

① The Ministry of Education，New Zealand. The Ministry of Education Annual Report 2013 [R]. Wellington：The Ministry of Education，New Zealand，2013：22.

② The Ministry of Education，New Zealand. The Ministry of Education Annual Report 2013 [R]. Wellington：The Ministry of Education，New Zealand，2013：27.

为此，新西兰明确了需要付诸行动的三个关键领域：①清晰的成绩目标。②地区所有者和领导。③对学校予以差别性的支持和干预。

在2012—2013年度，新西兰教育部与学校一起设定了目标，明确了充满挑战性的任务，开发了行动计划，并确定了有助于促进学生发展所需的专业学习。新西兰强调要深入了解学生的学习成绩，有效利用学生成绩方面的信息，鼓励地区掌握并利用这方面内容，倡导透明化、信息共享与合作。此外，新西兰为提高学生成绩，还具体开展了以下工作。①开发了公共成绩信息计划（the Public Achievement Information），其中包括公共指标及地区、国家的教育资料。②公布了国家标准和读写计算教学信息。③利用进步和成绩信息来了解学生需求。

（2）关注全国教育成绩2级证书

在2012—2013年度，新西兰组建了资格和过渡（Qualifications and Transitions）小组来拓展成功的实践活动，这些小组现在已为30%的中学提供了支持和帮助。① 新西兰教育部还与家长、家庭、教会及企业建立联系，帮助越来越多的青年达到全国教育成绩2级证书水平。

此外，新西兰教育部还与学历管理委员会一同实施全国教育成绩证书制度，并就此开展了一些项目。这些项目让家长们更加深入地了解了全国教育证书制度，这样他们也能为孩子获得这一证书提供更多的支持。就调查结果来看，超过99%参与这些项目的家长都认为自己掌握了更多关于全国教育成绩证书制度的知识，并且在与学校探讨这一问题时有了更多的信心。

（3）创办合作学校

创办合作学校是把教育、企业和社区部门联合起来为毛利学生、太平洋岛族裔学生、有特殊需求的学生以及来自经济不发达地区的学生提供更多实现教育成功机会的有效方法。通过一些组织和社区的申请，新西兰预计将在2014年早期创办5所合作学校。

2. 为教学实践的改进提供支持

（1）为专业学习与发展投入资金

新西兰在2012—2013年度为教师、领导和校长的专业学习与发展投入了约7 500万美元。新西兰教育部对专业学习与发展方面的投入进行了综合性审查，以确保资金到达了那些有迫切需要的地区。从2015年开始，新西兰将就这方面的投资实施全新的管理办法。

（2）审查新西兰教师委员会

在2012—2013年度，新西兰部长级咨询小组开展了对新西兰教师委员会

---

① The Ministry of Education，New Zealand. The Ministry of Education Annual Report 2013 [R]. Wellington：The Ministry of Education，New Zealand，2013：28.

(New Zealand Teachers Council)的审查活动。2013 年 5 月，新西兰公布了讨论结果，并开始了一系列的磋商会议，而后的反馈结果明确了教师委员会需要做出调整的关键领域。

3. 不断构建高质量的 21 世纪学习系统

(1)改进战略资产管理

新西兰成立了一个专门的资产管理小组，该小组利用一系列数据来进行资产和投资组合管理的决策。这个新的计划将改善：①学校与部门、供应商之间的关系；②学校的投资组合管理；③政府和部门关于财产问题方面的建议。

(2)修缮学校建筑

新西兰预计在 10～15 年内完成对学校建筑的修缮工作。截至 2013 年 6 月，新西兰已投资 1.5 亿美元修复了 80 多所学校的建筑，另外还有 800 栋建筑的修缮工作是通过"改善建筑计划"(Building Improvement Programme)来完成。①

(3)创建现代化的学习环境标准

新西兰修改了现代学习环境评估工具，倡导实施"克赖斯特彻奇教育更新计划"(Greater Christchurch Education Renewal Programme)。新西兰现在已开始评估每一所学校的建筑，并估测修缮后的代价，从而加快达到现代化学习环境标准的步伐。

(二)未来走向

接下来，新西兰将通过更多地了解中小学教育的成绩信息来提高教学的质量，加强教师的专业发展。新西兰还将为中小学校提供更多的支持，确保青年人都能达到全国教育质量 2 级证书水平或同等资质，同时也能保证青年人成功过渡到下一阶段的学习或工作中。此外，新西兰还将改进对学校资产管理的办法，为学校营造高质量、高标准的现代化学习环境，从而使青年学生们具备 21 世纪应有的数字化学习素养。

六、高等教育与国际教育

高等教育和国际教育对新西兰整个教育体系的发展水平有着非常重要的影响。如果高等教育能使学生掌握用人单位所需的劳动力技能，那么新西兰的高等教育就能为其经济发展做出巨大贡献。同样，国际教育对新西兰的经济增长和发展也有着极大的促进作用。

(一)高等教育的具体内容

核心内容：提高过渡教育、基础教育和高等教育系统的水平。

---

① The Ministry of Education，New Zealand. The Ministry of Education Annual Report 2013 [R]. Wellington：The Ministry of Education，New Zealand，2013：31-32.

1. 提高过渡路径和基础教育的水平，确保所有青年都能掌握技能，获得证书

(1)发布职业路径

2013 年，新西兰发布了五个行业的职业路径：制造和技术行业、建筑和基础设施行业、第一产业、第二产业、社会和服务行业。[①] 这些路径能让学生了解要追求的事业目标，他们在全国教育成绩 1 级证书和 2 级证书水平上所必修的科目及要达到的标准。这些路径也向学生呈现了用人单位如何评鉴学生的成绩，工作种类以及可选择的深造机会。学生和他们的导师在计划选择哪些课程时都要参照这些路径的具体内容。

(2)增加免费名额

为帮助学生获得就业或深造所需的基本技能，新西兰政府给学生提供了更多可利用的免费名额。2012—2013 年度，"青年保障计划"(Youth Guarantee Scheme)为 16～17 岁的青年提供了 8 500 个免费名额，而这一名额在 2010 年只有 2 000 个。[②]

(3)创建青年保障网络

青年保障网络为职业路径的发布和"青年保障计划"的实施提供了便利。这一网络的建设也有助于加强区域间的合作，从而为青年人提供更多的网络学习机会。

(4)引入新西兰学徒制

在 2012—2013 年度，新西兰进行了一系列针对企业培训审查的改革。这些改革将在 2014 年付诸实践。新西兰学徒制(New Zealand Apprenticeship)是众多改革中的一项内容。它将保证为 14 000 名青年提供培训的机会，但同时新西兰也提高了学徒制的年龄限制，并且要求参加学徒制的青年至少达到新西兰学历管理委员会评定的 4 级水平。

2. 完善高等教育系统，加强其与劳动力市场的联系

(1)提高高等教育系统的整体水平

新西兰高等教育系统的水平直接决定了能否为国家的经济发展提供合格的劳动力。由于政策制定的转变，新西兰高等教育系统也发生了一定的变化，具体表现为加强了用人单位所需技能和高等院校资格证书及开设课程之间的关系。

(2)增加就业信息

为了使学生更好地了解就业情况，新西兰强调为毕业生提供更多就业信息和

---

① The Ministry of Education，New Zealand. The Ministry of Education Annual Report 2013 [R]. Wellington：The Ministry of Education，New Zealand，2013：42.

② The Ministry of Education，New Zealand. The Ministry of Education Annual Report 2013 [R]. Wellington：The Ministry of Education，New Zealand，2013：42.

已毕业学生的收入、工作状况。在 2012—2013 年度，新西兰主要公布了如下信息：《继续前进》(*Moving on Up*)，一份提供就职结果综合性信息的报告；职业新西兰(Careers New Zealand)，一个能够比较、研究选择的网站工具；《职业前景》(*Occupation Outlook*)，一本提供各类职业前景的手册等。

(3)确保高等教育研究支持创新

在 2012—2013 年度，新西兰对两个主要的高等教育研究基金——卓越研究中心(Centres of Research Excellence)和基于绩效的研究基金(Performance-Based Research Fund)进行了审查。审查结果显示，卓越研究中心的基金项目将发生以下改变：调整卓越研究中心基金的目的；创建一个能够改善卓越研究中心能力的全新绩效监管框架。

(4)提高对学生的资助水平

新西兰提高了学生贷款和津贴的水平，并做出了如下调整：取消 65 岁及以上者申请学生津贴的资格；缩短 40 岁及以上者申请学生津贴的使用期限；为永久居民和澳大利亚公民的学生贷款及津贴延长至 3 年。新西兰还改变了对海外借贷人的规定，增加了个人对债务的责任。

(二)国际教育的具体内容

核心内容：加大国际教育部对新西兰经济发展的贡献。

新西兰政府声明到 2025 年，国际教育对新西兰经济发展的贡献价值要达到现在的两倍。[①] 为了实现这一目标，新西兰教育部联合商务部共同致力于创新、移民就业及经济发展等活动。

在 2012—2013 年度，新西兰成立了一个跨政府的协调小组，该小组的职能在于提升国际教育的整体价值。此外，新西兰也对教育出口的征收资金进行管理，并与新西兰教育促进会(Education New Zealand)分享图书馆、数据和分析等服务。

为提高《国际学生精神关怀实施守则》(*Code of Practice for the Pastoral Care of International Students*)的效率与效益，新西兰修改了国际学生关怀框架，并创建了一个新的路线图。新西兰非常重视国际学生的生活状况，并基于现实证据公布了国际学生生活方面的一系列表现，包括：未来打算，参与兼职工作，对职业建议很满意，对在新西兰国内旅行很感兴趣，以及对新西兰的教育质量很满意。这些证据使教育部能更好地了解国际学生在新西兰的生活状态，掌握他们对来新西兰求学、就职的满意度，这样，新西兰教育部也可以更有针对性地制定相应的政策。发展和维持国际关系能够增加国际学生对新西兰经济发展的贡

---

① The Ministry of Education，New Zealand. The Ministry of Education Annual Report 2013 [R]. Wellington：The Ministry of Education，New Zealand，2013：44.

献和价值。在 2012—2013 年度，新西兰组织和主持了太平洋文化论坛(Pacific Literacy Forum)，完成了来自经济合作与发展组织(OECD)的任务，并对亚太经合组织(APEC)及东亚峰会(East Asia Summit)的教育项目都做出了一定的贡献。

(三)未来走向

接下来，在高等教育方面，新西兰将对旨在提高 25～34 岁获得 4 级资格证书及以上的公共服务发展情况进行监督。新西兰将利用按目标覆盖的年龄分组及教育和职业领域的相关信息来确定是否需要向一些人提供额外的帮助，从而使他们获得更高水平的资格证书。此外，新西兰教育部将联合高等教育部门共同致力于提高高等教育的水平和价值。在未来一年，新西兰将公布 2015—2019 年的高等教育策略(Tertiary Education Strategy)，这一策略将促进新西兰构建一个更加外向型的高等教育体系，加强与企业、社区和全球经济的联系。

在国际教育方面，新西兰将继续加大国际教育对本国经济发展的贡献。新西兰教育部将联合新西兰教育促进会，重点发展及强化与其他国家的教育合作协议。同时，教育部还将与新西兰学历管理委员会一起完善《国际学生精神关怀实施守则》，以确保国际学生在新西兰求学期间都能获得有益经验。

七、结语

新西兰《2013 教育部年度报告》是对新西兰 2012—2013 年度开展的各项教育实践活动的详细梳理，它将新西兰在儿童早期教育、中小学教育、高等教育以及国际教育方面的种种举措进行了主次分明的介绍和阐述。报告的核心内容在于回应新西兰政府就教育发展提出的三项目标，并由此确立了新西兰 2013—2014 年度优先开展的行动项目，即提高毛利学生、太平洋岛族裔学生、有特殊教育需求学生以及来自经济不发达地区学生的成绩，以及实现教育对经济的最大贡献。

纵观新西兰《2013 教育部年度报告》的各部分内容，其每一项计划、方案、策略的背后都充分体现着新西兰的终极教育愿景，即保障所有儿童、青年都能取得学业上的成功，培养他们成为有成就、有价值且在世界舞台上都富有竞争力的人。而要实现这一终极教育愿景，新西兰也在不断做出调整，以期构建一个更加合理、完善的教育系统，从而使每一名儿童、青年乃至成人都可以在他们求学旅途的各个阶段获得成功。

>> 第二节 澳大利亚教育政策与发展趋势 <<

澳大利亚教育、就业和劳资关系部(Department of Education, Employment and Workplace Relations，现改为教育和培训部)于 2013 年 11 月发布了《2012—

2013 年度报告》(*DEEWR Annual Report 2012-13*)。在教育方面，该报告主要聚焦于早期儿童教育和基础教育两个领域。[①] 其中，澳大利亚早期儿童教育主要围绕儿童保育体系、儿童保育费用援助和早期儿童教育三个方面开展工作，并都取得了一定的成效。在基础教育领域，澳大利亚政府致力于确保每名澳大利亚学生都能够获得高质量的教育，充分掌握所需的技能，培养自己的自信心和创新意识，并能够最大限度地发挥自己的潜能。在 2012—2013 年度，澳大利亚联邦政府继续与各个州和领地展开中小学生教育合作，开展多个计划和项目，进一步提高所有学生的学业表现。除此之外，在职业教育和培训领域，澳大利亚政府充分认识到高技能的劳动力将直接决定国家经济发展的水平和国际竞争力，因此，紧紧抓住连接教育与经济的核心纽带——技能。2012 年，以吉拉德(Julia Gillard)为首的澳大利亚联邦政府发布名为《面向所有澳大利亚人的技能》(*Skills for All Australians*)的改革计划，旨在全国推行职业教育与培训改革，提高国民技能水平，发展更有活力和竞争力的经济。

　　总体而言，澳大利亚在 2012—2013 年度的教育改革与发展主要体现了公平与质量的教育理念，以此来推动整个澳大利亚教育系统的可持续发展，进而促进其经济的发展和国家竞争力的提升。

一、早期儿童教育

　　澳大利亚政府致力于向澳大利亚每个家庭提供世界一流的早期儿童教育和可承担的儿童保育服务，从而为孩子们的未来发展打好坚实的基础。当前，越来越多的家庭依赖于政府提供的早期儿童教育和保育服务，从而帮助他们平衡好工作与家庭之间的关系。2012—2013 年度，在《早期儿童教育及儿童保育国家质量框架》(*National Quality Framework for Early Childhood Education and Care*)下，澳大利亚政府制定了早期儿童教育标准，加大了对早期儿童教育的基础设施投资，并进一步增强了对父母、早期儿童教育和保育服务机构以及教师的支持，使越来越多的学龄前儿童接受了高质量的早期儿童教育和保育服务。[②]

(一)优先行动

　　①帮助家庭获得灵活的、可负担的儿童保育服务，并协助父母做好早期儿童

[①] Department of Education，Employment and Workplace Relations. DEEWR Annual Report 2012-13[EB/OL]. https：//docs. education. gov. au/system/files/doc/other/deewr _ annual _ report _ 2012-13. pdf，2013-11-25.

[②] Department of Education，Employment and Workplace Relations. DEEWR Annual Report 2012-13[EB/OL]. https：//docs. education. gov. au/system/files/doc/other/deewr _ annual _ report _ 2012-13. pdf，2013-11-25.

教育者和护理者的角色。

②与州和领地政府合作，在全国范围内推行《早期儿童教育及儿童保育国家质量框架》，提高澳大利亚早期儿童教育和保育质量。

③加大对早期儿童教育项目和基础设施的投入，从而提高学前教育和儿童保育服务质量。

④继续与州和领地紧密合作，建立起 38 个新的"儿童和家庭中心"(Children and Family Center)。

⑤继续在现有的 50 个场所推行"父母和青少年互动项目"(Home Interaction Program for Parents and Youngsters)，并将该项目扩展到另外 25 个新场所，而且将重点放在土著居民社区和托雷斯海峡岛民社区。

⑥与州和领地合作发展"早期教育人力资源战略"(Early Years Workforce Strategy)，保障早期儿童教育者的教学水平。

(二)具体内容

在 2012—2013 年度，澳大利亚早期儿童教育主要围绕儿童保育体系、儿童保育费用援助和早期儿童教育三个领域开展工作，并都取得了一定的成效。

1. 儿童保育体系

该体系的目标是保障儿童保育服务，以便更多的家庭可以接受高质量的早期儿童教育及儿童保育服务。该体系主要通过以下方式来帮助家庭参与所在社区的社会和经济生活：保障高质量的儿童保育服务；为儿童保育部门的建立提供专业支持；保障儿童保育服务的可持续性，从而为澳大利亚所有儿童和家庭提供高质量的保育服务；提高儿童保育服务的灵活性和可及性，从而满足更多家庭的需求。[①] 澳大利亚儿童保育体系中主要有以下两个项目。

(1)儿童保育服务扶持项目(Child Care Services Support Program)

儿童保育服务扶持项目直接向儿童保育服务机构提供一系列的资助，从而使更多的儿童接受保育服务。该项目主要包括以下五个部分：①社区支持。通过支持新服务的建立及保持现有的服务，使更多的儿童获得高质量的保育服务，特别针对那些无法提供儿童保育服务的地区。②儿童保育质量支持。旨在确保接受保育的儿童能够获得促进他们全方面发展的经历和互动行为，同时在合格的儿童保育服务机构中提升所有儿童的保育质量。③接纳和职业支持。目标是提高学前教育者的专业技术水平，进而提高学前教育质量，以促进和保持儿童在合格的学前教育机构里得到高质量的学前教育服务。④项目支持。支持信息的发展、存储和

---

① Department of Education, Employment and Workplace Relations. DEEWR Annual Report 2012-13[EB/OL]. https：//docs. education. gov. au/system/files/doc/other/deewr _ annual _ report _ 2012-13. pdf，2013-11-25.

传播，从而帮助家庭获得有关儿童保育及政府提供或资助的相关项目和服务的信息，父母可以根据这些信息，做出决策。⑤预算基金（Budget Based Funding）。帮助非主流的儿童保育服务机构解决运行成本问题。在 2012—2013 年度，该项目向澳大利亚的早期儿童保育服务投入了 6 200 万澳元，其中大约有 4 600 万澳元用于资助土著儿童。①

（2）工作、教育与培训儿童保育费用援助（Jobs，Education and Training Child Care Fee Assistance，JETCCFA）

工作、教育与培训儿童保育费用援助项目会给正在接受就业培训，找工作或者工作中的父母提供津贴，用来支付儿童保育费用。JETCCFA 可以帮助父母在无须担心儿童保育费用的情况下，进入或重返工作岗位。

在未来的四年里，JETCCFA 将会资助大约 140 000 名父母找到工作，并向他们的孩子提供儿童保育服务。② 在 2012—2013 年度，该项目的援助目标主要是技能需要的工作岗位，特别是针对获得二级及以上资格证书的儿童父母，从而为他们以后的工作提供保障。在 2012—2013 年度，接受 JETCCFA 的父母和儿童数量持续增长，超过了预期。随着越来越多的家庭获得 JETCCFA 的资助，JETCCFA 所需的资金也不断增加。

2. 儿童保育费用援助

该项目旨在帮助家庭解决儿童保育的费用问题，可以确保更多的家庭获得高质量的儿童保育服务。它主要包括以下两个部分。

（1）儿童保育津贴（Child Care Benefit）

儿童保育津贴帮助那些使用核准或注册照料服务的家庭承担儿童保育费用。父母获得的津贴数额取决于家庭收入水平、孩子的数量、儿童保育的时间以及所需要的儿童保育类型等。除此之外，低收入家庭能够获得最高数额的儿童保育津贴。

（2）儿童保育退税（Child Care Rebate）

该政策是澳大利亚政府为了鼓励夫妻双方都出去工作而推出的，这个津贴只有夫妻双方每周都至少工作或者学习或者正在找工作 15 个小时以上（无论收入多少）才可以获得。目前，澳大利亚税务局承担开支减去儿童护理津贴后的总花费

---

① Department of Education，Employment and Workplace Relations. DEEWR Annual Report 2012-13［EB/OL］. https：//docs. education. gov. au/system/files/doc/other/deewr ＿ annual ＿ report ＿ 2012-13. pdf，2013-11-25.

② Department of Education，Employment and Workplace Relations. DEEWR Annual Report 2012-13［EB/OL］. https：//docs. education. gov. au/system/files/doc/other/deewr ＿ annual ＿ report ＿ 2012-13. pdf，2013-11-25.

的 50%，退税额最高为每个儿童 7 500 澳元。[①]

在 2012—2013 年度，政府为儿童保育津贴和儿童保育退税两个项目总共支出了 47.7 亿澳元。澳大利亚教育部会定期更新儿童保育津贴和儿童保育退税的执行模式，不断满足家庭和儿童的新需求。

3. 早期儿童教育

该项目旨在帮助更多儿童获得高质量的学前教育，从而促进儿童的早期发展，并为他们以后正规的学校教育做好准备。早期儿童教育项目的目标通过以下国家合作协定达成。

①有关"早期儿童教育和保育国家质量议程"（National Quality Agenda for Early Childhood Education and Care）的国家合作协定：建立了《早期儿童教育及儿童保育国家质量框架》。该框架于 2012 年 1 月 1 日开始正式实施，其核心是国家质量评估和评级过程，这给广大家庭提供了相关的早期儿童教育和保育服务信息，从而供父母做出合理的选择。

②有关"早期儿童教育普及"（Universal Access to Early Childhood Education）项目的国家合作协定：将确保相关的早期儿童教育项目从 2013 年 7 月 1 日起开始实施，并确保所有州和领地政府实现早期儿童教育普及的承诺，特别是要保障弱势儿童和土著儿童接受早期儿童教育。

③有关"土著儿童早期发展"（Indigenous Early Childhood Development）的国家合作协定：在 2014 年 6 月前，整个澳大利亚将会建立起 38 个儿童和家庭中心。这些中心将提供综合性服务，包括早期学习、儿童保育和家庭扶持项目。该协定将致力于解决土著和托雷斯海峡岛家庭和儿童的需要，并为社区中的所有家庭提供服务。

④有关"儿童保育资格证书 TAFE[②] 学费减免"（TAFE Fee Waivers for Child Care Qualifications）项目的国家合作协定：帮助个人，包括现有的儿童保育工作者，在早期教育领域获得职业教育和训练的资格证书。该项资助减免了学员学习早期儿童教育的课程费用，并将由 TAFE 机构或其他的政府培训部门提供。

二、基础教育

澳大利亚政府致力于确保每名澳大利亚学生都能够获得高质量的教育，充分掌握所需的技能，培养自己的自信心和创新意识，并能够最大限度地发挥自己的

---

① Department of Education，Employment and Workplace Relations. DEEWR Annual Report 2012-13［EB/OL］. https：//docs. education. gov. au/system/files/doc/other/deewr _ annual _ report _ 2012-13. pdf，2013-11-25.

② TAFE 是 Technical and Further Education(技术与继续教育学院)的简称。

潜能。在 2012—2013 年度，澳大利亚联邦政府继续与各个州和领地政府展开教育合作，进一步提高所有学生的学业表现。

（一）优先行动

①按照《澳大利亚 2013 年教育法案》(*Australian Education Act 2013*)的规定，与州和领地政府、天主教和私立学校，就新的学校资助改革计划进行合作和协商。

②支持澳大利亚课程、评估和报告局(Australian Curriculum，Assessment and Reporting Authority)为 1～12 年级的学生设计澳大利亚国家课程。

③提供提升学校教学质量的项目，支持发展澳大利亚教学和学校领导研究所(Australian Institute for Teaching and School Leadership)。

④继续实施"提高教师质量国家合作"(Improving Teacher Quality National Partnership)计划、"奖励优秀教师"(Rewards for Great Teachers)计划、"数字教育革命"(Digital Education Revolution)计划。

⑤实施新的"提高读写和算术能力国家合作"(Improving Literacy and Numeracy National Partnership)计划，从而确保对学生读写和算术能力的可持续性投入。

⑥通过"国家中学计算机基金"(National Secondary School Computer Fund)项目，保证澳大利亚所有 9～12 年级的学生都有一台电脑使用。

⑦支持并监督"土著和托雷斯海峡岛教育行动计划"(Aboriginal and Torres Strait Islander Education Action Plan)的实施，缩小他们与其他学生在入学率和毕业率上的差距，并向北领地(Northern Territory)提供额外帮助。

⑧通过"扶助残疾学生"(More Support for Students with Disabilities)计划，要求学校和教师向残疾学生提供额外的帮助。

（二）具体内容

2012—2013 年度，在基础教育领域，澳大利亚主要在以下六个方面开展了工作，并都取得了较显著的成就。

1. 国家对公立学校的支持

澳大利亚联邦政府通过向州和领地政府提供补充性资金，旨在促进公立学校达成以下五个目标：①所有的孩子都要参与，并从学校教育中受益。②学生要满足基本的读写和算术能力标准，并进一步从整体上提升学生的读写和算术能力水平。③澳大利亚学生要超越国际标准。④学校教育要促进社会融合，减少教育不公现象，特别要关注土著学生和托雷斯海峡岛学生。⑤学生要能从学校教育成功地过渡到未来的工作中。①

在 2014 年 1 月开始实行新的资助计划之前，政府对公立学校的资助仍旧会通过《2009 年联邦金融关系法案》（*Federal Financial Relations Act 2009*）制定的框架来实施。在这个框架下，州和领地政府通过学校"特定目的支付"（Schools Specific Purpose Payments）来获得资金。

2. 国家对私立学校的支持

澳大利亚联邦政府通过向州和领地提供补充性资金，旨在促进私立学校达成与公立学校一样的五个目标。② 在 2014 年 1 月开始实行新的资助计划之前，政府对公立学校的资助仍旧会通过《2008 年学校援助法案》（*Schools Assistance Act 2008*）来实施。根据《2008 年学校援助法案》，在 2009—2014 年，澳大利亚政府向私立学校提供大约 370 亿澳元的资金支持。③ 政府的拨款用于支持私立小学和中学的运行，并进一步补充私立学校的资金来源。政府对私立学校的支持主要体现在以下的具体项目中。

（1）经常性拨款（Recurrent Grants）

澳大利亚政府会向私立学校提供经常性拨款，从而帮助私立学校开展多种教育项目，完成政府提出的教育目标和优先行动。在 2012 年，政府向私立学校提供了 72.5 亿澳元的资金。同时，为了保障土著学生和托雷斯海峡岛学生的教育服务，在 2012 年，澳大利亚政府通过"土著学生补充援助计划"（Indigenous Supplementary Assistance Program），向土著学生和托雷斯海峡岛学生提供了 7 820 万澳元，通过"土著学生资助保障"（Indigenous Funding Guarantee），向他们提供了 20 万澳元。除此之外，澳大利亚私立学校还获得了 550 万澳元的远程教育补助。④

（2）短期紧急援助（Short Term Emergency Assistance）

当私立学校遇到紧急状况，面临暂时性的财政困难时，"短期紧急援助"项目

---

① Department of Education，Employment and Workplace Relations. DEEWR Annual Report 2012-13[EB/OL]. https：//docs. education. gov. au/system/files/doc/other/deewr _ annual _ report _ 2012-13. pdf，2013-11-25.

② Department of Education，Employment and Workplace Relations. DEEWR Annual Report 2012-13[EB/OL]. https：//docs. education. gov. au/system/files/doc/other/deewr _ annual _ report _ 2012-13. pdf，2013-11-25.

③ Department of Education，Employment and Workplace Relations. DEEWR Annual Report 2012-13[EB/OL]. https：//docs. education. gov. au/system/files/doc/other/deewr _ annual _ report _ 2012-13. pdf，2013-11-25.

④ Department of Education，Employment and Workplace Relations. DEEWR Annual Report 2012-13[EB/OL]. https：//docs. education. gov. au/system/files/doc/other/deewr _ annual _ report _ 2012-13. pdf，2013-11-25.

就会向处于困境中的私立学校提供一定的资金。在 2012 年，该项目向符合要求的私立学校提供了 97 975 澳元。[①]

（3）资本援助（Capital Grants）

澳大利亚政府向需要新建或更新基础设施的私立学校提供资金援助，从而确保私立学校具有完善的基础设施，保障教师和学生都有良好的教学和学习环境。在 2012 年，在该项目下，私立学校获得了 1.338 亿澳元的政府援助。[②]

（4）英语作为第二语言——新移民（English as a Second Language-New Arrivals）

在该项目下，政府向州和领地符合要求的私立学校提供资金。该项资金为新来的移民中小学生提供英语语言学习的学费。在 2012 年，该项目总共给予私立学校 745 万澳元的资金，预计 2013 年还将会有 1 000 名新移民学生接受该项目的资助。[③]

（5）学校语言计划（School Languages Program）

在 2012 年，"学校语言计划"向符合要求的私立学校和课外语言学校提供了 1 462 万澳元的资金，用于支持幼儿园至 12 年级的学生学习亚洲语言、欧洲语言、土著语言等。

（6）读写、算术和特殊学习需求项目（Literacy，Numeracy and Special Learning Needs Program）

在该项目下，澳大利亚政府向符合要求的私立学校提供资金，用于提高在教育上处于弱势地位的学生的学习成绩。该项目关注学生的读写和算术能力，并特别关注残疾学生。教育部门可以决定哪所学校（包括特殊学校）能够得到用于帮助弱势学生的额外资金，而且在平等、有效的原则下，教育部门还决定学生可以获得多少数额的资助。同时，学校也可以根据实际情况，灵活地使用资金来满足学生的需求。在 2012 年，通过该项目，私立学校中在教育上处于弱势地位的学生总计获得了 1.758 8 亿澳元，而残疾学生获得了 4 094 万澳元。[④]

---

①　Department of Education，Employment and Workplace Relations. DEEWR Annual Report 2012-13[EB/OL]. https：//docs. education. gov. au/system/files/doc/other/deewr _ annual _ report _ 2012-13. pdf，2013-11-25.

②　Department of Education，Employment and Workplace Relations. DEEWR Annual Report 2012-13[EB/OL]. https：//docs. education. gov. au/system/files/doc/other/deewr _ annual _ report _ 2012-13. pdf，2013-11-25.

③　Department of Education，Employment and Workplace Relations. DEEWR Annual Report 2012-13[EB/OL]. https：//docs. education. gov. au/system/files/doc/other/deewr _ annual _ report _ 2012-13. pdf，2013-11-25.

④　Department of Education，Employment and Workplace Relations. DEEWR Annual Report 2012-13[EB/OL]. https：//docs. education. gov. au/system/files/doc/other/deewr _ annual _ report _ 2012-13. pdf，2013-11-25.

(7)乡村地区计划(Country Areas Program)

在该计划下，政府向位于乡村地区的私立学校提供有针对性的资助，从而使更多的乡村学生获得高质量的教育，并缩小与城市学生之间的教育差距。"乡村地区计划"的资金可用于课程改进、教师发展、学生远足等活动。该计划的资金会直接给予当地的教育部门，然后教育部门会根据学校需求的优先等级，将资金合理地分配给各个学校。在 2012 年，通过该计划，符合要求的农村私立学校总计获得了超过 630 万澳元的资助。①

3.《让每个学校都杰出——聚焦未来》(*Making Every School a Great School*, *MESGS*)课程包

在 2012—2013 年度，澳大利亚政府重点推行了《让每个学校都杰出——聚焦未来》的课程包。该课程包的宗旨在于帮助所有的孩子获得优质的教育，帮助所有的孩子发挥最大的潜能，最大限度地促进教育公平。

(1)国家实习课程(National Trade Cadetships)

"国家实习课程"的资助对象是 9～12 年级的学生。它的目标是帮助高中学生通过学习实习课程，为未来职业发展做好准备。实习主要集中于第三产业，如工商业、保险业、餐饮业、旅游业、物资供销和仓储等服务行业。学生要通过在这些行业的实习，掌握基本的技能。

澳政府计划在 2012—2016 年为综合中学的"国家实习课程"投入 2 800 万澳元。② 该课程主要分两个阶段：一是基本课程，主要针对 9 年级的学生开设，以确保学生做好就业前的基本的职业技术和技能准备，但并不指向具体的岗位。二是预备学徒课程，主要针对 10 年级以上的学生开设，它指向具体的职业或专门岗位，对某一职业有意向的学生可以申请"预备学徒"实习资格，通过考核后获得在特定岗位实习的资格。

(2)骑警培训课程(Indigenous Ranger Cadetships)

针对土著居民受教育程度普遍低，缺乏相关技能，就业率低，与城市生活还不融合的状况，政府认为，原住民在社会生活等方面处于劣势的主要原因，在于国家对他们的教育推动、职业技能培训等方面做得不够。为此，政府针对原住民学生开设了"骑警培训课程"，赋予每个土著学生以"骑警实习生"身份，计划通过两年的课程教授，帮助他们学习骑警职业的相关知识，提高实践技能，获得全国认证资格证书，为未来从事该项职业做准备。该课程的最终目标在于改善土著居

---

① Department of Education，Employment and Workplace Relations. DEEWR Annual Report 2012-13[EB/OL]. https：//docs. education. gov. au/system/files/doc/other/deewr _ annual _ report _ 2012-13. pdf, 2013-11-25.

② 李丽洁. MESGS课程包：澳大利亚发展综合中学的新举措[J]. 中小学管理，2012(6)：52.

民学生未来的社会地位和福利。

"骑警培训课程"分为两个阶段，2011—2012 年为第一阶段，这一阶段为"通道课程"，主要面向 11～12 年级的所有的土著学生开展个性化职业训练和升学指导，既帮助准备走向社会的学生做好职业技能准备，又帮助有继续接受高等教育潜质和愿望的学生做好学业准备。2012 年后进入第二阶段，即"骑警培训课程"，该阶段针对的是未来从事骑警职业的土著学生。课程内容是骑警职业技能。课程实施是在澳大利亚原住民集中的边远地区的 6 所综合中学。为了提高原住民学生的综合素养，澳大利亚政府规定他们同时学习"自然资源管理"和"历史与文化"等通识课程。学生所有成绩合格后，参加全国性二级骑警职业教育和培训资格考试，政府为合格者颁发相关证书并安排其从事骑警职业。澳大利亚政府计划到 2013 年将资助范围再扩大 6 所学校。

（3）牧师课程（National School Chaplaincy Program）

目前，在澳大利亚，一方面，牧师职业缺口较大，现有的牧师不仅数量上无法满足社区生活的需求，而且在服务质量上与现代社会的要求差距拉大；另一方面，愿意从事牧师工作的人群数量在下降，虽然学生面对严峻的就业压力和激烈的岗位竞争，但在未来职业的选择上对传统的牧师职业缺乏热情。为解决上述问题，政府在综合中学设置"牧师课程"，对开设牧师课程的学校、选修该课程的学生和为学生实习提供帮助的社区给予资助。该课程的目标既是为社区定向培养后备的牧师人才，又是为学生未来求职拓宽途径。

"牧师课程"的内容主要包括：一是对学生开展牧师职业特性的认知教育。学校承担这方面的课程教学，学生在一年左右的学习中，在道德观、价值观、宗教信仰、人际关系、社区事务等方面形成正确的观点，对牧师职业的特殊性和价值有所认识；二是资助学生参与牧师事务实习和实践，社区承担这部分教学任务。政府希望通过鼓励学生参与生命关怀等活动，借助牧师对学生的影响和学生自身的广泛参与，使得学生社区责任感增强，能更深入地理解和接受牧师职业。澳大利亚政府计划在 2012—2014 年投入 2 000 万澳元用于该行动方案的拓展，资助范围是急需牧师关怀服务的边远地区或经济不发达地区。目前，执行该方案的学校数量为 1 000 所，到 2014 年将扩大为 3 700 所。[①]

4. 国家读写和算术能力行动计划（National Action Plan on Literacy and Numeracy）

该计划旨在提高所有澳大利亚学生的读写和算术能力，特别是针对那些成绩落后的学生，并致力于完成澳大利亚政府委员会提出的在 2018 年之前缩小土著

① Department of Education，Employment and Workplace Relations. DEEWR Annual Report 2012-13［EB/OL］. https：//docs. education. gov. au/system/files/doc/other/deewr _ annual _ report _ 2012-13. pdf，2013-11-25.

学生和托雷斯海峡岛学生与其他学生在阅读、写作和算术成绩上一半差距的目标。① 该计划主要由以下两个项目组成。

(1)更明智的学校——读写和算术能力的国家合作(Smarter Schools—Literacy and Numeracy National Partnership)

"更明智的学校——读写和算术能力的国家合作"是"国家读写和算术能力行动计划"的核心组成部分。为期四年的国家合作开始于 2009 年,包括:①向州和领地投入 5 亿澳元,其中,2009—2010 年投入 1.5 亿澳元支持改革,2011—2012 年投入 3.5 亿澳元,进一步完善改革内容。②投入 4 000 万澳元用于策略分析,其中,澳大利亚课程、评估和报告局使用了 1 300 万澳元进行相关研究和数据收集。② 策略分析有助于决策者进一步了解各种不同的读写和算术能力教学方法,从而挑选出最有利于学生发展的策略。

该项目实行于 2009 年,结束于 2012 年 12 月份。在四年的时间里,澳大利亚各个州和领地有超过 1 000 所的公立和私立学校参与了该项目,包括大约 420 000名澳大利亚学生,而且其中大约有 28 500 名土著和托雷斯海峡岛学生。③ 根据澳大利亚不同州和领地的实际状况,该项目的目标、实施方式、测评方法各有不同。澳大利亚政府委员会的改革委员会将会负责对各个州进行评价。

(2)提高读写和算术能力国家合作(Improving Literacy and Numeracy National Partnership)

2013 年,该项目提供了额外的 2.439 亿澳元来继续促进澳大利亚学生读写和算术能力的发展。成功的教学方法将会发布到一个名为"教学、学习和分享"的网站,教师可以探讨提高落后学生读写和算术能力的策略及方法,从而进一步提高学生的读写和算术成绩。为期一年的"提高读写和算术能力国家合作"的内容主要包括:①向州和领地投入 2.42 亿澳元,用于项目的实施。②投入 190 万澳元,用于支持"教学、学习和分享"网站的建设和运行。④

---

① Department of Education, Employment and Workplace Relations. DEEWR Annual Report 2012-13［EB/OL］. https：//docs. education. gov. au/system/files/doc/other/deewr ＿ annual ＿ report ＿ 2012-13. pdf, 2013-11-25.

② Department of Education, Employment and Workplace Relations. DEEWR Annual Report 2012-13［EB/OL］. https：//docs. education. gov. au/system/files/doc/other/deewr ＿ annual ＿ report ＿ 2012-13. pdf, 2013-11-25.

③ Department of Education, Employment and Workplace Relations. DEEWR Annual Report 2012-13［EB/OL］. https：//docs. education. gov. au/system/files/doc/other/deewr ＿ annual ＿ report ＿ 2012-13. pdf, 2013-11-25.

④ Department of Education, Employment and Workplace Relations. DEEWR Annual Report 2012-13［EB/OL］. https：//docs. education. gov. au/system/files/doc/other/deewr ＿ annual ＿ report ＿ 2012-13. pdf, 2013-11-25.

　　大约有 1 900 所公立和私立学校正在接受该项目的资助，占澳大利亚学校的 20％，包括了大约 781 000 名学生，占澳大利亚学生总体的 22％。该项目的关键绩效指标包括：①提高目标学生群体的读写和算术能力，包括土著学生和托雷斯海峡岛学生。②提高目标学生群体的"国家读写和算术能力测试"(National Assessment Program for Literacy and Numeracy)参与率，包括土著学生和托雷斯海峡岛学生。③教育部门和参与项目的学校要开展积极有效的数据收集和评价工作，从而找出最有效的读写和算术能力教学方法。④该项目的学校教师要参加专业的读写和算术能力教学培训。

5. "扶助残疾学生"(More Support for Students with Disabilities)计划

　　为了更好地推动教育公平，澳大利亚政府除继续执行原有的扶助少数族裔、土著民的资助政策外，还专门提出了"扶助残疾学生"计划。该计划的主要内容如下：①为所有学生提供保健服务和医疗护理。每所中学配备一名保健医生，该医生将定期对学生开展有关医疗保健方面的讲座，并为所有学生提供系统的、专业的保健服务。②专门针对残疾学生提供服务。其中包括：为有残疾学生的班级配备专业的辅助性设备，如助听器、导盲仪等；为残疾学生配备专职护理人员；根据残疾学生的需求，基于课程专家的建议，为其量身定制课程。该方案强调：教师有责任帮助残疾学生融入班集体，为其规划和讲授课程，帮助其更好地参与课堂学习；学校要保证残疾学生在校园内的所有活动，包括实验课、体育课等，都有专业医护人员为其提供必要的支持。

　　政府计划在 2012—2016 年四年间投入 2 亿澳元，用于资助公立和私立学校的残疾学生。①"扶助残疾学生"计划从 2012 年初开始实施，到 2013 年底告一段落。项目暂停一年的目的是对 2012 年该计划进行总结，既包括对一些无效措施的修正，也包括对有效措施和成功经验的收集和整理。届时，政府将把正面和负面的典型案例向社会各界公布或在官方网站上发布，以推广成功经验。2014 年后在对前期工作总结的基础上继续执行"扶助残疾学生"计划。

6. "奖励优秀教师"(Reward Payments for Great Teachers，RPGT)计划

　　"奖励优秀教师"计划旨在保障教学质量。它的主要内容如下：①在全国范围内形成一个连续的、严格的、科学的教师绩效管理体系。通过教师绩效管理系统，为所有中学的教师提供一个综合的衡量标准和一套科学、公正的选拔程序。②通过该系统，在全国范围内筛选出一定数目的卓越教师，向社会推介，并对他们在教育教学中的优异表现给予重奖。③该系统为教师提供一个教学反馈系统，

---

　　① Department of Education，Employment and Workplace Relations. DEEWR Annual Report 2012-13[EB/OL]. https：//docs. education. gov. au/system/files/doc/other/deewr _ annual _ report _ 2012-13. pdf，2013-11-25.

帮助教师反思自身教学实践，同时将来自外界的建设性意见反馈给教师，促进教师专业知识和技能的成长。联邦政府强调，教师绩效管理体系不是封闭的，它将依据 2011 年实行的国家课程继续进行调整和完善。

澳大利亚联邦政府和地方政府共同出资执行"奖励优秀教师"计划，并计划在未来四年内向该项目投入 4.25 亿澳元，其中 0.5 亿澳元投资给主管教育的行政部门，用于完善目前的中学教师绩效管理系统，主要是设计绩效管理的规则，制定评估的内容。剩余的 3.75 亿澳元用于奖励卓越教师，其中，数学、科学科目的教师的奖励比例要高于其他学科。[①] 教师绩效管理系统计划在 2013 年启动，第一批卓越教师将于 2014 年选出，奖励的范围占到全体中学教师的 10%，奖励的总额定为教师平均工资的 10%。

三、职业教育和培训

澳大利亚政府已经充分认识到高技能的劳动力将直接决定国家经济发展的水平和竞争力，因此，政府非常重视对国民的技能培训。2012 年，以吉拉德为首的澳大利亚联邦政府发布《面向所有澳大利亚人的技能》（*Skills for All Australians*）的改革计划，旨在全国推行职业教育与培训改革，提高公民的技能水平，促进澳大利亚经济的发展。[②] 澳大利亚联邦政府承诺在 2012 年 7 月 1 日之后的 5 年内，拨款 17.5 亿澳元，用于各州和领地的技能改革。[③] 该计划的主要内容如下。

（一）建立全民职业教育和培训体系

1. 创立"国家培训津贴"（National Training Entitlement）

"国家培训津贴"指的是，联邦政府在向各州和领地拨款 17.5 亿澳元改革经费的同时，各州和领地政府要出台相应的补助政策，资助所有处于工作年龄（17～64 岁）但没有三级或更高水平资格证书的公民。[④]

获得"国家培训津贴"的途径简单易行。各州和领地将公布所有获得政府资助的培训机构的详细信息，培训者只要满足准入要求且确认培训机构有相应的名额，便可到任何获批的培训机构入学，并接受相关的培训。但是，具体的资助金

① Department of Education, Employment and Workplace Relations. DEEWR Annual Report 2012-13[EB/OL]. https: //docs. education. gov. au/system/files/doc/other/deewr _ annual _ report _ 2012-13. pdf, 2013-11-25.

② 吴雪萍，周婷婷. 澳大利亚职业教育与培训改革新动向[J]. 职业技术教育，2013，34（13）：78.

③ 吴雪萍，周婷婷. 澳大利亚职业教育与培训改革新动向[J]. 职业技术教育，2013，34（13）：79.

④ 吴雪萍，周婷婷. 澳大利亚职业教育与培训改革新动向[J]. 职业技术教育，2013，34（13）：80.

额根据各州之间不同的课程而有所变化，政府对某些课程的资助将会高达 7 800 澳元/生。除此之外，经济困难学生还将获得"国家培训津贴"之外的培训资助。"国家培训津贴"是澳大利亚职业教育与培训系统改革的主要组成部分，预计各州和领地将在 2013—2014 年度实现该项补助政策。

2. 进一步推行"按收入比例还贷"(Income-Contingent Loans)政策

在保证不断增加持有三级资格证书的人数及大幅提高获得高水平证书——文凭及高级文凭证书人数的基础上，将"按收入比例还贷"政策由大学系统进一步扩大到职业教育与培训系统是澳大利亚联邦政府又一重要的决策。

将"按收入比例还贷"政策的覆盖面由大学生扩大到职业教育领域学习文凭、高级文凭的学生，是同"国家培训津贴"计划一起，作为向各州和领地拨款的配套要求。如果各州和领地同意这一计划，学习国家资助的高水平证书课程的学生每年总共将最高获得 1.55 亿澳元，每年最多有 6 万名学生可获得贷款。[①] 学生通过所在地的培训机构申请贷款，联邦政府将直接以学生的名义向培训机构拨款，以支付前期费用，在学生收入未达到规定门槛（目前为 47 196 澳元/年）时，学生不需要偿还贷款。具体的还款金额由澳大利亚税务局决定，雇主将从其工资中扣留一部分用于偿还贷款，而且还款时间没有限制。

这一计划的有效开展，将使前期费用不再是学生获得高水平文凭的障碍，并有效保证技能目标顺利实现。同时，随着申请贷款人数的增加，培训系统的投资也相应增加，政府可进一步扩大资助名额，满足未来经济发展对技能的需求。

3. 提高弱势群体的劳动力市场参与率

联邦政府计划通过财政激励，针对弱势群体，对各州和领地提出专项完成的目标。例如，提高土著居民和托雷斯海峡岛民的参与率和完成率，提高残疾人、偏远地区居民、长期失业者、过早辍学者、单亲或年轻父母、年老工人的技能表现等。为促进弱势群体的技能发展，各州和自治领地可根据自己的实际情况，制定相应的政策，但必须包括培训机构，并保证和当地企业建立合作。例如，与当地雇主合作制订弱势学生的就业计划；整合培训，将技能课程和读写、算术训练相联系；为指定的弱势学生群体提供培训工作人员并开发教学资源；为学生提供专业人员和相关的扶持项目。

在 2011—2012 年度财政预算中，澳大利亚联邦政府将额外提供 8 000 万澳元，用于在 2012—2016 年增加的单亲或年轻父母的培训。[②] 除此之外，在最新制

---

① 吴雪萍，周婷婷. 澳大利亚职业教育与培训改革新动向[J]. 职业技术教育，2013，34 (13)：80.

② 吴雪萍，周婷婷. 澳大利亚职业教育与培训改革新动向[J]. 职业技术教育，2013，34 (13)：80.

定的国家合作协议中也涵盖了各州和领地政府各自需要完成的任务，并从 2012 年初开始实施。

（二）建立高效、灵活的职业教育与培训体系

1. 保证职业教育与培训的质量

澳大利亚联邦政府一直高度重视职业教育与培训的质量，为了不断推进职业教育与培训的发展，联邦政府主要通过以下方式来保障职业教育与培训的质量。

第一，对培训机构实行独立的外部评估。由相关部门的专业人员组成外部评估团队，对培训机构自我测评的过程进行审核。在某些情况下，也会对个别学生的测评成绩进行检查和审核，该计划将于 2014—2015 年度开始全面实施。

第二，形成高素质的工作团队，提高公立培训系统的竞争力。联邦政府要求州和领地政府出台相关政策，增加高技能水平教师的比例，留住优秀教师并吸引新教师的加入，形成高素质的教师队伍，从而提高职业教育与培训的教学质量。另外，在国家资助竞争性分配的背景下，公立培训机构需要一直保持竞争力。长久以来，公立的培训机构，如技术与继续教育学院（Technical and Further Education，TAFE）是澳大利亚进行职业教育的主要机构，强大而完善的公立培训机构系统为实现技能化的目标提供了保障，并进一步促进了澳大利亚经济、社会的发展。在接下来的五年里，各州和领地需要继续支持和帮助公立培训机构，例如，向公立培训机构提供资金，改革 TAFE 管理体制，深化课程设计，完善授课方式等。

第三，建立良好的国家监管制度，积极配合澳大利亚技能质量局（Australian Skills Quality Authority）的规定。2011 年，澳大利亚成立了技能质量局，负责培训机构的注册和监管。改革计划实施后，技能质量局将对所有培训机构提出更高的标准，进行更严格的监管，各项标准也将具有更高的统一性。

2. 完善信息发布的渠道，提高职业教育与培训的效率

第一，建立"我的技能"（My Skills）网站。2012 年，联邦政府及各州和领地政府开始共同设立"我的技能"网站，并计划于 2014 年全面建成。"我的技能"网站是一个公开的数据库，包含所有培训机构、课程、培训成果、费用、资助情况等信息，同时也有当地就业岗位的相关链接，雇主和学生可以通过比较，选择适合的培训机构，政府和培训提供者有责任持续更新网站的数据。

第二，设立"学生独特的标识"（Unique Student Identifier）。"学生独特的标识"是学生获取自身培训记录的唯一官方凭证，对从 2014 年入学的学生开始使用。"学生独特的标识"全面运用后，学生变换课程或培训机构的过程将更加方便和快捷。更重要的是，"学生独特的标识"将充分保证学生个人培训记录信息的安全。

这两项措施将会对职业教育与培训领域的各方产生积极的影响，企业和学生

可以在"我的技能"网站上比较各个培训提供者的相关信息，从而做出明智的选择。学生则可以通过"学生独特的标识"了解自己的终身培训记录，并享有隐私权。对私立培训机构信息的整合，使得政府可以更好地把握整个培训市场的信息，从而有利于政府对私立机构进行质量监控，也有利于政府对私立培训机构开展有效的管理，并充分利用资金，确定资助领域。

第十三章 非洲教育政策与发展趋势

>> 第一节 撒哈拉以南的非洲成人与青年识字报告
——基于联合国教科文组织的相关数据分析 <<

一、报告发布的背景

成人和青年① 的识字率及文盲人数变动情况，是监测全民教育目标变化的一项重要指标。为及时把握全民教育目标的进展情况，从 2002 年起，联合国教科文组织每年发布一次《全民教育全球监测报告》，用以督促和引导所有合作伙伴都能遵守承诺。与此同时，联合国教科文组织所属的统计署（UIS）在进行国际教育统计指标的采集、整理和发布，以及教育资源数据库的建设方面，做了大量卓有成效的工作，成为全民教育目标下世界教育指标发布的权威机构。随着 2015 年全民教育目标实现期限的临近，联合国教科文组织统计署相继于 2012 年 6 月发布《1990—2015 年青年和成人识字情况：基于对 41 个国家的数据分析》②，2013 年 6 月发布《1985—2015 年全球成人与青年识字趋势报告》③，对世界各国的成人和青年识字情况进行动态监测。

2012 年的报告涵盖四个区域 41 个国家，其地理分布是：阿拉伯国家（7 个国家）、亚洲与太平洋地区（11 个国家）、拉丁美洲与加勒比海地区（3 个国家）、撒哈拉以南的非洲地区（20 个国家）。其中，撒哈拉以南的非洲 20 个国家分别是：贝宁、布基纳法索、中非共和国、乍得、刚果（金）、厄立特里亚、埃塞俄比亚、冈比亚、几内亚、几内亚比绍、马达加斯加、马里、莫桑比克、卢旺达、尼日

---

① 根据联合国教科文组织的划分标准，本章中"青年"特指 15～24 岁的人口，而"成人"是指 15 岁以上的所有公民。

② UIS. Adult and Youth Literacy 1990-2015：Analysis of Data for 41 Countries［EB/OL］. http：//www. uis. unesco. org/Education/Documents/UIS-literacy-statistics-1990-2015-en. pdf，2014-08-01.

③ UIS. Adult and Youth Literacy：National，Regional and Global Trends，1985-2015［EB/OL］. http：//www. uis. unesco. org/library/pages/default. aspx？ docID＝642，2014-08-01.

尔、尼日利亚、塞内加尔、塞拉利昂、南苏丹、多哥。① 2013 年的报告对全球八大区域 151 个国家的成人与青年识字情况进行了统计，对文盲数量进行了估计。报告总结了自 1985 年以来的识字趋势变化，并预测了 2015 年成人与青年识字率。本章主要依据 2012 年和 2013 年报告中的撒哈拉以南的非洲国家的情况进行分析。②

二、报告的主要内容

报告运用比较手法，统计了自 1990 年以来各对象国的青年与成人识字情况，预测了 2015 年各地区文盲人数的变化趋势。UIS 根据采集的数据，分别按照年龄段（15 岁及以上成人、15～24 岁青年）、性别（男性和女性），从不同维度（包括识字率、文盲数量、性别指数等指标的现状与未来趋势）进行报告，主要内容如下。

(一)成人识字情况③

由于教育、历史等原因，撒哈拉以南的非洲国家成人识字率比青年识字率更低，在统计的 19 个国家中，相差达 13.1 个百分点（成人为 49.6%，青年为 62.7%）。④ 其中，布基纳法索和尼日尔都只有 29%，最高的卢旺达是 71%。除此之外，贝宁、乍得、埃塞俄比亚、几内亚、马里、塞内加尔和塞拉利昂 7 个国家，能够识字的成人不到一半，而中非共和国、冈比亚、几内亚比绍、马达加斯加、莫桑比克、尼日利亚以及多哥，能够识字的成人也不到 2/3。同是发展中国家的巴西、中国、印度尼西亚及墨西哥的成人识字率均已达到或超过 90%。

从性别分类看，这 19 个国家的女性识字率均低于男性，有的国家相差多达 21 个百分点。女性平均识字率只有 39.2%。其中有 9 个国家低于平均数，尼日尔的女性识字率只有 15%。在贝宁、布基纳法索、乍得、埃塞俄比亚、几内亚、马里以及塞拉利昂 7 个国家，只有不到 1/3 的妇女能够识字，女性识字率最高的

---

① 因为南苏丹所有数据均为空缺，故报告后面的所有分析数据不再把南苏丹统计在内，由"20 国"均改为"19 国"。

② 报告中凡涉及 2011 年的数据均来自联合国教科文组织统计署 2013 年的报告，其他数据皆为联合国教科文组织统计署 2012 年报告中的内容（另有注明者除外），特此说明。

③ 国际上对识字的传统定义是：具备基本的阅读和写作能力以及对日常生活中基本语句的理解能力。在对识字人口进行统计时，习惯上将结果划分成两类：识字人群与文盲人群。目前，联合国教科文组织在识字率的统计上通常采用阅读测试法。它比以前以个人或家庭为单位汇报识字情况的数据要准确，一定程度上可杜绝虚报数字。该测试要求被试阅读卡片上的一个简单短句，测试结果分为三类：完全读不懂；能够读懂其中一部分；完全读懂整个句子。只有那些完全读懂整个句子的人才可被归入识字人群。

④ 文中有关撒哈拉以南的非洲 19 国成人和青年识字率的数据，若未加注明的，均为 2010 年的数字。

国家是卢旺达。

进入 21 世纪以来，19 国的成人识字率都有了进一步提高。据统计，2000 年至 2010 年，男性平均识字率从 53.6% 提高到 60.5%，女性从 31.5% 上升到 39.2%，增加幅度略高于男性。男性识字率最低的国家是布基纳法索，只有 37%。详见表 13-1。

表 13-1 2010 年撒哈拉以南的非洲 19 个国家的成人识字率统计

国家	成人识字率(%)	男性识字率(%)	女性识字率(%)	性别平等指数
贝宁	42.4	55.2	30.3	0.55
布基纳法索	28.7	36.7	21.6	0.59
中非共和国	56.0	69.3	43.2	0.62
乍得	34.5	45.0	24.2	0.54
刚果(金)	66.8	76.9	57.0	0.74
厄立特里亚	67.8	78.7	57.5	0.73
埃塞俄比亚	39.0	49.1	28.9	0.59
冈比亚	50.0	60.0	40.4	0.67
几内亚	41.0	52.0	30.0	0.58
几内亚比绍	54.2	68.2	40.6	0.60
马达加斯加	64.5	67.4	61.6	0.91
马里	31.1	43.4	20.3	0.47
莫桑比克	56.1	70.8	42.8	0.61
尼日尔	28.7	42.9	15.1	0.35
尼日利亚	61.3	72.1	50.4	0.70
卢旺达	71.1	74.8	67.5	0.90
塞内加尔	49.7	61.8	38.7	0.63
塞拉利昂	42.1	53.6	31.4	0.59
多哥	57.1	71.2	43.6	0.61
平均率	49.6	60.5	39.2	

来源：UIS. Adult and Youth Literacy 1990-2015：Analysis of Data for 41 Countries[EB/OL]. http://www.uis.unesco.org/Education/Documents/UIS-literacy-statistics-1990-2015-en.pdf，2014-08-01.

从性别平等指数(GPI)来看，19 个国家中，只有马达加斯加和卢旺达的女性识字率接近男性，分别为 0.91 和 0.90。尼日尔和马里的性别差异最大，性别指数分别为 0.35 和 0.47。这两个国家成年女性的识字率还不到成年男性的一半。

从文盲人数来看，19 个国家中，成人文盲超过 1 000 万的国家有 3 个，分别是：尼日利亚(3 500 万)、埃塞俄比亚(2 700 万)和刚果(金)(1 200 万)；超过 100 万的国家有 13 个，分别是：贝宁、布基纳法索、中非共和国、乍得、几内亚、马达加斯加、马里、莫桑比克、尼日尔、卢旺达、塞内加尔、塞拉利昂和多哥。其中，成年女性文盲的比例更高，在厄立特里亚、莫桑比克、尼泊尔和多哥，有超过 2/3 的女性为文盲。

(二)青年识字情况

据统计，撒哈拉以南的非洲 19 个国家中，青年识字率普遍比成人高，只有刚果(金)的青年识字率低于成人识字率。总体来看，各国青年识字率水平仍然偏低，如贝宁、布基纳法索、中非共和国、乍得、刚果(金)、埃塞俄比亚、几内亚、马达加斯加、马里、尼日尔、塞内加尔以及塞拉利昂 12 个国家能够识字的青年不到 2/3。同时，不同国家之间青年识字率的差距也很大，如尼日尔只有 37%，而厄立特里亚达到 89%，接近发展中国家的最高水平(中国 99%、伊朗 99%、墨西哥 98%、巴西 90%)。

女性青年的识字率普遍低于男性青年。19 个国家中，尼日尔(23%)、布基纳法索(33%)、马里(34%)三个国家最低。在性别平等方面，有 15 个国家的性别平等指数低于 0.90，只有马达加斯加和卢旺达两个国家基本达到了性别平等，其中，卢旺达的性别平等指数是 1.01，这在非洲国家是十分罕见的。性别差异最大的国家是尼日尔、马里、贝宁，性别平等指数分别为：0.44、0.60 和 0.68。具体见表 13-2。

表 13-2 2010 年撒哈拉以南的非洲 19 个国家的青年识字率情况统计

国家	青年识字率(%)	男青年识字率(%)	女青年识字率(%)	性别平等指数
贝宁	55.0	65.6	44.6	0.68
布基纳法索	39.3	46.7	33.1	0.71
中非共和国	65.2	72.3	58.2	0.80
乍得	47.0	53.5	40.6	0.76
刚果(金)	65.0	68.3	61.8	0.90
厄立特里亚	89.3	92.0	86.7	0.94
埃塞俄比亚	55.0	63.0	47.0	0.75
冈比亚	66.7	71.9	61.7	0.86
几内亚	63.4	69.6	57.0	0.82
几内亚比绍	72.1	78.9	65.3	0.83
马达加斯加	64.9	65.9	64.0	0.97

续表

国家	青年识字率(%)	男青年识字率(%)	女青年识字率(%)	性别平等指数
马里	44.3	56.4	33.9	0.60
莫桑比克	71.8	78.5	65.1	0.83
尼日尔	36.5	52.4	23.2	0.44
尼日利亚	72.1	78.0	66.1	0.85
卢旺达	77.5	77.1	77.8	1.01
塞内加尔	65.0	74.2	56.2	0.76
塞拉利昂	59.4	69.4	50.1	0.73
多哥	81.7	87.6	74.6	0.85
平均率	62.7	69.5	56.2	

来源：UIS. Adult and Youth Literacy 1990-2015：Analysis of Data for 41 Countries[EB/OL]. http：//www. uis. unesco. org/Education/Documents/UIS-literacy-statistics-1990-2015-en. pdf，2014-08-01.

文盲问题是困扰非洲社会发展的巨大挑战。据 UIS 统计，19 个国家中，青年文盲人数小于 100 万的国家有 10 个；100 万至 200 万之间的国家为 6 个；超过 200 万的国家有 3 个，分别是刚果(金)(470 万)、埃塞俄比亚(710 万)和尼日利亚(860 万)。应该说，自 2000 年达喀尔行动目标实施以来，非洲很多国家的扫盲成绩并不理想，有些国家的青年文盲人数不降反升。2000—2010 年，19 国中有 8 个国家的青年文盲人数出现反弹，其中，卢旺达、马达加斯加、刚果(金)三个国家的增长幅度最大，分别是 78%、62%、61%。

据统计，2000 年至 2010 年，青年女性文盲占该年龄段女性总人数的比例并没有太大的变化。虽然多数国家青年女性文盲的比例有所下降，但下降的幅度十分有限，没有一个国家的降幅达到 10 个百分点，相反，布基纳法索、尼日尔、塞内加尔和塞拉利昂这 4 个国家的青年女性文盲比例不降反升，其中，尼日尔的升幅最大，超过 11 个百分点。见表 13-3。

表 13-3　撒哈拉以南的非洲 19 个国家的青年文盲人数及变化情况

国家	青年文盲人数/千人		女性文盲比例(%)	
	2000 年	2010 年	2000 年	2010 年
贝宁	725	785	62.8	62.1
布基纳法索	1 887	1 838	54.4	55.0
中非共和国	288	317	65.5	60.6
乍得	1 071	1 174	59.9	56.0

国家	青年文盲人数/千人		女性文盲比例（%）	
	2000 年	2010 年	2000 年	2010 年
刚果（金）	2 853	4 665	62.5	54.5
厄立特里亚	203	113	69.2	62.7
埃塞俄比亚	6 987	7 090	62.0	58.9
冈比亚	131	118	63.7	58.4
几内亚	902	725	61.1	57.9
几内亚比绍	95	84	68.3	62.2
马达加斯加	855	1 384	53.7	51.5
马里	—	1 657	—	59.4
莫桑比克	1 458	1 299	66.4	62.0
尼日尔	1 703	1 440	53.1	64.4
尼日利亚	8 186	8 617	63.5	59.7
卢旺达	387	498	52.8	49.7
塞内加尔	1 052	874	58.6	62.7
塞拉利昂	508	461	61.9	62.9
多哥	261	232	69.4	67.5

说明：—表示缺数据。

来源：UIS. Adult and Youth Literacy 1990-2015：Analysis of Data for 41 Countries[EB/OL].
http：//www. uis. unesco. org/Education/Documents/UIS-literacy-statistics-1990-2015-en. pdf，2014-08-01.

（三）2015 年成人识字情况预测[①]

据已有数据显示，撒哈拉以南的非洲国家的成人识字率自 1990 年以来呈逐渐上升趋势。1990 年至 2010 年，尼日利亚的成人识字率增长了 6%，乍得则增长了 23.6%。那些识字率初始水平较低的国家在过去 20 年里取得的进步比较高的国家更明显。在 19 个国家中，有 17 个国家的成人识字率呈现增长趋势，只有

---

① 2015 年全民教育目标要求将 2015 年成年文盲人数减少到 2000 年的一半，即文盲率降低 50%。为了确定每一个国家的目标均值，UIS 根据 2000 年人口普查中的识字率，再加上 100% 与该识字率差值的一半，从而设定出每个国家在 2015 年应达到的识字率目标。例如，如果某个国家 2000 年的成人识字率是 60%，那么目标设定为 60%＋(100%－60%)/2＝80%。而设定 2015 年的识字率则通过全球特殊年龄群体识字预测模型（GALP）计算得出。在 GALP 中，识字率数据中的年龄分类要用到回归分析，结合联合国人口部的数据，根据历史趋势，从而确定未来几年的识字率。

刚果（金）和马达加斯加呈下降之势。报告对撒哈拉以南的非洲19国的成人识字水平能否达到2015年的全民教育目标进行了预测，但结果令人失望。该报告认为：按照现有的识字情况推算，到2015年，这些国家当中，没有一个国家能够将成年文盲数量减少50％。只有厄立特里亚的情况最为乐观，但离预期目标还差3个百分点，而贝宁、布基纳法索、乍得、马达加斯加、马里等国离实现目标相差至少20个百分点。

当然，大部分国家在降低文盲率方面已取得积极进展，其中，显著成绩之一是成人女性识字率的不断提高，因为20年前这些国家的女性识字率非常低。据预测，塞内加尔的成人女性识字率将从1990年的18％增长到2015年的46％，中非共和国将从1990年的20％增长到2015年的48％，而几内亚和尼日尔等国的女性识字率预计将增长两倍多。其他如贝宁、布基纳法索、乍得、厄立特里亚、埃塞俄比亚、冈比亚、几内亚比绍、马里、莫桑比克、塞内加尔以及塞拉利昂等国，女性识字率的增长预期是2000年的1.5倍。而同期男性的识字增长率预计将比女性低，到2015年，成人男性识字率增长超过2000年一半水平的国家只有马里和尼日尔。具体见表13-4。

表13-4　2015年撒哈拉以南的非洲19个国家的成人识字率预测

国家	2015年预计（%）			2015年目标（%）
	全体	男性	女性	
贝宁	46.7	58.7	35.2	67.3
布基纳法索	36.0	43.1	29.3	60.9
中非共和国	59.0	70.5	48.0	75.3
乍得	39.1	47.9	30.6	64.2
刚果（金）	66.0	73.6	58.5	83.6
厄立特里亚	73.3	82.5	64.7	76.3
埃塞俄比亚	48.6	56.9	40.5	68.0
冈比亚	55.7	64.1	47.8	68.4
几内亚	48.7	57.8	39.4	64.9
几内亚比绍	59.6	71.6	47.9	70.7
马达加斯加	64.7	66.8	62.6	85.3
马里	38.0	49.5	26.9	62.0
莫桑比克	61.5	74.0	50.0	74.1
尼日尔	36.1	49.1	23.3	54.7
尼日利亚	64.7	74.1	55.3	77.4

国家	2015 年预计（%）			2015 年目标（%）
	全体	男性	女性	
卢旺达	72.8	75.4	70.3	82.4
塞内加尔	56.5	67.4	46.1	69.6
塞拉利昂	48.2	59.0	38.1	67.4
多哥	67.6	78.5	56.9	76.6

来源：UIS. Adult and Youth Literacy 1990-2015：Analysis of Data for 41 Countries[EB/OL]. http：//www. uis. unesco. org/Education/Documents/UIS-literacy-statistics-1990-2015-en. pdf，2014-08-01.

从男性与女性识字率情况比较看，这些国家的性别差距依然值得关注。19 个国家中，只有马达加斯加和卢旺达两国的性别平等指数预计将在 2015 年达到 0.90～0.96，其余国家均低于 0.9，最低的三个国家分别是尼日尔(0.47)、马里 (0.54)和贝宁(0.60)。

据统计，2000 年至 2010 年，刚果(金)、埃塞俄比亚、马达加斯加三个国家 的成年文盲数量至少增加了 100 万，其余国家的文盲人数有增有减，但增减数量 都不到 100 万。另据预测，到 2015 年，刚果(金)、埃塞俄比亚、尼日尔以及尼 日利亚等国家的文盲人数还将新增 100 万。

(四)2015 年青年识字情况预测

统计显示，2000 年至 2010 年，大多数国家的青年识字率都有所增长，尼日 尔的增长率最高，达到了 23%，但刚果(金)与马达加斯加的青年识字率下降了 5 个百分点。根据现有增长速度，预计到 2015 年，贝宁、布基纳法索、乍得、刚 果(金)、马达加斯加、马里和尼日尔 7 个国家，有不到 2/3 的青年能够识字。从 性别上看，青年女性的识字率得到了明显改善，而十多年前她们的识字水平明显 比男性青年低很多。其中，冈比亚、几内亚、几内亚比绍等国在过去十年间，女 性青年的识字率增长比较显著，增长率在 18%～23%。

1990 年，19 个国家中只有卢旺达在青年识字率上达到了性别平等；到 2000 年，尼日尔与卢旺达两国基本实现性别平等；但到了 2010 年，也只有马达加斯 加和卢旺达两个国家达到了平等标准。可见，在青年识字率上能够实现性别平等 并处于稳定状态的也只有卢旺达一个国家。据 UIS 预测，到 2015 年，19 个国家 中只有刚果(金)、厄立特里亚、马达加斯加和卢旺达 4 个国家在青年识字方面有 望达到性别平等，另有 8 个国家的性别平等指数在 0.90～0.96，而其余 7 个国家 仍低于 0.90。具体见表 13-5。

表 13-5　2015 年撒哈拉以南的非洲 19 个国家的的青年识字率预测

国家	2015 年预计（%）			性别平等指数
	全体	男性	女性	
贝宁	60.2	69.4	51.1	0.74
布基纳法索	45.4	47.6	43.2	0.91
中非共和国	67.5	72.2	62.8	0.87
乍得	52.7	55.2	50.1	0.91
刚果（金）	62.3	63.2	61.4	0.97
厄立特里亚	93.3	94.6	92.0	0.97
埃塞俄比亚	69.3	71.0	67.5	0.95
冈比亚	73.1	75.5	70.8	0.94
几内亚	74.4	77.1	71.6	0.93
几内亚比绍	77.2	80.8	73.6	0.91
马达加斯加	65.1	65.4	64.8	0.99
马里	53.3	62.0	44.4	0.72
莫桑比克	77.8	82.5	73.1	0.89
尼日尔	45.9	56.3	35.9	0.64
尼日利亚	75.0	78.8	71.0	0.90
卢旺达	77.4	76.3	78.4	1.03
塞内加尔	73.4	80.1	59.3	0.83
塞拉利昂	67.4	75.9	59.3	0.78
多哥	88.2	90.0	86.5	0.96

来源：UIS. Adult and Youth Literacy 1990-2015：Analysis of Data for 41 Countries[EB/OL].
http：//www. uis. unesco. org/Education/Documents/UIS-literacy-statistics-1990-2015-en. pdf, 2014-08-01.

　　青年文盲人数大幅上升的国家只有刚果（金），该国 2010 年的青年文盲比 2000 年多出了 180 万。预计 2010 年至 2015 年，刚果（金）将成为唯一一个青年文盲人口增加超过 50 万的国家。与此同时，埃塞俄比亚的青年文盲人口将减少 50 多万。到 2015 年，预计有 15 个国家的青年文盲人口将低于 200 万，其中的 10 个国家青年文盲人数将少于 100 万。青年文盲人数将超过 200 万的国家有：布基纳法索（210 万人）、刚果（金）（580 万人）、埃塞俄比亚（620 万人）和尼日利亚（860 万人）。到 2015 年，19 个国家中只有卢旺达男性青年的文盲人数将超过女性青年，而其余 18 个国家的青年女性文盲将至少占到一半。其中，贝宁、莫桑比克、尼日尔、塞内加尔和塞拉利昂 5 个国家的青年文盲中，女性至少占了 3/5。

三、问题及影响分析

由于撒哈拉以南的非洲国家的教育基础薄弱，教育资源匮乏，时至今日，在实现全民教育目标的道路上，仍然困难重重。一些目标的实现希望渺茫，其中，降低文盲人数、提高成人识字率就是一个十分棘手的问题。

（一）成人文盲人口基数大，新增文盲多，影响识字率提高

成人识字率与基础教育规模、适龄人口入学率、人口增长率、人口年龄结构等因素都存在密切关系。由于撒哈拉以南的非洲的青年人口尤其庞大且增长迅速，加之国家不能提供足够的教育机会，更难有高质量的教育，导致青少年失学、辍学情况比较普遍，一些国家 15 岁及以上成人文盲数量在过去二十多年间不降反升。

据联合国教科文组织统计署最新统计数据显示，撒哈拉以南的非洲的成人识字率的增速跟不上人口增长。2011 年，撒哈拉以南的非洲的成年文盲占全球成年文盲的近 1/4，达到了 1.82 亿，而 1990 年为 1.33 亿。全球有 11 个国家仅有不到一半的成人掌握了基本识字技能，其中有 10 个国家均位于撒哈拉以南的非洲地区，这就意味着这 10 个国家的 15 岁及以上成人中有超过一半的人口是文盲。

目前认为控制文盲人数的最有效办法就是杜绝或减少新增文盲人数。而新增文盲的多寡主要取决于国家基础教育的规模和质量，也就是教育的普及率、适龄人口的辍学率、教育的质量保障等。成人脱盲同样是一个世界性难题。除了通过国家行为，利用教育和培训手段，开展具有一定强制性的识字活动，让一部分成人具备识字能力外，另一种可能就是通过控制人口构成比例的变化来降低文盲比例。显然，上述做法在非洲多半是不大现实的，因为这些因素同样是影响撒哈拉以南的非洲发展问题的瓶颈。

（二）青少年人口比重大，辍学率高，给青年就业带来严峻挑战

《全民教育全球监测报告（2012）》显示：全世界大约 1/6 的人口是 15～24 岁的年轻人，主要集中在一些最贫困的国家，撒哈拉以南的非洲的青年人口尤其庞大且增长迅速。大约 2/3 的非洲人不满 25 岁，而法国、日本、英国和美国等富裕国家不满 25 岁的人口却不到 1/3。2030 年之前，撒哈拉以南的非洲年轻人的数量将是 1980 年的 3.5 倍。[①] 庞大的青年人口比例，无疑给这些国家初等教育普及率的进一步提高和中等教育规模的不断扩大带来了严峻挑战，会有越来越多的

---

① 联合国教科文组织. 全民教育全球监测报告（2012）[R].2013：25.

青少年面临失学、辍学的威胁，进而又将导致青年识字率的停滞不前乃至下降，以及文盲人数的持续增加。一方面是已有文盲人数很难脱盲，另一方面则是许多青少年辍学导致盲人数的增加。

据联合国教科文组织统计署 2013 年的报告显示：1990 年至 2011 年，全球几乎所有地区的青年文盲人数都呈下降趋势，只有撒哈拉以南的非洲地区的青年文盲人数同期增长了 1 300 万。这意味着同一时期青年识字率的增长幅度落后于人口增长幅度，并且增长乏力，从 1990 年至 2011 年的 21 年间，青年识字率仅增长了 4%。

事实上，青年受教育程度和识字情况与就业率、就业质量、失业率等都息息相关。据统计，2012 年撒哈拉以南的非洲国家 15～24 岁青年失业率比成人失业率要高得多。自 2007 年以来，青年失业率一直徘徊在 12%，而成人失业率大约为 6.0%。[①] 如何有效促进青年就业、降低失业、增强社会保障和就业稳定性是撒哈拉以南的非洲国家面临的一项长期艰巨的任务。

(三)女性识字率偏低，就业难，性别不平等问题突出

长期以来，撒哈拉以南的非洲国家的女性在教育、就业、家庭与婚姻方面一直处于不利地位，男女不平等的社会现实使得女性识字率更低，男女之间识字率差距大。据统计，2011 年全球男性青年识字率为 92%，女性青年识字率为 87%，GPI(真实发展指数)为 0.94，而撒哈拉以南的非洲青年的识字率统计显示，男性为 76%，女性为 64%，GPI 为 0.84。其中，埃塞俄比亚、尼日尔等 12 个国家性别差异最大，GPI 值位于 0.44 至 0.77 之间。

性别差距导致女性在就业方面比男性更容易受到伤害。从全球看，过去二十年间，这种性别差距进一步扩大了。在 1991 年，89.4% 的女性和 78.5% 的男性处于不稳定就业状态，但是到了 2012 年，这种性别差距扩大到了 14 个百分点，分别为 84.9% 和 70.6%。[②] 撒哈拉以南的非洲的情况更加突出，有超过 80% 的妇女干着无工资报酬的活计，而在东欧和中亚不到 20%。在整个撒哈拉以南的非洲地区，在正规部门就业的工人中，女性不到 1/4。[③]

四、结语

2000 年达喀尔世界教育论坛上制定的全民教育目标是"到 2015 年，将全球成

---

① International Labour Organization. Global Employment Trends 2013 [R]. Geneva：ILO，2013：93.

② International Labour Organization. Global Employment Trends 2013 [R]. Geneva：ILO，2013：94.

③ World Bank. World Development Report 2013：Jobs[R]. Washington，DC：World Bank，2012：24.

人识字水平提高50％"。这就意味着在2000年至2015年，要将成人文盲数减少50％。作为世界上最不发达的地区之一，撒哈拉以南的非洲在推进全民教育目标过程中，得到了国际社会和国际组织的广泛关注和多方支持，也取得了很大进步。但联合国报告预测显示，按现有的识字情况推算，到2015年，撒哈拉以南非洲国家成人识字水平提高50％的全民教育目标，没有一个国家能够实现。预计到2015年，撒哈拉以南的非洲地区成人识字率只有64％，离79％的目标还差15％。识字率问题从根本上讲还是教育问题，而教育的发展又会受到政治、经济、历史等环境要素的深刻影响。撒哈拉以南的非洲国家在摆脱殖民统治获得独立后，为发展教育一直在做出积极努力，但由于教育基础能力薄弱、教学资源匮乏、经费投入不足，加上很多国家政局动荡、部族争端经常发生，还有艾滋病、干旱等问题，使得发展教育的规划蓝图时常落空。如果过多的青年和成人由于丧失教育机会而不能较好掌握参与社会所需要的技能和知识的话，就很难实现就业的愿望，更谈不上拥有体面的生活，反过来将会引起社会不稳定因素的增加和减贫计划的落空。

>> 第二节　肯尼亚共和国《教育部门报告》<<

肯尼亚教育部门由教育部、高等教育科学与技术部、教师服务委员会及其附属机构组成。该部门的工作围绕实现宪法规定的目标、《2030年愿景》及国际承诺（例如，千年发展目标）来开展。在过去的三年里，肯尼亚的教育取得了卓越的成就。免费中小学教育取得重大进展，入学人数有极大的增长，公立中学、技术职业教育与培训机构的数量也呈直线上升趋势。为了巩固教育成果，该部门将在2013—2016年继续执行七项计划，包括：一般管理与计划；基础教育；中等与高等教育；质量保证与标准；教师服务；大学与高等教育；研究、科学、技术与创新。在执行这些计划的过程中，该部门将面临诸多挑战，如资金有限、基础设施不足、教师短缺（人员配置不足）、信息与通信技术整合速度慢、法律与政策限制等。为了实现《2030年愿景》，教育部门需要采取适当措施，进一步改善教育与培训。

肯尼亚政府于2007年出台了《2030年愿景》。该愿景的整体目标是在2030年前将肯尼亚转变为在全球有竞争力的繁荣国家。经过五年的发展，肯尼亚教育有了一些进步，面临一些挑战。在这种情况下，2012年肯尼亚出台了《教育部门报告》，[①] 以总结进步，剖析问题，提出对策建议。

---

① The Republic of Kenya. Education Sector Report：2013/14-2015/16 Medium Term Expenditure Framework ［R］. 2012-10.

　　该报告认为，国家未来的发展潜力主要在于肯尼亚人民的创造性、知识与创业技能，因而教育部门责无旁贷，其主要职责就是促进人力资源开发，提升肯尼亚的全球竞争力。为了实现该目标，肯尼亚教育部门致力于为肯尼亚人民提供符合宪法、国家目标与经济全球化趋势的优质教育、培训，以及研究与创新。为此，该部门要求业已确定的支持性政策、制度与法律框架，能够有效地解决公民的需求，实现公民愿望及了解社会经济动态。

一、肯尼亚教育部门的目标

（一）教育部门的愿景与使命

　　教育部门的愿景与使命是所有教育计划和项目的指导方针。教育部门的愿景是"支持可持续发展的有全球竞争力的教育、培训、研究与创新"，使命是"提供、促进与协调优质教育与培训，将科学、技术与创新融入可持续的社会经济发展"。该部门的整体目标是提高入学人数，提高教育质量与适切性，减少不平等，公平地利用在全球具有竞争力的科学、技术与创新知识，实现全民教育与千年发展目标。

（二）教育子部门及其战略目标

1. 教育部

　　该部门致力于为所有肯尼亚人提供优质教育与培训，从而建立公平与和谐的社会，在干净与安全的环境中进行公平的社会发展。学习者的理解力、知识与技能将使他们了解生活选择及社会与世界经济面临的问题。

　　该部门的战略目标如下。

　　①确保所有儿童，尤其是贫困的、边缘化的、弱势群体的儿童，可以接受免费义务基础教育，在 2015 年前净入学率达到 100％。

　　②2015 年前各个层次基础教育的升学率达到 95％。

　　③2015 年前实现全民扫盲，特别是女性扫盲。

　　④在 2015 年前普及各级基础教育与培训的开放远程教育。

　　⑤2015 年前确保与基础教育层次的教育管理相关人员的质量管理能力。

2. 高等教育科学与技术部

　　该部门的责任包括：为技术教育机构与大学提供质量保证服务，制定高等教育政策、科学技术与创新政策，技术培训学院与技术学院的注册，对研究、科学与技术的管理，对研究的授权、协调、登记及宣传，管理大学教育、高等教育贷款委员会，管理高等教育委员会，管理公立大学与继续教育。

　　其具体的战略目标如下。

　　①加强各级技术教育与培训的入学、平等、质量与相关事宜。

②改善技术教育与培训的质量。

③为技术培训机构学生提供助学金。

④促进与普及信息与通信技术（ICT），以及科学与技术教育。

⑤促进与普及各个层次的研究、技术与创新。

⑥改善技术、职业、教育与培训（TVET）机构的教学、学习与研究的质量与相关性。

⑦确保各个层次的高等教育教学、管理与研究中的性别平等。

⑧介绍新的运行方式，促进所有高等教育与培训机构同社区之间的联系。

⑨促进与普及各个层次教育与培训的开放远程教育。

⑩提高从中学到大学的升学率，尤其是缩小所有计划中的性别差距。

⑪促进教育行业与高等教育机构之间的联系与合作。

⑫促进高等学院与大学的创新与研究。

3. 教师服务委员会

该委员会有权履行的教师职能包括：注册、招聘、部署、推广教育、报酬管理及维护教学标准。

其战略目标如下。

①为教育部门的公立小学、中学与高等教育机构提供充足的合格教师。

②实现国家教师的平等分配和利用。

③提高教师注册过程的效率。

④加强教学服务的专业性与全面性。

⑤增加该委员会员工的职业发展机会。

⑥提高公立教育机构的管理效率。

⑦加强教师服务的质量标准。

⑧提高人力资源管理效率。

⑨加强委员会内的服务管理。

除上述教育部门之外，各教育部门下属的自治与半自治政府机构，如肯尼亚教育学院、高等教育委员会等机构，也为实现教育战略目标提供支持。

二、各教育子部门的主要工作及取得的成绩

《教育部门报告》对肯尼亚教育各部门过去三个财年（2009—2012 年）开展的工作和取得的成绩进行了回顾和评论。

（一）教育部

该部门的教育与培训旨在提供"可持续发展的全球竞争性教育与培训"，根据肯尼亚《2030 年愿景》，该部门优先发展了一些旗舰项目，包括：建设好 560 所中

学，扩建与翻修现有中学；制订计算机供应计划，促进学校的信息与通信技术（ICT）的发展；在干旱与半干旱地区，至少为每个选区建设与翻修一所寄宿小学；在五个最贫困的地区开展教育券项目，加强对弱势群体的经济援助。

除优先项目外，该部门还有一些主要的计划/项目，旨在实现广泛的部门战略目标：提高入学率，促进平等、质量与相关性。这些项目具体如下。

1. 一般管理及支持服务项目

在 2009—2012 三个财年，该项目的财政投入超过 221 亿肯尼亚先令。该部门建立了 5 个地区总部，恢复了 6 个地区办事处，这项工作目前完成了 80%。2011—2012 财政年度，该部门也设法改善了主要董事会会议室的外观。同时，为了满足服务交付需求、提升客户满意度，该部门为其 1 025 名员工提供了高级管理战略领导课程，提升他们的能力。该部门还与美国国际开发署合作实施了为期 18 个月（2011 年 1 月至 2012 年 6 月）的分权化教育管理活动，该活动覆盖了所有地区，400 多所中学参与其中。此外，该部门为数据采集与分析开发了在线应用系统，在教育管理信息系统开发方面取得了很大进步。该部门也启动了新教育政策框架及修改教育法案，并制订了国家教育部门支持计划。该计划将在宪法要求的框架下为教育部的发展指明方向。

2. 基础教育项目

（1）幼儿早期发展与教育

该部门向儿童早期发展中心提供社区支持拨款，目的是促进学生入学与提高教育质量。幼儿早期发展与教育部门的入学人数从 2009 年的 191.4 万儿童增长到 2011 年的 237 万儿童。毛入学率从 2009 年的 60.2% 增长到 2011 年的 65.5%，净入学率从 2009 年的 40.4% 增长到 2011 年的 41.8%。但在 2009—2012 三个财年间，对该计划的资金投入严重不足（共计 87 977 万肯尼亚先令），而且 2011—2012 年度的支出还呈下降趋势，导致幼儿教育发展滞后，目前还未被纳入基础教育。

（2）小学教育

自 2003 年实施免费小学教育以来，肯尼亚在小学教育入学方面取得很大进步。在 2009—2012 三个财年间，该部门总共投入 88.9 亿肯尼亚先令用来促进小学教育。正规小学学生人数从 2010 年的 880 万增长至 2011 年的 986 万。随着女生入学率的提高，性别差距已经得到改善。

小学低年级的课本学生比例（TPR）已经从 2003 年前的超过 10 个学生共享 1 份课本提高至 2009 年的 1:2。而对于大多数学校，小学高年级的课本学生比例基本上接近 1:1。学生毕业率[①] 从 2009 年的 83.2% 下降至 2010 年的 76.8%，

---

① 学生毕业率是指标准毕业生占 13 岁学生的比例。

并进一步下降至 2011 年的 74.6%。毕业率下降可能是因为学生辍学与留级。但从小学到中学的升学率都在上升，从 2009 年的 66.9% 上升 2011 年的 73.3%，而目标毕业率为 85%。

（3）学校供餐、营养与健康计划

该计划旨在促进健康与卫生教育，降低学校儿童发病率，从而提高基础教育入学率。在 2009—2012 三个财年间，该项目共得到了约 60 亿肯尼亚先令的财政投入，为内罗毕内 64 个干旱与半干旱地区与贫民窟的约 240 万学前与小学儿童提供中餐。

3. 中学教育项目

自 2008 年 1 月推出免费中学教育以来，该部门向每名学生拨款 10 265 肯尼亚先令，此举促使中学入学率大幅上升，毛入学率从 2009 年的 45.3% 增至 2011 年的 48.8%，全国的中学教学与学习材料的可用率也得到提升。2011—2012 财政年度，该部门向公立学校的超过 170 万名中学生投入了 177 亿肯尼亚先令。这些资金投入进一步刺激了中等教育的发展，中学数量从 2009 年的 6 971 所增长到 2010 年的 7 268 所，2011 年为 7 297 所。入学人数从 2007 年的 118 万名学生增长到 2009 年的 150 万，2010 年的 170 万，2011 年已达到 180 万。性别平等指数从 2009 年的 0.96 增长到 2010 年的 1.02，2011 年为 1.01，接近目标值 1.0。

为了改善国家中学的现状，肯尼亚设立了国家学校升格基金。2011—2012 财政年度，共有 30 所中学升级为国家级中学，每所学校得到 2 500 万肯尼亚先令的资金投入。

实施中学助学金计划，助学金面向脆弱群体，包括贫民区、极度贫困地区、干旱与半干旱地区的孤儿、女孩及贫困家庭儿童。尽管政府引进了免费中学教育，但该计划的目的是帮助穷人支付不在政府资助之列的其他教育费用。2011—2012 财政年度，中学助学金计划总共支出约 6 亿肯尼亚先令。

4. 质量保证与标准项目

（1）课程审核与质量

在 2009—2012 三个财年间，教育部评估了小学与中学的教师培训课程，发现了技术发展与传递方式的转变，尤其是教育中信息与通信技术的整合。私营部门与高等教育机构积极参与课程审核与实施，确保满足劳动力市场需求。

（2）考试与认证

在 2009—2012 三个财年间，肯尼亚全国考试理事会继续通过申请人在线注册系统，改善效率与服务交付的及时性。理事会也设立了国家评估系统，用于监督三年级、六年级与十年级学习者的表现。

小学毕业考试申请人数从 2010 年的 741 507 人增长到 2011 年的 776 214 人。然而，国家平均分从 2010 年的 54.32 分下降至 2011 年的 53.02 分。中学毕业考试申请人数从 2009 年的 333 816 人增长到 2010 年的 336 015 人，并进一步增长到 2011 年的 410 586 人。

5. 非正规教育计划与成人教育项目

2011—2012 财政年度，共有 474 所非正规学校注册（目标为 700 所），学校管理委员会提供财务管理培训，共收到 6 300 万肯尼亚先令拨款。新非正规学校的批准与核实仍在进行之中。

2007 年肯尼亚国家成人素质调查显示，只有 61.5% 的成人人口达到最低素质水平，38.5%（780 万人）是文盲。只有 29.6% 的肯尼亚成人人口达到理想的素质水平，约 9.9% 的 15～19 岁青少年及 49% 的 45～49 岁成人是文盲。肯尼亚《2030 年愿景》第一阶段中期计划意识到提高公民素质的必要性，提出了 2012 年前将成人识字率从 2007 年的 61.5% 提升至 80% 的目标。在 2009—2012 三个财年间，成人基础教育入学人数从 2009 年的 205 000 人增长到 2011 年的 300 000 人。

(二)高等教育科学与技术部

该部门主要围绕以下项目开展工作并取得了一定成绩：一般管理、大学与技术教育、研究与创新。

1. 一般管理项目

为了提高该部门的服务效率，56% 的员工经过培训，其中，110 名公立大学高级管理人员接受了管理方面的培训。在 2009—2012 三个财年间，该部门起草了下列法案：《技术与职业教育与培训法案》《大学法案》《科学、技术与创新法案》《肯尼亚资历架构法案》，这些法案为大学与技术教育的发展提供了法律保障。

2. 大学与技术教育项目

肯尼亚对大学与高等教育颇为重视，该计划的年度支出呈不断增长的趋势，从 2009—2010 财年的 220.86 亿肯尼亚先令到 2010—2011 财年的 264.31 亿肯尼亚先令，2011—2012 财年已达 416.57 亿肯尼亚先令。这表明了肯尼亚政府发展高等教育的决心，此举也极大地促进了大学与技术教育的发展。

(1)大学教育

公立与私立大学的数量从 2009—2010 年的 28 所增长到 2011—2012 年的 58 所，包括 7 所公立大学、24 所大学学院与 27 所私立大学。

由于 24 所机构升级为大学学院，以及各公立大学实体设施的扩建，入学人数从 2009—2010 年的 177 735 名学生（144 181 名公立大学学生，33 554 名私立大学学生）增长到 2011—2012 年的 361 147 名学生（271 143 名公立大学学生，90 004 名私立大学学生）。增加助学金可以进一步提高大学教育入学人数与留校人数。2009—2010 年，总共有 8 386 名学生获得助学金，总金额为 3.8 亿肯尼亚先令。2011—2012 年，助学金受益人数增长到 17 000 名学生，总金额为 8.3 亿肯尼亚先令。

(2)技术职业教育与培训

技术职业教育与培训(TVET)的任务是为青少年与成人提供技术、商业与科学领域的技能开发计划,从而满足国家经济需求。为此,该部门通过一系列计划取得以下成就。

①建立卓越教育中心,为所有行业部门提供了相关技能培训设备,为 11 所机构提供资金,采购现代化设备,确保培训计划的质量。

②TVET 助学金计划,为贫困家庭、孤儿、干旱与半干旱地区、被边缘化地区的学员及学习工程课程的女学生提供助学金。

③宣传科学、工程与技术,促进科学与技术的发展,重新实施 TVET 机构科学与技术计划。

④增加相关机构的入学人数,促进教育平等。

⑤开发了信息与通信技术讲师的能力框架草案与电子资源中心,制定了 TVET 的信息与通信技术整合战略,促进信息与通信技术在 TVET 中的广泛应用。

⑥制定 TVET 课程开发标准,使其紧密结合市场需求。

⑦实施 TVET 升级计划,提供资金支持,升级机构设备。

⑧遵守与履行相关国际公约,在东部非洲共同体合作框架下,开展职业技术教育与培训合作。

(3)高等教育支持服务

高等教育贷款董事会为公立与私立大学及 TVET 机构提供贷款及授予奖学金。董事会目前面临的最大挑战是正规与模块Ⅱ的学生贷款需求因最近大学扩建(通过建设学院)而增加。随着高等教育改革的持续发展,高等教育部门将有更多学生进入大学学习,预计 2011—2012 财年贷款与助学金需求将增加 15 亿肯尼亚先令,2012—2013 财年增加 20 亿肯尼亚先令。由于该国的生活成本不断上升,董事会需要审核授予大学学生的金额,确定每年资金需求增加 10 亿肯尼亚先令的原因。董事会共需 25 亿肯尼亚先令的额外资金,才能解决学生贷款数量增加与生活成本上升带来的压力。

(4)资格认证、质量保证与标准

这方面取得了如下成就。

①审核了用于评估 TVET 机构的 TVET 认证手册,并制定新标准。该手册对指导 TVET 机构内部自我评估与外部评估至关重要。

②技术认证与质量保证董事会成功完成了 TVET 课程开发标准的制定。该标准将被提交批准并正式实施。

③提高注册申请与课程批准的回应效率。该董事会于 2009—2010 财年从收到申请之日起 60 天内开始评估申请注册的 TVET 机构。2010—2011 财年的目标

被修改,该期限减少为 40 天。从平均 22 天来看,该目标的实际完成情况很好。

④注册(认证)TVET 机构增加,导致注册 TVET 机构的数量从 2009—2010 年的 180 所增长到 2011—2012 年的 411 所。

⑤技术认证与质量保证董事会成功审核了 6 个计划的课程,即:合作管理文凭;合作管理技工证书;农业创业技工证书;海上运输作业技工证书;机械技术(设备选择)技工证书;理发与美容疗法专业课程。为了应对移动电话与摩托车维修及维护的市场需求,该董事会也开发短期课程。

3. 研究与创新

该部门于 2008—2012 年期间开展了以下计划:实施非洲科学、技术与创新指标倡议(ASTII),开展国家研究与发展及创新调查,获取关于科学、技术与创新的指标,为政策制定提供参考;出版国家研究与发展期刊,宣传相关知识与信息,目前第三卷正在进行同行评审;建立与评估主要战略与双边合作,例如,科学与技术不结盟运动(NAMS & T)、非洲信息科学技术(IST Africa);启动肯尼亚科学、技术与创新(KESTI)奖励计划,推选杰出肯尼亚科学家;实施调查,确定业务流程外包(BPO)服务与知识流程外包(KPO)服务的培训需求;制定科技园(STP)政策;对决定肯尼亚知识指数的因素进行调查;制定研究与发展战略;为 339 项研究提案提供资金(2009—2010 年 64 项,2010—2011 年 152 项,2011—2012 年 123 项)。

虽然该计划的财政支出从 2010—2011 年度的 2.46 亿肯尼亚先令增至 2011—2012 年度的 5.98 亿肯尼亚先令,但与国家重点扶植的其他教育计划相比,这些资金远远不能满足教育研究与创新的发展。

(三)教师服务委员会

教师服务委员会的工作计划主要包括一般管理、教师管理和质量标准与保证。该委员会的预算主要由经常性支出组成,而 97.5% 的经常性支出是教师工资。

该委员会的资金分配主要集中在教师管理服务上,教师管理服务主要包括教师的注册、招聘、调度、晋升和纪律,该计划的支出占该部门总支出的比例一直维持在 97% 左右,而且还有不断增长的趋势。与此相对,分配到该委员会维持与运作的资金从 2009—2010 财年的 4.23 亿肯尼亚先令大幅下降至 2011—2012 财年的 3.8 亿肯尼亚先令,导致一般管理下的很多计划都难以实施,详见表 13-6。

表 13-6　教师管理计划绩效概况

次级计划	预期产出	实现产出	备注
教师管理服务	招聘 22 000 名教师	招聘了 23 060 名教师	超额完成目标
	晋升 30 000 名教师	晋升了 31 169 名教师	超额完成目标
	注册 30 000 名教师	注册了 35 797 名教师	超额完成目标
	处理 97%的注册违纪案例	在 2009—2012 三个财年间，平均每年处理了 85%的违纪案例	教师拒绝参与违纪案例的处理，资金不足以支持违纪案例处理
一般管理及规划	为新校舍建立信息与通信网络	制定了信息与通信技术政策，完成了约 95%的网络连接	项目延期
	执行教师服务委员会的信息与通信技术战略，整合分散系统并实现各县互连	签署了 VPN（虚拟专用网络）执行的顾问合同	资金不足
	防止 HIV（人类免疫缺陷病毒）感染	分发各种 IEC（信息、教育和宣传）材料；培训了 200 名同行辅导员，设立了 VCT（艾滋病自愿咨询检测）中心	资金难以支持计划的推广
	在各个服务区域全面推出综合财务管理信息系统（IF-MIS）、CRM（客户关系管理）与文件跟踪系统	IFMIS 已经完成 95%，CRM 全部完成，开发和测试了文件跟踪系统，但没有全面开始运转	资金不足
	提升所有秘书处员工的能力		资金不足

在质量保证与标准计划中，教师服务委员会的主要作用是参与教师的专业发展，监督教师的教学成果。目前，该委员会对教师专业发展的评估仅限于刚进入大学的教师。同时，该委员会将在县及县级以下地区招聘更多的工作人员从事质量保证标准计划，在县级多所公立学校开展质量保证标准活动。但需指出的是，该计划的实施需要更多的资金保证。

三、2013—2016 三个财年的教育计划

根据《教育部门报告》，教育部门未来三年的重点计划要在各个次级部门战略计划规定的战略目标、《2030 年愿景》的国家开发战略及 2010 年《宪法》的指导之下展开。根据《宪法》对各县财政分权的规定，《教育部门报告》认为，分权过程预计于 2013—2016 三个财年实施。

《教育部门报告》提出，在 2013—2016 三个财年间，教育部门将继续执行七项主要计划，如表 13-7 所示。

表 13-7　主要教育计划一览表(2013—2016 三个财年)

计划	计划目标	次级计划
一般管理及计划	建立该部门各个计划之间的有效联系	政策计划及管理
基础教育	促进儿童早期发展、小学教育、非正规教育、特殊教育与成人教育的入学、质量、平等与相关性	免费基础教育
		幼儿发展与教育
		小学教育培训与服务
		学校供餐、营养与健康
		成人与继续基础教育
		特殊教育
		增加贫瘠地和半贫瘠地的教育机会
		非正规教育
中等与高等教育	提供、促进与改善高等教育机构的中学教育与学习	中学助学金管理服务
		中学教师教育服务
		中学教师服务
		特殊教育
		免费中学教育
质量保证与标准	设立、维持与改善 ECDE(幼儿早期发展与教育)、小学、中学与教师培训学院的教育质量与标准	课程开发
		考试与认证
		合作课程活动
教师服务	提供公立小学、中学、教师培训学院、理工学院与技术培训机构的教师	一般管理及计划
		教师服务
		现场服务
		教学质量保证与标准
大学与技术教育	发展与促进入学人数与教育平等;大学与技术教育质量与相关性	大学教育
		高等教育支持服务
		技术职业教育与培训
		资格认证与质量保证
研究、科学、技术与创新	发展与促进高价值产品与服务的研究、科学、技术与创新	研究、科学、技术与创新

　　在 2013—2016 三个财年,除了继续扩大免费中小学教育成果,改善各级教育机构的基础设施,提升教育质量外,教育部门还将重点实施一些优先计划,财政部将对这些计划进行优先拨款。这些计划如下。

①建设并改善各级教育机构的基础设施，促进信息与通信技术在教育中的应用。

②继续实施教师招聘计划，解决教师短缺问题，并加强对教师的职前与在职培训，提高教育质量。

③增加对儿童早期发展与教育的投资，使之成为基础教育的一部分。

④在国家和地方层面进行自动化文件管理并安装信息与通信技术设施，这包括 IPPD(人员与薪酬综合数据库)计划，教师注册和教师服务委员会各地方机构之间的内网连接。

⑤为满足不断增加的入学需求，增加对大学和职业教育与培训机构的贷款与助学金投入，从而扩大高等教育机会。

四、面临的挑战

《教育部门报告》提出，在执行其教育计划的过程中，教育部门面临各种挑战，某些新出现的问题可能妨碍次级部门的执行效率。

1. 资金

资金的不足严重影响了一些部门计划与活动的实施，这些活动包括如下内容。

①整修被升级为大学的机构的培训设施。

②使所有现有学习机构的设施现代化。

③为残疾人提供专业培训设施，支付相关成本，例如，医疗成本，提供特殊饮食与辅助设备。

④招聘额外的教师，满足经过改善的现有员工服务条款。

⑤质量保证与标准评估；健康与评估；持续专业发展；教育课程与支持材料开发及一般计划与管理。

⑥根据《宪法》，县级地区需设立管理机构，这将需要大量资金，尤其是用于设立目前并不存在的县级办事处、技术机构与大学。

⑦失业导致高等教育贷款董事会周转资金的可持续性问题备受挑战，因此，贷款收回率很低，将技术机构纳入受益方使这一情况更加恶化。

⑧参与资助教育部门的公司/私营部门较少。

⑨合作伙伴的资金延迟会影响项目的执行，导致某些项目无法完成。

2. 基础设施

①为正常学习者及具有特殊需求的学习者提供的学习设施不能满足要求。

②为有特殊需求的儿童与青少年提供的设施不完善。

③县及下辖办事处空间狭小，对教育服务造成负面影响。

④课程开发期间，实验、示范与模拟基础设施不充足。

⑤总部、县与各机构的信息与通信技术基础设施不充足，不能高效整合管理信息系统。

⑥为所有 47 个县提供车辆，使该部门能够进行分权化管理。

3. 认识与社会经济因素

①教育部门的活动缺乏社区支持。

②对残疾、严重贫困与性别歧视有负面的看法与误解，阻碍了具有特殊需求的学习者接受教育。

③公众对科学技术与创新在社会经济发展中的重要性认识不够。

④流行性 HIV/AIDS(人类免疫缺陷病毒/获得性免疫缺陷综合征)的影响。HIV/AIDS 仍是教育服务面临的挑战，因为 HIV/AIDS 剥夺了该部门急需的技术人才，阻碍了教育上所取得的进步。

4. 人员配置

①缺乏相关领域与法定机构的专业人才、讲师、导师、教师与其他支持人员。这些机构包括：非洲数学、科学与技术教育中心；肯尼亚教育管理学院；大学、高等教育委员会与 TVET 机构。

②县及县级以下办事处的设立需要招收更多员工，从而履行下放的职能。特别是教师服务委员会将要求新增员工管理县级的下放资金。

5. 人力资源

①核心干部员工的流失率高。

②教育与劳动力市场需求不匹配。

6. 信息与通信技术

①关于非正规教育、成人与继续教育案例可靠数据的不可用性，限制了教育服务的有效计划。鉴于采购设备的成本高，适用于儿童与青少年的设备不足。另一个挑战是相关领域的专业人才、教师与其他支持员工的数量不足。

②缺乏统一的大学教育数据管理系统，阻碍了该部门的计划实施。

③为了在地区一级高效地提供服务，教育部门需要开发与实施管理系统，如 VPN，并提供需要额外资金支持的信息与通信技术的基础设施与培训。

五、建议

为了继续提供优质的教育与培训、研究、科学与技术服务，《教育部门报告》提出了以下几个方面的建议。

(一)提供充足资金，满足各级教育需求

①为建设与改善各级教育实体基础设施提供所需资金。

②提供充足资金，用于维持日常的规章制度，使其能够有效地分配任务。

③通过增加对幼儿早期发展与教育计划及幼儿教师招聘的投资，加快将幼儿早期发展与教育整合到基础教育中去。

④提供资金(占 GDP 的 2%)，用于促进研究、开发与创新。

⑤提供资金，为教育部门的所有员工提供持续的专业发展机会。

⑥重新确定中小学生的人均补助，巩固免费中小学教育成果。

(二)建设和完善学校与其他教育机构的基础设施

①设立更多技术机构与教师培训学院，满足不断增长的需求。此外，政府应动员合作伙伴与其他利益相关者，使其帮助完善技术机构的基础设施。

②急需扩建城市贫民区和干旱与半干旱地区所有学校的实体设施。

③应在困难地区设立小学低年级的附属学校，缩小弱势地区与经济较好地区的差距。

④至少在干旱与半干旱地区的每个选区设立一所寄宿小学和一所流动学校，从而解决基础设施问题，减少地区与性别差距，满足迁徙牧民社区的教育需求。教育部门也需要为这些学校提供教师。

⑤为了增加教育机会，改善成人与继续教育，需要建造额外的教育中心，创造有益的学习与教学环境，并为成人与继续教育中心提供适当的设施，满足青少年与成人学习者的需求。

⑥设立课程资源中心，完善基础设施，包括科学与语言实验室及材料开发工作坊。

(三)制订相关计划，促进人员的有效配置

①加速审批教师人员配置标准。建议采取成本效益高的人员配置措施，包括执行小学层次的差别化人员配置标准，允许高潜力区域的学生教师比例为45∶1，农村干旱与半干旱地区的学生教师比例为 25∶1；将中学平均教学工作量从每周 18 小时提高到 20 小时；适当对学校某些未充分利用的教师进行再培训，并为选修课的班级规模设定一个下限；要考虑到在极限教学工作量以下再培训与重新分配的各种选择。

②在未来五年，政府要考虑每年招聘至少 20 000 名教师，缓解教师短缺状况。

③雇用符合质量标准的公务员，强化质量保证与标准委员会的作用。

④为受到纪律处分的员工设立复职计划，以便其恢复工作。

(四)加强管理与监督，促进教育政策的有效执行

①促进现有特殊教育政策的执行。

②促进管理与问责制，减少资源浪费。

③改造现有机构，使其能够为残疾人提供教育，提高残疾人能力，实现全纳

教育，采用创新的教学、学习与评估方法。

（五）促进信息与通信技术在教育中的应用

①促进中小学以及各级教育机构中信息与通信技术的应用。

②将信息与通信技术整合到教学方法中，提高教师的课程教学能力。

③建设教育部门的信息自动化管理系统，便于管理与监督。

>> 第三节　南非教育政策与发展趋势 <<

一、《关于教育区的组织结构、角色及职责的政策》

（一）《关于教育区的组织结构、角色及职责的政策》的出台背景

南非宪法保护每个公民的受教育权和平等地享受政府服务的权利。可是，目前南非各省不同教育区（education districts）内教育机会分配不均，教育成功率差异很大，不同省份及省内各教育区条件不一，服务质量也千差万别。这种差别在农村的黑人家园表现尤为严峻，而这样的教育区几乎占了南非所有教育区的一大半。近年来，为了使教育区更有效地发挥作用，国家优先发展其行政能力，对省教育厅的权限做了变更，并对各区办事处进行了重组。虽然历年曾有关于教育区的政策草案出台，但到目前为止，南非还没有正式的国家政策规定教育区办事处的性质及其职能。

《2030 年国家发展计划：创建美好未来》（*The National Development Plan 2030：Our Future-Make It Work*）十分重视国家公共服务的需要，明确指出优先改善基础教育，提出教育区办事处应该高效地发挥其重要职能。该政策是政府为满足经济发展、消除贫困、交付服务的需要而改善公共服务能力的一项举措。

因此，南非基础教育部于 2013 年 4 月颁布《关于教育区的组织结构、角色及职责的政策》。[①] 该政策为提高教育区内的学校教学质量提供了有利的政策依据、规划及资源，旨在为省教育厅提供教育区划界、结构、配备教育区办事处工作人员的框架，让所有的教育机构得到他们需要的服务，以改善教学条件及质量。

（二）《关于教育区的组织结构、角色及职责的政策》的内容

《关于教育区的组织结构、角色及职责的政策》的内容可分为两大部分：第一部分为政策制定的任务和适用范围。文本解释了该政策的立法权限，分析了合理性，明确了政策的适用范围及其局限性，指出该政策旨在实现国家和省政府之间

---

① Department of Basic Education（South Africa）. Policy on the Organization，Roles and Responsibilities of Education Districts[R]. Department of Basic Education，2013.

关于教育事务的密切合作，保证国家教育系统得到有效管理。第二部分是关于教育区的具体规定。教育区隶属于省政府，依照法律规定，其本身并不具备权力和职能，依据国家或省级立法文本行使权力。

首先，该政策对于教育区及相关概念进行了命名，所有省份都会使用统一命名，旨在为九省建立教育区的共同规范和标准提供一个统一的基础。教育区办事处是省教育厅与地方联系的纽带，是省总部和其管辖的教育机构之间重要的交流路径。教育区办事处协同学校校长和教育工作者，改善教育公平和效率。教育区办事处共有四个主要作用，即规划、支持、监督和问责、公众参与。

其次，政策规定了教育区的界限及其规范。南非宪法规定所有的服务机构都应努力将其边界与该市政边界保持一致。教育区边界与市政边界调整一致并不是一个机械的过程，而是需要进行创造性的调整。大都市和小城市的教育区的设置都要考虑到当地条件和教育发展需要，大都市中必须存在多个教育区，但是不能超过政策规定的上限；小城市的教育区不能低于政策规定的下限。

最后，政策解释了教育区的组织结构、功能与作用及教育区办事处的人员配备原则及模型。教育区办事处最主要目的是帮助所有的教育机构提供高质量的教育，所以，省部门领导必须确保教育区组织完善，员工配备精良，资源充足，教育区办事处能够履行其核心职能，并支持其他教育区办事处的教育需要。一般情况下，教育区的组织结构包括课程支持组、管理支持组、学生支持组、考试与评估组、执行组，每个组都应按时报告服务详情，以便对其进行评估。教育区办事处的人员配备首先要确保至少能够对教育机构提供必要的支持，而且要考虑到不同教育区的影响因素。人员配备模型有两个组成部分，即参数和影响因素。参数指的是针对教育区办事处某一特定功能而进行人员配备；影响因素指的是参考某一特定区域的环境背景而进行的人员配备。影响因素包括距离和贫困程度，距离指的是职工上班的距离，而特困学校需要办事处更多的支持。

教育区办事处是省教育厅、教育机构和普通民众之间联系的纽带，在确保所有学生获得高质量的教育中发挥着举足轻重的作用。

(三)《关于教育区的组织结构、角色及职责的政策》的实施

《关于教育区的组织结构、角色及职责的政策》需要分三个阶段性计划实施，即短期计划、中期计划和长期计划。国家相关部门和省教育厅合作，共同推进实施，并监控实施进程。

教育厅每年都要向基础教育部提交关于如何适应新政策进行地区发展的报告。省教育厅必须开展与国家规范相契合的规划，将其地区发展进度纳入发展战略和运作计划之中，这样，基础教育部可以对省教育厅的计划提出建议，并支持省教育厅的财政拨款的竞标。随着政策的实施，相关部门将对该政策进行评估，必要时候将对政策进行调整。

二、《关于技术与职业教育及培训讲师专业资格政策》————

(一)《关于技术与职业教育及培训讲师专业资格政策》的出台背景

历史上，南非并没有专门关于技术与职业教育及培训机构讲师资格的政策，基本参照国家相关的政策。技术与职业教育机构教学岗位的招聘资格标准参考的是《南非教育从业资格评价标准》(*Criteria for the Evaluation of South African Qualifications for Employment in Education*)及其修订政策。

1991 年起，职业技术教育及培训机构从业教师认可中学教师的相关专业资格学历，如国家文凭、国家高等文凭以及职业领域的技术学士。同时，大学在学士学位后提供的文凭也是目前职业教育与培训机构认可的专业资格。2000 年颁布的《教育从业者规范和标准》(*Norms and Standards for Educators in Schooling*)对称职的教育从业人员提出了七方面的角色要求。但是，此项政策缺乏明确的关于技术与职业教育及培训讲师专业资格的指导方针，没有对技术与职业教育讲师的专业资格做出具体的规定。2010 年，借助与高校的合作，南非教育部推出了"职业教育导向课程"(Vocational Education Orientation Program)，但这个 30 个学分的项目不提供完整的学历资格。2011 年，《教师教育资格最低要求》(*Minimum Requirements for Teacher Education Qualifications*)取代了《教育从业者规范和标准》，但这是一个仅适用于中小学教师的具体资格的政策。鉴于技术与职业教育领域教师专业资格的混乱局面，对技术与职业教育及培训机构讲师的专业资格加以规范已经非常必要。2013 年，南非高等教育与培训部颁布《关于技术与职业教育及培训讲师专业资格政策》[①]。这是南非历史上第一个专门为技术与职业教育及培训的讲师设计的专业资格。新政策制定了一套适合技术与职业教育及培训讲师的任职和在职资格，有助于增强技术与职业教育及培训机构的有效性，促进职业教育领域师资质量的提高。

(二)《关于技术与职业教育及培训讲师专业资格政策》的内容

政策内容可分为两大部分：①政策制定的目的、背景和适用范围。②政策的具体内容。该政策仅适用于技术与职业教育及培训学院的讲师，它填补了职业教育讲师政策的空白，是该领域教师资格核心课程建设的主要依据。

根据具体规定，该政策首先明确了适应技术与职业教育讲师教育与发展需要的资格类型，根据这些资格的具体目的，选取构成的知识要素，而后进行知识组合，设置获取不同层次、不同知识组合资格的课程的最低标准。根据不同的资格

---

① Department of Higher Education and Training(South Africa). Policy on Professional Qualifications for Lecturers in Technical and Vocational Education and Training[R]. Department of Higher Education and Training，2013.

类型而整合的知识结构，有助于为技术与职业教育及培训讲师设置一个完整、连贯的、高质量的课程计划。政策中列举的技术与职业教育及培训讲师需要的学习类型包括五种，即学科学习、教育学学习、实践学习、情境学习和基本学习。

技术与职业教育及培训机构讲师的资格分为任职资格和在职资格两个层面。任职资格的主要设置目的是证明资格的持有者可以胜任某一个科目或学科的教学。它分三种资格类型，即技术和职业教学文凭、技术和职业教学教育学士、技术和职业教学的高级文凭。在职资格包括技术与职业教育及培训高级证书、技术与职业教育及培训高级文凭、技术及职业教育及培训研究生文凭。该政策对每个层面的三种资格类型都进行了清晰描述，包括每种资格的目的与特点、学分及等级规定、入学要求、知识结构、必要的学分认证和转化、深造的路径。该政策描述的任职和在职讲师资格，将与其他的学术资格、职业资格一起，决定技术与职业教育及培训机构讲师招聘的最低资格要求以及职业晋升路径。职业技术教育讲师在其职业生涯的任何阶段，都可以根据自己的学历资格类型、职业发展及个人兴趣，选学由认证和注册的高等教育机构提供并经认可的资格专业课程。

该政策的最后部分对旧的讲师资格与新政策描述的资格如何进行合理衔接做了具体阐述。

（三）《关于技术与职业教育及培训讲师专业资格政策》的实施

该政策草案于 2012 年 8 月 31 日刊登在政府公报上，以广泛征求公众意见。所有有兴趣提供技术与职业教育及培训讲师新专业资格的高等教育机构需要开发与新政策一致的新资格。如果高校仅是简单技术处理或对现行资格做细微改变，则不会获得高教部的专业批准。

2015 年前，在国家资格框架 8 级阶段学习的学生可以继续当前认可资格的专业学习，也同样会得到新政策的认证。在任讲师已取得的以前批准并认可的学历资格也会得到新认证。新政策将于 2016 学年开始生效，所有的学生应该纳入经认证并批准的新专业。政策颁布后，相关机构会制订详细的实施计划，以保证该政策的顺利执行。

>> 第四节　摩洛哥《2013—2016 年教育行动计划》<<

20 世纪末以来，摩洛哥政府高度重视教育在摩洛哥经济和社会发展中的重要作用，先后在 1999 年和 2008 年发起了两次重要的教育改革。由于种种原因，这两次教育改革都没有实现其预定的目标。2013 年，在吸取此前教育改革的经验与教训的基础上，摩洛哥教育部又制订了《2013—2016 年教育行动计划》①，力争在基础教育落后地区实现基础教育普及化的任务。

一、《2013—2016 年教育行动计划》的出台背景

1999 年，摩洛哥政府颁布了《国家教育与培训章程》②，决定从 2000 年开始实施为期十年的教育改革。《国家教育与培训章程》是摩洛哥政府面向 21 世纪教育改革的纲领性文件。这一文件提出的改革领域非常广泛，涉及普及教育、教育机构、教育与培训质量、人力资源、管理、合作关系和财政等多个方面。然而，随着教育改革设定的截止日期日益临近，摩洛哥政府发现已经进行的教育改革取得的成果并不十分明显，要实现《国家教育与培训章程》设定的改革目标尚有较大困难。为此，摩洛哥政府在 2008 年颁布了《国家教育紧急计划》③ 文件，旨在巩固已有教育改革的成果，并对其进行必要的调整，从而全面实现《国家教育与培训章程》预定的目标。《国家教育紧急计划》主要围绕四个方面展开：推进全民教育发展；提高教育质量；促进教师教育培训机构发展和教师管理体系能力建设；优化教育资源配置，鼓励民办教育积极参与。实施期限是从 2009 年到 2012 年。经过几年的实施，摩洛哥教育部对《国家教育紧急计划》的检查评估结果在 2012 年 6 月至 7 月的地方教育与培训学院委员会（AREF）上公示，并于同年 7 月 24 日提交给摩洛哥议会的教育委员会。这次评估旨在审查该计划实施过程中和计划完成后是否对教育产生了积极影响，并将有待提高的方面列为今后教育改革进一步优先考虑的重点。

通过评估，摩洛哥教育部肯定《国家教育紧急计划》取得了重要成就，同时也认识到此后的教育发展仍面临着诸多困难与挑战。《国家教育紧急计划》在实施过程中所取得的成绩主要体现在以下几个方面。

第一，《国家教育紧急计划》已经取得明显进步的领域主要有：①为小学、初中和高中提供了教育设施，在 2007—2008 学年和 2011—2012 学年，建立了 800 多所学校。②在农村地区实施了以社区为基础的学校新理念。③改进了现有学校

---

① International Bank for Reconstruction and Development. Education Action Plan 2013-2016：A Program Document for a Proposed Loan to the Kingdom of Morocco[EB/OL]. http：//www-wds. worldbank. org/external/default/WDSContentServer/WDSP/IB/2013/05/09/000333037 _ 20130509100436/Rendered/INDEX/767190PGD0P120010Box377288B00OUO090. txt，2013-08-10.

② National Education And Training Charter［EB/OL］. http：//www. men. gov. ma/sites/fr/English/Lists/Pages/charter _ page. aspx，2013-08-10.

③ African Development Bank. National Education Emergency Support Program［EB/OL］. http：//www. adfb. org/fileadmin/uploads/afdb/document/project-and-operations/kingdom/of/morocco/national/education/emergency/support/program/project/appraisal/report. pdf，2013-08-10.

（修葺校舍、修理设备、接通可饮用水和电网）。④围绕"百万书包"皇家行动、直接经济援助项目、学校食堂与寄宿设施、校车接送四项内容，建立了一个全球性的、整体的援助体系项目。该项目使得为来自农村地区、落后城镇和郊区学生提供全面服务成为可能。

第二，教育质量和各年级升级率稳步提高，学校辍学率首次下降，尤其是小学阶段现在即将实现普及化。无论是从全球角度来看，还是从来自农村地区的女生来看，初中和高中阶段的教育都取得了稳定的进步，尽管这些方面的工作仍然存在着令人不满意之处。

第三，教师基本培训系统的质量得到提高。在 2012—2013 学年初，摩洛哥政府开始采用一系列法律手段和组织措施促进地方教育与教师培训中心的建立。新的培训系统正在为学前教育、小学、初中和高中阶段的教师提供基础性培训。

第四，管理系统在机构和财政方面也得到改进。主要进展表现为：①《国家教育紧急计划》的实施和中央、地方与省团队的能力建设采用以项目为基础的方法。②恢复了地方教育与培训学院委员会的例会制度。③采用基于结果的方法，通过中期的地方和省行动计划对地方教育与培训学院的预算资源进行协商与分配。④在地方教育与培训学院建立内部审计单位。⑤开始在地方教育与培训学院建立总会计制度和预算信息系统。

第五，全面理解以整体的方法进行学校规划和预测的过程，这一整体的方法涉及规划实体、人力资源、社会资助、建设、信息系统等多个方面。在优化学校规划周期和人力资源流动方面所取得的进步得到重视。目前，在地方教育与培训学院和省教育部门人力资源公平配置和优化方面已经有了明显的改进。

《国家教育紧急计划》的实施尽管取得了重要成就，但是摩洛哥教育部认为其教育仍会面临诸多困难与挑战。这些困难与挑战主要有以下几个方面：①在实现普及教育和解决留级与辍学问题上，摩洛哥仍然面临严重挑战。一是在小学阶段少数儿童由于特殊的环境，难以为他们提供有效的服务；二是在农村地区 12～17 岁的学龄儿童，尤其是女童，由于这些地区社会文化问题过于复杂，仅靠教育部的力量难以解决普及教育和留级与辍学问题。②尽管《国家教育紧急计划》取得了一定的成绩，特别是公立小学采用综合教室方面进步明显，但是学前教育在发展和普及学前教育相关政策等方面正面临着许多问题。③优先考虑把精力和资源集中于教学领域，为学生提供更好的优质教学从而获得预期的收益存在着一些困难，尽管在建立和更新设施、提供社会资助方面取得了重要进展。在教学领域存在的困难还包括如何持续地提高教学的效能从而提高教学质量，如何建立一个有效的监督学生和留级的机制，以及为学生建立一个教学支持机制。④持续地提高教学、管理和行政人员的能力和技能依然存在一定的困难。⑤缺少在一个共同的框架中完成与地方教育与培训学院以及省级团体机构签订的协议。

二、《2013—2016 年教育行动计划》的内容与实施措施

《2013—2016 年教育行动计划》是在对《国家教育紧急计划》实施结果评估的基础上，吸取了《国家教育紧急计划》在实施过程中的经验与教训而制定的。《2013—2016 年教育行动计划》的制定采用了三个指导原则：一是连续性原则。这一原则是指该计划是建立在《国家教育紧急计划》取得的成果的基础上，吸取其经验和教训，继续解决尚未处理的问题。连续性还指这一计划继续采用以项目为基础的方法，建立《国家教育紧急计划》不同项目小组之间的联系，在中央、地方和省不同层面推广教育部高级管理人员的技能和经验。二是优先化原则。这一原则旨在根据具体的和可观测的事实和调查，把教育部的活动、预算和人力资源集中于已经确定的重点事项。鉴于教育问题的复杂性、教育系统的庞大规模和教育系统内部与外部不同执行者及其愿望的多样性，从《国家教育紧急计划》中吸取的经验主要是在同一时间里最好不要从事过多的项目。相反，从中期和长期来看，教育部优先确定目标和关注一项政策规划中的重点事项的确很有益处。这些优先考虑的事项主要与学校的需求和短缺、学习结果的监管与提高、运用有效的方法对教师进行继续和基本培训从而提高教学质量相关联。三是一致性原则。这一原则的目的是促进学校与地方执行者所实施的活动与所产生的特定影响之间更大的融合。在中央与地方层面上加强地方单位与学校之间的协调和合作。地方执行者的参与与对话机制和来自于分配给他们的预算资源所获得的收益，需要进行审核与优化。

《2013—2016 年教育行动计划》根据上述原则确定了三项重点行动。这三项重点行动实际上也属于摩洛哥政府制订的《2012—2016 年政府计划》中的内容。在摩洛哥政府这一五年计划中，教育被摩洛哥政府确定为政府社会计划中最优先发展的核心地位，其指导原则是要恢复对公共教育的信心。这三项重点行动是：①学校作为教育系统一部分，应授予它们有效的决策权和管理权，同时给它们提供完成其教育任务和职责所需要的资源与适当的技能。这将会调动教学和管理人员的积极性，促使他们积极参与学校事务的管理，并对学校发展的结果负起责任。②通过人力资源和物质资源的组织和优化配置，根据规划的原则和严格的程序建立一套管理制度，同时确定明确的实施目标和完成任务的时间表，创建一种以评价为基础的文化，引进监督和管理的具体方法，以提高教育部门的管理能力。③对课程质量、教学方法、学校组织和运行方式，采用以学习者为中心的综合方法进行评估，强化摩洛哥学校的角色和责任。

《2013—2016 年教育行动计划》确定的重点行动的具体内容如下：①采用缩小差距的方法，考虑当地人口的特征和期望，对农村女孩和特殊儿童给予更多的

关注，减少社会经济和地理因素对内陆和边远地区的负面影响，促进入学机会的公平与平等。②通过加强教师的基础培训和继续教育，改进教师教学方法，建立学生学习评估与监控体系，提高教学质量。③建立教育管理制度，通过授予学校在行政和财务方面更多的权力，提高学校管理的能力、效率和效能。④作为顺利促进管理地方化的一部分，通过将人力资源管理转让给地方教育与培训学院和对管理人员进行技能培训，确保人力资源管理的最优化。

《2013—2016年教育行动计划》要实现的具体目标如下：①在受教育机会方面，4～5岁儿童普遍接受学前教育，6～15岁青少年普遍接受小学和初中教育，同时扩大高中教育的入学率。②在教育质量上，通过改进教学方法，修改课程与教学大纲，进行教育评估，制定各项教育政策，加强语言教学，以达到提高教育质量的目的。③在学校方面，调整主要措施，使之与地区、省和当地的需要及特点相适应，完善学校管理程序，明确学校的各项职责，目的在于解决学校在地方面临的现实问题，并使学校在处理教育、管理、财政和社会问题中具有更大的灵活性。④在管理上，提升教育部的管理能力，提高其优化财政资源的效率。在中央、省与地方机构建立更有效的管理学校机制。根据新宪法的要求，推进教育管理的地方化进程。⑤在人力资源方面，通过教育改革提高人力资源管理的有效性。在中央、省和地方实施全面的人力资源管理战略，特别是在地方教育与培训学院大力推广这一战略，同时建立人力资源管理信息系统。

《2013—2016年教育行动计划》重视通过借助外部教育援助来进行这一教育改革。为了实现《2013—2016年教育行动计划》确定的目标，摩洛哥教育部强调了关于实施与"技术和财政伙伴"（TFPs）签署的协议政策，明确摩洛哥与捐赠或援助机构建立国际合作关系的重要意义，努力把所有资助措施和方案与教育部的战略及教育部门的优先事项结合起来。摩洛哥教育部的《2013—2016年教育行动计划》得到了世界银行和日本国际合作局（JICA）的资金援助。世界银行的中等教育发展政策贷款（SEDPL）项目以预算资助形式，对教育行动计划提供财政和技术援助。世界银行援助项目的措施主要有：①重点在农村和半农村地区引入建立小学和初中的新标准。②进一步巩固包括"百万书包"皇家行动、直接经济援助项目、学校食堂与寄宿设施、校车接送等内容的综合行动计划的实施。③和地方教育与培训学院合作，在地方对学生的学习进行评估。④召开教师基本培训会议，为教师提供指导。⑤制定教育人力资源的调动、流动和稳定的优化机制。⑥把人力资源管理职能转让给地方教育与培训学院，而不再由经济和财政部门进行定期监督。⑦对教育部门的发展规划机制及其财政情况进行定性和定量评价。⑧建立地方教育与培训学院内部审计机构。日本国际合作局的基础教育部门援助项目（BESSP）的目的在于通过资助摩洛哥基础教育，以提高课堂教学质量，实现摩洛哥农村地区小学和初中普遍入学的目标。这一援助项目采取的措施主要有：①加强和改进学生个人监督机制。②有效实施新的发展计划策略和执行新的标准体系。③为有效运行地区教师培训中心制定组织、教学和技术程序。④推动家长和社区成员使自己子女接受基础教育。

三、对《2013—2016 年教育行动计划》的分析

《2013—2016 年教育行动计划》是针对《国家教育紧急计划》实施中存在的问题而提出的教育改革最新举措，其目的是在巩固此前教育改革成果的基础上，不断努力实现尚未完成的任务。因此，《2013—2016 年教育行动计划》充分表明了摩洛哥近年来的教育改革具有很强的连续性和一致性。

《2013—2016 年教育行动计划》的重点是要解决摩洛哥农村地区基础教育的普及问题，力争实现摩洛哥政府承诺的千年发展目标任务。和许多发展中国家农村地区的情况相似，摩洛哥的农村地区不仅经济落后、交通不便，而且教学资源不足，教育质量低下，文盲众多，儿童失学尤其女童失学问题严重。农村地区成了摩洛哥实现全民教育目标的难点。摩洛哥教育部把农村地区的教育问题作为摩洛哥教育改革优先考虑的事项，这很好地说明了摩洛哥吸取了此前改革"在同一时间里最好不要从事过多的项目"的教训，也反映了摩洛哥的这次教育改革具有更强的针对性。

鉴于缺少资金支持和国际合作是《国家教育与培训章程》难以实现其预定目标的重要原因，摩洛哥政府在实施《国家教育紧急计划》时，与法国开发署、非洲开发银行、欧洲投资银行、世界银行和欧洲委员会等机构进行合作，积极引进这些机构提供的教育援助，以实现教育改革的目标。在《2013—2016 年教育行动计划》的实施过程中，摩洛哥教育部与世界银行和日本国际合作局进行合作，利用它们提供的技术和财政援助进行教育改革。作为教育财力有限的发展中国家，摩洛哥的这种做法不仅具有必要性，而且是对经济全球化和教育国际化要求加强教育国际合作做出的反应。

当然，从摩洛哥此前教育改革的实际结果来看，摩洛哥的教育改革往往偏重改革目标的制定，而忽视实施改革所必需的基础和制约实现改革目标的条件。这也是导致摩洛哥 2000 年和 2009 年两次教育改革无法完成其预定目标的重要原因之一。因此，在前两次教育改革的经验与教训基础上制订的《2013—2016 年教育行动计划》，改革的重点更加突出，改革的针对性也更强，有望取得比前两次教育改革更好的效果。

第十四章　国际组织教育政策与发展趋势

>> 第一节　联合国教科文组织的教育政策与发展趋势 <<

2012—2013 年度，联合国教科文组织(United Nations Educational Scientific and Cultural Organization，UNESCO)继续积极推进全民教育，关注基础教育质量提升，同时也讨论 2015 年后全球教育发展的走向和高等教育排名等热点问题。下面我们将分别介绍 UNESCO 自 2012 年 1 月至 2013 年 6 月的重大教育政策。

一、发布《2012 年全民教育全球监测报告》，关注教育与青年工作技能问题

(一)政策背景

2000 年，来自世界 164 个国家的代表齐聚塞内加尔的达喀尔，通过了著名的"达喀尔行动框架"——《全民教育：到 2015 年实现我们的集体承诺》，提出了六项全民教育目标。为加强对世界各国全民教育实施情况的监督，UNESCO 从 2002 年开始出版《全民教育全球监测报告》。除 2002 年第一个报告和 2008 年中期报告对全民教育总体进展进行全面论述外，其余报告每年都针对一个特定主题。

近年来，受到全球经济衰退的影响，失业情况加剧。随着青年人口的不断增加，越来越多的年轻人由于缺乏工作技能而生活贫困。据统计，全世界 1/4 的年轻人日收入不足 1.25 美金。全世界每八位青年人中就有一位在寻找工作。青年人的幸福与成功比以往更加依赖于教育和培训提供的技能，不能满足这一需求，就是对人类的潜力和经济实力的浪费。青年们的技能从未如此重要。全民教育的第三项目标是确保所有青年人都有机会掌握技能。2000 年以来，实现这一目标的紧迫性陡然加剧。教育不仅是要确保所有儿童都能上学，还要培养青年人，使其能够安身立命，有机会找到体面工作，谋取生计，为所在社区和社会做出贡献，并充分发挥自己的潜能。从更广的角度看，教育是要协助国家培养在全球经济中增长所需的劳动力。因此，必须将失业或陷入贫困的青年人数日益增多看作行动的号角——在 2015 年之前满足他们的需要，并在此后保持这种发展势头。2012 年 10 月 16 日，UNESCO 在法国巴黎 UNESCO 总部举行了《2012 年全民教

育全球监测报告》的发布仪式，UNESCO 总干事伊莲娜·博科娃宣布正式发布主题为"青年与技能：拉近教育和工作世界的距离"(Youth and Skills：Putting Education to Work)的《2012 年全民教育全球监测报告》。

(二)政策内容

该报告共包括以下几方面的内容。①

1. 全民教育 2015 年的目标进展

世界各国，特别是一些最贫困的国家，在实现全民教育 2015 年目标方面取得了很大的进步。例如，儿童死亡人数减少了一半以上；埃塞俄比亚和印度的失学儿童数量急剧减少；马里的成人识字率翻了一倍；布隆迪、印度和乌干达等国家已取得长足进展，目前已实现性别均等；埃塞俄比亚和塞内加尔等国在性别平等方面也已取得巨大进步。

尽管取得了这些成绩，但是《2012 年全民教育全球监测报告》显示，许多目标的实现进程放缓，大多数全民教育目标难以实现。具体表现为以下几个方面：第一，幼儿保育和教育的进展太慢。2010 年，大约 28% 的 5 岁以下儿童发育迟缓，全世界接受学前教育的儿童不到一半。第二，普及初等教育的进程趋于停滞。2010 年全球失学儿童数量停留在 6 100 万。每 100 名失学儿童中，有 47 人上学无望。第三，许多年轻人缺乏基本技能。在 123 个低收入国家和中低收入国家，大约 2 亿名 15～24 岁年轻人甚至没有完成小学教育，即 1/5 的年轻人小学没有毕业。第四，成人识字率依然是一个难以达到的目标。成人文盲的数量在 1990 年至 2010 年间增加了 27%。2010 年，大约 7.75 亿成人不识字，其中，2/3 是妇女。第五，两性不均等的形式各种各样。2010 年，17 个国家的情况依然是，若有 10 个男童上小学，则女童人数不足 9 个。在尚未实现中学性别均等的 96 个国家中，有一半以上国家的男童处于不利境地。第六，全球学习成果不平等现象依然显而易见。多达 2.5 亿儿童在上四年级时仍不会读写。

尽管总体上前景黯淡，但在世界上最贫困的一些国家取得的进展表明，只要各国政府和援助(捐助)者履行承诺，就能实现某些目标，包括增加接受学前教育、完成小学教育和升到中等教育的儿童人数。

2. 全民教育的经费问题

虽然自达喀尔会议以来，各国政府的教育支出总额稳步增加，尤其是低收入国家自 1999 年以来平均每年增长 7.2%，教育支出增长最大。但是某些国家和地区还是存在着忽视教育的现象。中非共和国、几内亚和巴基斯坦的教育支出维持在较低水平，不足国民生产总值的 3%。受近年来的粮食危机和金融危机的影响，一些国家，如乍得和尼日尔，在经济负增长之后削减了教育开支。

---

① 本处内容的相关数据若无特殊说明，均来自《2012 年全民教育全球监测报告》。

过去十年的经验显示,增加教育资助,有助于实现全民教育目标。但是,由于失学儿童的数量增长逐渐停滞,出现了捐助者捐款可能减少的迹象。受富裕国家经济持续衰退的影响,2011 年,援助总额实际减少了 3%,这是 1997 年以来首次出现援助额下降。一些主要捐助者不仅减少其援助预算总额,而且降低了教育的优先地位,导致教育援助比总体援助水平下降更快。2012 年,向低收入国家提供的基础教育援助仅增加了 1 400 万美元,而且并非平等惠及所有国家,远远达不到低收入国家的外部资金缺口。

将特定国家自然资源收入有效投资于教育事业、发挥私营机构的潜力是全民教育新的潜在资金来源。发挥私营机构的潜力首先需要为所有努力为全民教育做贡献的私营机构提供有关其承付款的信息。另外,还可以通过集资机制调拨部分资金。这需要充分发挥教育部门唯一的全球教育援助集资机制——全球教育伙伴关系的作用。

3. 青年与技能

技能培养对于减少失业、不平等和贫困现象以及促进发展至关重要,而获得技能机会的不平等导致贫困人口、女性或边缘化社会群体的不利处境长期存在并进一步恶化。报告就此强调,要让处境不利的年轻人获得技能培训,以使他们找到更好的工作并摆脱贫困。《2012 年全民教育全球监测报告》确定了所有年轻人都需要具备的三类主要技能:第一,基本技能。最基本的技能包括找到能够获得满足其日常所需工资的工作所要求的识字和计算能力。这些能力也是继续教育和培训的必要前提,以及获得可转移技能与技术和职业能力、增加找到好工作的可能性的必要前提。第二,可转移技能。可转移技能包括解决问题的能力,有效地交流思想和信息,具有创新意识,表现领导力和责任感,以及展示创业能力。人们需要这些技能,以便适应不同的工作环境,从而提高其留在有利可图的就业岗位的机会。第三,技术和职业能力。许多工作要求有特定的技术专业知识,从种植蔬菜到使用缝纫机,再到砌砖或使用电脑,无不如此。

4. 改革倡议

报告确定了各个国家应当采取的十个最重要的步骤,可以对其进行适当调整,以适合具体国家的情况和需要。

第一,为水平低或没有基本技能的人提供二次教育机会。在中低收入国家约有 2 亿年轻人没有完成小学教育,缺乏基本技能,只能从事不稳定、低薪的工作或者处于失业状态,因此,向这些年轻人提供二次教育机会显得尤为重要。各国政府应该将这一问题列为政策优先事项,将其纳入教育部门的战略规划,设定目标,以大幅度减少不具备基本技能的年轻人的数量。

第二,消除限制初等教育机会的障碍。在缺乏基本技能的年轻人口众多的国家,必须以消除许多处境不利的儿童和青少年接受教育并至少达到初中水平的障碍为出发点。取消学校费用，提供有针对性的财政资助，将初中与小学挂钩，提供共同的核心课程，使所有儿童能够掌握核心技能，确保公立学校数量充分，保证农村地区可以使用等，都是提高接受初中教育机会的关键措施。应当设定一个全球目标，确保所有年轻人从初中教育中受益，目的是在 2030 年之前实现普及基本合格的初中教育。长期教育计划应当确定实现这一目标所需的战略和财政资源。

第三，使处境不利者有更多机会接受高中教育，并提高与工作的关联性。高中教育必须适应劳动力市场的技能需要。首先，必须通过科目选择的灵活性并与具体工作挂钩，在技术和职业科目及普通科目之间达到平衡。其次，中学课程改革应当更多地侧重于培养学生解决问题的能力，挖掘信息和传播技术的潜力，帮助学生培养日益依赖技术的劳动力市场所需的技能。最后，应当向中学阶段可能辍学的学生提供灵活的机会。在教育中运用信息和传播技术，例如，可以设立远程教育中心，以满足处境不利青年的学习需求。另外，还应适当认可通过其他学习途径获得的技能，它为回归教育提供了途径，或提供了工作场所认可的类似的中等教育资格。

第四，让城市贫困青年有机会接受技能培训，以便找到更好的工作。建立在传统的学徒体制基础上的公共干预措施应当加强手工师傅提供的培训，改善学徒的工作条件，确保技能可以通过国家资格认证框架予以认证。同时，提高传统学徒制的合法性，这些措施将确保它们符合商业和行业标准，提高学徒获得更多薪酬较高工作的机会。还应该向年轻人提供获得开办企业的资金的机会，帮助他们成功地利用其所学技能。

第五，将政策和计划瞄准农村贫困青年。许多农村青年需要二次教育机会获得基本技能，以及有助于提高生产力的能源技术培训。农民田间学校和通过合作社开展的培训由于适应当地农民的需要，尤为成功。由于许多农村青年从事非农工作，创业和财务管理培训可以增加他们的工作机会。在农田逐渐稀少的地方，通过提供机会鼓励年轻人留在农村地区发展非常重要。

第六，将技能培训与最贫困青年的社会保障联系起来。小额信贷或社会保障，富有成效的资产转让，与基本的识字和计算以及生计能力培训相结合，在帮助对抗将青年限于贫困的多种形式的不利处境方面非常成功。

第七，优先考虑处境不利的青年妇女的培训需求。实践证明，解决青年妇女面临的多重处境不利原因的有针对性的计划卓有成效。在资产开始创收之前向青年妇女提供小额信贷和生计资产与津贴，以及充分利用这些资产所需的技能，她们可以更好地管理自己的资金，使其本身及其家庭受益。

第八，利用技术潜力增加年轻人的机会。可以利用信息和传播技术向更多青年提供技能培训。即便无线电等基础技术也可以在技能培训中发挥重要作用，对偏远的农村地区人口而言尤其如此。这些办法应当更多地予以利用，以增加年轻人的培训机会。

第九，加强数据收集和技能计划的协调，提高计划编制能力。政府领导对于协调参与不同的技能培训和相关计划行动者方面非常重要，这样会减少工作的零散和重复，保证机会均等；必须为各国政府和国际社会提供更多、更好的数据，以监测技能培养计划的可及性，从而更有效地进行规划；还需要关于正规学校教育体系以外的技能培养计划的更充分数据，例如，二次教育机会计划和传统学徒制，将这些数据与劳动力市场信息联系起来。国际社会还应根据近期的发展趋势，更系统地计量青年和成人人口的各种技能；让年轻人尤其是处境不利的年轻人参与规划，对于确定限制因素并找到适当解决方案至关重要。各国政府还需要与企业和工会更密切地合作，提高技能培训与工作的关联性。

第十，动员针对处境不利青年培训需求的多种来源的额外供资。为确保所有年轻人具备良好的教育基础，至少能够完成初中教育，资源问题迫在眉睫，贫困国家尤其如此。各国政府和援助（捐助）者应当将提供额外资金，以较大规模地资助二次教育机会列为优先事项。对援助（捐助）者目前用于发展中国家学生到捐助者所在国学习的奖学金和输入费用的 31 亿美元的一部分应重新进行分配，帮助提供确保所有青年完成初中教育所需的 80 亿美元。此外，私营部门可以通过其基金会，将其资助延伸至针对处境不利年轻人的技能培养计划。

二、发布《高等教育排名与问责：善用与滥用》报告，关注高等教育排名结果的使用问题

2013 年 6 月，联合国教科文组织出版《高等教育排名与问责：善用与滥用》（*Rankings and Accountability in Higher Education：Uses and Misuses*）研究报告。该研究报告由各世界大学排名负责人、各大洲大学评估负责人以及资深大学排名问题研究专家等专业人士撰写而成。该书是 2011 年 5 月 16 日至 17 日，联合国教科文组织（UNESCO）同经济合作与发展组织（OECD）和世界银行在巴黎联合举办的"高等教育排名全球论坛"（UNESCO Global Forum "Rankings and Accountability in Higher Education"）的产物。此外，这本书也是联合国教科文组织计划出版的关于世界教育发展趋势和挑战系列丛书的第一部。

（一）《高等教育排名与问责：善用与滥用》出台的背景

世界大学排名最早可追溯到 1900 年英格兰发布的一项研究报告：《哪里能发现最优秀的人》（*Where We Get Our Best Men*）。该研究对英国最著名以及最成功人物的学习背景进行调查，从而根据杰出校友的数目得出一份大学排名榜单，但并没有引起人们的兴趣和关注。到 20 世纪 90 年代后期，各种排名已是层出不

穷，但也并没有很大的影响。联合国教科文组织指出，大学排名真正受到广泛关注并继而引发热潮，起源于 2003 年中国上海交通大学发布的《世界大学学术排名榜》(*Academic Ranking of World Universities*，ARWU) 以及 2004 年《〈泰晤士报〉世界大学排名榜》(*Times Higher Education World University Rankings*)的出炉。自此之后，大学排名就成为高等教育领域以及主流媒体长盛不衰的焦点话题，与此同时，各种反对排名的声音也此消彼长。

虽然联合国教科文组织不提倡高校将追求世界一流大学的地位或提高排名次序作为发展目标，但是世界排名仍然将是 21 世纪世界高等教育领域无法跨越的主题。因此，针对世界大学排名这一信息工具已遭到滥用和误用的事实，联合国教科文组织旨在引导排名能够被更加合理、"负责任"地开发与应用，人们能够正确使用和传播这一信息工具。《高等教育排名与问责：善用与滥用》就大学排名这一问题进行了正、反两方面的分析，对现存的世界大学排名体系的善用与滥用情况展开讨论。此外，报告针对现有世界大学排名的缺点提出改进方法，为作为高等教育质量评估工具的大学排名功能日益完善指明方向。该报告的目的在于帮助学生、学生家长、政府、机构领导人更加客观、正确地看待大学排名，从而准确使用此类大学质量评价工具。此外，报告还旨在完善当前的世界大学排名体系，增加大学排名的透明度和有效性。

（二）《高等教育排名与问责：善用与滥用》的主要内容

《高等教育排名与问责：善用与滥用》由四部分组成：第一部分为大学排名方法论。研究者对当下主流的世界大学排名的方法论进行阐述，分析世界大学排名的长处和不足。第二部分为卷入与应用。研究者就现有的高等教育排名体系及排名机构进行了批判分析。第三部分为国际视角。来自拉丁美洲、亚洲以及非洲的学者从所在洲或国家的视角出发，对现有国际大学排名进行分析，呼吁大学排名去西方化，重视大学为国家和社会发展服务的功能。第四部分为改进方法。研究者基于当前国际大学排名指标中轻人文社科研究重自然科学研究，评价模板单一等问题制定改进措施。报告致力于解决以下几个问题：大学排名的方法论问题；大学排名的优点及潜在功效；大学排名的局限性及潜在缺陷；大学排名有哪些替代工具。

1. 大学排名的方法论问题

报告第一部分对三个最具权威的世界大学排行榜(上海交通大学世界大学排名、《泰晤士报》世界大学排名、QS 世界大学排名)所采用的方法进行了比较分析。研究表明，虽然三个机构的排名在很多方面有差异，但是榜上有名的 200 所大学都具有很大的共同性：这些大学都出产了世界级的研究成果；它们同全球产业合作；培养本科到博士层次的学生；在全球市场竞争顶尖生源和学术人才。但是，这些排名也都具有很大缺陷：不同的排名机构都是从自身目的出发制定衡量指标，这些指标也只是评判大学的部分活动，而并不是对所有大学进行全面综合的比较。三个排名机构都强调他们是从全世界 17 000 所高校中筛选出最顶尖的前 200 所大学，排名的覆盖率是极其有限的。但世界大学排行榜只收录全球 1% 的顶尖大学，且主要关注研究，尤其是科学领域的研究，这引发了人们的激烈批评。面对这些指责，各排名机构也都承认并给予解释，并表示愿意不断改进评价体系，提高排名的科学性和认可度，例如，将研究、教学、社会责任都纳入考虑标准。新的《泰晤士报》世界大学排名指标体系便是进行了这种改革。《泰晤士报》世界大学排名试图对全球大学进行全方位的考虑，考虑指标包括研究、教学、知识迁移和国际化，而其中最引人注目的革新之处也许便是将教学赋予 30% 的权重，提高"教学质量"在整个排名中的比重，而将"研究成果"的比重适当下调。

2. 大学排名的优点及潜在功效

报告认为，大学排名促使这些迄今为止一直保持排外的、主张学术自由、声望显赫的"神圣机构"走向信息透明化，并对其实行问责制。而且越来越多的大学也发现他们需要向公众解释自己在各种排名或其他质量监督机构设定的标准方面的表现。也就是说，排名满足了人们对了解有关高等教育机构质量方面信息的需求，以便做出明智的选择。在高等教育大众化背景下，高等教育机构的供给越来越多样化，学生和家长需要掌握必要信息来选择适合的大学；捐赠者希望通过了解大学排名，以最大限度地实现自己的投资价值；私营部门同样利用排名寻找最具价值的高等教育机构合作伙伴；政策制定者和高校自身通过排名更加了解自己的优势，发掘自身的发展潜力；政府也经常根据排名获悉本国高等教育机构的全球地位及竞争力。

3. 大学排名的局限性及潜在危害

报告认为，排名不是而且不应该是人们了解大学教育质量信息的唯一来源，并以此做出决策。简化高等教育机构质量评判过程的复杂性、动态性、多面性，使大学排名一直广受诟病。在这方面，大学排名机构正在不断地进行反思与批判，以开发出更成熟的评价体系。对排名使用不当是另外一个问题。由于排名表现直接影响大学获得的财政援助及合作支持，可能会使大学为获得好的名次急功近利。政府也可能迷恋排名的结果，做出错误的决策。比如，对某些发展中国家来说，政府极力建设世界一流大学，反而没有增加高等教育入学机会更加恰当。虽然大学排名不可避免地遭受各个领域，包括学者、大学、决策者、发展机构、教育机构和学生的批评，但是他们都承认这一点："无论是喜欢还是厌恶，排名仍然存在。"

4. 大学排名的替代性工具

大学排名也间接刺激了测评高等教育机构或制度的其他互补性工具的产生。联合国教科文组织在报告中列举了三个最具代表性的可以与排名方式互补的考虑方法，并指出，这些方法并不是"治疗"排名的良药，只是起到一个平衡、补充的作用，它们自身也同时具有优缺点。

最具"雄心壮志"的互补性工具之一是由经济合作与发展组织（OECD）开发的，主要是对高等教育机构毕业生的学业结果进行国际比较，更加侧重于考虑高教机构对国家发展的贡献能力，以及学生毕业后具有的个人成就感和社会价值。该工具的优点是它强调高等教育利益相关者以及高等教育教学成果的重要性。为了更系统、综合地评估高等教育水平，世界银行（World Bank）提出利用标杆分析法，对全球高等教育系统进行"健康检查"。该方法的目的不是最终创建一个赢家和输家的列表，而是为各国提供比较自身与其他国家高等教育系统的方法，例如，比较高等教育战略、制度设计、高等教育背景等，进而寻求改进的策略。将高等教育系统作为一个整体而不是一个个组织机构来考虑，旨在建议各国决策者从长远利益出发制定高等教育战略。为强调高等教育的多维度，欧盟研究、开发出了多维度全球大学排名计划（U-Multirank），对高等教育机构的多样性进行广泛的分析，旨在为学生、家长、教师提供方便的、透明的和可比较的大学信息。传统大学排名往往只有利于研究型大学，而欧盟的排名计划认为，高等教育机构是多功能的，承担不同复杂活动的多任务组织（教学、研究、知识转化、地区参与、国际化），因此，单一的指标评价很难让人信服。据此，多维度全球大学排名计划能够给用户在线提供两类排名：机构整体排名和机构在某具体领域上的排名。

联合国教科文组织指出，作为一个秉持中立的知识中转站，联合国教科文组织并不是要对各种大学排名机构、排名方法进行褒贬，而是要让排名的读者——学生、政府、机构领导人能够更好地了解、利用这些透明性工具。在世界大学排名全球论坛开幕式中，联合国教科文组织总干事伊丽娜·博科娃曾指出，大学排名是一把双刃剑，排名者、学生、教师、大学前教育机构、高等教育团体以非常不同的方式对待它。国际排名逐渐提供更广泛、平衡的标准，越来越走向多样化，这样固然很好，但是这种国际比较和竞争不可避免地具有很多缺陷。联合国教科文组织旨在继续推动高等教育价值的实现，以及捍卫大学传统的三大功能——研究、教学和社会服务。

三、发布《向普及学习迈进：每个孩子应该学什么》，关注基础教育阶段学生应该达成的学习目标

2013 年 2 月联合国教科文组织和美国著名智库机构布鲁金斯学会联合发布了《向普及学习迈进：每个孩子应该学什么》（*Towards Universal Learning：What Every Child Should Learn*）的研究报告。该报告在深入分析世界各国各地区教育

质量监控项目的基础上，充分征求了全球 500 余名专家学者的意见，从身体健康、社会情绪、文化艺术、文字沟通、学习方法与认知、数字与数学、科学与技术这七个维度，建构了基础教育阶段学生应该达成的学习目标。

（一）《向普及学习迈进：每个孩子应该学什么》出台的背景

教育是人的基本权利，[①] 教育对个人和社会带来的价值是毋庸置疑的。自联合国教科文组织提出 2015 年全民教育发展目标以来，世界各国为普及教育、推动教育机会均等做出了巨大的努力，也取得了显著的成效，但世界各国的教育质量依然堪忧。为全面提高世界各国的教育质量，联合国教科文组织和美国著名智库机构布鲁金斯学会联合启动了"学习指标专项任务"（Learning Metrics Task Force，LMTF），由联合国教科文组织统计所（UNESCO Institute of Statistics，UIS）和布鲁金斯学会下设的普及学习研究中心（Center for Universal Learning at the Brookings Institute，CUE）负责具体工作。LMTF 主要回答以下三个问题：①对所有的儿童和青年而言，哪些方面的学习最为重要？②如何检测学习成果？③学习检测如何提高教育质量？[②]《向普及学习迈向：每个孩子应该学什么》是 LMTF 的 1 号报告，主要回答了 LMTF 提出来的第一个问题。

（二）不同阶段的学习指标体系

根据联合国教科文组织国际教育分类标准（International Standard Classification of Education，ISCED），LMTF 项目组将研究关注的重点分为学前教育、小学教育和初级中等教育三个阶段。此外，LMTF 提出检测学生学习成果的七个维度：身体健康、社会情绪、文化艺术、文字沟通、学习方法与认知、数字与数学、科学与技术。各阶段的具体指标体系如下。

1. 学前阶段（0～8 岁）

对学前阶段的儿童而言，第一是确保他们的安全和身体健康。[③] 第二，儿童的社会情绪发展也至关重要。报告指出，学龄前儿童应该在自律、情绪控制、自我概念、自我效能、同情心、社会关系和行为、解决冲突和道德价值方面有所发展。社会情绪是学龄前儿童学习发展最重要的一个方面。第三，在文化艺术方面，学前阶段的儿童应在艺术创造、自我认同、群体认同和多元尊重方面有所发展。第四，在文字沟通方面，学前阶段的儿童主要应掌握接受性语言、表达性语言、基本词汇和图标语言。第五，养成良好的学习方法和认知习惯也是学前儿童

---

① United Nations. The Universal Declaration of Human Rights［EB/OL］. http：//www. un. org/en/documents/udhr/index. shtml，2013-04-18.

② UIS，CUE. About the Project[EB/OL]. http：//www. brookings. edu/about/centers/universal-education/learning-metrics-task-force/about，2013-04-18.

③ UIS，CUE. Towards Universal Learning：What Every Child Should Learn［R］. Paris：United Nations Educational，Scientific and Cultural Organization，2013：12.

学习发展的重要维度。它包括好奇、探索、坚持、专注、独立、主动、合作、创造、推理、早期批判思维技巧和符号陈述。第六，在数学方面，学前儿童要具备基本的数字意识与运算能力、空间意识与几何能力、分类和测量能力，打下进行科学探索的基础。第七，在科学和技术方面，学前儿童应具备一定的提问技能、初步认识世界的能力和技术意识。

2. 小学教育阶段(5～15岁)

对小学阶段的学生而言，身体健康同样重要。第一，学生应了解营养、健康、卫生、体育运动和基础的性健康知识。第二，在社会情绪方面，在前一阶段发展的基础之上，学生要形成初步的社会和集体价值，形成自己的公民价值和抗压能力。第三，在文化艺术方面，小学生应具有一定的艺术创作水平，能够欣赏自己和他人的文化。第四，文字沟通是小学阶段学生学习发展的重要领域，包括口语流畅、口语理解、阅读流畅、阅读理解、感受性词汇、表达性词汇、书面表达和写作等多个方面。第五，在学习方法和认知方面，学生要在学前学习的基础上之上，继续培养坚持、专注、合作、独立、自主的品质。学生同时要开始了解知识，包括事实性知识、程序性知识和概念性知识。第六，在数学方面，学生能够具有数字概念和运算能力，同时具有相应的几何能力。第七，在科学技术方面，学生应掌握基本的生命科学、物理科学和地球科学知识，掌握基本的科学方法，具有良好的数字技术意识和运用能力。

3. 中等教育阶段(10～19岁)

第一，初中教育阶段的学生关于身体健康的学习不限于营养、保健等内容，而应了解并采用健康的行为方式和卫生习惯，其中也包括心理健康。第二，社会情绪对处于青春期的学生而言同样十分重要，学生应在社会意识、领导力、公民活动、自我与他人概念、毅力和抗压性、道德伦理价值和社会科学等方面均有所发展。第三，在文化艺术方面，中学生应开始学习如何研究文化，实现从文化认识到文化认同的过程。第四，在文字沟通方面，中学生应达到听、说、读、写四会要求。第五，在学习方法和认知方面，这一阶段的学生应该能够自主地去收集并理解相关信息，能够研究问题，分析并应对不断变化的生活环境，打破常规思维，通过寻找证据，权衡利弊，找到创新、有效的问题解决之道。此外，中学生还要树立起学习意识，愿意通过学习来满足日益进步的社会需求。[①] 第六，在数学方面，这一时期的学生应继续深入地学习有关数字、代数、几何和统计方面的知识，并能将所学的知识与日常生活中的实践结合起来。第七，在科学技术方面，中学生应在以往学习的基础上进一步深化、拓展生物、化学、物理和地球科

---

① UIS, CUE. Towards Universal Learning：What Every Child Should Learn [R]. Paris：U-nited Nations Educational，Scientific and Cultural Organization，2013：39.

学的学科知识，同时培养其环境意识和信息技术运用能力。

(三)对我国基础教育发展的启示

《向普及学习迈进：每个孩子应该学什么》的一些内容由于文化传统和教育传统的差异在我国未必适用，如性教育的尺度，但仍有不少内容对于我国基础教育未来的发展很有启发。

第一，《向普及学习迈进：每个孩子应该学什么》指标体系非常重视基础教育阶段学生思维能力和工作方式的培养。2012 年 3 月，经济合作与发展组织发布的《为 21 世纪培育教师提高学校领导力：来自世界的经验》研究报告指出，对 21 世纪学生来说，掌握无定式的复杂思维方式和工作方式最为重要，这些能力是计算机无法轻易替代的。[①]《向普及学习迈进：每个孩子应该学什么》指标体系不仅将"学习方法和认知"作为一个单独的维度，凸显思维能力和工作方式培养的重要性，而且在其他指标维度中也处处渗透着培养学生创造性思维、批判性思维、尊重、沟通、合作和解决问题的能力的思想。

第二，《向普及学习迈进：每个孩子应该学什么》指标体系非常重视学生社会性能的发展。该学习指标体系中"社会情绪"维度清晰地解释了不同年龄段学生该如何认识自我、认识他人和认识社会。例如，积极地面对负面压力，承受失败，克服困难；能够决策·并采用自主或合作的方式执行决策；理解民主、公正、公平、公民等概念，能够尊重、捍卫规则，在集体中或更大的范围内承担管理社会的责任。这些是学生在未来社会中自我发展的重要基础，也是与他人建立良好合作关系的重要基础，对中国独生子女一代的教育尤为重要。

第三，《向普及学习迈进：每个孩子应该学什么》指标体系非常重视知识与实践的紧密结合。以数学为例，该指标体系要求学生不仅掌握基本数学知识，而且要求学生能够用代数模型来解决现实生活的问题；能够在现实生活中根据数字信息选择商品，并判断收益；能够通过非正式的方式管理个人和家庭的财政。这一点非常值得我们学习。

第四，《向普及学习迈进：每个孩子应该学什么》指标体系非常重视信息技术能力的培养。对于扑面而来的第三次工业革命，没有人可以回避这一问题，LMTF 明确提出应培养学生的信息技术意识和能力，在不同的学习阶段能够有效地运用相应的信息技术。

第五，《向普及学习迈进：每个孩子应该学什么》指标体系凸显了性教育的社会内涵。学生不仅要学习与个体有关的性健康知识，更重要的是要认识并理解与性教育有关的社会问题，如家庭、怀孕、分娩、人类繁衍等概念。这一点对我国

---

① OECD. Preparing Teachers and Developing School Leaders for the 21st Century[R]. OECD, 2012：35.

当前性教育的开展也很有帮助。

第六，《向普及学习迈进：每个孩子应该学什么》指标体系凸显了不同年龄段发展的不同特征和学习重点。例如，幼儿和青春期的儿童应特别关注社会情绪指标的发展状况；幼儿教育阶段应重点关注安全健康，养成良好的生活习惯和认知方式，充分保护儿童的好奇心；小学阶段应让学生系统了解各个领域的基础知识和概念，并逐步培养学生认识知识和运用知识的能力；初中阶段的学习不仅要掌握系统的学科知识，更要学会探究的方法、思维的方式以及知识的实践运用，帮助学生对自我、对他人、对社会有正确的认识。这对于我国基础教育不同阶段目标的设定同样有所启发。

四、集思广益，共议 2015 年后教育发展的走向

（一）政策背景

在全民教育目标与千年发展目标实施了十年之际，在 2010 年千年发展目标峰会上，世界各国领导人审议了千年发展目标的进展情况，指出了这一目标实现过程中面临的挑战与机遇。各国领导人一致认为，必须在巩固成果的同时致力于消除差距。联合国大会第 65/1 号决议中，各国领导人通过了旨在加快实现 2015 年千年发展目标的行动议程。在同一决议中，联合国各成员国要求联合国大会每年继续审议千年发展目标的进展情况。在展望 2015 年以后的世界时，各会员国要求秘书长启动关于活动、磋商和分析工作的年度报告制度，以为关于 2015 年后联合国发展议程的政府间辩论提供参考。领导人的这一要求在联合国内部被称为"立法授权"——即"2015 年后的发展议程"的准备工作。①

（二）政策内容

联合国教科文组织开展了有关 2015 年后全民教育框架的讨论。2012 年 10 月，联合国教科文组织非政府组织统筹委员会（UNESCO's Coordinating Committee for NGOs，CCNGO）组织开展民间团体咨询；2012 年 11 月，联合国教科文组织召开全民教育大会（Global EFA Meeting），监测 2015 年目标的进展。② 联合国教科文组织与联合国儿童基金会联合主持开展全球教育主题咨询，很多非政府组织参与这一咨询。而这些对话主要致力于激发人们的创新思维，未来如何构建我们想要的世界。2012 年 12 月，联合国及其合作伙伴在全世界范围内开展了名为"我的世界"的全球性的创新调查，以期 2015 年后的议程制定直接听取来自世界各地人

---

① 吴红波 . 2015 年后的国际发展合作［J］. 国际展望，2013（3）：4.

② The Global Campaign for Education. What is Our Vision of Education?［EB/OL］. http：// www. campaignforeducation. org/en/campaigns/education-post—2015，2013-11-25.

们的声音。①

2010 年以来，国际社会对于 2015 年后发展议程的讨论日益激烈，空间上遍布世界各国与地区，内容上涉及环境、教育等各种主题。而对于教育在 2015 年后发展议程中的地位与目标的讨论也相对较多，经过讨论，国际社会对此已经初步达成了一些共同的建议。

1. 有关"2015 年后的发展议程"中教育地位的讨论

2013 年 3 月 18 日，在塞内加尔达喀尔开幕的"2015 年后发展议程中的教育"全球咨询大会上，联合国教科文组织助理总干事唐虔先生指出，享受优质教育的权利是一项基本人权，它已被列入有关准则框架以及多数国家的法律之中。② 受教育权是一项基本人权已经受到国际社会的一致认可。

20 多个民间组织（其中包括国际教育组织在内）呼吁联合国成员方将教育置于 2015 年发展框架的核心地位，并将教育作为一项基本人权。另外，2013 年 9 月发布的一份民间团体联合声明《2015 年后发展议程中将教育视为一项人权》提出，从人权的视角来看待教育，主要表现在：①每一个人都有权接受教育。②尊重、保护与实现人权，包括教育权。③教育权与生俱来并持续终身。④终身学习框架中的成人教育与识字是教育权中不可分割的一部分。⑤通过各种方式来获得优质教育。⑥平等与没有歧视是教育权的核心要素。⑦教师是优质教育的核心。⑧国家必须为公共教育提供充足的财政支持。⑨在教育方面必须进行民主治理。⑩人权是不可分割，相互依存的。③

随着"全民教育"年——2015 年的临近，超过 190 个成员方在联合国大会第 37 届会议之际，聚集于联合国教科文组织总部，以商讨未来教育的内容、范围以及与 2015 年后发展议程的衔接。整场商讨由小组辩论拉开序幕。教育部部长和非政府组织的领导人认为，教育应站在 2015 年后发展议程的中心地带。④ 2013 年，主题为"联合国教科文组织动员教育、科学、文化和传播与信息力量，促进 2015 年后议程"领导人论坛的辩论总结中指出，下一个全球议程必须将教育作为

① 联合国．联合国创造更美好世界的全球调查［EB/OL］. http：//partner. myworld2015. org/media/chinese/HOWTO/MYWorld ＿ HowTo ＿ GenericOverview％20 ＿ Chinese. pdf，2013-11-25.

② 联合国．联合国教科文组织对 2015 年后的教育愿景［EB/OL］. http：//www. unesco. org/new/zh/media-services/single-view/news/unescos ＿ vision ＿ of ＿ education ＿ after ＿ 2015/＃. Uploqd7YVlQ，2015-11-25.

③ Civil Society Joint Statement. The Human Right to Education in the Post—2015 Development Agenda［EB/OL］. http：//www. campaignforeducation. org/docs/post2015/RTE ＿ JOINT ＿ STATEMENT ＿ SEPT13. pdf，2013-11-25.

④ 联合国教科文组织．2015 年后的教育［EB/OL］. http：//www. unesco. org/new/zh/media-services/single-view/news/the ＿ future ＿ of ＿ education ＿ beyond ＿ 2015/＃. UpmvS97YVlQ，2013-11-25.

一个关键目标。教育是一项基本人权，是可持续发展，减少贫穷，民主与和平的构成要素。①

可见，在 2015 年发展议程中，必须将教育发展置于核心的位置。通过教育的发展来推动世界经济文化等各方面的发展，才能促进世界和平与繁荣。

2. 有关"2015 年后的发展议程"中教育目标设定的讨论

对于 2015 年后发展议程中教育目标的设定，首先需要明确全民教育目标与千年发展目标之间的关系。2013 年 9 月，由联合国教科文组织与联合国儿童基金会联合发表的《将教育纳入 2015 年发展议程的重点》报告中明确指出，全民教育目标与千年发展目标之间是相辅相成、不可分割的关系，② 所以，在探讨 2015 年后发展议程中的教育目标的时候，必须基于千年发展目标与全民教育目标的框架进程所取得的成就与教训。对于 2015 年后应该设置哪些教育目标，基于目前国际社会对于全民教育目标与千年发展目标进展的监测报告，众多国际组织给出了既有区别又有共性的一些建议。

全球教育运动（Global Campaign for Education，GCE）发布了《教育权与 2015 年框架》报告，这一报告是 GCE 达成的有关 2015 年后教育框架的一致讨论成果。该报告提出，以下要素必须包含在 2015 年后的框架中：①提供免费教育，至少初等教育阶段免费，如果条件允许，中高等教育也实行免费。②提供高质量教育，有些人尽管普及了初等教育，但是接受完初等教育之后，仍不会基本的读写，而教育质量提高的关键在于有充足的优质教师。③普及平等而非歧视的教育，在 2015 年后教育框架中必须找到测量进程的方法。④教育贯穿儿童到成年。⑤给予充足的财政支持与透明化治理等。③

2013 年 9 月，在加拿大、德国与塞内加尔政府以及威廉和弗洛拉·休利特基金会的支持下，由联合国儿童基金会和联合国教科文组织共同领导的 2015 年后发展议程中的教育问题全球专题协商制定了一项新的报告——《将教育纳入 2015 年发展议程的重点》，并提出了 2015 年后教育发展议程中的一些优先项目：①完成教育议程中未完成的目标，距离实现 2000 年设置的全民教育六大目标与千年发展目标还有很长的路要走，所以，2015 年后还要继续推进这些目标的实施。②获得各个阶段的受教育机会，不再仅仅是初等教育机会，呼吁获得中等教育与

① 联合国教科文组织. 教科文组织第三十七届会议［EB/OL］. http：//unesdoc. unesco. org/images/0022/002246/224645c. pdf，2013-11-30.

② UNESCO, UNICEF. Making Education a Priority in the Post—2015 Development Agenda［ED/OL］. http：//en. unesco. org/post2015/sites/post2015/files/Making _ Education _ a _ Priority _ in _ the _ Post—2015 _ Development _ Agenda. pdf，2013-11-25.

③ GCE. The Right to Education & Post—2015 Framework［ED/OL］. http：//www. campaignforeducation. org/docs/post2015/GCE _ RTE _ Post2015 _ A4Statement _ Sept13FINAL. pdf，2013-11-25.

终身学习的机会。③强调优质教育，关注教育质量，因为男女学业成就的不平等问题越来越严重，关注男生学业问题，而人们所学与经济发展之间存在密切关系，所以，将优质教育与学习置于 2015 年后教育议程的中心地位，关注学习、教师、工作技能、性与生殖健康教育、全球公民教育、可持续发展教育、学习环境等。④一些跨领域问题，包括性别平等、社会包容等方面的问题。①

2013 年，联合国教科文组织第 37 届大会主题为"联合国教科文组织动员教育、科学、文化和传播与信息力量，促进 2015 年后议程"领导人论坛的辩论总结中，2015 年后的议程中有关教育目标主要包括：①加强对女童与妇女的教育问题的关注。②通过在技能发展和职业技术教育与培养领域，以及科学、技术和创新领域采取专门干预措施来解决青年失业，以及缺少机会和无法参与影响其生活的决策而被扼杀的问题。③关注弱势群体与边缘群体的教育问题，持续重点关注妇女和女童的受教育状况，同时也必须考虑到男子和男孩的教育质量，保证公平获得优质教育。④加强青年和成人扫盲，除了传统形式的文盲之外，新技术领域正出现一些新型文盲。⑤教育质量将取决于教师，在数量与质量方面都需要提高。⑥教育系统应进一步挖掘信息与通信技术及开放教育资源的潜能。最后，磋商会议建议把"公平的全民良好教育和终身学习"作为目标，并将青年和成人扫盲、生活与工作技能、教师、幼儿保育和教育、可持续发展教育及全球公民意识教育作为专题优先项目的具体指标。②

另外，还有相关就 2015 年教育议程中某一方面进行讨论的成果。例如，2013 年 9 月，联合国教科文组织发布的《学习在 2015 年教育与发展议程中的地位》的报告，主要指出目前教育中存在缩小学习范畴等问题，提出 2015 年后的学习应该是什么样子的。具体指出：①以优质学习、课程为本。②教师是优质学习的根本组成部分，选拔和招收最优秀毕业生及培养优秀教师仍旧是教育政策关注的核心。③使标准化评估和课程形成性评估之间取得平衡。④学习机会与质量相互交织，密不可分，推动全纳优质教育的综合性理念。⑤迈向灵活多样的议程，指导我们从终身学习的视角，发展地看待学习内容、过程和结果等。

可以看出，目前有关 2015 年后发展议程的讨论，虽然还没有一个统一的定论，但是从中可以看出，不管是官方组织的讨论还是民间组织的讨论成果，都将教育作为 2015 年后发展议程中的重中之重。

---

① UNESCO, UNICEF. Making Education a Priority in the Post—2015 Development Agenda [ED/OL]. http：//en. unesco. org/post2015/sites/post2015/files/Making _ Education _ a _ Priority _ in _ the _ Post—2015 _ Development _ Agenda. pdf，2013-11-25.

② 联合国教科文组织. 教科文组织动员教育，科学，文化和传播与信息力量，促进 2015 年后议程[EB/OL]. http：//unesdoc. unesco. org/images/0022/002246/224645c. pdf，2013-11-25.

>> 第二节　世界银行的教育政策与发展趋势 <<

在 2012—2013 年度（截至 2013 年 7 月 30 日），世界银行的教育贷款共计 59.35 亿美元，其中超过 30 亿美元都集中在初等教育和中等教育，占教育贷款总额的 52%。[①] 面对正在加大的全球基础教育经费差距，世界银行出台了"全球教育伙伴"《战略规划（2012—2015 年）》，密切各方教育资源的合作，为发展中国家筹集资金。在儿童早期发展方面，世界银行开发新的评估工具，加大资金援助，并给予政策建议。为实施"全民学习"这一核心战略，世界银行多管齐下，积极利用教育资助、政策建议、技术支持和知识共享等方式；为加速实现教育千年发展目标，世界银行重申承诺，确保资金到位，并开展一系列支持行动。针对日益紧迫的大规模的失业和严重的技能缺乏之间的矛盾，世界银行继续加大对技能开发的支持。

一、出台"全球教育伙伴"《战略规划（2012—2015 年）》，开展全球和国家层面教育资源的密切合作

（一）"全球教育伙伴"《战略规划（2012—2015 年）》的出台背景

世界银行认为教育是所有儿童的基本权利，大量的研究证明教育对孕妇和儿童健康、减少贫困、经济增长和社会稳定具有积极作用，是实现所有千年发展目标的关键。加强女童和女性的教育对提高一个国家公民长期的健康水平有利，因为这可以挽救更多的母亲和婴儿的生命，并且提高家庭的健康和稳定水平。同时，投资教育是减轻贫困的最有效的手段：如果所有低收入国家的儿童都能读写，那么全球的贫困人数将会减少 12%。[②] 此外，教育也是一种减少冲突并改善环境的强大的力量。例如，一项研究发现，增加至少 10% 的入学率，国家的冲突局势就可能会下降 3%，尤其是男性的入学率增加将会使冲突持续下降。[③] 正是这些原因，教育成为当务之急。虽然国际社会为改善全球教育做出了巨大努力，也取得了显著的成就，但全球仍存在令人震惊的教育危机，超过 40% 的失学儿

---

① The World Bank. Education Historical Lending Figures [EB/OL]. http://web. world-bank. org/WBSITE/EXTERNAL/TOPICS/EXTEDUCATION/0. contentMDK：21661966-menuPK：489657~pagePK：210058~piPK：210062~theSitePK：282386,00. html,2013-08-20.

② Globe Partnership for Education. Implementation Plan for GPE's Strategy [EB/OL]. http：//www. globalpartnership. org/who-we-are/strategy/.

③ Paul Collier, Anke Hoeffler. Greed and Grievance in Civil War[J]. Oxford economic papers，2004，56(4)：563-595.

童居住在脆弱和受冲突影响的国家（目前这一比例正在上升）。① 更令人担忧的是，在众多的最贫困国家，大约一半的儿童在三年级时就辍学，农村的孩子和女童的边缘化问题突出，尤其是在中等教育阶段。可见，在这些国家仍然有很多工作需要努力去做。

　　为此，在 2002 年，世界银行为了帮助低收入国家实现教育千年发展目标（MDGS）和全民教育目标（EFA），和发展伙伴一起推出了"全球教育伙伴"（Global Partnership for Education，GPE），即"全民教育快车道倡议"（Education for All Fast Track Initiative）。全球教育伙伴是一个在全球和国家层面开展合作的平台，通过签订协议，发展中国家承诺规划和实施良好的教育计划，同时，援助方承诺统一并协调解决这些计划的额外资助。目前，全球教育伙伴包括了 52 个发展中国家和 25 个以上的多边、双边、地区性援助机构和组织。② 可以说，全球教育伙伴并不仅仅是一项资金，其独特之处在于它能协调不同利益方致力于同一个目标的努力。它主要通过两大途径来运行：一是调动国内和国外的资金；二是帮助发展中国家加强和援助方、公民社会及私人机构之间的合作，从而实现本国的教育计划和战略，并确保教育援助的协调有效，以及使用资金的效率。

　　自 2002 年以来，全球教育伙伴的资助金额已经超过 35 亿美元，并且在过去十年间以平均每年 6% 的增幅投入在撒哈拉以南的非洲地区，以支持当地教育发展。③ 可以说，全球教育伙伴在帮助最贫穷国家提高国民教育的质量上已经取得了不俗成绩，包括让失学儿童进入学校，培训教师，修建教室，提供教材，以及提高男女学生的高中毕业率。然而，教育经费的全球差距正在加大。2000 年到 2010 年，全球基础教育经费经过显著增加后，可以预见的是，目前需要更多的外部资金来弥补这一资金缺口。为此，世界银行在 2012 年 7 月出台了"全球教育伙伴"《战略规划（2012—2015 年）》。

（二）"全球教育伙伴"《战略规划（2012—2015 年）》的内容

　　世界银行的"全球教育伙伴"《战略规划（2012—2015 年）》共分为两大部分。

　　第一部分是全球教育伙伴的长期战略。尽管这一战略规划的实施时间是 2012—2015 年，但是世界银行希望能将全球教育伙伴延伸至更远的未来，并且超越 2015 年的千年发展目标。对此，全球教育伙伴提出的新愿景是："为所有儿童在任何地方都提供高质量的教育，从而让他们发挥潜能并造福社会。"它的使命

---

①　Global Partnership for Education. Strategic Plan 2012-2015[R/OL]. http：//www. global-partnership. org/content/strategic-plan-2012-2015，2013-07-01.

②　Global Partnership for Education. Strategic Plan 22012-2015[R/OL]. http：//www. global-partnership. org/content/strategic-plan-2012-2015，2013-07-01.

③　Global Partnership for Education. Strategic Plan 2012-2015[R/OL]. http：//www. global-partnership. org/content/strategic-plan-2012-2015，2013-07-01.

是："优先考虑最贫穷和最脆弱的国家，激励和协调全球的努力，为所有的男孩和女孩提供高质量的教育。"① 针对这一愿景和使命，全球教育伙伴制定了四大战略目标："全民入学，全民学习，拥抱每一个儿童，塑造未来。"

"全民入学"要求所有的儿童都能进入一所安全的、设施完备的学校接受教育，并拥有技能娴熟的教师。尽管千年发展目标中的第二大目标关注的正是入学率和小学毕业率，但是全球教育伙伴认为全民入学并不仅仅是指让更多的儿童进入学校。全球教育伙伴旨在确保所有的儿童能接受学前教育，并至少完成十年的基础教育，从而具备生存必需的知识和技能。这就要求提供优质的学习环境，例如，合理的班级规模，安全的学校和学习场地，友好且充分的建筑及设施，以及熟练的教师。为了衡量全民入学这一目标的进展情况，全球教育伙伴提出了以下几大指标：早期儿童教育的毛入学率（GER）；小学毕业率（PCR）；初中升学率；适龄儿童的失学人口比例；小学的生师比（PTR）；学校的安全及条件。

"全民学习"要求所有的儿童在低年级掌握基本的读写和计算能力。对儿童而言，学习、发挥潜能、长大成人后为社会做出积极贡献必须拥有阅读、理解和写作、计算能力。全球教育伙伴关注的正是这些教育内容，为此，它特别关注学习的基础。为了衡量这一目标的进展情况，全球教育伙伴提出了两大指标：根据国家课程，能阅读并理解其年级水平教材的低年级学生人数；具备数学概念、基本操作程序熟练的低年级学生人数。

"拥抱每一个儿童"要求资源集中在最边缘化的儿童和生活在脆弱与受冲突影响的国家中的儿童。全球教育伙伴的合作方要解决收入或财富不平等（因为贫困是导致低质量教育的主要原因），性别及城市和农村的差异，童工，残疾人，少数民族或部落等弱势群体的教育问题等。在这个战略规划期间，全球教育伙伴首要关注的是脆弱和受冲突影响的国家中的性别不平等，要让更多的儿童接受更长及更好的教育，重点是国家和地方层面的政策制定、规划、投资、实施和监测水平。用来衡量这一目标进展情况的指标是：收入或财富的四分位数；性别；残疾因素；地方各级治理水平；脆弱和受冲突影响的地区或国家数；小学生师比的不平等率。

"塑造未来"要求国家体系拥有能力和诚信来发展、支持和评估高质量的全民教育。全球教育伙伴的基石在于建设良好的国家教育体系，而一个良好的国家教育体系要求各级各类教育追求卓越，确保质量达标，并且对个体和公众负责。为了衡量这一目标的进展情况，全球教育伙伴设定了三大指标：建立与信息系统挂钩的质量保证或质量标准体系，并积极地使用在日常监测中；根据全球教育伙伴

---

① Global Partnership for Education. Strategic Plan 2012-2015[R/OL]. http://www. global-partnership. org/content/strategic-plan-2012-2015，2013-07-01.

合作方的援助有效原则来支持教育发展；建立可信的学生和教师评估体系来监测多元化的学习成果。

第二部分是在 2012—2015 年，全球教育伙伴制定了五个具体的针对性目标，并且每一个目标至少都支持上述两种战略目标：①让脆弱和受冲突影响的国家有能力发展和实施他们的教育计划。②在全球教育伙伴资助的国家中，让所有的女童能在一个安全的、支持性的学习环境中成功完成小学，并进入中学。③极大地促进三年级儿童学习并掌握基本的读写和计算能力。④通过培训、招聘和留住教师来提高教师队伍质量，并支持他们提供高质量的教育。⑤要提升接受全球教育伙伴资助的国家在国内外教育资金投入上的总量、有效性、效率和分配公平。①

(三)"全球教育伙伴"《战略规划(2012—2015 年)》的实施

截至 2013 年 8 月，针对 2012—2015 年的目标一"脆弱国家"，全球教育伙伴开发了"脆弱和受冲突影响国家的全球教育伙伴实施框架"，其中包括深入反思相关指南，并将其放在官方网站上。同时，与跨机构危境教育网络(Inter-Agency Network for Education in Emergencies)在"教育不能等倡议"(Education Cannot Wait Initiative)中积极开展合作，并和美国国际开发署(USAID)启动了一项研究计划，旨在考察目前进行冲突和脆弱性分析的方式、方法和工具(包括但不限于教育)。

针对 2012—2015 年的目标二"女童教育"，全球教育伙伴和联合国女童教育计划(UNGEI)在 2013 年 5 月签署了意向书，共同致力于全球女童教育和性别平等。同时，和联合国女童教育计划开展紧密合作，计划招聘一位顾问。该顾问的职责是为当地教育工作组在发展、修订并监测他们的教育计划时，提供切实有效的性别分析工具。

针对 2012—2015 年的目标三"学习"，全球教育伙伴和伊斯兰发展银行、伊斯兰教育科学和文化组织、美国国际开发署合作，并计划由世界银行在 2013 年 12 月于摩洛哥召开中东和北非地区儿童学习工作坊，共享在具体专题领域的阅读和计算能力的最佳实践，响应各国的需求，并改善其在低年级的学习成绩。另外，全球教育伙伴正通过改善发展中国家低年级的阅读发展水平来开发监测和衡量学习成绩的追踪系统，这也是 2012 年于基加利(卢旺达首都)和曼谷召开的"全体儿童阅读地区工作坊"的后续行动。这一追踪系统可以获悉国家低年级阅读水平的现状和差距，并确定相关的援助类型。在 2013 年 6 月 5 日至 6 日，全球教育伙伴和世界银行共同主办了"早期儿童发展会议"，联合国教科文组织、联合国儿童基金会、救助儿童会(Save the Children)、美国国际开发署、开放社会基金

---

① Global Partnership for Education. Strategic Plan 2012-2015[R/OL]. http：//www. global-partnership. org/content/strategic-plan-2012-2015，2013-07-01.

会等其他组织也参与了该会议。会议旨在更好地促进联合国议程内 2015 年后的早期儿童保育和教育。此外，全球教育伙伴支持"太平洋早龄期阅读和学习计划"（PEARL），重点关注的是在文化和语言多样性的国家开展的学校阅读和阅读指导。

针对 2012—2015 年的目标四"教师"，全球教育伙伴的教师实践共同体即将成立。目前，国际教育组织（Education International ）和海外志愿服务社（VSO）表示有兴趣领导这一团体。该团体旨在为不同的利益相关者带来具体的专业知识，并加强协调和知识共享。

针对 2012—2015 年的目标五"融资"，全球教育伙伴即将成立一个融资工作组。澳大利亚已经表示出领导这一工作组的兴趣。工作组的首要目标将是找到治理教育融资的更好方式，以提供更好的结果。同时，在全球教育伙伴的网站上可以获悉各国的承诺监测报告。

二、继续重视儿童早期发展（ECD），开发评估分析工具并给予资金支持和政策建议

（一）政策背景

儿童早期发展是指产前阶段到小学低年级时期，在这一时期有四个主要的关键发展领域：身体、认知、语言和社会情感。在发展中国家，至少有 2 亿儿童没有得到充分发展的首要原因是贫困、营养不足和学习机会的缺乏。[①] 在世界银行看来，儿童的早期发展会为其一生打下坚实的基础。儿童早期发展是一个多维有序的过程，它是其他领域发展的催化剂。例如，研究表明婴儿 1 000 天（受孕至 24 个月）期间的营养不足，可能会导致其今后认知和劳动力不可逆转的负面影响。缺乏对儿童早期发展的投资，对个人和社会都是难以弥补的损失。贫困家庭的孩子往往无法获得合格的儿童早期发展，他们在上学之前往往落后于其他同龄人，并且随着年龄的增长，其差距逐渐拉大，他们很可能在学校的表现较差，并且在成人后会有危险的社会行为。同时，贫困儿童入学准备不足会导致公共教育体系中的无效成本。研究发现，投资越早，回报越大。根据诺贝尔经济学奖得主詹姆斯·赫克曼（James Heckman）的计算，儿童早期发展的投资回报率达到

---

① The World Bank. Early Childhood Development-Key Issues［EB/OL］. http://web. world-bank. org/WBSITE/EXTERNAL/TOPICS/EXTEDUCATION/0,contentMDK:23338526~pagePK:148956~piPK:216618~theSitePK:282386,00. html,2013-07-20.

18%——远远高于其他各级教育的回报率。[①]

(二)政策内容

首先，世界银行支持为儿童及其家庭提供基本的健康和营养服务，这是儿童早期发展的一项重要干预措施。例如，养育和看护项目会为孕妇和儿童提供健康、营养、教育活动，加强和家庭的合作，提供产前和产后服务。同时，要求促进幼儿安全的环境，包括食品、医疗保健、清洁水源和基本卫生设施。此外，提供以社区为基本单位的医疗卫生服务、疾病预防和健康促进活动。

其次，世界银行支持建立高质量儿童早期发展中心的项目来促进儿童的入学准备。这些项目旨在提供一个健康、安全的环境，并保证儿童拥有热情、负责的照顾者和积极的学习环境。在这些中心，工作人员会为儿童提供均衡发展的机会，重点是给予富有爱心的看护，并且促进其社会情感、认知、语言和身体发育，从而为小学做好积极的入学准备。在实施以儿童早期发展为中心的幼儿发展项目时，有一些重要的考虑因素：①关注弱势群体和处于危险境地的儿童，包括低收入家庭儿童。②儿童早期发展服务应每周提供15小时或更长，每年至少达9个月。③进行教师招聘及频繁的培训，给予资金奖励和专业成长的机会。④根据儿童的年龄和文化背景，保证成人和儿童合适的人数比。⑤课程不仅包括认知和语言表达能力，还应涉及社会情感技能。⑥开展以儿童为中心的活动，让儿童自由选择游戏或学习区域。⑦教师应熟练使用各种教学工具。⑧应为家长提供有关如何促进儿童发展的信息。

最后，世界银行支持针对家长的项目，以促进家长在子女健康、营养和养育行为上发生积极转变。这些幼儿早期发展项目往往针对母亲(如孕期保健、安全分娩、产后护理)和儿童(如产后护理、预防性服务和治疗干预)，或间接通过教育活动来改进家长的护理实践和育儿技巧。

(三)政策实施

世界银行从1998年开始就设立儿童早期发展项目，截至2012年，已设立78个有关儿童早期发展项目。[②] 2012年5月，世界银行在莫桑比克新设立了一项资金达4亿美元的"儿童早期发展额外资助项目"，目的是通过以社区为基础的方案来帮助儿童减少在入学准备上的差距。同时，为了更好地评估儿童早期发展项目和政策，世界银行在2012年利用"导向更好教育结果的系统办法"(SABER)分析

---

① The World Bank. What is ECD [EB/OL]. http://web. worldbank. org/WBSITE/EXTER-NAL/TOPICS/EXTEDUCATION/0，contentMDK：23338526～pagePK：148956～piPK：216618～theSitePK：282386，00. html#section1,2013-07-20.

② The World Bank. Education Projects with ECD Components[EB/OL]. http://web. world-bank. org/WBSITE/EXTERNAL/TOPICS/EXTEDUCATION/0，contentMDK：23339164～pagePK：148956～piPK：216618～theSitePK：282386，00. html,2013-07-20.

工具，为各国评估和基准化幼儿发展提供政策建议和方案。目前，世界银行已经收集了约 20 个国家的数据，并计划在 2013 年年底新增 30 个国家的数据。[①] 此外，世界银行在 2012 年还出版了一系列分析和研究报告，包括中国、印度尼西亚、埃及、巴西、东欧等地的情况。《中国的儿童早期发展：打破贫困的代际传递与提升未来竞争力》[②] 这一报告，回顾了中国 0～6 岁儿童的发展状况，从公共投入和民间投入的角度评估获得公共服务机会的均等性，探讨如何为由于公共服务匮乏或双亲无力支付而不能获得儿童早期发展和服务的人群制定相关政策。报告以中国和国际性数据为基准，衡量进展情况，并找出差距。报告指出，中国极有必要在较长时期内普及针对 0～6 岁儿童的早期发展和教育，因为它能够均衡机遇，并提高国家的未来竞争力，并且主张在第十二个五年规划（2011—2015 年）期间实施双管齐下的扶贫办法。首先，扶贫计划应考虑为极端贫困人口提供儿童早期发展和教育服务，在贫困监测中应涵盖对儿童早期发展成果的监测。其次，儿童早期发展和教育应该受到足够的重视，成为主流化的社会服务。扩大儿童早期发展和教育在财政上是可行的，前提条件是：①中央财政转移支付可以按照支持义务教育的力度，补助中西部地区的县一级支出。②在产前护理、育儿教育、儿童体格检查等方面采用基于社区和家庭的、成本—效益为内容的干预措施和激励项目。在成本—效益上，以家庭和社区为单位，在产前护理、育儿教育、儿童体检和早期激励项目等方面进行干预。有条件的现金转移支付或"代金券"也可以用来刺激此类需求。

三、通过教育资助、政策建议、技术支持和知识共享等方式，致力于全民学习战略

2011 年，世界银行启动了 2020 年新的教育战略"全民学习"，这一战略认为儿童和青少年通过学习所获得的知识和技能能帮助他们摆脱贫穷，并促进其发展。因此，这一战略鼓励世界各国"更早投资"，因为儿童的早期发展将有助于终身学习；"明智投资"要求各国重点关注的是提升学习结果；"全民投资"则要求关注的是所有的学生而不仅仅是特权阶层。为了支持这一核心战略，世界银行在

---

① The World Bank. Recent World Bank Assistance[EB/OL]. http：//web. worldbank. org/WBSITE/EXTERNAL/TOPICS/EXTEDUCATION/0，contentMDK：23338526～pagePK：148956～piPK：216618～theSitePK：282386，00. html#section 3，2013-07-20.

② The World Bank. Child Development in China：Breaking the Cycle of Poverty and Improving Future Competitiveness（English）[R/OL]. http：//documents. worldbank. org/curated/en/2012/07/16499167/early-child-development-china-breaking-cycle-poverty-improving-future-competitiveness，2012-07-06.

2012年开发了新的知识平台——"导向更好教育结果的系统办法",帮助国家评估自己的教育政策,并确认优先行动,帮助全民学习的目标达成。

第一,为了实施这一战略,世界银行首先关注的是儿童早期发展,并增加对儿童早期发展项目的支持。第二,世界银行强调学习成果的评估。知道谁在学习、正在学什么、什么影响了学习以及如何改进学习是评估学习的关键。目前,世界银行出版的各国学习评估进展是公认的"积分卡",开展的多数新的教育项目都包括对学习评估的支持。例如,2013年4月在尼加拉瓜设立的"教育部门战略支持项目",重点关注的是国家和地区最贫困区域的学习评估;2013年5月,世界银行在墨西哥设立的"高中教育发展政策贷款第二个纲领性项目",将会把评估数据广泛地用于课程和教学的改善之上。第三,世界银行设立一些重点支持学习的发生地——课堂的项目。例如,巴西的"校本教师奖励计划影响评估"发现,设置和奖励的具体结果可能会导致显著的学习收益;在尼日利亚,密集的教师培训和其他措施已经证明有助于提升考试成绩;印度尼西亚正在进行的项目是提高教师在课堂上的学科知识和教学技巧。第四,世界银行加强对项目的评估来了解哪些因素会提高学习成果。影响评估越来越有助于分析哪些因素会促进学习。利比里亚最近的一项研究表明,当教师接受密集的阅读教学训练时,低年级的阅读成绩提高;印度的一项评估也发现,为家长提供有效的信息有助于提升学校的问责制效果和学生的学习成绩。第五,世界银行开发"导向更好教育结果的系统办法"来对学习结果进行强有力的评估,包括清晰明确的政策、可持续发展的制度和资金安排、教学人员的能力建设和评估、利用评估结果来改善学习结果。

四、确保资金到位,开展援助项目,加速教育千年发展目标的进程

在教育千年发展目标上,一些国家已经取得了良好的进展。全球范围内,初等教育的平均毕业率在2010年达到了90%;初等教育和中等教育阶段的性别平等率(gender parity ratio,即某一教育阶段中女生相对男生的人数比例)达到97%。但是,全球失学儿童人数仍居高不下,达5 700万之多,而且非洲许多国家的初等教育毕业率都低于80%。[①] 为此,世界银行利用国际开发协会和全球教育伙伴,积极为这些国家提供教育援助,以确保教育千年发展目标的实现。

在2012年9月,世界银行行长金墉(Jim Yong Kim)重申世界银行在2010年

---

① The World Bank. Education Year in Review 2012[R/OL]. http://web. worldbank. org/WB-SITE/EXTERNAL/TOPICS/EXTEDUCATION/0,contentMDK:23304365～menuPK:6463922～pagePK:210058～piPK:210062～theSitePK:282386,00. html,2013-07-20.

千年发展目标首脑会议上的承诺，承诺在 2011—2015 年由国际开发协会（IDA）额外拨款 7.5 亿美元，以帮助最贫穷的国家加速实现 2015 年的教育千年发展目标。在 2013 财政年，国际开发协会承诺对基础教育的拨款总金额为 12.6 亿美元。这一数额意味着世界银行对教育千年发展目标的承诺拨款累计达 9.39 亿美元，已在 2013 年超过其承诺额度的 25%。① 2012 年 12 月，世界银行行长和联合国教科文组织总干事伊莲娜·博科娃会晤，讨论世界银行与联合国教科文组织的合作事宜，双方就共同参与教育优先行动计划（Education First Initiative），加快实现全民教育和千年发展目标以及 2015 年后联合国发展议程（Post-2015 UN Development Agenda）等相关行动达成了共识。

在 2012—2013 年，世界银行开展了一系列加速教育千年发展目标实现的行动。第一，扩大处于弱势地位的儿童的入学机会。例如，在孟加拉国，世界银行为儿童提供有针对性的助学金来提高其初等教育的入学机会；在斯里兰卡，世界银行为那些被边缘化的学生提供相关的奖励，包括免费课本和校服、交通补贴、奖学金和免费的学校膳食。第二，利用新旧措施来促进女童教育。例如，在尼日利亚，通过培训更多的女教师来降低农村学校女童的辍学率。同时，利用信息技术来监测和发布性别项目目标的完成情况，例如，摩洛哥就利用该技术给予资金援助来提高农村女童的入学率。第三，国际开发协会重点援助那些脆弱和受冲突影响的国家和地区。例如，在海地，世界银行设立项目，减免农村学校的学费，给予社区学校援助资金，并支持更多的教师到偏远地区教学；在塞拉利昂，世界银行正通过学校重建项目帮助其恢复发展。第四，世界银行支持培训更多、更合格的教师。例如，作为世界银行最大借款国的印度，在 2012 年 5 月获得世界银行高达 5 亿美元的援助，致力于提高其初中教育的入学率，并招聘更多的数学、科学和语文中学教师。

五、强调技能，出台研究报告，开发新的评估工具，并支持国家开展技能培训

技能是提高个人就业和国家生产力，促进经济增长的核心。如今，发展中国家和新兴国家要寻求更高的持续增长率，技能就显得尤为重要。但是，这些国家大多数面临着严峻的人口压力——在非洲和中东出现了青年求职者的人口膨胀，在东欧、中东亚则出现了劳动力市场的过渡性萎缩。随着国家经济增长方式的转

---

① The World Bank. Accelerating Progress toward the Education[R/OL]. http://web. worldbank. org/WBSITE/EXTERNAL/TOPICS/EXTEDUCATION/0，contentMDK：23059649 ～ menuPK：282424～pagePK：64020865～piPK：149114～theSitePK：282386，00. html，2015-11-25.

变，对技能的要求也将发生变化，从而技能制约经济增长的瓶颈也会变得更加明显。劳动生产率将越来越有赖于高层次的认知技能（如分析问题、解决问题的能力和沟通能力），以及行为技能（如纪律和努力工作的程度），这些技能也恰恰是雇主们需要的。研究表明，劳动力的技能水平相比于受教育年限，是一个更好的发展预测指标。但是，全球的技能水平，尤其是贫困国家和弱势群体的技能水平仍缺乏相应的发展，技能的不匹配现象也仍然存在。为了应对全球普遍出现的就业危机，世界银行在2012—2013年加大了对技能开发的支持。

首先，世界银行陆续发布一些新的研究报告来表明其技能战略。例如，《变革世界中的教育：灵活性、技能和可雇性》《21世纪拉丁美洲和加勒比地区所需的技能》《技术，而不仅仅是文凭：为了东欧和中亚地区更好的结果而管理教育》《南亚更多更好的工作》。这些报告都强调了共同的主题：技能人才的短缺是生产力和经济增长的关键障碍；毕业生的技能不符合市场的需求；高等教育通过提供技能和研究需求在提高国家的生产力中发挥重要作用；需要关注重教育质量和学习结果的系统测量。同时，世界银行还出台了一些关注具体国家的技能水平的研究报告。例如，博茨瓦纳的研究报告表明新的经济技术将会在钻石行业之外支持行业多样化；埃塞俄比亚的中等教育回顾报告显示其教育面临的挑战代表了其渴望实现中等收入国家的状况。此外，世界银行利用"导向更好教育结果的系统办法"，已经在爱尔兰（2012年）、新加坡（2012年）、乌干达（2012年）、韩国（2013年）完成了试点研究，并出台了相应的报告。

其次，世界银行开发新的技能评估工具，开展国际比较研究。世界银行自2010年发布"有助于就业能力和生产力（STEP）框架"以来，发现大多数国家都缺乏有关技能的相关信息和数据，因此，在2012年启动了"有助于就业与生产力增长的技能的调查项目"，在8个国家进行了试点，涵盖了认知技能、技术技能、行为技能和社交技能等方面。

最后，世界银行积极支持国家进行相关的技能培训。在2012年，世界银行支持黑山改革高等教育的投资和质量保证；帮助智利改进教师培训和职业技术教育课程，以及与私立机构的伙伴关系；在刚刚结束武装冲突的科特迪瓦，估计有60%的15～35岁的人口处于失业或半失业状态，世界银行设立的"应急技能发展项目"旨在通过让青年去当地企业进行带薪实习来进行和平建设，促进经济稳定；援助中国（云南）进行职业技术教育培训，并在2013年完成该项目的背景研究，公布了《为云南省经济转型与和谐社会建设培养技能型人才》的研究报告。

>> 第三节　经济合作与发展组织的教育政策与发展趋势 <<

在 2012—2013 年度，经济合作与发展组织（OECD，简称经合组织）为应对日益严重的青年失业问题，在部长级会议上签署了《OECD 青年行动计划》；发布《超越学校的技能》系列报告，旨在帮助成员国改善中等后职业教育和培训体系；发布《教育政策展望》系列报告，帮助各国政府在制定和实施教育政策的过程中提供有效信息；为提高教学质量，发布《关注教学》系列简讯和《21 世纪的教师：用评价来改善教学》研究报告；为全球教育发展提供监测数据，发布《教育概览 2012》《教育概览 2013》；出版《发挥协同作用，提高学习效率：评价和评估的国际视角》报告，为各国改善评价和评估框架提供指导。

一、经合组织部长级会议签署《OECD 青年行动计划》，加大力度解决青年就业危机

（一）《OECD 青年行动计划》的出台背景

青年失业已经成为全球普遍发展的趋向。在经济全球化的背景下，青年的失业情况日益严重，逐渐衍生出"失业一代"（generation jobless）的讨论和话题。在《教育概览 2012》中，经合组织就指出，不同发展路径的国家产生了不同的青年失业问题的路径依赖，发展中国家的青年，除了失业人数众多之外，更严重的问题在于多数青年未受教育或未曾接受任何技能培训，使其在竞争日益激烈的就业市场中载浮载沉。根据经合组织的调查，自 2007 年起，经合组织国家中的青年长期失业率急剧上升，超过 1/5 的 15～24 岁青年失业长达一年。澳大利亚、新西兰、瑞典等国虽躲过了金融危机的最严重冲击，但其长期失业率上升趋势仍然显著。在官方失业数据中并未包含辍学青年，但仍显示约有 2 200 万青年不工作、不学习、不接受培训，成为"啃老族"，其中 2/3 的青年放弃找工作，很有可能面临长期失业。[1] 鉴于多数经合组织成员国近几个月来的高失业率，青年失业人数将持续走高。2013 年第一季度末，爱尔兰、意大利、葡萄牙、西班牙、希腊等 9 个经合组织成员国的青年失业率均超过 25%；[2] 2013 年 4 月，希腊和西班牙的青年失业率竟接近 60%。[3] 另外，许多国家的辍学人数（没有完成高中学业的青年

---

[1]　OECD. OECD Main Economic Indicators[R]. Paris：OECD，2012：41.

[2]　OECD. OECD Countries Commit to Action Plan to Tackle Youth Joblessness[EB/OL]. http://www.oecd.org/newsroom/oecd-countries-commit-to-action-plan-to-tackle-youth-joblessness.htm，2013-08-20.

[3]　OECD. Youth Action Plan [EB/OL]. http://www.oecd.org/els/emp/Youth-Action-Plan.pdf，2013-08-20.

人数)居高不下。这可能会导致低技能的青年进入劳动力市场，他们干得往往是许多新兴行业中非正式的低薪工作，还不时会面临失业。在 1997—2010 年经合组织成员国 25～34 岁的失业者中，每年没有完成高中学历的人数是大学毕业生人数的 2.5～3 倍。①

虽然一个光明的经济前景会有助于降低青年的高失业率和就业不足，但是这并不能解决青年难以获得具有高回报和高生产力工作的难题。因此，考虑到给予青年在劳动力市场上更好的起点，不仅能提高他们的福利，促进社会的凝聚力，而且对大多数步入老龄化社会的国家而言，提升其未来增长的潜力、减少其社会支出也具有至关重要的作用。

为此，经合组织成员国需要采取立竿见影的措施来解决青年失业问题，帮助青年在渐趋失衡的劳动市场中就业。2013 年 5 月，巴黎举行的经合组织部长级会议上，各国签署了《OECD 青年行动计划》，承诺采取或改善有效措施来应对当前的青年失业危机和改善青年长期就业前景。

(二)《OECD 青年行动计划》的内容

《OECD 青年行动计划》汇集了经合组织有关教育、技能的分析报告，与青年有关的就业政策，以及一些国际行动，包括国际劳工组织(ILO)的《青年就业危机：呼吁采取行动》、20 国集团的青年就业承诺，以及欧盟的《青年保证》(*Youth Guarantee*)协议。该计划提出的首要目标是解决当前的青年高失业率和就业不足，其次的目标是以长远计划帮助青年提升相关的技能，减少其就业的障碍。

针对首要目标——解决当前的青年失业危机，《OECD 青年行动计划》提出：第一，要解决总需求的疲软问题，并积极创造就业机会。第二，要为失业青年提供足够的收入支持，直到劳动力市场状况改善，但是同时他们应履行严格的义务，即积极求职并提高自身工作准备和就业能力。第三，维持并在可能的情况下扩大提升劳动力市场成本—效益的积极措施，包括辅导、求职和创业方案咨询，以及对处于弱势地位的青年(如低技能和有移民背景者)提供更深入的帮助。第四，解决低技能的青年就业需求方面的障碍，如求职成本过高。第五，鼓励雇主继续或扩大优质学徒和实习计划，如果有必要，可以通过额外的财政激励措施。

针对长远目标——加强青年的未来就业前景，《OECD 青年行动计划》提出以下措施：第一，加强教育体系，并为所有青年做好就业准备，包括降低青少年的辍学率，并为那些没有完成高中学业或同等学力的人提供第二次机会；确保所有的青年具备良好的基础知识和就业技能；为所有青年培训与劳动力市场相关的技能。第二，要加强职业教育和培训的质量和有效性，包括确保职业教育和培训计

---

① OECD. Youth Action Plan［EB/OL］. http：//www.oecd.org/els/emp/Youth-Action-Plan.pdf，2013-08-20.

划为青年提供良好的基础技能，并在必要的情况下提供额外资助；确保职业教育和培训课程更加适应劳动力市场的需求，并为青年提供适应工作需求的技能；确保职业教育和培训课程以工作为基础，采用实习和课堂学习的混合方式，为青年创造最有效的环境，使其学习相关技能，并提升实习的质量；确保社会各界积极参与职业教育和培训计划，计划应不仅与当前劳动力市场的需求有关，而且要促进更广泛的就业技能。第三，帮助青年过渡到工作世界，包括为所有的青年结束教育后提供适当的工作机会；为青年提供优良的职业指导服务，保存他们的职业生涯和劳动力市场信息，以帮助青年进行更好的职业选择；取得社会合作伙伴的承诺，以支持青年有效地过渡到工作世界，包括通过具体的部门和职业的发展途径。第四，重塑劳动力市场政策和机构，以推动就业和解决社会排斥问题，包括确保永久性和临时性工人平等的就业保护，并提供足够长的试用期，让雇主给缺乏工作经验的青年证明自己的机会，并鼓励青年过渡到正式就业；采取综合方法来应战非正规就业；对处于最弱势地位的青年，可能需要重点关注补救性教育、工作经验和成人的指导。

(三)《OECD 青年行动计划》的实施

为实施《OECD 青年行动计划》，第一步，经合组织会加强与成员国的合作，帮助其在国家和地方层面开展《OECD 青年行动计划》。由于各成员国国情不同，经合组织将为其量身定做国家技能战略。具体包括以下三个方面。

①提供具体的青年政策建议。经合组织为其成员国的薄弱领域提供具体的行动建议，例如，为解决辍学问题，实施一项青年保证计划，促进青年创业，或加强职业教育和培训的有效性。

②发布短期政策简报。对那些近期将开展有关青年政策全面评估的国家，经合组织会发布短期政策简报，指明该成员国面临的政策挑战，应对这些挑战采取的行动，以及迄今为止取得的进展。短期政策简报将会准备 2～3 个月，或者由关键人员进行短期的国家考察后予以公布。

③进行全面的国家评估。经合组织将会对成员国进行全面的青年政策评估，从而发现其关键的教育和劳动力市场的改革要求，帮助青年在劳动力市场上有一个更好的开端。这项国家评估将会结合经合组织正在进行的青年社会政策评估，特别关注处于弱势地位的青年。通常，一项全面的国家评估会耗时 6 个月，包括一次国家研究行程，撰写一份报告草稿，召开一次发布报告的研讨会。

第二步，经合组织将筹办有关成功实践的研讨会。不同成员国在青年教育和劳动力市场上的差异，将有助于相互学习成功的措施以及国家所开展的改善青年就业技能的计划。因此，经合组织拟举办一系列有关成功案例和热点问题的研讨会，例如，实习生计划，青年保证措施，促进青年创业的举措，针对最弱势青年的特别计划等。经合组织鼓励其成员方根据自己的兴趣来申办这些研讨会。

二、发布《超越学校的技能》系列报告，关注中等后职业教育和培训

（一）《超越学校的技能》系列报告出台的背景

在经合组织成员方，很多年轻人会在高中阶段选择职业课程，有时这些课程与职业培训相关，有时这些课程会采取在职学习与校本培训相结合的方式，让年轻人作为正式学徒。虽然各国在职业教育与培训上存在多样性，但是仍存在一些共同的问题和挑战，例如，如何平衡学生和用人单位在培训上的需求，职业教育和培训教师所必备的技能等。为此，经合组织在 2007 年启动了"为工作而学习"（Learning for Jobs）项目，对 16 个国家①进行职业教育和培训评估，在此基础上于 2010 年完成最终的国际比较报告。随着该项目的结题，经合组织发现越来越多的国家期望在中等后教育阶段为增长迅速的技术和专业行业提供所需的技能培训。在经济危机之后失业率上升的背景下，为成人提供第二次教育和培训的机会，提升其技能具有十分重要的意义。《超越学校的技能》（*Skills beyond School*）系列报告正是"为工作而学习"的后续行动，重点对中等后职业教育和培训进行评估，旨在通过国别研究和跨国比较，帮助成员国有效适应劳动力市场的需求。

（二）《超越学校的技能》系列报告的内容

《超越学校的技能》系列报告将会在借鉴经合组织《面向知识社会的高等教育》（*Tertiary Education for the Knowledge Society*）系列报告的基础上，作为经合组织"技能战略"中的"国际成人素质评估项目"（Programme for the International Assessment of Adult Competencies，PIAAC）和其他行动的一部分。

在《超越学校的技能》中，对"中等后职业教育和培训"的一般界定是：高中阶段之后一年或一年以上的课程计划，可以获得公认的证书或特定的职业资格。当然，这一定义在不同的国家会进行灵活运用，以便进行不同教育体制国家之间的比较。

《超越学校的技能》系列报告的主要内容如下。

1. 资金和管理

中等后职业准备教育可由专门的职业学校、普通高校或其他多功能机构提供。随着教育机构自治权逐渐扩大的趋势，提供职业教育的机构也变得更加复杂和多样。面临的挑战包括：如何保证职业教育机构的资金和管理，适应劳动力市场的需要；如何提高培训的质量和创新培训方式；如何实现职业和学术课程之间

---

① 包括澳大利亚、奥地利、比利时（佛兰德斯）、捷克共和国、德国、匈牙利、爱尔兰、韩国、墨西哥、挪威、瑞典、瑞士、英国（英格兰和威尔士）、美国（南卡罗来纳州和得克萨斯州）、智利、中华人民共和国。

的平衡。

2. 实现供求平衡

要实现良好的供求平衡，需要有效的信息和相匹配的能力。需求因素包括不同的工作技能要求——通常是因技术变化而产生，某些现有职业的需求增加（例如，随着老龄化社会的到来，卫生部门需要更多的工人），以及新兴工作。面临的挑战包括：如何在所提供的培训内容和方式上有效满足劳动力市场的需求；如何在培训计划中有效地结合工作场所的学习。

3. 确保质量

职业教育需要高质量的教学，而保证教育质量则需要建立内部和外部的保障机制等措施。其中，教师和培训者是质量保证的关键，因此，需要开发一个具有教学技能、学术知识和最新行业经验的综合职业素质结构。面临的挑战包括：哪些是中等后职业教育和培训最佳的质量保证工具；如何管理教师和培训者来确保他们具有正确的技能组合，包括相关的行业经验。

4. 入学和公平

除了为劳动力市场提供相应的技能，职业教育和培训的目的还在于为那些低学历、非传统学生以及希望追求新事业的成人提供教育机会。因此，如何选择标准和生源来确保灵活的入学途径，如何保证中等后职业教育和培训的发展资金等，成为亟待解决的问题。

(三)《超越学校的技能》系列报告中政策的实施

目前，20 个以上的国家已经同意参与这一行动，其中有 10 个国家[奥地利、丹麦、埃及、德国、以色列、韩国、荷兰、瑞士、英国（英格兰）和美国（佛罗里达州、马里兰州和华盛顿州）]会对其中等后职业教育和培训进行全面评估。首先，由各国提供一份详细的国家背景报告（针对的是部分或全面的中等后职业教育和培训）。其次，经合组织会派遣团队两次考察该国（第一次旨在了解该国的教育体制以及所关注的领域，第二次考察旨在深入分析并提出政策建议），将会在 4 个月的时间内公布国别评估报告，内容包括该国教育制度的优势、主要面临的政策挑战以及经合组织的建议。比利时（佛兰德斯）、加拿大、冰岛、罗马尼亚、西班牙、瑞典、北爱尔兰和苏格兰会准备一份背景报告，并邀请经合组织团队进行短期访问，针对国家中等后职业教育和培训体系的优势及面临的挑战进行分析。

2012 年 9 月，经合组织率先对丹麦发布了国别报告。在报告中，经合组织指出丹麦中等后职业教育和培训体系具有许多优势，包括雇主和工会的强力介入和支持。此外，丹麦还有一套独特的平行成人教育体系。当然，丹麦也面临一些挑战：①教育体系改革方案所带来的利益尚不明确。②对于以前学习的认定框架需要更加有效地加以运用，以促进学生进入和完成这一项目。③一些教师和培训者需要更加系统地更新自己的职业技能和知识。经合组织对丹麦的建议是：①推迟专科学校将专业学士学位的责任转交给大学学院。②通过增强大学、院系、专科学校与私立部门的合作，实现研究和开发利益的最大化。③通过调整资助体制，加强质量控制和信息公开，进一步激励对以前学习的认定。④确保中等后教育培训机构的教师不断更新自己的专业知识和技能。

在 2013 年 7 月上旬，经合组织又相继发布了奥地利、德国和美国的国别报告。在奥地利的国别报告中，经合组织赞赏奥地利的职业教育和培训体系为不同的社会群体提供了高品质、高质量的服务，但还是建议其在协调各种培训、提供更容易的高等教育机会、进行强制性职业培训、课程设置反映劳动力市场需求四个方面加以改进。在德国的国别报告中，经合组织高度赞扬了德国的双元制职业教育在解决青年失业过程中发挥的重要作用，称德国学校教育与劳动力市场的衔接"令人瞩目的顺畅"①，社会参与度高。但是，报告也指出，在德国，只有大学毕业生才有较好的工作前景，并且德国自 2009 年改革以来，从职业领域转到学术领域更为容易，可惜的是很少有学生利用这一新机遇。因此，经合组织建议提高中等后职业教育的效率，例如，明确考试的标准，制定职业教育和培训教师的素质标准等。在美国的国别报告中，经合组织对美国中等后教育的诸多领域给出了很高的评价，也指出了和其他经合组织国家相比，美国存在的"相对较弱"的方面。报告的总体建议是，美国在中等后职业教育的发展战略上应追求更高的质量、一致性和透明度，这将有助于满足对技能培训的认证需要，从而建立起雇主的信任，支持学生成功过渡到职业生涯，并保持美国的全球领先地位。

三、发布首批《教育政策展望》的国别报告，为决策者提供教育政策及改革的前瞻性比较分析

（一）《教育政策展望》出台的背景

对经合组织成员国及非成员国而言，对本国教育政策及其实践进行全面评价并进行国际比较的需求正在日益上升。政府越来越关注技能，因为这是促进增长、公平分配的关键因素；政策制定者在制定教育改革政策时，需要国际比较数据的支持，包括政策的选择、实施和影响。然而，这些数据往往是分散的，难以

① OECD. Advanced Vocational Training in Germany Provides Sought-after Skills but Needs Compulsory Standards in Teaching and Examination[EB/OL]. http：//www.oecd.org/education/oecdcountryreportadvancedvocationaltrainingingermanyprovidessought-afterskillsbutneedscompulsorystandar-dsinteachingandexamination.htm，2013-08-21.

进行分析和比较。为了帮助各国政府在制定和实施教育政策的过程中提供有效信息，经合组织决定发布《教育政策展望》(*Education Policy Outlook*)的国别报告，利用其现有的知识来对经合组织成员国的教育政策和改革进行回顾和分析。

(二)《教育政策展望》的内容

《教育政策展望》的知识基础主要建立在经合组织大量的比较工作之上，例如，全球养老金统计项目(GPS)、教育结构、政策和实践描述性信息的系统收集和评审网络(NESLI)、国际学生评估项目(PISA)、教师教学国际调查项目(TALIS)、教育研究和创新中心(CERI)发布的报告等。此外，《教育政策展望》还为各国教育政策和改革（从学前教育到高等教育）提供全面、系统的比较分析。具体而言，它的目的是：①为国家的教育背景、挑战和政策提供分析。②明确当前的教育趋势及教育政策的实施成果。③分析未来教育改革的措施。④促进国际借鉴。

《教育政策展望》系列包括三个部分：第一部分是趋势，主要分析各国近年来的一些重要政策，并针对未来发展提出问题。第二部分是国别报告，主要从经合组织建设性的视角出发来看某个国家的教育政策，包括实践中的热点问题。在每份国别报告中，经合组织会从管理、教育资金、公平和质量、学校改进、评价和评估、让学生为未来做准备六个方面出发来审视该国的教育政策和实践。它重点考察三个问题：第一，就教育公平和质量方面来看，如何提高学生的成绩，并且让学生为未来做准备？第二，如何通过学校改进、考试评价和评估方式来提高教育机构的质量？第三，如何让教育系统的管理和资金变得更有效？第三部分是改革建议，将会选择重要的领域给予改革和实施过程的建议。

(三)《教育政策展望》的实施

经合组织计划在 2013—2016 年陆续发布《教育政策展望》的国别报告，并且从 2014 年 11 月开始每两年发布一份全面报告，为各国的决策者提供分析框架。截至 2013 年 8 月，经合组织已经发布了首批国别报告（澳大利亚、新西兰、爱尔兰、捷克共和国），即将发布智利、芬兰、挪威、土耳其、墨西哥的国别报告。[①]

在澳大利亚的国别报告中，经合组织对澳大利亚在国际学生评估项目中的优异表现，以及它在高中和高等教育阶段的高毕业率表示肯定，但也指出澳大利亚从 2000 年以来在国际学生评估项目中的成绩并没有提高。目前，澳大利亚除了提高教师和学校领导的质量，加强学校质量评估之外，还提出一项通过更透明、更公平的筹资模式来推动学校改进的国家计划。

新西兰也在国际学生评估项目中表现突出，并拥有一些经合组织成员国中最

---

① OECD. Education Policy Outlook-Policy Country Profiles [EB/OL]. http://www.oecd.org/edu/profiles.htm，2013-08-13.

具自主权的学校和大学。它所面临的一个重要的挑战是学校中土著人口的增长。为此，政府已对毛利人和太平洋岛族裔采取了有针对性的教育策略，并为英语和毛利语学校制定了国家标准和国家课程。

爱尔兰在国际学生评估项目中表现一般，它在 2005 年采取了一项政策来支持薄弱学校的改进，有助于提高学生的中学毕业率。最近，它推出一项更广泛的国家识字和算术战略，增加学校在阅读和数学上的教学时间，并为教师和学校领导者提供专业发展活动。也许现在该国面临的最大挑战是确保这些计划不会因金融危机遭受公共支出的削减。

捷克共和国在国际学生评估项目中的表现一直在恶化，政府已经推出了一些包括国家标准化考试的质量保证举措。为了提高教师和学校领导者的质量，捷克共和国又提高了青年教师的工资，推出新的教师职业生涯，以及改变学校领导者的任免过程。

上述四国报告表明，各国政府正试图改善他们的教育体系，以更好地为他们的年轻公民参与全球知识经济的竞争做准备。经合组织的《教育政策展望》系列报告对各国政策制定者而言，无疑是一个有价值的信息及灵感来源。

四、出版《关注教学》系列简讯和《21 世纪的教师：用评价来改善教学》研究报告，关注教师的教学质量

经合组织的《关注教学》(Teaching in Focus)系列简讯，以教师教学国际调查项目(TALIS)的数据为基础，旨在为世界各国的决策者、学校领导及教师提供最新的信息，并为教育投入和教育政策制定中的焦点问题提供跨国比较和深入分析。自 2012 年 5 月以来，截至 2013 年 6 月，经合组织一共发布了四期《关注教学》简讯。

第一期《关注教学》的主题是教师是否获得应有的认可。根据教师教学国际调查项目中的 24 个参与国家的数据，将近一半的教师表示，教师评价和反馈主要是应管理者的要求而实施的；大约 75％的教师则表明，他们并没有收到任何有关如何改善他们的教学或进行教学创新的反馈。虽然教师对评价的积极意义表示肯定，但是仍有超过 1/5 的教师表示没有收到来自学校校长的评价与反馈。第二期《关注教学》的主题是如何支持新教师。目前，学校为新入职的教师提供指导和入职培训，但近 1/3 的新教师表示在学生纪律和行为问题上需要更多的帮助。根据教师教学国际调查，新教师和经验丰富的教师相比，前者花费更多的时间用于课堂管理，而在教学上花费更少的时间。第三期《关注教学》关注的是如何用教师反馈来提高课堂纪律氛围。研究发现，新教师最需要反馈的是课堂纪律氛围，而课堂纪律氛围的反馈可以帮助教师提高自我效能感以及改善课堂整体的学习环

境。第四期《关注教学》关注的是促进教师之间的学习。根据教师教学国际调查，各国教师普遍渴望进一步的专业发展，但是在参与调查的国家中，专业发展的合作性学习以及协同教学实践的比例较低，因此，建议各国高效地构建和完善学校中的专业学习社群。

经合组织为了给第三届教师专业发展国际峰会提供更多的数据分析和教育政策经验，在 2013 年发布了一份题为《21 世纪的教师：用评价来改善教学》(*Teachers for the 21st Century：Using Evaluation to Improve Teaching*)的研究报告。

报告指出，世界各地的教育体系都为自己设定了兼具高公平和高效益的宏伟目标，而这需要为每一位学生提供高质量的教学。经合组织的调查显示，绝大多数的教师(83%)对以反馈教学评价来提升自身教学质量的方式表示欢迎，并认为他们已经收到的反馈是公允的。然而，在被调查的国家中，还有超过 1/5 的教师表示他们从未收到过校长或资深教师的教学反馈。另一些研究发现，在一些学校中尽管有 95% 的教师获得了令人满意的评价等级，但是该校的学生成绩仍比较差。因此，教师考核制度被视为一个改善教学的强大推动力，并为杰出教师提供了新的角色，从而成为世界各国政府越来越关注的议题。尽管在教师评价方面经常存在争议，但事实上，政府和教师组织之间存在大量的共识。大多数国家都对教师的教学质量标准加以界定，同时也设有考核制度，虽然各国制度各不相同，例如，芬兰校长和教师之间采用的是非正式谈话，挪威采用的是同行评价方式，新加坡则采用每年的成绩管理系统。其实，教师的角色定位、教育管理结构、职业晋升途径、其他职业评价的类型都会对一国的教师评价体系产生影响，因此，国际上没有一种通行的教师评价方式。但是，各国之间若达成协议则还是有意义的，教师评估必须置于专业发展的背景下。因为研究表明，如果教学反馈不和教师获得新的技能培训及实践机会相结合，那么就无法有效改善教学。

报告建议各国政府利用多种来源和措施给予教师反馈(包括对家长和学生的调查，课堂观察，自我评价，同行评价及学生的考试成绩等)，真正评价教师角色的复杂性。同时，各国政府要设计合理的教师专业发展途径，关注教师考核制度的实施。在教师考核中只狭窄地考虑学生的考试成绩或将教师评价和成绩简单地挂钩，这可能会在无意中带给教师一种焦虑的气氛，不利于教师创造性的发挥。

五、发布《教育概览 2012》《教育概览 2013》，为全球教育发展提供监测和比较数据

2012 年 9 月 11 日，经合组织发布《教育概览 2012》，提供了 34 个经合组织成

员国以及阿根廷、巴西、中国、印度、印度尼西亚、俄罗斯、沙特阿拉伯和南非等国可比的教育统计数据，包括公共和私人教育经费、学费、成人参与教育的情况、班级规模、教师工资、学校的决策权、国家考试制度的分析，以及接受第三级教育的资格标准等。报告的主要发现如下。[①]

（一）教育公平方面

与自己的父母相比，女青年获得更好教育的概率比男青年高出 5 个百分点（女青年为 40％，男青年为 35％）。与自己的父母相比，男青年获得较低教育程度的概率高于女青年（男青年为 15％，女青年为 11％）。母亲的教育程度比起家庭中使用的第一语言和学校中移民学生所占的比例，对学生的阅读成绩具有更大的影响。在经合组织成员国中，超过 1/3 的移民学生所上的学校，是母亲教育程度较低的学生最集中的地方。在欧盟国家中，这一比例超过了一半。

（二）教育经费方面

在经合组织成员国中，每年小学到大学的生均教育经费平均为 9 252 美元：小学的生均经费为 7 719 美元，中学的生均经费为 9 312 美元，大学的生均经费为 13 728 美元。从 2000 年到 2009 年，在 25 个国家中的 18 个国家，私人负担的高等教育经费比例出现了增长。这些国家平均增长了 5 个百分点，但在斯洛伐克（从 8.8％到 30％）和英国（从 32.3％到 79.4％）的增长都超过了 12 个百分点。在经合组织成员国中，越来越多的成员国开始对国际学生收取高于本国学生的学费，许多国家还根据教育的专业领域收取不同的学费，这在很大程度上是由于各个专业学习的公共经费不同。从 2000 年到 2009 年，依据现有的数据，29 个国家中有 24 个国家的小学、中学和中等后非第三级教育的生均经费至少增长了 16％。在巴西、捷克、爱沙尼亚、匈牙利、爱尔兰、韩国、波兰、斯洛伐克和英国，这一增长超过了 50％。相比而言，法国、以色列和意大利的生均经费同期仅仅增长了 10％左右。

（三）学校环境方面

在学前教育阶段，具有 15 年及以上教龄的教师，平均工资为 35 630 美元。在小学、初中和高中阶段，他们的平均工资分别为 37 603 美元、39 401 美元和 41 182 美元。从 2000 年到 2010 年，教师的实际工资都出现了增长。在丹麦、爱沙尼亚、爱尔兰、葡萄牙和苏格兰，教师工资至少增长了 20％。在捷克（小学和初中阶段）和土耳其，教师工资在过去十年中翻了一番。只有在法国和日本，教师的实际工资减少了 5％以上。2010 年，公立学校中每位小学教师的教学时间平

---

① OECD. Education Spending Rising but Access to Higher Education Remains Unequal in Most Countries[EB/OL]. http://www.oecd.org/education/educationspendingrisingbutaccesstohighereducationremainsunequalinmostcountriessaysoecd.htm，2013-08-16.

均为 782 个小时，初中教师和高中教师的平均教学时间分别为 704 个小时和 658 个小时。从 2000 年以来，这一时间的变化不大，但是在一些国家变化较大。在捷克的小学阶段以及葡萄牙和西班牙的中学阶段，教师的平均教学时间都增长了 25% 以上。在经合组织成员国中，女教师和学术人员所占的比例平均为 66.7%，但是随着教育层次的提高，女教师的比例出现了下降：从学前教育阶段的 97% 降低到高等教育阶段的 41%。在经合组织成员国中，40 岁及以上小学教师所占的比例平均为 58%。在捷克、德国、意大利和瑞典，这一比例超过了 70%。在中等教育阶段，40 岁及以上教师所占的比例为 63%，在奥地利、捷克、爱沙尼亚、德国和意大利，这一比例为 70% 左右。

2013 年 6 月 25 日，经合组织发布《教育概览 2013》，分析了 34 个成员国以及阿根廷、巴西、中国、印度、印度尼西亚、俄罗斯、沙特阿拉伯和南非 8 国的教育体系状况。《教育概览 2013》指出，在经济危机期间，受过良好教育的年轻人与过早辍学的年轻人之间的就业差距在继续扩大。良好的教育是弥补工作经验缺乏的最好保障。调查显示：没有接受过高中教育的人的失业率（经合组织成员国平均水平为 13%）是接受过高等教育的人的失业率（经合组织成员国平均水平为 5%）的近 3 倍。在 2008 年至 2011 年间，受教育较少的人的失业率增长了 4%，而教育程度高的人的失业率只增长了 1.5%。《教育概览 2013》还发现了"职业资格证书"作为通向就业的路径这一价值的新证据：在那些职业教育毕业生比例高于平均水平（32%）的国家，如奥地利、德国、卢森堡和瑞士，与拥有普通中等教育资格证书的同龄人相比，25～34 岁年轻人的失业率上升较少，甚至有所下降。① 此外，《教育概览 2013》还讨论了以下问题：①教育的公共投入与民间投入。②各国教育支出对于个人及经济的社会和经济收益。③学费。④基于第三级教育完成率分析所得出的教育结果。⑤学校环境包括班级规模、教师工资、考试标准以及教学时间等。

经合组织秘书长在发布这份报告时指出：获得一个好的学历资格证书离开学校比以前任何时候都重要。各国必须集中精力帮助年轻人，尤其是受教育程度较低的年轻人，因为他们未来最可能陷入低技能、低工资的循环。各国应优先采取的策略包括降低辍学率，投资于以技能为导向的、将学习与就业结合的教育等。另外，尽管重点仍然是提高教育支出的质量，但各国政府必须确保教育投资不因经济危机而削减。

---

① OECD. Education at a Glance 2013：OECD Indicators[R]. Paris：OECD，2013：7-10.

六、出版《发挥协同作用，提高学习效率：评价和评估的国际视角》报告，为各国改善评价和评估框架提供指导

各国政府和教育政策制定者开始越来越多地重视对学生、教师、校领导、学校和教育系统进行评价和评估。作为工具，评价和评估可以更好地了解学生的学习情况，并向家长和全社会提供有关教育成果的信息，以及改善学校、校领导和教学方面的做法。可以说，评估和评价的结果在确定学校表现优劣和提供反馈意见方面发挥着日益重要的作用，其最终目标是帮助学生实现更大进步。为了分析各种评价和评估方法的优劣，并利用评价和评估对提高教育的质量、公平和效率提出政策建议，经合组织在 2013 年 4 月 11 日发布了一份题为《发挥协同作用，提高学习效率：评价和评估的国际视角》(*Synergies for Better Learning*：*An International Perspective on Evaluation and Assessment*)[①] 的报告。

报告分析并比较了 28 个经合组织成员国在三年间的评价和评估政策，发现评价和评估的使用日益增多，主要是出于以下几个动因：①应对经济和社会挑战，对教育的效率、公平和质量的要求不断提高。②教育领域里给予学校更多自治权的趋势日益增强，因此，需要对学校的表现实施监测。③得益于信息技术的不断完善，大规模以及个性化的学生评估得以开展，数据亦能得到有效的共享和管理。④决策需要在更大程度上依靠评价结果。就 28 个经合组织成员国来看，尽管存在较大的差异，但评价和评估政策仍存在一些共同的主题，例如，评价的多样性更强，评价指标的重要性日益提升，评估结果被用于各种用途等。因此，报告提出几点建议：①各国应采取综合办法。评估和评价的各组成部分应构成一个协调一致的整体，才能实现其最大潜能，才有助于在各部分之间产生协同作用，避免重复和预防目标不一致。②确保评价和评估与教育目标协调一致。评价和评估应服务于并有助于实现教育目标和学生的学习目标，因此，要有的放矢地设计评价和评估体系，而学校要正确理解教育目标。③重视改善课堂实践。评价和评估的意义在于改善课堂实践和学习效果，为此，各类评价和评估都应具有教育意义，并能使所有参与方切实受益，特别是学生和教师。④避免歪曲。由于评价和评估制度会带来问责，如果实施不当，即有可能扭曲教学方式和内容。例如，如果主要根据标准化学生测验的结果对教师进行评价，他们很可能会实施"应试教学"，只重视教授应试技巧，而忽略了学生更广泛的发展需求。因此，必

---

① OECD. Synergies for Better Learning：An International Perspective on Evaluation and Assessment [EB/OL]. http://www.oecd.org/education/synergies-for-better-learning.htm，2013-08-29.

须通过各种方式将这种不利的负面影响降到最低，例如，采用多种方式对学校和教师的表现进行评价。⑤以学生为本。应让学生积极参与学习过程并增强他们进行自我评估的能力（这也是实现终身学习的一项关键技能）。此外，还须对更广泛的学习成果进行监测，例如，批判性思维的开发，社交能力，参与学习的程度以及全面发展，这些都无法通过简单测量得出，因此，对学生的评估应尽可能广泛，切不可褊狭，应妥善利用定量和定性数据以及高质量的分析。⑥提高各级能力。要制定有效的评价和评估框架，就必须提高教育系统各级的能力。例如，需要用形成性评估来培训教师，不断提高学校领导的数据管理技能，并增强校长（主要承担行政工作）的教育学领导技能。⑦满足地方需求。评价和评估框架需要在坚决落实重要教育目标与兼顾区域、地区和学校的具体需求之间保持良好平衡。这就要求在设定国家规范的同时，允许在规范许可范围内，采用灵活办法，满足地方需求。⑧设计合理，达成共识。评价和评估框架应汲取明智的政策分析及各种最佳做法，这可能需要开展试点和试验。为顺利推行，也需要尽力促成所有利益相关方达成共识，因为在了解了框架的基本原理和潜在益处之后，他们才更有可能接受改变。

>> 第四节　欧盟的教育政策与发展趋势 <<

2012—2013 年度，欧盟针对 2009 年提出的五项"欧洲指标"，就欧盟成员国的研究和创新能力、青年学生就业问题、高等教育改革问题、师资问题等，出台了相关的政策文件，旨在实现《欧盟教育和培训合作 2020 战略框架》（*Strategic Framework for European Cooperation in Education and Training*，简称 ET2020）的四大战略目标。

一、欧盟发布《世界的欧洲高等教育》，关注高等教育国际化进程

2013 年 7 月 11 日，欧盟委员会正式对外发布了《世界的欧洲高等教育》的战略。该战略致力于帮助成员国高等教育机构建立战略合作伙伴关系，使欧洲大学能更有效地应对全球挑战。具体而言，该战略旨在确保欧洲毕业生获得在全球任意地方工作所需的国际化技能，同时确保欧洲大学在吸引国际生源方面的吸引力。全面的高等教育国际化战略应该包含三个主要方面：国际学生和教职人员的国际流动；提供一流的国际化课程和数字化教学；在不同机构、部门间建立起战

略合作伙伴关系，提升其国际化能力。①

欧盟委员会教育、文化、语言多样性及青年事务委员瓦西利乌女士指出，欧洲大学需要进行经济全球化思考，需要采取战略行动，以更好地利用欧洲一流高等教育的声誉优势，进一步提升学生和教职人员的国际流动，提供一流的创新课程及教学与科研的杰出成果。虽然很多欧洲高校已在欧盟内部建立起了良好的合作关系网络，但部分高校在加强与盟外伙伴合作方面仍缺乏清晰的战略，这种状况亟须改变。欧盟委员会将支持成员国发展他们的高等教育国际合作网络，而建立这种网络并没有一个既定的模式，需要成员国发挥各自所长。

欧盟高等教育机构现有超过 1 900 万学生。欧盟委员会强调大学需要为大约 85％的没有参与国际流动的学生提供拓宽国际视野的机会，使其获得经济全球化背景下所需的国际化技能。高校可通过开发国际课程，提高师生语言技能以及扩大在线和网络学习比重等来达成该目标。同时，从全球来看，接受高等教育的学生人数预计将从 2000 年的 1 亿增长到 2030 年的 4 亿，其中，亚洲和拉丁美洲的增长最快。欧洲目前已吸引占全球 45％的国际学生，但其竞争者也在大幅增加高等教育领域内的投资。国际学生最大的生源国是中国、印度和韩国，欧洲需要行动，以保持其对国际学生的吸引力。

该战略的各项行动计划将通过如下方式进行并提供后续保障，包括：施行"伊拉斯谟＋计划"（Erasmus＋）及"2020 地平线项目"（Horizon 2020），发布《欧洲理事会和欧洲委员会关于实施欧洲教育与培训合作战略框架的联合报告（2012年）》（2012 *Joint Report of the Council and the Commission on the Implementation of the Strategic Framework for European Cooperation in Education and Training*）、《欧洲 2020：智慧、可持续和包容性发展战略》（*Europe* 2020：*A Strategy for Smart，Sustainable and Inclusive Growth*）、欧盟《2012 年教育与培训监测报告》（*The* 2012 *Education and Training Monitor*），以及继续推行博洛尼亚进程，并与国际重要利益相关者开展政策对话等。

二、欧盟七国成立职业教育联盟

2012 年 12 月，德国联邦教育与科研部（BMBF）与西班牙、希腊、葡萄牙、意大利、斯洛伐克和拉脱维亚六个国家基于在职业教育领域合作的需要，成立了职业教育联盟。② 这些国家在柏林签署了一份备忘录，内容是以德国为楷模来进

---

① European Commission. European Higher Education in the World［EB/OL］. http：//ec. europa. eu/education/news/20130711_en. htm, 2013-07-11.

② 欧盟七国成立职业教育联盟［EB/OL］. http：//www. liuxue86. com/a/20130728/1487031. html ，2013-07-28.

行职业教育的各项具体措施。他们的目标是要在 2020 年以前，让各国 25 岁以下人口的就业率达到 80%。欧盟成员国中，希腊和西班牙目前 25 岁以下人口的失业率高达 50% 以上，全欧盟的平均值为 25%，德国则为 8%，是各国中最低者。

欧洲各国的教育部部长达成协议，要让国际职业教育体系达到最佳的境界，还要为欧洲职业教育的场所确立一个标准的条件架构。同时，德国也应该增强青年和雇员在接受职业培训及工作时的流动能力。参与合作的国家为起步阶段共同拟定了下述具体步骤。

①在德国的参与下，在各合作国家成立共计 30 个区域性的职业培训网络点。

②完成 6 个政策咨询方案。

③规划至少 10 个研究差旅，让所有的专家们能依据各个情境互相讨论并交换意见。

④成立德国专家咨询所和一个高阶学习平台，以利协调运作和持续扩展合作计划。

⑤德国教研部编列 1 000 万欧元用作备忘录的落实经费，其余部分则由其他合作国家承担。

⑥德国联邦职业教育学院（BIBB）接受德国联邦教育与科研部的委托，扩展为一个国际职业教育合作计划中心。

这些过程将在欧洲委员会和欧洲职业培训促进中心（CEDEFOP）的支持下进行。德国民间团体也与德国教育与科研部密切配合，各商会组织和协会都与他们国外的合作伙伴签署《"德国职业培训原则"转移合作协定》。其中，德国外贸协会和在合作伙伴国的德国企业扮演了中心角色，它们穿梭于各合作成员之间，发挥了协调的功能。

三、欧盟评估经济危机对教育的影响

2013 年初，欧盟委员会公布了一份题为《欧洲教育经费：经济危机的影响》（*Funding of Education in Europe：The Impact of the Economic Crisis*）[①] 的报告。该报告分析了在 2011 年和 2012 年期间，35 个欧洲国家和地区经济危机对学前教育、中等教育、高等教育带来的影响，并着重从四个方面阐述了经济危机给教育带来的主要影响。

（一）危机对教育预算产生的影响

危机影响了许多国家的教育预算，特别是那些财政赤字严重的国家。总体而

---

① European Commission. Funding of Education in Europe：The Impact of the Economic Crisis [EB/OL]. http：//ec. europa. eu/education/news/20130321 _ en. htm，2013-03-21.

言，在 2011 年和/或 2012 年，有 20 多个国家/地区削减了教育预算，仅有 5 个国家/地区（德国、比利时、卢森堡社区、马耳他和土耳其）有超过 5% 的实质增长。

未来几年中，一些国家的教育预算将持续削减。塞浦路斯预计至少减少 3% 的教育开支并减少人力资源成本；葡萄牙打算减少教育开支的 3.5%；英国（威尔士地区）预计在 2010 年到 2015 年间将教育开支减半。

（二）危机对教育人力资源产生的影响

危机使教师数量、工资标准受到影响。两年内教师的数量平均减少了 1/3。大约一半欧洲国家的教学人员的薪金和津贴被减少或冻结。仅有 4 个国家（捷克共和国、波兰、斯洛伐克和冰岛）因薪酬结构改革，教师的工资在 2012 年有所增加。罗马尼亚 2012 年的教师工资止跌回升，现已基本恢复到危机前的水平。此外，为了与欧盟提高教师技能的总政策目标保持一致，有 18 个国家增加了教师职业培训经费。

（三）危机对教育基础设施和具体教育扶持计划产生的影响

一些教育机构兼并或倒闭。在 2010 年和 2012 年之间，2/3 的欧洲国家或地区的教育机构出现兼并或倒闭的状况，主要集中在小学和中学。另有 11 个国家的学前教育机构受到影响。在大多数欧洲国家，高等教育机构的数量基本保持稳定。此外，有 1/4 的国家削减或延迟对校舍装修和维护所拨付的经费。但希腊、波兰和斯洛文尼亚提高了对大学校舍的开支，比利时和瑞典则因建设现代化教学楼或应对学生人数增加而追加了对校舍的投资。

信息与通信技术资源和具体教育扶持项目的投入也受到影响。欧盟战略和其他指定预算确保了对"培养学生的数字能力"的资金投入，迄今已在很大程度上避免了经济和金融危机的不利影响。然而，西班牙、波兰、塞浦路斯和冰岛对学校信息与通信技术设备的公共开支已连续几年下跌。在学校层面，有针对性的资金支持计划仍是一个投资重点，例如，降低低技能或辍学人口比例等。

（四）财政紧缩影响对学生的金融支持计划

2000—2009 年间，对学生的财政支持支出稳步增长。但从 2010 年起，学生教育扶持计划的预算受到越来越多的限制。例如，从 2013 年起，波兰、斯洛文尼亚和英国（英格兰）对学生膳食津贴开始采取限制。大多数国家用于资助学生和学生交通的预算保持稳定。匈牙利、马耳他、罗马尼亚和斯洛文尼亚最近还增加了教育交通预算。同时，一些国家开始采用额外收费或者要求提供资金赞助等方式来应对预算收紧。

应对危机的一个亮点是增加了对成人教育的财政支持，统计显示有 10 个国家和地区增加了对成人教育的支持。为成人教育提供支持的形式是多种多样的，但在大多数情况下，主要是增加对长期失业、没有高中学历的成年人等特定人群的支持。一些国家通过建立新的资金支持机制或通过欧洲社会基金（ESF）来获得额外支持。①

四、欧盟将换发新的"伊拉斯谟高等教育特许证"——————

《欧盟教育、培训、青年和体育计划（2014—2020 年）》（即"全民伊拉斯谟计划"）将于 2014 年 1 月 1 日起取代欧盟现有的 7 个相关计划和项目，包括将于 2013—2014 学年结束的终身学习计划（LLP），该计划包含支持高等教育现代化和国际化的议程。

"全民伊拉斯谟计划"从终身学习的视角，覆盖了各个阶段的教育，并对高等教育、职业教育与培训、成人教育、学校教育和青年给予特别关注。根据该计划，欧盟未来的资助重点主要在三个方面：一是大幅提高个人到其他国家学习和培训的机会；二是在教学机构、青年组织、商业界、地方和区域政府以及非政府组织之间建立合作，以鼓励在教育、培训和青年活动中的创新实践和发展，提升就业、创新和创业能力；三是支持各成员国的政策改革以及与欧盟外国家的政策合作，重点关注以实效为基础的政策制定和实践交流。② 该计划支持的具体内容包括："欧洲透明度工具"（学分转换积累制度、学位学历资格框架等），跨国研究，高等教育领域的博洛尼亚进程，职业教育与培训领域的哥本哈根进程等。该计划也将促进欧洲一体化研究和教学，并支持开展体育运动。

在欧盟高校申请该计划的过程中，"伊拉斯谟高等教育特许证"（Erasmus Charter for Higher Education，ECHE）扮演着重要角色，它提供了欧洲层面和非欧盟国家的高等教育机构开展合作的一般质量框架。在所有符合条件的国家中，获得"伊拉斯谟高等教育特许证"是申请项目的先决条件之一，同时，这些高等教育机构还应有在学生交流或参与创新和实践方面开展合作的良好意愿。对位于其他国家的高校而言，ECHE 不是必需的，可通过高校之间的协议来建立质量框架。

从欧盟网站获悉，所有符合条件的国家的高等教育机构必须申请该特许证，以便获取 2014—2020 年间新的"伊拉斯谟高等教育特许证"以及申请到新项目经费。目前持有有效的"伊拉斯谟大学特许证"（Erasmus University Charter）的高校，也同样需要换取新证。申请该特许证的截止日期为 2013 年 5 月 15 日。

---

① European Commission. Education Budgets under Pressure in Member States[EB/OL]. http://europa.eu/rapid/press-release _ IP-13-261 _ en. htm, 2013-03-21.

② European Commission. Regulation of the European Parliament and of the Council Establishing "Erasmus for All"[EB/OL]. http://ec. europa. eu/education/news/20130327 _ en. htm, 2013-03-27.

五、欧盟发布报告，呼吁关注儿童及弱势人群的教育[①]

欧盟委员会近日公布的一份报告表明，尽管欧盟各成员国承诺推动全纳教育，但需要特殊教育的儿童和残疾成年人仍受着不公正的待遇。他们中的许多人被安置在隔离的机构，而那里的主流教育往往得不到充分的支持。该报告呼吁成员国更加努力地发展全纳教育体系，消除弱势群体接受教育、培训以及就业时面临的障碍。

欧盟委员会教育、文化、语言多样性及青年事务委员瓦西利乌女士说："如果我们想改善有特殊教育需求的儿童和残疾人的生活，就必须努力提供足够的资金支持全纳教育政策。现在已经到了把承诺付诸行动的时候了，全纳教育不是可有可无的，它是一个基本的需要。我们必须把这项工作作为行动的核心，以在全民范围实现更美好的生活。"

欧盟约有 4 500 万处于工作年龄的公民有残疾，1 500 万儿童需要特殊教育。报告中的一些例子显示，有特殊教育需求的儿童和残疾人被剥夺了教育或就业机会。有特殊教育需要的儿童，往往在很少或根本没有获得任何资格的时候就离开学校，被送往特殊培训部门，这在某些情况下会削弱他们的就业前景。报告指出，残疾或特殊教育需要的人更可能失业或无法从事经济活动，即便那些在就业市场上比较成功的残疾人，往往也赚不到与他的那些健康同行一样高的薪水。

在所有成员国的特殊需求学校中，罗姆人、少数民族和社会经济弱势背景的儿童（尤其是男孩）的权利被剥夺的比例很高。报告质疑特殊教育系统是否使那些已经被社会边缘化的学生更加孤立，是否减少了而不是提高了其生活机会。研究表明，如果有更多的资金投入来发展语言技能并培养对文化差异的敏感性，有特殊教育需要的孩子是可以在主流学校就读的。

在如何界定特殊需要的儿童，以及他们是否应该在主流学校或特殊学校学习等方面，成员国之间存在巨大的差异。例如，在比利时的佛兰德地区，有 5.2% 的学生有特殊教育需要，并在隔离的特殊学校就读；而在意大利，这一比例只有 0.01%。报告建议，成员国应该在统一定义和提高数据采集方面做更多工作，使其更有效地进行方法比较并彼此借鉴。

---

① 中华人民共和国驻欧使团. 欧盟发布报告呼吁关注儿童及弱势人群的教育［EB/OL］. http://www.fmprc.gov.cn/ce/cebe/chn/zogx/jyjl/jydt/t1003580.htm，2012-08-07.

六、欧盟公布《欧洲人及其语言》《欧洲语言能力调查》,[①]
关注欧盟公民的语言学习

2012 年 9 月 26 日是欧洲语言日,在此之前,欧洲晴雨表(Eurobarometer)公布了关于《欧洲人及其语言》和欧盟委员会首份《欧洲语言能力调查》的结果。

欧洲晴雨表对欧盟公民就语言多样性和外语学习的态度的调查显示:几乎 90％的欧盟公民认为外语能力是非常有用的;98％的公民认为,掌握多种语言将会给自己的孩子带来更好的未来。

而欧盟委员会首份关于语言能力的一项独立研究,即《欧洲语言能力调查》显示:欧洲人在具体使用外语方面,存在愿望和现实之间的差距。报告对来自 14 个欧洲国家的十几岁学生进行测试,结果显示,学习一门外语的学生只有 42％,学习了两门外语的学生只有 25％。一个突出例子是,在上述学习一门外语和两门外语的学生中,分别有 14％和 20％甚至没有达到"基本语言使用者"的水平。

欧盟委员会教育、文化、语言多样性及青年事务委员瓦西利乌说:"欧洲晴雨表显示,语言多样性和语言学习与很多人相关,我们应该为此庆幸。但我们还必须做更多的工作来提高语言的教与学。具有外语沟通能力,能够拓宽你的视野,使前途更宽广,它使你有更强的就业能力;对企业而言,它有助于其在单一市场中创造出更多的生意机会。"

2002 年,欧盟理事会巴塞罗那会议呼吁欧盟公民应从小就开始必修两门外语课程。欧洲人普遍了解多种语言的好处。72％的被调查者赞同这一目标,77％的人认为它应该是一个政治上的优先事项。超过一半的欧洲人(53％)在工作中使用多种语言,45％的人认为他们在自己的国家找到了更好的工作应归功于他们的外语能力。然而,认为能够使用外语交流的欧洲人数略微下滑,从 56％降至 54％。部分原因是,中欧和东欧国家的学校不再把俄语和德语当作必修课程。

学生学习第一门外语的比例从马耳他和瑞典(英语为第一外语)的 82％,到法国的 14％(学习英语)和英格兰(学习法语)的 9％。自 2005 年以来,最引人注目的变化之一是,互联网的普及促使人们"被动地"提高了外语的听力阅读技能。欧洲人经常使用外语上网,这一比例从 26％上升到 36％,增加了 10 个百分点。

欧盟委员会希望通过新的"全民伊拉斯谟计划"加强对语言学习的支持。语言学习是欧盟 6 个具体目标之一,欧盟委员会希望通过加大对语言课程的资金投入,资助更多的人赴海外学习、培训或做志愿服务。该委员会将在 2012 年年底

---

① 中华人民共和国驻欧使团. 欧盟公布《欧洲人及其语言》和《欧洲语言能力调查》[EB/OL].
http://www.fmprc.gov.cn/ce/cebe/chn/zogx/jyjl/jydt/t1003580.htm, 2012-08-07.

推出《欧洲语言能力基准》的议案，以此衡量成员国在提高外语教与学方面的进展。

七、欧盟委员会推出"数字工作大联盟"

2013 年 3 月 4 日，欧盟委员会推出"数字工作大联盟"（Grand Coalition for Digital Jobs）。欧盟委员会主席巴罗佐呼吁欧洲数字企业、政府、教育和培训部门加入该联盟，以解决数字化行业就业不足问题。

尽管目前欧洲失业率持续高升，数字化行业的就业机会仍以每年超过 100 万个岗位的速度不断增长。然而，信息与通信技术毕业生以及熟练的信息与通信技术工人的数量却没有跟上。预计到 2015 年，欧洲信息与通信技术行业将存在 90 万个职位空缺。[1]

巴罗佐说："我们今天推出大联盟，是让欧洲经济回到正轨的一个必不可少的部分，并能够使 2 600 万失业人口中的一部分人找到工作。今天已经签约的公司值得称赞，如果我们携起手来，就能开创潮流，填补信息与通信技术领域日益增多的职位空缺，我们会看到它将对整个经济产生更广泛的影响。我们希望它能够为欧洲创造更多就业机会，推动未来的信息与通信技术革命。"

目前有超过 15 家公司和机构签约"数字工作大联盟"，它们是欧洲学校网络（European Schoolnet）、西班牙电信公司、思科公司、SAP 公司、欧洲专业信息社团理事会（CEPIS）、欧洲计算机执照基金会（ECDL）、欧洲电子技能协会（及支持单位）、惠普公司、微软公司、甲骨文公司和 IT 企业论坛等。"数字工作大联盟"签约承诺活动还在进行中，并将于 2013 年 5 月 31 日截止。

欧盟委员会要求签约机构在以下关键领域做出承诺。

①培训和匹配。培训数字工作者，确保人们掌握的技能与企业需求相匹配。

②流动性。帮助那些有技能者能够到需要他们的地方工作，避免不同城镇间出现短缺或过剩。

③认证。使有技能者无论在哪个国家都更容易向雇主证明其拥有的技能。

④增强意识。让人们知道数字部门能够为妇女和男子提供有益的和令人愉快的职业生涯。

⑤创新教与学。发展和提高我们的教育和培训体系，使更多的人获得技能，走向成功。[2]

---

[1]　European Commission. Grand Coalition for Digital Jobs[EB/OL]. https：//ec. europa. eu/digital-agenda/en/grand-coalition-digital-jobs-0，2013-09-25.

[2]　European Commission. European Commission Launches Grand Coalition for Digital Jobs[EB/OL]. ttp：//europa. eu/rapid/press-release＿IP-13-182＿en. htm，2013-03-04.

在教育界，欧盟委员会积极出台各种战略或倡议，以此确保"数字工作大联盟"产生实效。欧盟委员会于 2012 年 11 月推出了《反思教育战略》，① 该战略是欧盟委员会根据最新的年度报告《2012 年教育与培训监测报告》(*The 2012 Education and Training Monitor*)揭示的各成员国教育培训中存在的问题而制定的。《反思教育战略》呼吁培养学生的横向技能和基本技能，提高外语水平，改善学历和技能认证，增强师资力量等。该战略特别强调增加资金投入，以改善职业教育和培训体系，尤其是在信息与通信技术领域。该战略还就如何在教育方面有针对性地投资，以便在财政紧缩时期最大限度地发挥其作用提出了建议。

此外，欧盟委员会副主席兼数字化议程委员尼莉·克罗斯和欧盟委员会教育、文化、语言多样性及青年事务委员瓦西利乌还将在 2013 年夏天就"开放教育"通过一项联合倡议，呼吁通过采取技术手段和开放教育资源，使人们更容易获得专业培训和教育。②

八、欧盟推出"eTwinning Plus"虚拟网络教室，增进教育交流

欧盟"eTwinning"项目指的是 33 个欧洲国家(即 27 个欧盟成员国以及冰岛、瑞士、挪威、土耳其、克罗地亚和南斯拉夫的马其顿共和国)的 10 万所学校，通过互联网相互交流，让学生和教师可以了解更多关于其同行的情况，更好地参与以学习语言和数学为重点的一些互动项目。该项目也是让青少年发现不同文化和传统，并找出其共性的一个机会。从 2013 年 3 月 4 日起，欧盟推出"eTwinning Plus"项目，即将"eTwinning"项目扩大到亚美尼亚、阿塞拜疆、格鲁吉亚、摩尔多瓦和乌克兰的学校。

"eTwinning Plus"是欧盟睦邻政策框架下的一个试点项目，其目的是加强与东部的合作伙伴之间的对话及联系。该项目预算为 83.4 万欧元，大约一半的款项将投资于开发新的在线平台和协调工作，其余分配给合作伙伴的支持机构。各国得到的预算如下：亚美尼亚 6.4 万欧元，阿塞拜疆 8 万欧元，格鲁吉亚 6.4 万欧元，摩尔多瓦 8 万欧元和乌克兰 9.6 万欧元。③

---

① European Commission. Commission Presents New Rethinking Education Strategy[EB/OL]. http：//europa. eu/rapid/press-release＿IP-12-1233＿en. htm, 2012-11-20.

② European Commission. European Commission Launches Grand Coalition for Digital Jobs [EB/OL]. http：//europa. eu/rapid/press-release＿IP-13-182＿en. htm，2013-03-04.

③ European Commission. Launch of eTwinning Plus Virtual Classroom Network for Schools [EB/OL]. http：//europa. eu/rapid/press-release＿IP-13-183＿en. htm，2013-03-04.

九、欧盟资助中小学创新教学方法和教材

在 2010 年 12 月到 2012 年 12 月期间，欧盟资助了一项旨在鼓励中小学创新教学方法和教材的计划，即《夸美纽斯集中行动的影响研究：夸美纽斯的多边项目和多边网络》(*Study of the Impact of Comenius Centralised Actions: Comenius Multilateral Projects and Comenius Multilateral Networks*，简称"夸美纽斯计划")。欧盟委员会委托希腊教育组织 Ellinogermaniki Agogi 对 145 个项目和网络的参与者进行了调查，超过 80％参与者认为欧盟这项计划产生了积极而深远的影响。

通过欧盟的"夸美纽斯计划"，该项目为学校合作、教师培训和电子结对学校网络等领域的系列活动进行资金支持。作为终身学习计划的一部分，从 2014 年 1 月起，"夸美纽斯计划"将被"全民伊拉斯谟计划"代替。"夸美纽斯计划"每年约有 130 万欧元拨给大学、教师培训机构、非政府组织和学校，以支持其开发新的教学方法和教材。

创新教学方法和教材的例子包括对幼儿使用演剧方法进行教育。例如，DICE(Drama Improves Lisbon Key Competences in Education)项目涉及 12 个国家(匈牙利、捷克共和国、荷兰、挪威、巴勒斯坦、波兰、葡萄牙、罗马尼亚、塞尔维亚、斯洛文尼亚、瑞典、英国)，主要关注戏剧教育对学生发展的积极影响。项目由各国的非营利组织和大学合作开展研究，合作伙伴包括剧院和艺术教育工作者、心理学家和社会学家。欧盟在两年多的时间里提供了 28.2 万欧元经费，资助该项目。[1]

Naturbild(Naturbild 为德语，即自然画面之意)项目是由 6 个国家(德国、奥地利、匈牙利、斯洛伐克、罗马尼亚和保加利亚)的大学和教师教育机构共同开发出的一种新教学策略，主要针对学前班到小学的 4～8 岁的孩子。他们制作出分析儿童游戏和课程的视频，并用它们来培训教师。该项目为期两年，共获得欧盟 29.8 万欧元资助。

欧盟委员会教育、文化、语言多样性及青年事务委员瓦西利乌认为，这一项目的价值在于它拓展了教师和学校不同的教学方法和专业知识，提供了更多在课堂上能够使用的创新解决方案。欧盟的目的是帮助学校为学生提供他们所需要的知识和技能，以充分发挥学生的潜力。[2]

研究发现，对个人最积极的影响是直接参与项目，这样有助于其拓宽视野，增

---

① European Commission. 8 Out of 10 Say EU Projects Aid Innovation in Classroom[EB/OL]. http：//europa. eu/rapid/press-release _ IP-13-408 _ en. htm，2013-05-07.

② European Commission. 8 Out of 10 Say EU Projects Aid Innovation in Classroom[EB/OL]. http：//europa. eu/rapid/press-release _ IP-13-408 _ en. htm，2013-05-07.

强实践和创新能力，提高他们在信息与通信技术、语言与管理领域的专业技能。

十、欧盟委员会为欧盟成员国提出应对青年失业的建议────

2013 年 5 月 29 日，欧盟委员会正式发布《2013 国别建议》(*Country-specific Recommendations* 2013)，[①] 主要对成员国政府如何在 2013—2014 年有效挖掘增长潜力、提高竞争力并创造就业机会提出了在预算、经济和社会政策方面的建议。建议共有 24 份，包括 23 个欧盟成员国以及专门针对欧元区的具体建议。

(一)欧盟失业率上升，青年失业状况尤为严重

目前欧盟整体平均失业率达 10.9%，而青年整体失业率的平均水平则高出一倍多，达 23.4%。受欧债危机影响，各成员国的青年失业率情况差异较大，例如，西班牙和希腊的青年失业率高达 50% 以上，而奥地利仅为 4.7%。解决欧盟失业率上升，特别是青年失业率持续攀升的问题，是目前正力图走出经济危机的欧盟各成员国面对的主要挑战。

(二)为解决青年失业问题提出的总体建议

首先，要通过采取更多积极的、灵活的劳动力市场政策，例如，培训失业者以及提供个性化求职建议等。其次，改革教育和培训制度，彻底检查教育体系存在的弊端，以减少辍学，确保学生获得就业所需要的技能。最后，要为企业投资和创造就业机会创造更多的便利条件，包括提高产品和服务市场的竞争力，促进在研究、创新和资源利用率等方面的投资。此外，还应继续巩固财政，加强相关领域的投入。

(三)针对青年失业问题提出的具体解决措施

欧盟委员会针对青年失业严重的 17 个成员国提出了具体的行动建议，要求其采取与《欧盟青年发展保证计划》(*EU Youth Guarantee*)一致的政策，即帮助女性和弱势群体就业，通过税收和福利制度提供正确的激励政策等，鼓励其留在或重返劳动力市场。具体在教育领域，欧盟委员会要求 22 个成员国促进在教育和技能方面的投资；要求 9 个成员国提高在研究和创新方面的投入。

欧盟委员会认为，成员国采纳这些建议将有助于促进其经济增长，并带来切实利益。短期内，把公共财政投入正确的地方，将有助于降低借贷成本，从而释放出额外经费，增加创新、教育和基础设施支出。

欧盟在 2014—2020 年的财政预算案中，提出了总额达 60 亿欧元的青年就业计划预算，以确保各成员国有效实施《欧盟青年发展保证计划》。

① European Commission. Moving Europe beyond the Crisis: Country-specific Recommendation 2013[EB/OL]. http://europa.eu/rapid/press-release_IP-13-463_en.htm, 2013-05-29.

>> 第五节 联合国儿童基金会的教育政策与发展趋势 <<

一、UNICEF 评估报告显示叙利亚冲突剥夺了数十万儿童接受教育的权利

联合国儿童基金会(UNICEF)的评估报告显示：叙利亚危机爆发两年多来，暴力冲突不断升级，使数十万名儿童受教育权利的实现受阻。[①]

叙利亚有 1/5 的学校设施遭到直接破坏或被用于为流离失所者提供庇护。在冲突最激烈的城市，一些儿童已失学近两年。"叙利亚的教育系统受到暴力冲突影响而停滞不前，"联合国儿童基金会驻叙利亚代表优素福·阿卜杜勒·贾利勒(Youssouf Abdel Jelil)说，"叙利亚曾经以教育质量为荣。而如今，我们看到多年来的发展成果功亏一篑。"2012 年 12 月开展的联合国儿童基金会教育评估发现，许多家长由于担心孩子的安全问题，现在不愿意让孩子上学。评估报告还显示了以下几个问题。

①至少有 2 400 所学校遭到破坏或摧毁，其中，伊德利卜(Idlib) 772 所(占总数的 50％)，阿勒颇(Aleppo) 300 所，德拉(Deraa) 300 所。

②超过 1 500 所学校正被用作流离失所者的避难所。

③超过 110 名教师和其他工作人员丧生，许多人不再上班。例如，在伊德利卜，教师出勤率不超过 55％。

④在阿勒颇，儿童出勤率下降至 6％。

⑤一些学校已被卷入冲突的武装部队和团体占用。

⑥评估表明，战火最猛烈的伊德利卜、阿勒颇和德拉的学校受到的影响最严重，因此，学生经常无法上课，有时一星期只上两天学。

在收容大量流离失所家庭的地区，各班级人满为患，有时要容纳 100 名学生同时上课。"在学校里，孩子们会感到安全，受到保护，父母们可以期待孩子的未来。"阿卜杜勒·贾利勒先生说："这就是与我们交流的许多家长将教育作为头等大事的原因。"为解决叙利亚国内儿童的学习需求问题，联合国儿童基金会正在为霍姆斯、德拉、大马士革郊区、塔托斯(Tartous)、拉塔基亚(Lattakia)、哈马(Hama)和库奈特拉(Quneitra)等地的 170 多家学校俱乐部提供支持。这些俱乐部使约 4 万名儿童有机会接受急需的补课教育和参与娱乐活动。联合国儿童基金会还提供教学和学习用品，并正在重建遭到破坏的学校。

---

① 联合国儿童基金会. 叙利亚冲突剥夺了数十万儿童接受教育的权利[EB/OL]. http：//www.unicef.org/chinese/media/media _ 68077. html，2013-03-05.

二、UNICEF 发布《2013 年世界儿童状况》，关注全纳教育

联合国儿童基金会一年一度的《2013 年世界儿童状况》① 指出，如果全社会都能将注意力集中在残疾儿童的能力，而不是他们身体的缺陷上，残疾儿童及其生活的社区都将从中受益。"如果人们只关注残疾儿童的身体缺陷，这不但对他们非常不公平，而且整个社会将无法享受这个群体所能给予的一切。"联合国儿童基金会执行主任安东尼·雷克说："残疾儿童的损失是全社会的损失；残疾儿童的收获是全社会的收获。"②

报告指出了全社会包容残疾儿童的重要性。如果残疾儿童能够全面地参与各项社会活动，这将有利于每一个人。就教育而言，全纳教育不仅为残疾儿童提供了实现梦想的机会，也拓宽了所有儿童的视野。全纳教育意味着要为所有儿童提供进入正规学校教育系统的机会，主张残疾学生和正常学生在同样的教学环境中接受教育，必要时为有特殊需要的学生提供帮助和支持，例如，可供轮椅通过的通道等。在一所全纳学校里，通常采取小班教学的形式，同学之间形成一种共同合作、互相帮助的氛围，无论何时何地都不会歧视、排斥残疾学生。

报告指出，第一，实现全纳教育应该从家庭早期教育开始。早期教育之所以重要，是因为一个人 80% 的大脑发育在 0～3 岁完成，在早期被确认为是残疾儿童或生长发育迟缓的儿童更能开发其最大潜能。早期教育并不局限于幼儿园及其他学前教育机构，家庭也是一个很重要的场所。家庭和社区都应为残疾儿童提供支持，以帮助这些儿童适应未来的学校生活和成人生活。

第二，在实现全纳教育的过程中，教师是个非常重要的因素。有份针对欧洲 22 个国家智障儿童的调查研究显示，缺乏训练有素的教师是个主要问题。另有研究表明，新进教师比工作年限久的教师对待残疾儿童持有更积极的态度，曾接受培训的教师比未接受培训的教师态度更积极。而现实中，教师的职前培训往往很少关注全纳教育的内容。教师队伍也缺乏多样性，很多时候会有各种限定条件阻碍残疾人成为合格教师，使得教师队伍中少有残疾教师。全纳教育在学校组织、课程设置和学生评估方面有较大的灵活性，这就使教学必须由教师中心向学生中心转变。

第三，全纳教育的实现需要家长、社区和儿童的共同努力。家长在儿童成长中扮演着多个角色，为儿童提供全方位的支持和保护；在很多国家，学校专门成

① UNICEF. The State of the World's Children 2013[R]. http://www.unicef.org/guyana/SOWC_Report_2013.pdf，2013-05.

② 联合国儿童基金会·联合国儿童基金会指出，关注残疾儿童，而不是他们身体的缺陷[EB/OL]. http://www.unicef.org/chinese/media/media_69348.html，2013-05-30.

立了社区委员会，举办各种各样的活动，促进全纳实现。无论学校还是社区活动，让残疾儿童参与其中，聆听他们的声音才能说是实现了全纳。

第四，要实现全纳教育，让家长和政府明白自己的责任也很重要。教育部应承担起让所有适龄儿童入学的责任，与伙伴单位和利益相关者的合作有助于教育部履行自己的责任。

图书在版编目(CIP)数据

国际教育政策与发展趋势年度报告 2014 / 北京师范大学国际
与比较教育研究院组编 . —北京：北京师范大学出版
社，2016.11
　ISBN 978-7-303-20817-3

　Ⅰ.①国…　Ⅱ.①北…　Ⅲ.①教育政策－研究报告－世界－
2014 ②教育事业－发展－研究报告－世界－2014　Ⅳ.①G51

中国版本图书馆 CIP 数据核字(2016)第 138080 号

营 销 中 心 电 话　　010-58805072　58807651
北师大出版社学术著作与大众读物分社　　http://xueda.bnup.com

GUOJI JIAOYU ZHENGCE YU FAZHAN QUSHI
NIANDU BAOGAO 2014
出版发行：北京师范大学出版社 www.bnup.com
　　　　　北京市海淀区新街口外大街 19 号
　　　　　邮政编码：100875
印　　刷：北京东方圣雅印刷有限公司
经　　销：全国新华书店
开　　本：787 mm×1092 mm　1/16
印　　张：27
字　　数：610 千字
版　　次：2016 年 11 月第 1 版
印　　次：2016 年 11 月第 1 次印刷
定　　价：98.00 元

策划编辑：郭兴举　陈红艳　　　　责任编辑：周　鹏
美术编辑：王齐云　　　　　　　　装帧设计：王齐云
责任校对：陈　民　　　　　　　　责任印制：马　洁